中国吴文化源头与梅里古都

黄胜平 程勉中 主编

王国平 杜亮 副主编

中国社会科学出版社

图书在版编目（CIP）数据

中国吴文化源头与梅里古都 / 黄胜平，程勉中主编. — 北京：
中国社会科学出版社，2015.8
ISBN 978 - 7 - 5161 - 6246 - 0

Ⅰ. ①中… Ⅱ. ①黄… ②程… Ⅲ. ①文化史－研究
－江苏省 Ⅳ. ①K295.3

中国版本图书馆 CIP 数据核字(2015)第 123580 号

出 版 人	赵剑英
责任编辑	武 云 李 森
责任校对	侯惠兰
责任印制	李寡寡

出 版	中国社会科学出版社
社 址	北京鼓楼西大街甲 158 号
邮 编	100720
网 址	http://www.csspw.cn
发 行 部	010 - 84083685
门 市 部	010 - 84029450
经 销	新华书店及其他书店

印刷装订	北京市大兴区新魏印刷厂
版 次	2015 年 8 月第 1 版
印 次	2015 年 8 月第 1 次印刷

开 本	710×1000 1 / 16
印 张	24.75
字 数	393 千字
定 价	80.00 元

梅里古都·中华德城

古都牌楼

至德大鼎

至德宗祠

梅里牌坊

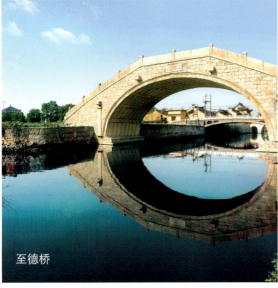

至德桥

梅里人家

中国吴文化源头与梅里古都学术研讨会与会人员合影（2011年2月14日）

对中国吴文化源头及梅里古都的研究是历次中国（无锡）吴文化国际研讨会的重要内容与共识。图为无锡市政府等单位举行的中国（无锡）吴文化国际研讨会与会人员合影。（2012年4月12日）

中国吴文化源头与梅里古都筹备会议会场（2010年8月21日）

　　无锡新区党工委、管委会文化分管领导、江苏省吴越文化研究院院长黄胜平（右二）和江南大学人文学院党委书记程勉中（左一）、无锡市社科联副主席、江苏省吴越文化研究院常务院长汤可可（右一）等领导和专家学者20余人参加会议，会议由江苏省吴越文化研究会常务副会长王国平（左二）主持。

研讨筹备会议，图右为黄胜平同志、左为无锡新区社事局局长赵建伟同志、中为王国平同志。

中国吴文化源头与梅里古都学术研讨会得到省市委有关部门领导的重视与支持。右一为中共江苏省委宣传部理论处处长、省吴越文化研究会副会长 王建润。

中国吴文化源头与梅里古都筹备会议

中国吴文化源头与梅里古都学术研讨会主席台

中国吴文化源头与梅里古都学术研讨会会场

中国（无锡）吴文化节开幕式暨祭祀泰伯典礼（2010年）

无锡新区领导同志在吴文化节期间和来自海内外的吴氏宗亲在一起

出版前言

　　《中国吴文化源头与梅里古都》一书，是四年前即2011年2月由江苏省吴越文化研究会、江南大学、江苏省吴越文化研究院、无锡新区吴越文化保护研究委员会和无锡国家高新区发展研究院等联合主办，无锡市人大常委会新区工作委员会和无锡市吴文化研究会协办的大型区域性学术研讨会的成果精选文集。2011年2月14日，来自"长三角"区域的上海、南京、杭州、苏州、无锡、常州、镇江、湖州、南通等十多个城市八十余位专家学者济济一堂，在无锡新区梅村就大会的主题，展开了丰富而精彩纷呈的学术交流。其中，吴文化源头和梅里古都的认证、泰伯及其精神研究、吴文化本体表现及其影响研究、吴越文化比较研究四个方面的论文，篇数相对较多，既有精湛的学术新观点，又有广博的文化新视野，是我国吴文化研究学术发展史上值得关注和重视的一次高峰论坛。

　　吴越文化自20世纪30年代获得科学命名以来，除抗日战争期间外，一直是地域文化和先秦长江下游古文明研究的重点领域，并由此突破了黄河流域中原文明中心说，构建起中华文化多元一体的文明起源论。吴越在春秋战国时期，以其强大而风格鲜明的文化形象，叱咤风云，留载史册，是中华文明跻身人类轴心时代的重要标志之一，其英雄辈出的时代特征积淀为文化基因，孕育出了人文渊薮的江南。本次研讨会适逢21世纪10年代的起始之年和"十二五"规划的开局之年，在怀古、释古之余，追溯中华民族至德精神之源，对当代中国社会主义核心价值观的构建，具有重要的现实意义。

通过学术交流，与会专家学者就相关论题和热点问题，形成了以下共识：

一、太湖流域是吴文化的核心区，梅里是吴文化的源头。《辞源》释"泰伯城"：地名，春秋吴都城，也称梅里吴城；又释"梅里"：泰伯所居。释义十分精当。梅村即古梅里，其东北鸿山西麓有泰伯墓，在地望上佐证了梅里古都的吴文化源头地位。

关于泰伯南奔荆蛮的地点，学界存在着多种观点，但大都倾向"荆蛮"即指江南。江南大学程勉中教授的《泰伯奔吴建都梅里考因》一文，运用《周易》原理，结合《周礼》《尚书》等先秦典籍，论证泰伯南奔至太湖之滨，是目标明确的理性选择。"文身断发"是泰伯南奔落脚定居后的关键词。众多典籍一致认为，"文身断发"是古越族人的文化形象和特征，蕴含着生活习俗、自然生态、原始信仰等复杂的信息关联度。从文化人类学考察，"文身断发"是族群的文化标志。这无疑表明，泰伯南奔定居在古越族族群之中，并被拥戴为"君长"，自号"勾吴"。古越族中的"千余家"族群，从此摆脱"荆蛮"之泛称，以"句吴"之名自立。"吴"由此成为地名（国名、城名），即泰伯治理的地域之名。

宁镇地区吴文化起源说，始自 20 世纪 50 年代以来的考古发现。但该考古学观点大都回避宁镇地区原属东夷族群（南淮夷）聚居之地。该地发现的吴国遗迹，是吴国逐渐强盛，向西拓展，并吞若干原属楚国庇护的方国后，包容了东夷、华夏等族群文化的结果。如镇江丹徒地区，古称朱方，公元前 545 年吴王夷眜将该地作为齐国逃臣庆封的封邑，《左传》载："庆封奔吴，吴句余予之朱方，聚其族焉而居之，富于其旧。"来自齐国的庆封们聚其族焉而居于吴国境内的朱方，而且比以前更富了，那么他们所携有的齐文化信息就必然会遗存于该地了。

吴国早期都城筑于梅里，世称泰伯城，早在东汉就有文献记载。本次研讨会有多篇论文予以探讨和论证，均认为历史上的泰伯城是太湖流域最早的国都之城，虽已湮没，也不可轻易否定，否则会沦为历史虚无主义者。古代君主之墓与君主国治之城，在地望的关系度上是有逻辑的紧密性的，此乃古代十分重要的礼制之一。泰伯墓自古存世至今，不见争议，有力地佐证了泰伯城就在梅村的历史记载。

二、泰伯是吴文化的创始者、江南文明的人文始祖。其"至德"精神经孔子的倡导而影响深远，既是江南文人"道德文章"的源头，也是江南近现代工商实业家以德经商的宗旨之源，在构建当代主流价值观时应予以继承发扬。

本次研讨会有近 30 篇论文，涉及泰伯生年、泰伯奔吴、"三让天下"等微观考释，还有宏观论述泰伯精神与江南文明及其历史、现实意义的。我们认为，泰伯史迹因文献记载略而不详，确实需要进一步考证，但应本着有一说一的实事求是精神，避免陷入繁琐的窠臼。泰伯的"至德"精神，确实需要学界大力弘扬，使之深入人心，但在推崇泰伯功德时应避免极端化倾向。泰伯开创的吴文化，并非是在一张白纸上创建的，而是他自觉地将中原文明与江南本土文明相整合的结果，由此提升了太湖流域的文明发展水平，加速了吴地文明的发展进程。例如，"伯渎河"的开凿，标志着江南"水文化"的觉醒，这与江南本土的稻作文明有着因果关系，由此而在"数年之间，民人殷富"。

三、吴文化源远流长，博大精深，是中华民族优秀传统文化中最具活力和创造力的地域文化之一。其文化形象鲜明而魅力无穷，至今仍在发挥着不可估量的作用。

本次研讨会有 20 多篇文章讨论了吴文化的多样性和丰富性，有概述性的《试述吴文化源流及其发展》，有联系现实的《吴文化的开拓精神与新时期的转型发展》，还有涉及吴歌、戏曲、丝绸、风俗等吴文化的诸多内容。江苏省社科院唐茂松研究员的《吴文化源远流长与吴太伯"至德"立国》一文，揭示了"尚武——武德"、"尚文——文德"、"务实——商德"的吴文化发展特征，认为吴文化是"中华民族大文化中朝气蓬勃的先进文化"。

同时，我们认为吴文化研究如何避免宽泛化、碎片化倾向，如何在考古学、先秦史、地域文明、文化人类学、城市社会学等学术视域中构建吴文化本体研究范畴，是值得学界予以重视的大课题。

四、吴越文化研究获得进一步的整合。江、浙、沪两省一市以及其他省市的专家、学者、各方面的研究者，"以文会友"，积极参与本次研究讨论，贡献自己的研究成果,相同或不相同的见解相互发生,在碰撞中交融。与会专家学者十分赞赏在江、浙两省省市领导支持和指导下,由无锡、苏州、南京、杭州、扬州和无锡高新区等单位联合发起成立的江苏省吴越文化研究会,突破了吴越的现行省际藩篱,是20世纪30年代蔡元培任会长的"吴越史地研究会"的后继者,为长三角区域文化研究的一体化发展起到了推动之力。

吴越文化的核心区均经历了"马家浜文化——崧泽文化——良渚文化——马桥文化"的文明发展序列。"包孕吴越"太湖崖刻,深刻而鲜明地揭示了吴文化与越文化的血缘关系。鸿山越国贵族墓的考古发现,不仅填补了越文化的诸多空白,而且进一步说明了吴越文化的政治文化中心在太湖流域。本次研讨会上有近10篇文章论及鸿山越国贵族墓考古发现。浙江省博物馆研究员曹锦炎《吴文化研究中的重大课题——鸿山越国贵族墓考古发现及启迪》一文,充分肯定了该考古发现对越文化研究的重要意义,解决了以往越文化研究中的一些不明朗问题,但将其推断为战国早期勾践时代似乎偏早,推定在战国中期或稍后更符合史实,其时越国已迁都于吴。苏州博物馆研究员钱公麟、陆雪梅《鸿山越国贵族墓地的发现对吴文化研究的贡献》一文,不约而同地也论述了越国迁都于吴,是吴地核心区发现越国墓的历史主因,无锡鸿山、苏州真山的吴、越、楚贵族墓群的存在,进一步说明了吴文化的中心在太湖流域。由此提出:"研究太湖流域的商周文化,必须了解熟悉越文化;反之要剖析宁镇地区的商周文化,少不了要了解研究南淮夷文化,这要比单纯以吴文化论吴文化更科学、更实际";并"相信随着对南淮夷文化研究的深入,宁镇地区的商周文化一定会昭然于天下"。这是令人可喜的学术交锋,是本次研讨会步向深入的标志之一,也是江苏省吴越文化研究会《区域科学发展需要将吴文化与越文化联系起来研究》一文所预示的学术愿景。

本次学术研讨会形成了上述四点共识,意义十分重要。泰伯城筑在梅里,是吴国早期都城,澄清了吴文化起源的歧义。泰伯的至德精神在吴地文明发展史上代代相传,至今仍有巨大的感召力。吴越文化的整合研究获得新的平台。"吴文化本体"概念的提出,具有理论指导意义。

由于吴文化源头与梅里古都的学术研究是整个吴文化研究系统中带有基础

性、根本性的一项学术活动，它对于当下和今后吴文化进一步深入理论研究和学术探讨具有极其重要的学术价值。因此，学术界多次建议将这次论文成果结集公开出版。2011年12月，在无锡新区党工委、管委会的支持和指导下，由江南大学、无锡新区吴越文化保护研究委员会和无锡国家高新区发展研究院等单位共同研究决定，拟从百余篇论文中选择部分成果，报送北京出版部门正式出版。后来由于种种原因，使这项工作延搁了下来。党的十八大以来，习近平总书记非常重视祖国的传统文化，他把祖国传统文化作为治国理政的重要思想文化资源。吴文化作为中华传统文化的重要组成部分，是推进江南经济文化繁荣，实现中华民族伟大复兴的重要文化基因和精神支柱。基于这种社会责任感，2013年以来，我们组织部分热心专家学者将这批文稿正式进行了选编和加工，使之公开出版。要说明的是，那次研讨会共收到论文130篇，但依据"中国吴文化源头与梅里古都"这一主题，本书仅选取了46篇论文，而与主题相关的从宏观上论述泰伯精神与江南文明的发展和吴文化本体范畴的研究以及对吴越文化的研究的许多论文，虽然文章质量也很好，但不能一一编入，请有关作者予以理解和谅解。

感谢中国社会科学院服务局局长林旗、中国社会科学出版社纪宏先生和王斌先生等领导和朋友对该书出版的支持和帮助。

黄胜平

2015年4月

序 一

/ 戈春源

  浩浩太湖，包孕吴越。太湖流域，山青野绿，土地丰饶，经济发达，文化浓郁，为吴门学派的主要发源地，历来是中国学术重心之一。

  无锡十分重视吴越文化的研究，硕果累累。现在，由黄胜平先生等主编的《中国吴文化源头与梅里古都》一书即将付梓，实在是学术界的盛事。这是一部中国吴文化源头与梅里古都学术研究成果的精品结集，是我国吴越文化研究成果的重要展示。

  记得在 2011 年 2 月，迎春花开的时候，由江苏省吴越文化研究会（院）、江南大学与无锡市人民政府新区管委会主办的这次学术会议在吴国古都梅村召开，可谓少长咸至，学者云集。笔者有幸，参与了这一盛会。会上八十余位学者济济一堂，就吴文化源头与梅里历史地位、泰伯精神、吴文化本体表现，以及吴越文化比较等展开热烈的讨论。

  学者们各抒己见，畅所欲言。大家从文献资料、考古文物与地望地名的角度出发，一致考定，吴人始祖泰伯所奔之地，在无锡梅里（今梅村）。从商末至春秋共二十二代君主，均以梅里为都，因而有力地支持与论证了在这之前黄胜平先生与江苏省吴越文化研究会、无锡吴越文化研究中心的专家学者提出的建议，将新区梅村镇的发展定位由"梅里古镇"改为"梅里古都"。一些学者认为，江南地肥湿润，民心淳朴，泰伯选择江南作为落脚立政之处，是一种理性选择。吴文化，应该是中原周族与以断发文身为文化特征的越族相融合的产物。泰伯南奔在越族区域，受千余家族群的拥护，被立为君长，自号"勾吴"，从此摆脱"荆蛮"之泛称，步入更高的文明台阶。梅里古都，应为吴文化之源。吴国在泰伯"治以周道"方针指导下，逐渐强盛，渐次融合奄城（在今武进）、朱方（在今丹徒）、邗城（在今扬州）等一些地方族国。其境乃至赣北皖西、豫东鲁南一带，扩大了吴文化的影响。反之，吴国与楚、齐、晋、鲁的接触，也融进了楚齐文化的成分，吴文化本身是多文化的结合。尤其是吴越两国地缘相接，风俗相同，语言相通，文化十分相似。而吴文化的原发地，就在古都梅里。

大家还围绕泰伯精神作了深入探讨。泰伯十分重视民生建设，开渎修渠，发展生产，使吴地"数年之间，人民殷富"，夯实了经济基础。泰伯具有谦让圣德，"三以天下让，民无得而称焉"。在刀兵相继、纷争夺权的奴隶社会，泰伯能屡次让出权位，保证了周族优秀政统的绵延，避免了血腥冲突，弘扬了"和谐"思想，反映了中华民族爱好和平的优良素质，含有当今主流价值观的核心元素。因此，梅里也是中华德文化的发源地之一。泰伯还有兼容并蓄的心域。他入乡随俗，积极吸收东方"夷蛮"的文明营养，创造了具有鲜明特点的吴文化。当然泰伯精神的研究，有待深入，应作全面探讨，以防偏仄极端。而作为至德名邦的无锡有必要，也有可能把优秀传统道德的研究作为重点，把泰伯精神传承下去。

大家还就吴文化本体特色，作了深入探讨。源远流长的吴文化，可谓博大精深，不仅丝绸、稻米等物质生产名列前茅，而且文学绘画、园林艺术等也蜚声中外。吴文化的精神以奋发进取、改革创新、修身养德、尚文崇实、技艺柔美、思辨严密而著称。这本集子还有对于梅里古镇与吴姓族源流布的探讨，对于研究姓氏与本地文化，均有参考价值。总之，吴文化是中国地域文化和先秦长江下游古文明研究的重点领域，它证明了中华文明的多元起源，吴文化一直以它雄伟优美的形象，著称于世。

《中国吴文化源头与梅里古都》一书，内容丰富，视野开阔，观点鲜明，论述精湛，展现了近几年来这一课题的璀璨成就。

　　本书主编黄胜平先生，致力于江南文化研究，特别是吴越文化研究，卓然成家。继蔡元培"吴越史地社"之后，他在上级支持下，发起、组织了江苏省吴越文化研究会，之后又与江南大学合作建立了江苏省吴越文化研究院。经过多年努力，江苏省吴越文化研究会（院）已从新生走向茁壮，从素绘走向亮色，从探索走向成功。该会（院）与有关方面出版的《江南风》杂志（季刊）已出刊数十期，发表作品数百万字，刊物设有"江南发展"、"德文化专题"、"江南书画"、"江南人物"、"江南文史"和"长三角信息"等栏目，是研究江南经济文化的重要载体，不时有真知灼见、隽永美文的出现。为江南经济与文化建设作了重要推动，也获得读者的青睐与好评。胜平先生还与人著有《中国太湖学术史》一书，可谓别开生面的拓荒之作，内容丰富，见解深刻，重点突出，评述恰当，条理分明，是全面论述太湖学术的重要专著，很有学术价值，并荣获江苏省政府哲学社会科学优秀成果奖。

　　我想，这次《中国吴文化源头与梅里古都》的出版，必然会发挥正能量，为吴越文化的进一步发展，为社会主义核心价值观的履践，作出应有的贡献。愿中华学术，绵延不断，如太湖浪重，前跃后涌；又如太湖水清，质洁性淳。是为序。

（作者为著名吴地文史专家、苏州科技大学教授）

序 二

/ 汤可可

　　吴文化研究是近年来十分活跃的一个地域文化领域。国内、国际的研讨活动接连举行，研究论著和普及读物争相出版，乃至相关题材的文艺作品、影视作品也是异彩纷呈。这一情况显然有着深切的现实关怀的缘由。一方面，经济社会的转型发展必然带来文化的多元分化，人们对现实境遇的思考和未来前景的展望，特别是承担了民族文化复兴和道德精神重建这样的使命时，必然要求回溯历史，寻求自己所秉持的文化的由来，更清晰地认识其本原特征；另一方面，现实经济社会的急剧变动中，一些文化传统行将消失，一些遗物、遗迹还将传承未来，而一些原先被埋没隐藏的历史事物又有新的发现，这也激起人们认知过往、探寻真相，并考虑发挥其现实功用的热情。

　　中国吴文化源头与梅里古都学术研讨会正是在这样的大背景下举行的，围绕会议主旨展开多方面的研究和讨论，取得了为数不少并且不乏卓越见解的研究成果，成为吴文化研究领域一次主题集中而且视域开阔的学术盛会。这次结集出版的论文集，只是提交会议的 130 多篇论文中的一部分，有关吴文化的道德含义、吴越文化比较研究、梅村地区近现代史研究等方面的文章，因为另有专题会议和研究成果汇辑，本书未作收录。检阅这批研究成果，可以看到多方面新的发现。

一

　　一个文明、一种文化的起源，就其本质而言，是人类与其生存环境相结合的产物。人们为了从自然界获取生活资料，就需要掌握、使用生产工具，采用与之相适应的生产方式，由此发生分工，并结合成一定的社会组织。维护社会组织的运行，就要通过管理来协调全体成员的行为，于是便形成国家、法制、礼仪、习俗等。这也反映到人们的心理、观念和精神生活中，构成多姿多彩的文化形态。吴文化就是一定地域范围内一种富于独特色彩的文化类型。

　　随着人口的繁衍，一定的地域范围会出现资源约束和环境压力，除了借助科学技术进步提高经济密度外，人们也通过迁移来实现生态缓解，突破资源瓶颈。在以农牧业为主体经济的古代，虽然人口密度相对并不高，但占据空间更大、生态条件相对更好的地域，同样是生存、发展的基本目标。上古时期的中国，族群的分化、迁移以及对地域空间的占有，主要是通过部族战争和王者分封来实现的。吴国的建立情况有所不同，这也使它的文化形态具有某些独有的特征。

　　吴国的建立缘于泰伯南奔。尽管吴国早期的历史缺乏原始的文字记载，现在能见到的司马迁《史记·吴太伯世家》的确切说法，距离泰伯建吴已有千年之久，但是，在先秦一些典籍中还是能见到周太王传位和泰伯奔吴让国的某些线索。例如《左传·昭公三十年》："吴，周之胄裔也，而奔在海滨，不与姬通。"又如《左传·哀公十三年》："吴人曰：'于周室，我为长。'"都说明吴人为周室的后人，且辈分居长，由西岐东迁海滨。至于周章受封、寿梦称王、与晋会盟、伐郯伐楚等，均见之于史书明文，且吴国立国的区域在长江下游一带，更是确定无疑。

　　在本次研讨会上，程勉中的论文《泰伯奔吴建都梅里考因》，分别从历史地理学、思想史、文化史和生态学的视角，探究泰伯奔吴的方向和路线，论证句吴的方位是在距周代王畿东南方向3000里之外的江南地区。研究拓展了思路，引入了更为丰富的文献资料，也使推理论证更为完整。徐兴海的《司马迁是吴泰伯的大功臣》一文，系统梳理先秦著述和《史记》及相关评注考订的文献记载，论述泰伯建国事迹和意义，并特意指出："关于吴泰伯南奔所到是什么地方的争论，可能还会继续下去，然而主张无锡梅里说者占有上风，而且呈越来越被肯定的趋势。"

除了泰伯南奔的地点外，句吴建国的意义也是本次研讨会关注的焦点之一。黄胜平、姜念涛的《论江南文明始祖——吴泰伯》、浦学坤的《试论泰伯奔吴》、张金龙的《泰伯奔吴考》等，都肯定泰伯、仲雍抱着灭商兴周的战略意图，拓展疆域，经营南土，与西岐周部落互相呼应，构筑灭商的战略基地。只是这一观点还有待于超越推论，挖掘更多的历史资料来加以说明。不过有一点可以确认，泰伯建吴不仅避免了周太王传位可能引发的政治冲突，泰伯、仲雍由此实现自己的政治理想，同时也拓展姬周部落的生存发展空间，促进江南文明的开发。正如黄胜平、姜念涛论文所说，泰伯、仲雍南奔开吴，为中原文明在空间上的传播和时间上的延续，提供了更广阔的平台。

与此相关，还有一个问题值得关注，那就是泰伯建吴时对于从西周到春秋这一历史时段中政治格局的影响。吴国从建立句吴到周章受封，是否开启了周朝分封的先河？这一变迁是助长了春秋诸侯国的离散和战乱，还是有利于整个社会重心下移，带来经济和文化的繁荣？这得依据多方面的史料，作进一步的探究。

二

吴文化源头和梅里古都，是本次研讨会的两个主题。有多篇论文着重探讨吴国早期都城建于梅里，即今之梅村。江苏吴越文化研究会关于将梅里古镇改名梅里古都的建议及论证材料，对梅里作为句吴都城的历史地位作了论证。无锡市文化局等的批复要求组织考古专家及相关科技人员，对无锡东部开展全面的考古普查和遥感探测研究，寻找吴国都城遗址；同时开展泰伯奔吴、吴国都邑的征文学术研讨；以梅村泰伯庙为核心，根据研究成果做好吴国都城遗址保护修复的整体规划。本次研讨可以看作这一项研究的初步展开。

因为缺乏吴国早期都邑的考古发掘和认定，吴国早期都城的地望至今存在争议。本次研讨会上，唐茂松的《吴文化源远流长与吴泰伯"至德"立国》一文，依据历史典籍、遗址遗物、民间风俗三个方面的资料，论证吴国都城梅里即今无锡梅村。王国平的《句吴·梅里·"至德"初探》、顾罡灵等的《泰伯城初探》，将文献资料特别是地方史志记载，与梅村周边地区的河、桥、村落命名及相关历史遗存结合起来，加上历史传说、口碑资料的印证，来论证泰伯城的方位和布局，都有一定的认识意义。

泰伯庙和泰伯墓是支撑泰伯奔吴定都梅里的两项主要的物质文化遗产。虽然关于庙、墓修筑的记载最早只追溯到东汉，但当时建庙于梅村，并且有"即宅为祠"之说，应该不是凭空兴作。如果说泰伯祠庙在苏南一带还有多处，而泰伯墓坐落于无锡东之鸿山（一名皇山），则是自古以来唯一一处。《后汉书·郡国注》引曾任无锡县令的刘昭的话说："无锡县东皇山有泰伯冢，民世敬修焉。去墓十里有旧宅，井犹存二。"也就是说，至汉魏六朝时，这里有关泰伯的遗迹还可以一一指认。

除了泰伯庙、泰伯墓外，梅村及附近还有其他几处重要的历史遗址，与泰伯开吴有着密切的关系。本次研讨会有一组文章对泰伯渎的性质和意义进行探讨，论证泰伯渎（又名伯渎河、伯渎港）是中国历史上至今可考最早的运河，是泰伯建句吴国于今无锡东面的重要见证。其中王健的《泰伯渎为中国最早运河的可信性探讨》一文，依据文献资料、社会条件分析和地理环境类比，对唐代刺史孟简开挖泰伯渎的记载加以辨析，肯定泰伯开凿运河是有相当可信度的传说历史。张永初、陈金寿对故文台——"荒三千"的考证，论证梅村西南四华里一处拔地而起的孤立土丘，为吴国都城的"文台"，泰伯及数代吴国国君在这里祭天礼地、检阅臣民。多处遗址遗迹的共同见证，以及与史籍记载相印证，为吴国早期都城的认定提供了依据。

第三次全国文物普查期间，无锡市组织力量对阖闾城遗址进行考古复查，复查结果经历史学、考古学专家论证认定，位于无锡、常州交界处的阖闾城，为吴国阖闾时代的都城。阖闾城都城地位的确定，不仅为吴国后期历史研究确立了一个地理坐标，而且构成泰伯建都梅里的重要参证。吴刚虹和唐洁、夏心明的两篇论文，讨论梅里泰伯城与阖闾城的关系，并初步梳理了吴国城市发展的基本脉络，对于吴国建都梅里也有一定的认识意义。

江南地区已经考古发掘确认为春秋时期的几座古城遗址，如朱方、淹城等，如能够联系起来加以考察，则对于吴国城市形成、分布以及都城迁移、建筑特征等，将会形成更加清晰的认识。此外，城市内部建筑遗址的发掘、考证，结合国家政治、军事、财赋、经济、礼仪等制度的研究，可望揭示吴国都城作为古代文明发展载体的真实形态，更深入地认识其组织结构和功能作用，使泰伯"端垂衣裳，以治周礼"得到证实。

三

吴文化作为一种地域文化，是上古太湖文化与中原文化扩散传播相结合的产物，吴国灭亡后2000多年时间里，又在江南一带传承延续，从未间断。这一过程中，它随着经济、社会的发展不断充实、提升，吸收外部的各种文化元素，形成丰富的内涵，即使在全球化快速演进的今天，仍不失其文化特征。研究者通常把习惯意义上所说的吴文化，区分为先吴文化（自远古至吴国建立之前相应地域内的文化类型）、古吴文化（吴国存续期间的文化形态）和吴地文化（吴国覆灭后这一地域文化的流传演变）。从这一意义上说，吴文化既有自古传承的历史源头，也有随着时代演进的现实本源。两者互为因果，在延续中包容衍生，始终保持不竭的生机活力，并汇入中华民族文化的壮阔洪流。

从物质层面看，吴文化在多个领域得到较好的发展，并呈现出精细柔和、品质卓越的特征。除了前文说及的城市和水利建设外，特别在水稻、蚕桑、织绣、造船、制陶、冶铸等方面，创造出灿烂的文化成果。本次研讨会提交的论文中，有对稻作（张志杰）、冶铸（课题组）、造船（顾一群）等的循流溯源，反映吴地人民在物质文化层面的发展水平和特殊贡献。

　　从精神层面看，千百年间吴地文化人才辈出，涌现出众多杰出人物，无论是文学艺术还是思想学术，都具有机智灵动、求变出新的独特品格。本次研讨会有数十篇文章集中探讨泰伯的至德精神（胡发贵等），高度肯定其寓开创于谦让中的高尚境界，阐述蕴含其中的和谐理念，及其对于中华民族文化巨大凝聚力的重要意义。除此之外，对于吴地崇文重教理念（孙西平等）、包容自新理念（肖向东等）的研究，也是贯通古今、观照现实，旨在揭示吴文化的潜在内涵和现实价值。对于专诸、要离侠义行为（杜亮等），李绅诗歌创作（杭建伟）等的研究，虽然因为研讨会主题的限定，只是零星篇章，但也涉及吴文化思想和文学等不同领域，反映出吴文化的博大深厚和丰富多样。

　　从介于物质和精神之间的社会心理层面看，吴文化也有着富于特色的内容。江南一带的民情风俗积淀了千百年来人民群众的观念和心理，其中一些表达了吴地人民对泰伯及其历史功绩的纪念，例如规模盛大并且延续有千年之久的泰伯祭仪和泰伯庙会，成为活在民间的历史；更多的习俗与人民群众的日常生活融合在了一起，例如与庆贺丰收、祈福辟邪等相结合的节庆活动、往来礼仪、饮食习惯、民间娱乐等，形成绵延不绝的文化画卷。吴越对梅村民间故事的搜集整理，沈道初关于吴歌对江南戏曲形成和发展影响的分析，反映出吴地民间文学虽然只在人们口头上流传，但却异常生动活泼，始终保持独特的地域风格，具有相当高的艺术和人文研究价值。

　　本次研讨会还有多篇研究文章，分别讨论吴氏姓氏的本义、由来以及吴氏宗族的迁移、分布，说明吴姓、吴族与相关郡里地望的关系。这不仅可以佐证泰伯所奔之吴就在太湖流域，而且揭示数千年来吴文化流传的走向和轨迹，并向海外传播的深刻影响，足以证明吴文化源流的深长和久远。

四

　　本次研讨会是一次专题研讨会，由江苏省吴越文化研究会、江南大学、江苏省吴越文化研究院等联合举办。它前承 2009 年 11 月在常熟市举行的江苏省吴越文化首届研讨会，深化了吴文化的溯源研究，研究领域也有新的开拓；同时又后启 2014 年 1 月在无锡新区举行的中华德文化学术研讨会，对弘扬泰伯的至德精神，从历史到现实进行梳理，深化对吴文化历史价值和当代意义的认识。一次地方性的专题研讨会，能够取得上述多方面的研究成果，实为难能可贵。

参加本次研讨会的有高校和社会科学研究机构的教授、研究人员，也有地方党政机关工作人员，更多的是社会各界钻研地方文史的研究者，他们以自己的热心、执着和认真，投入历史文化的研究探索，努力有所发现、有所创新。梅村所在的新区的党政领导以高度的文化自觉，对吴越文化遗存保护和学术研究给予应有重视，对本次研讨会的筹备召开和研究展开给予大力支持，为研讨会的丰收创造良好的条件。

会上有研究者提出了构建吴文化本体研究范畴的命题。不同的研究领域在研究的发展中会形成各自的研究范畴，即对重要研究对象的本质特征作出理论化的概括。研究范畴一经确定，就能用来说明同类事物。并且随着研究的深入，研究范畴不断充实，在差别、变异和正反的辩证讨论中，形成更丰富的认识。楚文化研究即有"六大支柱"、"五种精神"的概括。在吴文化研究领域里，泰伯的"让德行为和至德精神"、社会风尚"由尚武向崇文演变"等，就是重要的本体研究范畴。吴文化研究的推进，有待于在系统和深入研究的基础上，在考古学、历史学、社会史、经济史、文化人类学等多个领域，提炼出更有价值的科学的研究范畴。

与研究范畴相关的，还有历史资料的挖掘、整理和考证。仅有理论的推演，而缺少可信资料的支撑，即使逻辑推理十分精巧，也难以得出令人信服的结论。目前吴文化研究中存在的一系列分歧，一定程度上是因为史料的欠缺，以及对史料的考释不准。本次研讨会上，关于泰伯生年的考证运用了"夏商周断代工程"的研究成果，尽管研究的结论还有值得商榷之处，但拓开研究的思路和方法还是值得肯定的。另外，关于泰伯"三让两家天下"之说也还存在歧见，而对于相关资料来源、含意及其可信度的辨析，体现了论者对史料应用的认真和严谨。这充分说明，吴文化的研究既要重视对文献、考古、调查资料的搜集，又要加强相关史料的综合分析，下一番去伪存真、去芜取菁的考释功夫。

除此之外，还要讲究研究方法的科学。一个科学结论的得出，不在于不加分析地排比罗列多少人所共知的史料，而在于对已有和新发现的史料，以科学的方法进行综合分析，作出符合理论逻辑和历史逻辑的概括，才能得到符合历史真实的科学结论。例如梅里地名的由来，是泰伯奔吴时即有此名，还是《史记》《汉书》写作、注疏时根据语音记录而来？是由于"蛮里"、"藩篱"的音转而误作"梅里"，还是因为此地梅李芬芳而称为"梅李"？是因为商朝之臣梅伯的后人迁徙至此而得名，还是越王勾践的一支子孙（"梅姓"）分封于此而命名？需要汇集各方面的资料，加以综合研究，庶几能梳理出较为清晰的脉络。这方面史实的考订（历史真相的认识），应当以时间为经，以相关人物、人群的活动为纬，把某些地方性的事件放到大局变动的大背景下加以研究，才有望推动认识真正向前发展。

近代以来的吴文化研究，历经 20 世纪 30 年代以蔡元培为会长、卫聚贤为总干事的吴越史地研究会的开创阶段，1980—1990 年由无锡吴文化公园（吴学研究所）倡导、锡苏宁等地研究者协作推进的拓展阶段，新世纪以来地方政府主导，高校、研究机构、社会团体广泛参与的普及深化阶段，先后形成《吴越文化论丛》（陈桥驿著）、《吴地文化通史》（高燮初主编）、《中国吴越文化丛书》（黄胜平主编）、《江苏省志·吴文化志》（唐茂松、王健主编）等系统的研究成果。总之，吴文化研究的深化和提高，要在已有研究的基础上，以整体史观和科学的文化研究范式为指导，进一步构建合理的研究框架；同时把史料梳理、史实考证、史论范畴构建，与现实发展的观照紧密结合在一起，将有望真正获得突破，从而推动吴文化研究与越文化、粤文化、齐鲁文化、楚（湖湘）文化、中原文化等的研究并驾齐驱、交相辉映。

（作者为无锡市政协研究室原主任，

江苏省吴越文化研究院常务副院长）

目录

出版前言 ··· 黄胜平 1

序一 ··· 戈春源 1

序二 ··· 汤可可 1

一　泰伯南奔定都梅里

泰伯奔吴建都梅里考因 ································· 程勉中 3

泰伯城初探 ····················· 顾罡灵　谢祖基　张金龙 18

探索先秦吴国都城的变迁动因及深远意义 ··········· 吴刚虹 23

泰伯缘何称"至德"？古都何以为"德城"？

　　——论梅里作为"中华德城"的历史价值与当代意义 ········· 朱丽霞 32

"勾吴·梅里·至德"初探 ······························ 王国平 41

试论泰伯奔吴 ··· 浦学坤 52

德圣泰伯西周来 ··· 陈国柱 60

泰伯奔吴考 ··· 张金龙 68

梅里与阖闾：吴文化的精神坐标

　　——论梅里古都与阖闾城的关系 ················· 唐洁　夏心明 80

试论吴文化源流及其发展 ··························· 顾一群 92

略论梅里古都

　　——对无锡新区梅村"江南第一名镇"的质疑与商榷

　　················· 黄胜平　李桂林　杜亮 95

　　附一：无锡市政府有关部门就"江南第一名镇改称梅里古都"建议的复函 ········ 100

　　附二：关于将梅里古镇改名为梅里古都的专家建议 ········ 102

我看吴文化（三题）··························· 王永丰 104

二　至德精神千秋传诵

论江南文明始祖——吴泰伯 ················· 黄胜平　姜念涛 123

吴文化源远流长与吴泰伯"至德"立国 ················· 唐茂松 128

历史文献记载中的泰伯形象

　　——以宋代为中心 ··························· 张剑光 142

论泰伯精神的历史与现实意义 ··························· 沈祖方 154

以礼让为国

　　——吴文化"至德"精神论略 ··························· 胡发贵 161

泰伯"三让两家天下"考辨 ··························· 金其桢 166

经典诠释背后的观念

　　——关于"泰伯三让天下"的不同解释镜像 ··········· 史应勇 175

泰伯生年之研究 ··························· 李心言 184

《泰伯生年考之我见》补证 ··························· 吴寿钦 186

司马迁是吴泰伯的大功臣 ··························· 徐兴海 191

曹操颂吴泰伯
　　——曹操诗歌《善哉行一》赏析 ……………………… 陈振康 207
先哲名贤诵泰伯诗文评述 ……………………………………… 黄树生 214

三　梅里文化丰厚隽永

论吴越文化特征及其文化生成因素
　　——兼论"泰伯奔吴"与古梅里文化之形成 ………… 肖向东　孙周年 235
伯渎河：江南运河的肇端　古都梅里的见证 ………………… 钱志仁 245
泰伯渎为中国最早运河的可信性探讨 ………………………… 王健 248
无锡梅村泰伯庙会溯往 ………………………………… 李明　汤可可 259
试论泰伯渎的重要历史地位 …………………………………… 毛剑平 266
梅里重要历史文化遗迹——故文台 …………………………… 陈金寿 269
梅里的民间故事 ………………………………………………… 吴越 272
梅里义士专诸和要离 …………………………………… 杜亮　黄胜平 278
梅里诗人李绅研究 ……………………………………………… 杭建伟 284
略论吴歌 ………………………………………………………… 沈道初 289
试论稻作农业对梅里吴文化形成前后的影响 ………………… 张志杰 297
梅里古韵 ………………………………………………………… 吴佳佳 310
梅里吴文化的历史画卷 ………………………………………… 胡克强 313
论吴文化对梅里发展的影响 ……………… 孙西平　徐立青　胡卉君 318
鸿山镇的勾吴遗迹 ……………………………………………… 朱华彦 326

四 吴氏宗族源远流长

关于"吴"的考释·····································戈春源 331

吴姓的由来···施志 338

吴与"鱼族"·······································陈国柱 341

吴氏考···吴焕 345

话说吴姓···杭志达 355

至德十二姓的渊源·································吴铿如 358

吴王世家···施志 361

后　记···编者 373

一 泰伯南奔定都梅里

泰伯奔吴建都梅里考因

/ 程勉中

一　从历史地理学视角探究——"奔荆蛮"与"号句吴"

泰伯奔吴，虽众说纷纭，但其说应有其实，在《左传》、《论语》、《楚辞》、《穆天子传》、《史记》、《汉书·地理志》等文献中均有记载。特别是太史公在《史记·吴泰伯世家》更是明确记载："太王欲立季历以及昌，于是泰伯、仲雍二人乃奔荆蛮。""泰伯之奔荆蛮，自号句吴。"《汉书·地理志下》载吴国溯源："大伯初奔荆蛮，荆蛮归之，号曰句吴。"太史公和班固二人都认为泰伯、虞仲的出奔地是在句吴。那么句吴到底在何方？太史公也说得很明白，泰伯所奔之地就是后来春秋时期的吴国："是时周武王克殷，求泰伯、仲雍之后，得周章。周章已君吴，因而封之。""自泰伯作吴，五世而武王克殷，封其后为二：其一虞，在中国；其一吴，在夷蛮。""余读春秋古文，乃知中国之虞与荆蛮句吴兄弟也。"太史公在此明白无误地记述他当时读了"春秋古文"后的感受："中国之虞与荆蛮句吴兄弟也"，将封在山西南部的虞国称为"中国"，而将长江以南的吴国称为"荆蛮句吴"。

但是近年出现的"西吴说"和"北吴说"却对句吴到底在何方的问题重新引起了许多纷争和困惑。"西吴说"认为陇县、宝鸡一带即今陕西陇县的吴山才是泰伯之吴之所在；晋南的虞国历史悠久，而且近来有人考证出，周人在迁往岐山前是居于晋南的，晋南之吴的"北吴说"也受到不少人青睐。但笔者认为

"西吴说"和"北吴说"均不成立。

1."蛮服"、"荒服"在周代版图中的方位否定"西吴说"和"北吴说"

《史记》《汉书》均言泰伯、虞仲所奔之处为荆蛮。荆蛮是古代一个特定的地域。上古中原人称周边民族为"东夷、西戎、北狄、南蛮","南蛮"即"荆蛮","荆蛮"应该是上古中原人对以楚越吴为主体的整个南方稻作民族的称呼。其所在区域可以通过《周礼》的相关记载,从历史地理学的视角来分析。

在西周前期,周公姬旦总结前世经验,创造了比较完备的国家管理制度,在中央设立天官、地官、春官、夏官、秋官、冬官"六官"制度,其中夏官司马是主管军事的职官,《周礼》以大司马为夏官之长。"大司马之职,掌建邦国之九法,以佐王平邦国……以九伐之法正邦国"。《周官·大司马》中将国家版图作了具体的划分:"乃以九畿之籍,施邦国之政职,方千里而曰国畿,其外方五百里曰侯畿,又其外方五百里曰甸畿,又其外方五百里曰男畿,又其外方五百里曰采畿,又其外方五百里曰卫畿,又其外方五百里曰蛮畿,又其外方五百里曰夷畿,又其外方五百里曰镇畿,又其外方五百里曰蕃畿。"

在夏官司马手下还有分管测绘的职官,他们职责各有不同,并且互相补充。《周礼》记载了他们各自的职责,职方氏的职责是"掌天下之图,以掌天下之地,辨其邦国,都,鄙(注:五百家为一鄙),四夷,八蛮,七闽,九貉,五戎,六狄之人民,与其财用九谷六畜之数,要周知其利害。乃辨九州之国,使同贯利……乃辨九服之邦国……"职方氏的职责包括天下地图测绘、熟悉九州不同的地理状况、了解九服之邦国即周边邻国的情况。服,服事天子之意。九服即以帝王直辖的千里国土为中心,向外辐射,每扩展五百里为一个地域,《周礼·夏官·职方氏》记载:"乃辨九服之邦国,方千里曰王畿,其外方五百里曰侯服,又其外方五百里曰甸服,又其外方五百里曰男服,又其外方五百里曰采服,又其外方五百里曰卫服,又其外方五百里曰蛮服,又其外方五百里曰夷服,又其外方五百里曰镇服,又其外方五百里曰藩服。"这一辐射圈,从内朝外分别称为侯服、甸服、男服、采服、卫服、蛮服、夷服、镇服、藩服。九服包括当时人们的地理视野所及,也许还包括人们道听途说或推测的地域。[1]从地理方位来看，"蛮服"处于周代国家版图的第六层圈，由此推断"荆蛮句吴"所居的"蛮服"区域距离周的王畿应该至少在 3000 里以上。西周初，周文王"作邑于丰"[2]，武王营建镐京，其位置在今陕西西安市西。我们现在从句吴古都梅里所在地的无锡到西安，火车里程是 1383 公里，自驾汽车的车程是 1267 公里，考虑到古代的长度单位比现代短，周代一尺约合今 23.1 厘米，按这一长度单位换算，其当时的实际距离应在 3300—3500 里左右，无锡梅里及周边太湖地区的地理位置与"蛮服"区域的距离正好吻合。如按上古另一种政区制度"五服"来分析，王畿外围以五百里为一区划，由近及远分为侯服、甸服、绥服、要服、荒服，合称五服。《书·益稷》："弼成五服，至于五千。"《孔传》："五服，侯、甸、绥、要、荒服也。"句吴处在什么位置呢？《论衡·恢国篇》记载："夏禹俣入吴国。泰伯采药，断发文身。唐、虞国界，吴为荒服。"则作为"荒服"的吴地距周代王畿也应在 3000 里左右。而"西吴说"和"北吴说"所依据的地理方位明显小于上述范围。

2. 春秋战国时代的交通路线证明句吴的地理方位在东南

要证明句吴的地理方位在周王朝的东南方，还可以从春秋战国时代吴国同中原各国间外交和军事活动的交通路线来观察。

《左传》成公八年记载："晋侯使申公巫臣如吴，假道于莒。"当时申公巫臣的路线先是往东，假道于莒国。莒国在今山东日照，东边已临海滨，辗转到达吴国，必然是由此折向南方。

襄公二十九年，吴国进行了一次具有重大历史意义的大型外交活动，就是季札出使上国。关于季札出使的历史记载很多，其中比较可信的是《左传》和《史记》。当年季札出使的路线为从吴出发，先至鲁都曲阜，再至临淄；由临淄至郑都（今新郑市），然后北行到卫都帝丘（今濮阳市），再由帝丘经戚邑至晋。

《左传》是这样记载的："（襄公二十九年）吴公子札来聘，见叔孙穆子，说之。谓穆子曰：……""请观于周乐。使工为之歌《周南》、《召南》，曰：……""其出聘也，通嗣君也。故遂聘于齐，说晏平仲，谓之曰：……""聘于郑，见子产，如旧相识，与之缟带……""适卫，说蘧瑗、史狗、史鳅、公子荆、公叔发、公子朝，曰：……""自卫如晋，将宿于戚。""适晋，说赵文子、韩宣子、魏献子，曰：……"

《史记·吴泰伯世家》对季札出使过程的记载大略如下："（王余祭）四年，吴使季札聘于鲁，请观周乐。""去鲁，遂使齐。""去齐，使于郑。见子产，如旧交。""去郑，适卫。""自卫如晋"，"适晋"。"还至徐，徐君已死，于是乃解其宝剑，系之徐君冢树而去。"从《左传》和《史记·吴泰伯世家》的记载，可见当时季札出使上国的基本路线是先北上徐国，然后适鲁，自鲁适齐，自齐如郑，去郑后适卫，最后自卫经戚邑使于晋，由晋反国，还是经过徐国，回到吴。

3."断发文身"的习俗说明荆蛮句吴与中原存在明显的地理气候差异

《左传》作者及太史公都十分强调"断发文身"这个关键词，肯定地认为其出奔之地人民的风俗是"文身断发"、"裸以为饰"。他们之所以如此强调"断发文身"，其核心问题是因为荆蛮之地与中原王朝的蓄发冠笄的风俗差别太大。而这种差别恰恰是地理气候的差异造成的。

"断发文身，裸以为饰"的部族主要活动在今天的长江流域及其以南地区。"文身断发，裸以为饰"确实是南方部族所特有的。"文身"是为了躲避蛟龙之害，而蛟龙所生之地是在水中，"蛟龙，水虫之神者也，乘于水，则神立，失于水，则神废"。[3] 所谓"蛟龙"，实际上就是蛇和鳄鱼之类的代称和神化。南方部族以蛇纹图案作为文身之饰的目的，《汉书·地理志》说是"以避蛟龙之害"。顾颉刚先生说得更具体明了："当时吴、越人之所以断发文身，乃是起于保护生命的要求，其效用与动物的保护色相等。"[4] 文身的最初动机是为了自我保护，具有自然崇拜的内涵，而后才逐渐演变为一种装饰形态。直到近现代，民间尚传说文身有镇邪避恶的作用。

"断发"和裸身则是因南方卑湿酷热之故，直到汉代在长沙以西仍有裸国，《史记·南越传》载："陆贾至南越，王甚恐，为书谢，称曰：'蛮夷大长老夫臣佗……且南方卑湿，蛮夷中间，其东闽越千人众号称王，其西瓯骆裸国亦称王……'"吕思勉在《中国民族史》对"裸身"的问题也有较为集中的点评，他列举文献，《吕览·贵因篇》："禹之裸国，裸入衣出。"《淮南子·原道训》："禹之裸国，解衣而入。"《左氏》谓仲雍"裸以为饰"，则西周以前，吴越之人，犹有不衣者。春秋以来，盖此俗遂改？然《韩非·说林》谓："越人跣行"，则犹不履也。[5] 可见，泰伯、虞仲所奔之地的习俗确为长江流域及其以南的特色。而陇县吴山则地处关中陕西省中部西南，秦岭以北方向，其气候应与中原各地一样，晋南地区亦如此，既无卑湿酷热之苦，也不会常有蛟龙出现，自然也不必"文身断发，裸以为饰"。况其地与周原仅咫尺之遥，对逃亡让国来讲似无多大意义。[6]

二　从思想史视角探究——《周易》的"火"与"风"

否定"西吴说"和"北吴说"，确定泰伯兄弟出奔方向朝着地处东南的荆蛮句吴而去，这仅仅认定了泰伯奔吴的大方向、大前提。而问题的关键是：这条路线是如何选定的？泰伯最后为何要选定无锡梅里建都？

南北朝时期的天文学家何承天，曾利用前人的观测记录，加之他自己多年的观测，撰《元嘉历》，对历法作了多项的改进，是古代重要的历法之一。他认为古人是根据天象制定历法并使历法符合天象，"是以《虞书》著钦若之典，《周易》明治历之训，言当顺天以求合，非为合以验天也"[7]。"《易》与天地准，故能弥纶天地之道。仰以观于天文，俯以察于地理，是故知幽明之故"[8]，这里指出了古人的思维方式是"顺天以求合"。现今探寻泰伯奔吴时对出奔目的地选择的原因，由于史料的空缺，我们无法作出实证的叙述。但却可以运用何承天提出的"顺天以求合"的分析方法，使分析思路回到泰伯生活的西周早期那个天命神学的认识论基础上去。

史载殷周之际思想变革的一个重要标志是《周易》。相传文王在被囚羑里时，因困于忧思，"益《易》之八卦为六十四卦"。改朝换代之际，周王朝统治者是自觉地将《周易》作为一种文化更替的基本工具的。《周易》并非仅仅是占卦书，在其神秘的形式中蕴含着先民较深刻的理论思维和朴素的辩证观念，以揲蓍数目之变，推求问事之变，借以释疑。从中可以看出中国古代辩证法思想的萌芽，因而在中国哲学史上占有重要地位。《周易》所构成的思维方式、认识发展的趋向是周文化的一个基本象征。周人把天命视为一种自觉的力量，是人间社会的立法者和最后的仲裁者。认为人的生死、社会的变迁、朝代的兴亡都是天命一种预示征兆的、自觉的、在一定程度上可为人所认识和把握的，具有理性原则的活动。西周的天命论是由天命和人事两点构成的，它们之间是用各种自然现象、事件加以联系，并用五行、八卦的形式框架表达。其中，天命是主要的，人事是服从于天命的。对天只有崇拜尊敬而决不可有半点怀疑、不敬的亵渎。天是神圣不可侵犯的，这也昭示了王权天授的周人统治是神圣不可侵犯的。这是西周天命神学的基础和出发点，周人敬德保民的思想是从天命派生出来的，是服从于天命的。[9]

　　泰伯让国出奔维系着他一生的事业，其离开岐周的出奔计划，肯定斟酌再三，深思熟虑。泰伯出奔，并非消极退让，而是敬崇天命，敬德保民之举。出奔是为了积极开拓，另辟蹊径，力图建功立业，施展抱负。要实现鸿鹄大志，就首先要找到与"天命相合"的具有发展基础、富有发展前景、确有发展保障的理想乐土。因此，研究无锡梅里为什么恰恰符合泰伯心仪的理想标准而成为句吴古都之地的问题，应从泰伯那个时代所存在的经典和思想出发，以《周易》为认识论的基本工具，结合相关典籍，诸如《尚书》、《逸周书》中的可靠篇什和《诗经》、《仪礼》等，并综合周人崇拜图腾、西周宗法制度、历法、天象、物候等考究线索，进行综合考察，方能得出较为言之有理的结论，实现对泰伯奔吴心路历程的"顺天以求合"式的探究，而不仅仅是"为合以验天"。

1.《周易》"离卦"的哲学思想对泰伯出奔的方位选择具有理论意义

　　"周得火德，有赤鸟之符"[10]，周代"其事则火"[11]，古人通过对自然现象的观察、认识，以太阳为准绳而确定阴阳的定位，"火"的属性为"阳"性，故得火德必"崇阳"。周代以"火德"为"天人合一"，南方为"火"，太阳是其代表，象征光明。

　　《周易》中的"坎卦"和"离卦"，分别代表"五行"中的"水"和"火"，方位上的"北"和"南"。"离卦"是《易经》六十四卦第三十卦，"离：利贞，亨；畜牝牛，吉"。"离卦"的卦象为"火"。"火"之极谓"太阳"。太阳是圆形，又是光明之源，故《淮南子·天文训》说："天道曰圆，地道曰方；方者主幽，圆者主明。""离卦"就是太阳在《周易》中的代称。"离卦"既象征光明，也包含文明。周代贵族讲究"王用出征"。孔子说："天下有道，则礼乐征伐自天子出。"[12] 即天子以此天德天理，征伐无道或违背此天道者。泰伯虽已让国，但身为王室嫡长，其"以德让天下"的内心深处深受这一道德思想的浸淫，为人处世，均以天下为公，正大光明，不违天德天理，不带个人的私心杂念。《象辞》认为，"离卦"的卦象为离（火）下离（火）上，为光明接连升起之表象。《离卦》的本象为火，这里代表太阳。太阳东升西落，因而有上下充满光明的形象。"黄离，元吉"。即黄中文明，大吉大利。《象》曰："明两作，离；大人以继明照于四方。"即治理国家的大人，应当连绵不断地用太阳般的光明（德行）照临天下。太阳的光明、公平、无私普照大地，是君子要学的德行。

"离卦"《卦序》认为："陷必有所丽，故授之以离。离者，丽也。""离卦"中的深层含意为"附丽"，意为"离"陷入"坎"里肯定会附着在一个地方，所以在"坎卦"后接着是"离卦"。犹如太阳附着在天上，雅乐、燕乐附着在周礼上一样。"离卦"象征附着的意思与"离"字通常的意义似乎相反，但附着的两物，必然是分离的，所以也有附、偶、合的含意。太阳的光明连续照耀，必须高悬依附在天空才行，所以象征附着。离卦的这一依附原则体现在泰伯出奔前的处境，可以阐发为：面临让国出奔另觅他路的窘迫局面，当在险难中，必然就要攀附，找到依托之地才能安全。而这一选择依附的过程，应把握中正的原则，不可乘人之危，采取胁迫的手段，以免招祸。而应柔顺中庸，时刻警觉，才能化险为夷。

我们今天来推断当年泰伯兄弟南奔时的心情，还有一处细节需要推敲。即他们当时的出奔方向应该还有其他选择。事实上，泰伯当时在选择时也许确实是迟疑很久的，所以孔子"三以天下让"一句，古注争议最多。有人认为他第一次出奔是近在陇县的吴山（"西吴说"即由此萌生），也有人认为是到楚地。而《史记·吴泰伯世家》断定，"泰伯仲雍二人乃奔荆蛮"。"荆"也可理解为"荆楚"，泰伯是否从周先经楚才至吴，目前仍然存疑。如果确实是先至楚，而他最终选择吴地也必有其深刻动因。另外，为什么不选择"奔齐"？齐地为东方，从周人所崇"火德"来考虑，东为"木德"，明显不符。同时"系辞"说，"万物出乎震。震，东方也。"震卦为雷，为动、为烈、为猛，有凶厉的一面，又离周太近，如果奔齐，明显会成为西周王位继承者的一个威胁。泰伯的出奔首先是一种道德选择。作为王室嫡长，他应该是十分明白由于周代为"火德"，所以用"天人感应"、"天人合一"的理论来制定政治、经济、文化的统治方略时，就以"太阳"之"德"为统治的理论依据，自己所作所为不能违背。而属于南方的"离卦"就是"火"与"太阳"，这一点决定了泰伯出奔的大方向应选择南方。

2.《周易》"巽卦"的哲学思想对泰伯出奔的方位选择具有实践意义

南方为楚地，如果单从上述因素来考虑，泰伯应该奔楚，并且他最初的选择也许确实如此。那么，为什么最后又决定移向东南吴地呢？笔者认为，《周易》"巽卦"的哲学思想对泰伯出奔的方位选择应该具有实践意义。

泰伯三让天下，既已离开王位，则不能再以"火德"为天命自许，作为周代曾经的"真命太子"，"火德"只能深藏在自己的心中。并且，泰伯必须用实际行动向周王朝统治者表明今后不会再有复辟的企图。"巽卦"为《周易》之八纯卦之一。《易经》"系辞"说，"齐乎巽，巽，东南也。齐也者，言万物之齐也。""巽卦"位在东南，从卦象认识，巽为"风"；从卦序认识，巽为"长女"。"巽卦"为一阴伏于二阳之下，象征为服顺之意，顺从则易于被接纳。《周易》研究者普遍认为，文王卦序重于义理，卦序与卦义有着密切的关联，注重和强调的是阴阳矛盾的和谐互动状态。既然"巽卦"所表达的义理为"长女"，则泰伯已近乎屈辱地向西周王室传达了不谋朝纲的信息。《易经》中说："巽为风，君子以申命行事。""巽卦"柔而又柔，因而派生出顺从、谦逊的含义。处巽之道，主于以阴顺阳，以臣顺君。而下顺上、臣顺君的目的，在利于大人之申命施治，上下顺从，正为利见大人之象。即能以柔小逊顺行之则亨。但顺从非盲从，谦逊也不是优柔寡断。同时"巽"为风之卦象，风行无所不入，所以"巽卦"以顺时而为的进入为主旨。若以人事而言，如"巽"之谦卑、逊让者则无所不容。以这种精神和姿态为事为人，无论什么处境都能够适应和发展。这种与人为善的方式，适合为大志向的人利用去干更大的事业。

可见，泰伯之所以选择处于东南方位的句吴作为出奔目的地，是经过精心策划的。一方面可以远离岐周；另一方面则以"巽卦"之位对周王朝表明了自己以臣顺君的心迹。同时，句吴所处地理靠近南方"离卦"之位，并兼具东方"光明日出"的"震卦"优势，这与泰伯心中的期许是十分默契的。而在地形上，楚、齐两地形成了有利于句吴发展互为犄角的两翼，这一选择也为吴国后来的国富民强打下了基础。由此可见，泰伯所作决策显然是以《易经》为思想依据来选择的，但同时又发挥了其自身审时度势的政治智慧。

《论语·泰伯》中孔子对泰伯有最高的评价："子曰：泰伯，其可谓至德也已矣！三以天下让，民无得而称焉。"孔子认为泰伯多次让王位，所以他的行为已达到"至德"的高度。放弃王位的继承权，不是一般人能做到的，这就是道德的最高境界"至德"。而"仁"与"德"的境界，孔子始终奉为有周一代的价值取向："殷因于夏礼，所损益，可知也。周因于殷礼，所损益，可知也。"[13] "周监于二代，郁郁乎文哉！吾从周。"[14] 可见，作为至德先贤的泰伯，从道德承继的诠释上依据《周易》这一思想工具来作实践选择，出奔吴地，就是顺理成章的事了。

三 从文化史视角探究——"尊夏"与"寻根"

1. "周人尊夏"是天命正统的标志

西周早期文献中，每见"周人尊夏"，以夏自居，周族自称"有夏"。《尚书·君奭》："惟文王尚克修和我有夏"；《周书·立政》："乃伻我有夏"。此处"有夏"即指周族，可见周人一贯以夏部族自居，其历史渊源是夏的姒姓与周的姬姓均出自黄帝部落联盟。

夏，姒姓，禹为得姓宗神。据《史记·夏本纪第二》记载："夏禹，名曰文命。禹之父曰鲧，鲧之父曰帝颛顼，颛顼之父曰昌意，昌意之父曰黄帝。禹者，黄帝之玄孙而帝颛顼之孙也。"《世本》、《大戴礼记》等，或记述鲧是颛顼的五世孙。或为颛顼之子。《山海经·海内经》又说："黄帝生骆明，骆明生白马，白马是为鲧。"鲧居崇山，称为崇伯鲧，分布在以河南嵩山为中心的地区。相传在治水失败以后，被上帝殛死于羽渊，化为黄熊或黄龙。他的后继者，迁到了汾水下游以夏为地名的地方，因治水有功，皇天赐以姒姓。夏人在这个地区兴起，建立了中国最早的王朝——夏朝。

周人是一个古老的姬姓部族，姬姓同样出于黄帝集团，《国语·周语》："我姬氏出自天鼋"，天鼋为神龟，是黄帝部落的图腾。周先祖后稷与唐尧、虞舜、大禹同时，《史记·周本纪》："后稷之兴，在陶唐、虞夏之际。"周人和夏人关系非同一般，周先人世为虞夏农官，《国语·周语上》祭公谋父说："昔我先王世后稷以服事虞、夏。及夏之衰也，弃稷不务，我先王不窋用失其官，而自窜于戎狄之间。"历史学家李民认为，周之先民原居于今晋南地区，并与其他氏族（或部落）错处河、汾间，与夏族以及其他氏族结成了一个比较强大的部落联盟，即黄帝部落联盟。夏王朝建立后不久，出现"夏后氏政衰"，从属于夏政权的周族乘机向西迁徙，《国语·周语》韦昭注曰："至不窋失官，去夏而迁。"后来周族以蕞尔小邦，猝然夺取"大邦殷"的统治，在西方建立国家，迁都沣、镐，进而渡河灭商，统治了广大的中原地区。[15] 因而，从文化史来考察，周人以"夏"自居，就是体现出一种属于黄帝部落的天命正统的思想。

2. 泰伯奔吴："周人尊夏"的传承与华夏文明的寻根

夏人的先祖与构成，无论田野考古学研究与远古传说，又都与长江中下游地区的文化及部落有渊源关系。

"夏人"祖居之地应是《山海经·大荒东经》在"天吴"条下提到的"夏州之国"，或一般古文献所称的"吴越之地"、"有吴之乡"，即今中国东南沿海的太湖流域，也即中国田野考古学所称的"良渚文化区"。《说文》："夏，中国之人也。"从三皇时代开始，夏族就是中国民族融合的象征，故中华民族可以"夏"作为统称。中国古称"华夏"，中华民族自称"华夏族"，即来源于

"夏，中国之人也"这一传统认识。"华"是形容词，《说文》："华：荣也"；《尔雅·释草》："木谓之华，草谓之荣。"用于修饰"夏"，即"华夏"为"繁荣昌盛的夏族"之意。大禹的"夏后氏"也被称为"有夏氏"或"夏人"，但该氏族只是古越族的一部分，即"夏后氏"只是"有夏氏"或"夏人"的一部分。"夏后氏"起源于钱塘江南岸地区，是河姆渡文化部落的后裔。河姆渡文化是当时与马家浜文化一起在长江下游南岸两个不同地区平行发展的不同类型的原始文化，此后最终被并入良渚文化部落（即所谓"有夏"）。这一历史变迁虽无法征之于文献，但可清晰地证诸田野考古研究。良渚文化是分布于环太湖地区一支著名的史前考古学文化，中国文明的曙光是从这一地区升起的，因此环太湖地区被考古学家认为是中华民族和东方文明的圣地。无锡已故考古专家冯普仁先生认为："根据考古发现，早在距今 7000 至 6000 年的马家浜文化时期，以太湖为中心的江南地区先民，已经人工栽培水稻，脱离了刀耕火种阶段，而进入了耜耕农业阶段。""距今四五千年前的良渚文化时期，已经由耜耕农业进入犁耕农业，在耕作技术上处在同时期我国诸古文化的前列。"[16] 当代学术界有一种观点，认为商周时期的中原文化即是从太湖流域的华夏文明发展而来的。中国田野考古学研究也发现良渚文化部落中的一部分于公元前 2500 年左右跟随中国远古史上的三皇之一"人皇"北迁黄淮流域，在中原繁衍发展，其影响区域一直到山西南部地带。而未参加北迁，或迁离后又迁回江南的这一部分人，连同那时从南方其他地区陆续迁到太湖流域的百越族成员，就是我国历史文献所称的"吴越之民"。[17]

泰伯出奔之前，作为王室嫡长，必然耳闻曾为周人远祖的东南夏族先民曾经拥有的辉煌业绩，农作、丝织、制陶、玉器等与中原相比，曾有过之而无不及。这里有先祖的光辉足迹，有着令人神往的传奇故事。虽说由于长期持续的洪水之患，使吴地文明曾一度倒退，但尧舜、大禹、后稷曾在这里领导治水，洪涝之灾已基本解决。再说与同属"夏人"子孙的吴人相处，由于宗族、血缘关系，容易亲近融洽。占尽天时、地利、人和，这就是有力的发展保障。因此当年泰伯、仲雍不辞艰辛，穿越江淮大地，横渡滔滔长江，直奔太湖流域的梅里而来，并不只是消极的让位与躲避，而是一种目的性明确的集体行动，既是对"周人尊夏"的传承，又是对作为祖先的古老文化——远古华夏文明的寻根之举。其实早在明代，无锡名人高攀龙就曾经说过："至德之圣，让天下而逃，不至于名山大川，不至于长林峻谷，而之于荆。其之于荆也，不之于三江五湖，不之于幽岩绝壑，而之于吾锡之泱莽平虚，岂其无故耶？"[18]

四　从生态学视角探究——周礼的"天时"与"地气"

泰伯兄弟奔向句吴的目标，是一种必然的选择。至于最终落脚无锡梅里，那是偶然的决定。泰伯三让，出于孝亲爱民，因此民生问题，即对自然生态环境和可持续发展能力的考量，应该是泰伯选择出奔目的地的重要依据。

中国文化素来重视人与自然的和谐，早在上古时期，先民已经有了自然生态环境的意识，积淀了具有中华民族特色的自然生态认识体系。我国是最早从事农耕的国家之一。在长期实践中，先民们很早就认识到天时对于农事成败的重要性。相传早在尧时就曾命羲仲等人根据天象，"敬授人时"。[19]训民耕，使有期程。以后，《夏小正》、《诗经·豳风·七月》等都曾记录一年之中各个时期的农业生产活动。农民主要是依靠节气来掌握农时、以保证农事活动顺利进行的。而《周礼》中对于自然生态的关注，可以用"以人为本"来概括。《周礼》认为，环境对人的影响是通过"天时"与"地气"而产生作用的。天时即春夏秋冬。一年四季，大部分动植物都是依季节而生长的。地，即土壤。由于在构成环境的诸多因素中，土壤与农作物的关系最为直接，因而对人类健康的影响也最为显著。地气则是指构成土壤物质的"气"，《周礼》认为生物的种类是由"地"来决定的，它是对人和动植物造成影响的原因。在不同的地方要根据地气饲养不同的禽畜，种植不同的作物。[20]《周礼·冬官·考工记》："天有时，地有气，材有美，工有巧，合此四者，然后可以为良。材美工巧，然而不良，则不时，不得地气也。"而且，要使得农业丰收，国家富足，也必须考虑天时的影响。"天有时以生，有时以杀，草木有时以生，有时以死，石有时以拗，水有时以凝，有时以泽，此天时也。"[21]古代先民凭着观察日月星辰运行的现象，来审时度节，安排农牧业生产和其他农事活动，使之做到"春耕、夏耘、秋收、冬藏，四时不失"，"斩伐养长不失其时"[22]。古人所观的自然生态之象，一是天象，即日月星辰（太阳、月亮、北斗、五星和二十八宿）的运行规律；二是物象，即动植物顺应节气而发生变化的现象规律，以花鸟虫鱼兽等物候作为时宜的标志，如夏历一月玄鸟至，桃始华，仓庚鸣……；三是气象，即风雨雷电等气象变化所显示的规律，如夏历一月，始雨水，雷乃发声，虹始见……[23]

学界公认，越是在人类文明的初期，自然生态环境对人类文明的影响就越大。泰伯奔吴的立足之地，必然要选择良好的自然生态环境。无锡梅里地处东海之滨、长江南岸和太湖流域，境内四季分明，降水丰沛，河流湖泊纵横密布，为典型的江南水乡地区。据说，泰伯、仲雍一行人马，奔至梅里（也称梅李），时见梅李芬芳，绿树成荫，鸟语花香，山明水秀，即命部下在水泽高墩安营扎寨。黎明即起，雄鸟啼鸣，凤凰来仪，扎营木棍也发出嫩绿新芽，泰伯面临一派祥和安乐、兴旺发达的大好景象。凤凰即凤鸟，被周人视为神鸟，凤鸟对周人而言具有极大的象征意义，据说"凤鸣岐山"，周人由此而兴，被认为是一个重要吉兆。土著告知，泰伯人马所在，就是梅里"荒三千"。泰伯不胜惊奇，当年太王迁徙岐山，也是驻扎"荒三千"，如此巧合，岂不天意！再反观"离卦"《象》曰："离，丽也"，"日月丽乎天，百谷草木丽乎土，重明以丽乎正，乃化成天下。柔丽乎中正，故亨。是以畜牝牛，吉也。"[24]传说中泰伯来到无锡梅里的时节，恰是日月附丽于天，百谷草木附丽于地，双重光明附丽于正道的一派光景，如此优越的地理环境，正符合周人对自然生态的理想追求。于是泰伯决定行止于此，教化天下达到文明，这就是泰伯当年决定安居梅里凤凰墩的故事。虽属传说，却也合理。泰伯奔吴，断发文身，是对华夏文化之根的认同，由此而使中原文化与太湖流域古代文明相接续，开创出更为光辉灿烂的吴文化。泰伯身体力行，身先士卒，"荆蛮义之，从而归者千余家，立为吴泰伯"[25]。泰伯、仲雍奔吴后的头等大事首先是开河挖渠，根治水患，同时传播中原文明发展生产。据传泰伯在句吴境内，曾率众开挖九泾一渎。其中伯渎港长56里，宽20丈，为锡东地区的东西干流，堪称中国第一条人工大运河，比隋炀帝开掘的京杭大运河要早1800多年。梅村现存香泾、龙泾、梅泾、湾泾等，相传也是当年所开。九泾一渎的疏通挖掘，对吴地解决旱涝水患、水上交通、货物运输、军事战略、发展经济等方面，发挥了无可估量的作用。梅村皇渡浜、冶坊浜、制陶浜等地名，相传是泰伯东渡，教民制陶、冶炼之处。[26]据《吴越春秋》记载，泰伯筑城郭，"城周长三里二百步，外廓三百余里，在西北隅，名曰故吴。人民皆耕田其中"。正如东汉吴郡太守糜豹说："数年之间，人民殷富，教化大洽。东南礼乐实始基焉。"[27]

泰伯之德"光照宇宙，犹如日月"。[28]因开发荆蛮，句吴古都梅里终于成为泰伯千秋立德之处和理想人格的实现之地。以泰伯奔吴为源头的吴文化已成为中国文化的重要组成部分，一直延续至今。相传，农历正月初九是泰伯的诞生日，为纪念泰伯的"三让"高风亮节和为吴地文明发展作出的开创性贡献，千百年来的梅村泰伯庙会一直是吴地每年开春最早、最大的乡村节场之一。每逢这一天，村民从四乡八镇聚集泰伯庙，焚香参拜。传说中泰伯病逝于农历三月初三，梅里百姓把三月初三定为泰伯的忌日，每逢这一天，家家户户置办酒肴赴泰伯墓地进行隆重祭奠，缅怀颂扬泰伯的美德和功绩。

注释：

[1] 王树连：《周代军事测绘管理》，《测绘工程》2002 年第 4 期。

[2]《诗经·大雅·文王有声》。

[3] 黎翔凤撰，梁运华整理：《管子校注·形势》，中华书局 2004 年版。

[4] 顾颉刚：《古史辨》第一册中编，开明书店 1936 年版。

[5] 吕思勉：《中国民族史》，东方出版社 1996 年版。

[6] 参见任伟：《西周封国考疑》，社会科学文献出版社 2004 年版。

[7]《宋书·律历志中》。

[8]《周易·系辞上传》。

[9] 邢兆良：《墨子评传》，南京大学出版社 1993 年版。

[10]《史记·封禅书》。

[11]《吕氏春秋·应同》。

[12] 参阅《中国百科年鉴·关于孔子的再评价问题》，1980 年。

[13]《论语·为政篇第二》。

[14]《论语·八佾篇第三》。

[15] 李民:《再论夏、周族之关系》,《夏商史探索》,河南人民出版社1985年版。

[16] 冯普仁:《莫将传说当遗迹——评〈泰伯遗迹志〉》,《吴文化专刊》2003年第11期。

[17] 这一观点可参阅庄小兵《三皇五帝三代王年简表》, http://bc2172.bokee.com。

[18] 高攀龙:《梅里志·泰伯墓碑阴记》。

[19]《尚书·尧典》。

[20] 黄姜:《周礼与周代生态文化》,《绿叶》2004年第6期。

[21]《周礼·考工记·序》。

[22]《荀子·王制》。

[23] 蒋南华:《光辉灿烂的古代天文历法》,《贵州社会科学》2001年第1期。

[24]《周易正义·上经随传》。

[25]《史记·吴泰伯世家》。

[26] 以上有关泰伯来到梅里后的事迹传说可参阅《梅里志》、《泰伯梅里志》等。

[27][28] 糜豹:《梅里志·泰伯墓碑记》。

（作者单位：江南大学、江苏省吴越文化研究院）

泰伯城初探

/ 顾罡灵　谢祖基　张金龙

梅村（古称梅里）有泰伯渎、泰伯庙、泰伯城。泰伯渎又称伯渎河、伯渎港，全长 28 公里，是泰伯带领先民们开凿的中国第一条运河。泰伯庙则是东汉永兴二年（公元 154 年）吴郡太守糜豹奉诏建造的，"即宅为祠"，地址就选在泰伯城故址。目前，泰伯渎和泰伯庙尚在，唯有泰伯城销声匿迹，本文将力求探索泰伯城的真面目。

一　泰伯城的兴建

在商末武乙年间（公元前 1143—前 1113 年）泰伯偕同胞弟仲雍从陕西岐山来到江南荆蛮之地，与土著人一起"断发文身"，放弃了对"周侯"的继承权。根据《竹书纪年》记载："武乙二十一年，周公亶父薨，泰伯君于勾吴，当即是年。"古公亶父逝世后，季历继承了侯位。泰伯、仲雍则在梅里地区"自号勾吴，荆蛮义之，从而归之千余家"（《史记·吴泰伯世家第一》）建立了勾吴国，勾吴国成为江南第一个奴隶制国家雏形。勾吴国建立以后，泰伯、仲雍带领民众致力于发展生产，特别是开凿了伯渎河，基本消除了水患，并在伯渎河两岸凸显了许多可耕地，扩大了人们的生存空间。还教会了当地人"植桑麻"，引进周原地区养蚕缫丝织布等技术，促进了生产发展，改善了人们的生活。勾吴国"数年之间，民人殷富。遭殷之末世衰，中国侯王数用兵。恐及于荆蛮，故泰伯起城，周三里二百步，外郭三百余里，在西北隅，名曰故吴。人民皆耕田其中"(《吴越春秋》卷一 吴泰伯传)。

当年泰伯随父亲古公从豳地迁徙到岐国,因古公仁,很多方国(部落)尽复归古公于岐周,由于古公领导有方,重视发展农业,岐周经济发展很快。古公吸取了在豳时经常遭到游牧部落侵扰的教训,于是在岐周筑城郭,抵御外敌,岐周很快就兴旺起来。泰伯就是继承和学习古公的做法,在民人殷富后,防止胜利果实被其他落后的方国侵扰、攫取,遂筑城御敌。特别在商朝末年,各方国之间经常发生战争,这种战争恐影响勾吴国,泰伯筑城御敌实乃明智之举。

然而,泰伯城到底在哪里?有人认为,泰伯城在白丹山南麓,因为在那里发现了一些古陶碎片,并且还存在一段形似城墙的高墩;也有人认为,泰伯城在鸿山南麓彭祖墩,亦因为在那里发现了一些碎陶片。这仅是人们的猜测,只是证明这些地方曾经有人居住过,无法进一步证明这里便是泰伯城。根据《吴地记》记载:"泰伯筑城于梅里,今曰梅里乡,亦曰梅里村,城内有宅,旧址及井犹存,亦云吴城。"根据东汉时吴郡太守糜豹"即宅为祠"建泰伯庙,泰伯庙的地址原来就是泰伯城中泰伯居住过的地方。笔者认为,泰伯城就在梅村,那是毫无疑义的。

但泰伯城其"周三里二百步"的具体方位在梅村什么地方呢?凡筑城,在江南地区,需要城墙或者城河,也就是说:城是被墙和河包围之中。梅村有块地基本符合此条件:北以夹蠡河为界;东从东蠡桥起向南到伯渎河断断续续连绵上百公尺的土墩。据当地人称,在1976年整田平地时,这些土墩泥质特别坚硬,有人垒这些土时,铁耙齿也翘弯了,故断定这是夯土层(当年泰伯城应是一层一层夯土,逐步增高作为城墙);南面依梅花浜而走向,有河流、有高墩,蜿蜒延伸,向马夫浜、皇渡河接连伯渎河;西边则伯渎河与夹蠡河沟通之河湾桥浜。在湾桥浜和冶坊浜间的伯渎河上,有一水关,在原邹家桥原址,水关上有将士把守,外船进入泰伯城需检查。据说在1958年伯渎河的拓宽工程中,此处有几排木桩深植河底(杉木在河底下可千年不朽,河底上面的木头,因外力逐渐损坏或腐烂),刚才构划的这块地三面是河,东面是土墙,伯渎河穿城而过。其周长约在6公里左右,与泰伯城"周三里二百步"正好吻合(商朝末年,每尺是31.3公分,每步为6尺,则1.878公尺,1000步为1里,3里200步相当于现在 6 公里）。我们初步可以断定，此地便是泰伯城旧址。

二　泰伯城的辉煌

《毗陵志》称："自泰伯至王僚二十三君，皆都此。"泰伯城作为勾吴国的国都从泰伯至王僚长达 6 个世纪。泰伯城毫无疑问成为勾吴国的政治中心。在这泰伯城里，发生了许多惊天动地的事情，创造了许多亘古未有的业绩，吴文化也在这里逐步形成并走向辉煌。

在公元前 585 年，吴王寿梦即位，他制订了"沟通中原，破楚服越，争霸中原"的长远计划，当时的泰伯城不单单是有御敌作用，更大的作用是作为寿梦对外扩张的坚强后方。勾吴国是江南水网地区，舟船是主要的交通运输工具，舟船又演变成战舰，在泰伯城里，勾吴国建立了中国第一支水军。在寿梦十一年，吴军偷袭楚国的属地巢、驾、厘、虺等方国，大获全胜。当时吴国的水军驾舟穿梭于湖泊港湾之间，功不可没。从此以后，楚国也开始学习吴国水师，建立水军。

勾吴国从寿梦开始，迅速走上了强国时代，由于战争的需要，泰伯城里的造船业和冶炼业特别发达，造就了一批能工巧匠，后来的吴王余祭本人便是一位船舶专家。泰伯城内有一岸船弄，岸船弄有石制旱船一只，是训练水师的指挥所，吴王僚、庆忌父子经常到这里习武。王僚、庆忌力大无穷，立于旱船上撑篙，船能移动前进。与岸船弄隔伯渎河相对有个冶坊浜，这里是生产兵器的地方，这里生产的青铜器闻名于中原，相传的太和、属镂、鱼肠等名剑均在这里制成。阖闾迁都苏州，干将、莫邪、欧冶子等一批制剑高手也随之迁到苏州去了。

铸剑同时，必须要有陶制的坩埚来熔化铜锡等，在冶坊浜附近，伯渎河南和北各有一个陶埂上，1958 年农田深翻时，在土层中发现一部分古陶器碎片，这里就是制陶工场，制陶工场不但制熔炼的坩埚，也制生产、生活用的各种陶器，这里的居民大多姓陶，以老祖宗的职业为姓。1978 年，在冶坊浜建造梅村饮服大楼、挖石脚沟时，民工们挖到了十分坚硬的废铜渣。这可能是当时在冶炼过程中废弃的铜渣，这些铜渣现在尚埋在地下。

在岸船弄东侧有个茶安场，茶安场是当时泰伯城的闹市区，十分繁华，在史书上所载的"伍子胥吹箫乞吴市"就是发生在这里。伍子胥在街市上乞讨，有时吹箫，有时唱"父仇不报，何以生为"。后来伍子胥成了公子光的幕僚，他推荐专诸，刺杀王僚，夺了王位；推荐孙子，成就了阖闾西破强楚、北威齐晋、南服越人、驰名中原的宏图。

三 泰伯城的毁灭

阖闾迁都苏州以后，泰伯城依然繁华。直到公元前 473 年，勾吴国被越王勾践所灭，苏州被勾践占领，吴王夫差自杀。此时勾践命越国大将范蠡率兵扫荡勾吴古都泰伯城。

范蠡带兵从姑苏走水路来到梅里，将泰伯城包围起来，他将兵分一旅驻在东部，分一旅驻西部，兵士昼夜巡逻。梅里人后来称东部为东蠡，西部为西蠡，造了桥后，分别称东蠡桥和西蠡桥。泰伯城内民众慷慨激昂，决心与越军决一死战。范蠡用兵、秋毫无犯，对泰伯城围而不攻，多次与城内头面人物进行谈判沟通，并赐予酒食。范蠡还派兵士帮助梅里乡民在城外搞好农事，最终吴民对范蠡消除了敌对心理，化干戈为玉帛，"泰伯城"就这样被范蠡"和平解放"了。后来勾践得知范蠡与吴民亲如一家，勃然大怒。特别是勾践得悉范蠡劝说文种离开自己，更是要诛杀范蠡。事情是这样：范蠡修书一封给文种："飞鸟尽，良弓藏；狡兔死，走狗烹。越王为人，长颈鸟喙，可与共患难，不可其荣乐，子何不去？"文种不以为然，不听范蠡劝告，被勾践所杀。现范蠡果断地功成身退，偕同西施过隐居生活了。勾践认为泰伯城可能是范蠡的藏身之地，勾践又生性多疑，以为范蠡要联系吴民一起反越。于是勾践发重兵继续攻打泰伯城，吴民奋起反抗，宁死不屈。吴民慷慨赴死的精神亦令勾践胆寒。毕竟力量悬殊，"覆巢之下无完卵"，吴民被勾践赶尽杀绝，泰伯城彻底被毁，成了一片废墟，后泰伯城称梅里平墟。

　　泰伯城虽毁，但其影响不小。历代文人骚客对其寄托无限遐思，宋代诗人杨时赋诗曰：泰伯城三里，未录梅里隈。当年建雉堞，今日剩莓苔。仁让高风古，文明旧德培。平墟惆怅望，惟共月徘徊。明代高士、东林党领袖高攀龙亦诗曰：泰伯城荒德未荒，至今遗址尚流芳。试观霸业今何在，不比勾吴让国香。

（作者单位：无锡新区《梅村志》办公室）

探索先秦吴国都城的变迁动因及深远意义

/ 吴刚虹

先秦吴国都城究竟在哪里？从古到今，众说纷纭；有二都论者，也有三都说的，概无定论。按传统说法，认为伍子胥所建的大小城，其大城为姑苏城，所建小城为阖闾城。由于该城是屯兵之地，断定阖闾城是吴国的一个军事基地。

2007 年年初，在第三次全国文物普查期间，无锡市政府组织力量对阖闾城遗址进行考古复查，以创新思维有了突破性进展。2008 年 9 月，经全国史学界、考古学专家论证会认定，确认了阖闾城的地址在闾江，面积约 2.98 平方公里，符合春秋时期的建制。从阖闾城的地层和出土陶片分析，遗址的年代应在春秋晚期与吴王阖闾的年代相当；遗址内发现的高台建筑，只有春秋战国时期的宫殿才有此建制，因而确认为吴国阖闾时代的都城。最近由国家权威部门初评为2008 年度"全国考古新发现 25 个入围项目之一"，这是无锡地区继 2004 年鸿山大遗址成为全国十大考古新发现之一后的又一大遗址考古项目的成果，这对吴国的文化历史来说具有里程碑的意义，也为我们提供了对梅里与阖闾城进行再认识的机会。本文拟汇集历史文献资料，按其时代背景、变迁动因和人文环境，进行综合探索和研究。阐述如下。

一 梅里泰伯城是吴国初中期首都所在地

《史记》吴泰伯世家及史料记载，约在公元前 12 世纪的商代末年，被认为江南文化之祖的吴泰伯偕弟仲雍，为让位于弟季历，以采药为名，长途跋涉，从陕西岐山来梅里（今无锡梅村）定居。此后，太王古公病故与季历被商朝暗害，泰伯先后两次前去奔丧而让位，这就是史称泰伯三让天下的由来。

历史文化是一个连绵承续、深厚积淀的过程，但从局部地区来说，也会出现时起时伏、断层失落的反映。在远古泰伯奔吴时期，环太湖地区由于受海水入侵的影响，致使该地良渚文化消失。泰伯到吴地，太湖流域还是低洼沼泽，河沟纵横，苇草摇曳，一派原始荒野景象。《史记》称："荆蛮义之，从而归之千余家，立为吴泰伯。"泰伯以"断发文身"的决心，入乡随俗，取得江南人民的拥护，被拥为他们的首领。从此，建立一个以梅里为中心的部落式勾吴国，周围 300 余里，其都邑设在梅里，称"古吴墟"，自泰伯至王僚 23 个君主，在位 700 多年历史。

"泰伯城荒德未荒，至今遗址尚流芳"。城市是人类社会发展到一定阶段的产物，也是人类文明的标记。泰伯立国后，因治理有方，"数年之间，民人殷富"。其时殷末世衰，中原侯王屡相用兵，恐及于荆蛮，故泰伯起城而防备。据《吴越春秋》载："故泰伯城，周三里两百步，外郭三百余里"；宋乐史《太平寰宇记》称：泰伯城"平地高五丈……城内有泰伯宅、井及堂基见在"。因年代久远，古泰伯城已成平墟，但其城市史脉和井、宅基及其历史文化环境依然存在。古人有言，国可灭而史不可灭，其城市历史亦然。正像西安是 3000 多年前周文王在沣水的西岸建起丰京作为其建城起始地一样，因此，梅里泰伯城应作为无锡境内城市历史史脉起源地。

泰伯通过传播北方先进文化，揭开了江南历史文化的序幕。他引进黄河流域中原地区先进农耕文明，改进耕作技术；开凿江南第一条人工运河——泰伯渎，在附近建有"鸭城"，饲养禽畜；努力发展种桑养蚕，进行植麻织布，使原先还是人烟稀少的太湖流域逐渐进入繁荣富庶的状态。对古泰伯渎的挖凿开通，不仅有利于农业灌溉和航运，并为春秋时代吴王夫差开挖"邗沟"开了先河，其意义无与伦比。随着国家对京杭大运河保护与"申遗"的积极推进，人们对"运河文化"的再认识：泰伯城与泰伯渎是一对"孪生兄弟"。据无锡吴文化研究会秘书长陈振康先生在《泰伯居里的文献佐证》引唐太宗的四子李泰主编的《括地志》常州卷所述："梅里在常州无锡县东南六十里。""泰伯奔吴所居城，在苏州北五十里常州无锡县界梅里村，其城及冢见存。"可见，泰伯居梅里，在唐朝时期史地文献仍然记载清晰。然而，如何拨开梅里"冰山文化"的迷雾，通过对泰伯城及其周围地区的考古可望打开新的局面，让我们拭目以待！

二 阆江阖闾城是吴国强盛期的都城

远古时代长江中下游崛起的吴国，其建国后长时期内是比较脆弱的。当君主传至十八世寿梦时，国力才逐渐强大。吴王阖闾上台后更有起色，他任伍子胥为大夫，采用"立城郭、设守备、实仓廪、治兵库"的谋略，当伐楚取胜后，在太湖边阆江构筑阖闾城，以防楚越侵犯。现阆江阖闾城遗址早已列为江苏省文物保护单位。

阖闾城位于胡埭镇阆江西侧，处于常州武进交界地。该城又称吴城，为弧形土城，仅筑东南西三面。据《越绝书》云："阖闾之时，大霸，筑吴越城，城中有小城二，徙治胥山"，城"周十二里，其下广二丈七尺，高四丈七尺，门三皆有楼"；《吴地记》载："吴国伐楚回，伍子胥运润州利湖土筑之，不足，又取吴地黄渎，为大小二城，以阖闾之名名之"；在《锡山景物略》记："城名阖闾，江名阆，山与地皆名阆江，皆为伍员也。"阖闾对越作战后，还令伍子胥在大城之东筑小城作为对越的前沿阵地，其小城背依仆射山和胥山，面临太湖，阆江蜿蜒流经城北与城西，古城东北的胥山顶上，是伍子胥驻兵处，正南处有点将台与原练兵场，该城易守难攻，地势险要，同军嶂山、夫椒山军事要塞成掎角之势，其时实为吴国军事重地。

阆江阖闾城的兴衰同伍子胥的成败休戚相关。伍子胥自公元前522年从楚国逃亡到吴地后，还推荐世称"兵圣"的孙武为主将军共事兴国，采取一整套的富国强兵措施，经过攻楚五战连捷、伐越夫椒之战大获全胜，终使吴国强大称霸。阖闾城与伍子胥共命运在"史学双璧"的《史记》与《资治通鉴》中也得到了体现。"双璧"巨著中将伍子胥忠谏被杀的典型事例均以重墨记载，如：

"昔伍子胥说听于阖闾而远迹至郢，夫差弗是也，赐之鸱夷而浮之江。吴王不寤先论之可以立功，故沉子胥而不悔；子胥不早见主之不同量，是以至于入江而不化"。其意思是：从前伍子胥的主张被吴王阖闾采纳，吴国用兵一直攻打到楚国郢都；继位的吴王夫差却不是这样，而赐给他马革囊袋逼他自杀，把伍子胥的尸骨入皮囊抛进江里漂流。夫差不明白采纳伍子胥的建议是吴国成就功业的根本，所以把他沉入江里而不后悔；伍子胥也不能预见君主的气量、抱负，导致被沉入江水中而死不瞑目。这里阐述了该事件的起因、性质、特征与后果；同时也指明了事件发生的地理位置与环境，其要害是"浮之江"，也就是指闾江而并非是别的什么地方。

阖闾城是吴国的都城在《吴越春秋》里也得到了佐证。书中记述伍子胥在被害前的一段自白说："我开始是你父亲的忠臣，建起了吴国的都城，设计了谋略而攻破了楚国，制服强劲的越国，威势压倒了诸侯各国……"此处所指的国都很明显就是阖闾城了。

关于阖闾时代吴王的地位与疆域，据《吕氏春秋》载："古者有以王者、有以霸者矣，汤、武、齐桓、晋文、吴阖庐是矣。"又曰："吴阖闾选多力者五百人，利趾者三千人，以为前阵，与荆战，五战五胜，遂有郢。东征至庳庐，西伐至于巴、蜀，北迫齐、鲁，令行中国。"这里也明显看出，吴王阖闾的地位是相当显赫的，其疆域已超过中原各诸侯国。

三　先秦吴国迁都的动因透析

综上所述，从吴国国都从梅里泰伯城迁闾江阖闾城再转移到姑苏城的过程来看，是其外因战争因素和内因国家发生重大政治事件相结合的反映。

从外因分析比较：历史上春秋战国是一个战争频繁、诸侯争霸的年代。在此大背景下，吴国的崛起与发展，必然同战争环境相关联。按吴国君主在位数年限显示，从泰伯到夫差 25 个君主，合计在位数为 738 年，其中国都在梅里泰伯城有 697 年，占总在位数的 94.4%；在闾江阖闾城为 30 年，占总在位数的

4.1%；在姑苏城为 11 年，占总在位数的 1.5%。此数据说明，由于吴国建国后长时期内，因政局比较稳定，相应的国都没有变动。自吴国发生对楚、越战争，北伐齐晋后，加上国内矛盾突出，发生了二次迁都现象。国家都城是一个国家政治军事的指挥活动中心，国都的位置及其兴衰状况与国家的命运密不可分。因此，类似因战争需要而迁都的彼时很多国家均曾经发生。例如，在周朝，西伯攻伐崇侯虎，建造丰邑，把国都从岐山迁到丰都，武王再定都在镐京；平王即位后，为躲避犬戎的侵袭，向东迁移到洛邑。秦国：自献公即位后，为镇抚边境，国都由平阳迁至栎阳，准备东征；一年（前 352），卫鞅任大良造，率兵攻魏国安邑；后二年，修建咸阳城，修高大门观，迁都咸阳。春秋时期其他国家也均有二至三次迁都现象。在战火环境中，士兵训练也极其重要。阖闾城由于紧靠太湖，地处闾江边上，通过水上操练，吴国拥有了一支强大的水军，且吴国造船业极为发达，其所造的大船能航行于江河湖泊和近海水域，这是当时任何诸侯国所无法相比的，从而有利于对楚、越的作战。

从内因方面分析判断：在春秋战国时代，也是一个诸侯争权夺利、王室刀光剑影而互相杀戮的年代。按《春秋》时代 242 年中记述数据，在那个时代发生父子互相杀戮、兄弟互相惨灭的事件 36 起，记录灭亡国家 52 个，而诸侯逃亡国家废弃的更是数不清楚。很显然吴国后期发生的"专诸刺僚"和"夫差逼死伍子胥"两次重大政治事件，前后两者分别是迁都阖闾城、迁移姑苏城的直接动因。相似的情况也发生在齐国和越国，如齐国在周夷王时期："纪侯向周王进谮言，煮杀了哀公，使哀公三弟继位，这就是胡公，胡公就迁都于薄姑；而哀公的同母小弟山怨恨胡公，便率领自己党徒营丘人袭击攻杀胡公，自立为齐君，将首都由薄姑迁到临淄"。再如按《吴越春秋》载：越国灭吴后的第二年，"越王就赐给文种属镂宝剑让他自杀"、"越王杀了忠臣以后，在函谷关以东的中原大地称霸诸侯，把国都迁到琅琊"。历史上又"演出"了一幕杀忠臣的悲剧。

从城邑的规模结构分析：一是阖闾城的规模。经考古探测已符合国都的规模。据社科院考古研究所对全国汉代前城市的研究成果表明，县城为 0.25 平方公里，郡级城为 0.64 平方公里，都城为 1 平方公里—1.2 平方公里，而阖闾城经考证为 2.98 平方公里，已达到都城的规格。二是城市的结构功能。阖闾城按其结构轮廓勾勒，可以说是城中有城，城中有道城墙，将城分为东西城；其城东是平民百姓的街市聚集之地；西城是权势达官居处，"中城"则是"皇室"。阖闾城也是军事基地，具有练兵兵器库、点将台、伍子胥故垒、烽火台、天井泉等古迹，其政治军事指挥功能一应俱全。三是历史文化环境。阖闾城现尚存城墙有1000多米，就是其历史文化的最好见证。在附近马山（古名夫椒山）四平湾处，至今还留有昔日吴王擂鼓督战的敲鼓墩遗址；在万丰内间村，还有吴王避暑宫遗址；在间江后巷西，有一座伍相祠，此为吴人纪念伍员而立祠祀之。

从当权者素质分析来看，吴国后期二次迁都决策当权者是阖闾与夫差，不仅反映对伍子胥的忠谏显示出气量与抱负截然相反外，并且在建都风格、统治权力、个人品德与对百姓、士兵的态度等方面也反映出不同的素质。按《春秋左传》载："昔阖闾食不二味，居不重席，室不崇坛，器不彤镂，宫室不观，舟车不饰，衣服财用，择不取费。在国，天有灾疠，亲巡孤寡，而共其乏困。在军，熟食者分，而后敢食。勤恤其民而与之劳逸，是以民不罢劳，死之不旷。今闻夫差次有台榭陂池焉，宿有妃墙嫔御焉。一日之行，所欲必成，玩好必从。珍异是聚，观乐是务，视民如仇，而用之日新。"意思是说：从前阖闾吃饭不吃两道菜，坐着不用两层席子，房子不造在高坛上，器用不加红漆和雕刻，宫室之中不造亭台和楼阁。车船不施装饰，衣服和用具，取其实用而不尚华丽。在国内，上天降下天灾瘟疫，就亲自巡视，安抚孤寡和资助贫困的人。在军队中，煮熟者的食物必须等士兵都得到了，自己才食用。吴王阖闾勤勤恳恳地体恤百姓而与之同甘共苦，因此，百姓不疲劳。现在夫差住宿有楼台池沼，睡觉有嫔妃宫女陪伴，即使是一天在外，玩赏爱好的东西，一定要随身带走。积聚珍奇一心玩乐，视百姓如同仇人，肆意驱使他们。

四　阖闾都城定位的深远意义

泰伯奔吴，建勾吴国，揭开了江南历史文化的序幕。但是吴国建立后，长时期内国家还是比较脆弱的。当君主传到十八世寿梦时，国力才逐渐强大，吴王阖闾上台后就更有起色。其时阖闾任伍子胥为大夫，在一次伐楚取胜后，由伍在太湖边间江构筑阖闾城，以防楚越侵犯。其阖闾城遗址在 20 世纪 50 年代列为江苏省文物保护单位。

阖闾都城的定位其意义重大而深远，这主要有以下几点：

一是还原了历史的本来面目，认定了吴国文化的丰富内涵。国家都城是一个国家政治、军事的指挥与活动中心，都城的位置同国家的命运密不可分。《史记》对此也曾有阐述，如古时唐尧定都河东晋阳，殷人定都河内殷墟，东周定都河南洛阳。河东、河内与河南这三地居天下之中，像鼎之三足，是帝王们交替建都的地方，各国至少有几百年的历史 。这里充分说明选都的重要性。为强国称霸，伍子胥运用"立城郭、设守备、实仓廪、治兵库"的战略措施，选都阖闾城就是首要的实现目标，由于阖闾城地势险要，战术上难攻易守，且同附近军嶂山、夫椒山军事要塞成掎角之势，战争实践彰显出军事上的显赫威力，创造出了春秋时代的称霸功业，也充分显示出阖闾都城应有的功能与作用。

二是体现了广纳人才的成果，导出了《孙子兵法》的诞生及其宏伟壮观的实战画面。吴国在阖闾时代，求贤若渴，聚集了出类拔萃的人才，给他们施展抱负的机会。这里首推伍子胥的功劳。伍子胥是一位"智勇双全，谋略超人"的难得人才，更可贵的是他七次推荐世称"兵圣"的孙武成为主将军共事兴国，不仅使吴国形成《孙子兵法》诞生的土壤，并在对楚袭击的实战中，取得五战五胜，长驱直入攻陷郢都，成为春秋时期以少胜多的典型战例。孙武作为我国古代伟大军事家而闻名遐迩，其不朽军事著作，文义精粹，内容丰富，揭示了战争的本质与规律，以及如何使战争取胜的原理与方法，道理深刻而辩证，出世 2500 多年来，长盛不衰地为世人崇奉而赞叹！

　　三是完善了城市的肌理与经脉，提升了城市的历史价值。一座城市的历史，既要靠文献来反映，更要凭客观存在的历史遗存来见证。城市的肌理与经脉是历史的积淀，应该还原它应有的价值。每座城市的历史是不能移植、也无法复制的。通过阖闾都城遗址的定位，科学界定了无锡地方城市发展的历史起源，将无锡史上从县城地位提升为古代诸侯国的位置，这可为无锡城市有机更新和文脉延续找到佐证。对一个城市来说，历史是根，文化是魂，历史文化资源是一个城市最为珍贵的资源，也是不可再生并体现城市个性的特色资源。这次阖闾都城的确定，见证了城市演变的年轮，塑造了城市文化符号与特色基因，从而积淀了城市文化的厚度，这对于丰富吴国文化的深厚内涵具有里程碑式的意义。

　　四是使旅游业增添新景观，强化了城市软实力。旅游业是经济功能与社会功能集生产性与生活性于一体、具有明显比较优势的服务业，阖闾城如果能开发建成遗址公园，必将增添锡城旅游业的新的人文景观。根据无锡市委、市政府决定，早已对阖闾城遗址的长远性保护作出了全盘规划。目前针对阖闾大城专门制定了《阖闾城遗址公园保护管理暂行规定》，确定了9万平方公里保护控制范围，其规划方案东至鸡笼山，西至直湖港与常州交界，南至太湖，北至马鞍山。规划的实现将充分展示吴国文化的古都遗址风貌，并将与十八湾景观、环太湖自然景观和灵山佛教文化相结合，必将形成强势的旅游品牌，这对无锡经济结构的调整和增长方式的转变会起到有力的推动效果。

　　概括地说，先秦时期吴国的都城，其早中期是梅里泰伯城，至晚期才迁到姑苏城是没有疑问的，而闾江阖闾城是否是都城问题？通过上述史料证明，即从《越绝书》的"筑吴越城"、"徙治胥山"，《吴越春秋》中伍子胥指明的"建吴国都城"和史学巨著《史记》里的"浮之江"、"城故吴墟"等均诠释闾江阖闾城是吴国鼎盛时期的都城，并较易区分于姑苏城之别，现有考古文物佐证外，其文字史料的可信度也是极高的。

　　古代权威史学家太史公指出："千金之裘，非一狐之腋；台榭之榱，非一木之枝；三代之际，非一士之智也。"综观吴国从弱转强再到诸侯称霸的发展历程，就是聚集多种因素的结果。从吴王阖闾能举任贤人和善于用兵、伍子胥的刚勇而智谋和孙武的兵法练兵和战略谋划，均以阖闾城作为最高政军指挥平台与基地，形成了阖闾城、吴王、伍子胥和孙武"四位一体"的显赫威力，彰显出春秋时代军事历史上经典战例和称霸功业，也充分反映世界轴心时代东方"吴鲁三维文化"发源地的文化底蕴。它不仅为吴国的发展书写了威武雄壮的历史篇章，并为中外闻名的伟大军事著作《孙子兵法》的产生与实践奠定了基础。因而研究、认知与评价阖闾城古都遗址的历史文化地位，重塑其历史文化的本来面目，再认识其历史意义的重要性是不言而喻的。

文化遗产是人类社会发展的见证，是人类文明的重要载体。文化就是一种软实力，随着全国第三次文物普查与无锡市政府启动阖闾城遗址的考古测绘发掘和开发利用，毋庸置疑，其梅里泰伯城遗址和阖闾城遗址的人文景观、旅游资源及其文化底蕴与历史文化价值必将呈现其美好前景！

（作者单位：江苏信息职业技术学院）

泰伯缘何称"至德"？古都何以为"德城"？

——论梅里作为"中华德城"的历史价值与当代意义

/ 朱丽霞

　　梅里——吴文化的发祥地。3000 多年前，西周太王长子泰伯，为达成父王欲立三子季历之愿，偕二弟仲雍托词采药，千里迢迢，从岐山远赴江南，定居梅里，建勾吴之国。后曾两度回岐山——奔父丧及凭吊太子，又两辞王位。前后三让天下，孔子称为"至德"，司马迁《史记》将泰伯列为"帝王世家"之首。因泰伯谦让的崇高品德，后世尊称"让王"。

　　历史上不乏谦让的典范，如伯夷、叔齐，为让位而终饿死首阳，令千秋万代所敬仰，但为什么孔子称泰伯为"至德"，而仅称伯夷、叔齐为"贤人"？[1] 为让，后者已经付出生命的代价了，却未赢得圣人"至"高的评价。至者，最也，唯一也。其意在于，在人类各种优良的品德中，再也没有超越泰伯之德了。泰伯至德，因为是圣人所言，成为历史定论，固然没有必要提出质疑，但令人困惑的是，孔子为什么称泰伯"至德"？历来的分析诠释只是继承沿袭孔子所言，却缺少对其原因的探讨。本文试图对这一问题作一初步阐释。

一　争与让：泰伯"至德"的原因

　　权力诱惑下，历史上多少朝代的更替兴亡是在骨肉相残中进行的。春秋时，郑国国君郑武公薨，其两个儿子郑伯与公叔段就因为争夺王位，明争暗斗，长达数十年之久，终至兵戎相见，兄胜，遂将弟驱逐出境，流放异国他乡。同时，将密谋助弟争夺王位的亲母囚禁于狱中，并发誓，从此断绝母子关系，永不相见。

三国时，魏国曹操过世后，继其位的儿子曹丕就因为担忧其弟曹植威胁其帝位而对曹植横加迫害，逼迫曹植七步成诗。曹植伤心欲绝，悲慨："本是同根生，相煎何太急！"

南朝梁武帝死后，朝廷内展开了帝位争夺战，兄弟叔侄之间为争帝位互相斫杀。

隋炀帝杨广为登上皇位，弑父杀兄。

明初建文帝被其叔燕王朱棣篡夺帝位，建文仓皇而逃，途经梅里，在泰伯墓前，感慨万分："深惭今日争天下，遗笑勾吴至德邦。"（《题泰伯墓东壁》）身为天子却被赶出京城，帝位被自己的亲叔叔所夺，其苦其恨非常人所能知。

土木堡之战，明英宗御驾亲征，被蒙古瓦剌俘虏。国家不可一日无君，群臣拥立英宗弟朱祁钰为帝。但当作为俘虏的英宗被放归后，他不甘心失去帝位，经过斗争，英宗又得以复辟。而更为熟知的则是清朝了，几乎大清的每一位皇帝的登基，都经历了无数次的骨肉相争。

回顾中国历史的发展与朝代更替，为争夺帝位刀剑并举的例子屡见不鲜，史不绝书，而选贤任能、退避忍让的例子却非常罕见了。除泰伯、仲雍外，最令人敬仰的就是伯夷、叔齐。这几乎是家喻户晓的仁德典故了。

伯夷、叔齐是商末孤竹君二子。孤竹君有意立次子叔齐为王。孤竹君死后，叔齐让位于兄伯夷。伯夷不背父命，坚辞不受。叔齐坚持让位于兄。于是，由于让，兄弟二人先后都逃到周国。周武王灭商后，他们耻食周粟，誓为商朝遗民，采薇而食，终于饿死首阳。尽管后来史书中都将饿死首阳的感人故事视为抱节守志的典范，但夷、齐兄弟首先因为"让"而不争令人尊敬，其次才是节义操守。因让而终至死，姜尚称其"义人"[2]，孔子称其"贤人"。显然，伯夷、叔齐的品行尚不达"至德"高境。《论语·泰伯》曰："伯夷称贤人，泰伯称至德。"

这里就关涉到对"让"字内涵的理解与"让"的精神价值与社会意义。源于中国的两大思想儒家与道家的根本区别即在于入世与出世。孔子作为儒家的创始人，与主张无为而治顺从自然的道家相比，儒家则永远是积极入世的。子贡问孔子：有美玉在此，是把它放在柜子里藏起来呢，还是找一个识货的人卖掉？孔子说："沽之哉！沽之哉！我待沽者也。"（《论语·子罕篇第九》）有价值的事物要发挥其价值与作用。孔子说："当仁，不让于师"（《论语·卫灵公第十五》），以仁为任，无所谦让。儒家主张勇于担当。从治天下的角度来说，孔子本应支持泰伯继位，以承担起治周的责任。那么，向来鼓励进取的孔子为什么特别肯定泰伯、仲雍的这次推让？

首先要解决的问题是泰伯、仲雍让王的历史背景。《史记》："季历贤，而有圣子昌，太王欲立季历以及昌。"泰伯幼弟季历聪慧贤明，深得太王宠爱。更为重要的，季历还有一个更为圣明的儿子姬昌。太王想让季历继位以便将来传位姬昌。作为长子和次子的泰伯、仲雍，理应优先继位；如果泰伯放弃王位的继承权，那么继位者亦应是次子仲雍。但这皆非太王所愿。此时，泰伯、仲雍主动放弃王位继承权，远游荆蛮，首先是成就了太王的心愿，不让太王左右为难。在王权之上，泰伯首先履行了一个孝子的职责，归有光称其为至孝 [3]。而这正是孔子所最认可的品行。

儒家认为，孝是诸德之本，至德的源头，"人之行，莫大于孝"。《孝经·开宗明义》："先王有至德要道，以顺天下，民用和睦，上下无怨。"国君可以用孝治理国家，臣民能够用孝立身理家。在《孝经》中，孝已取代仁上升为哲学范畴。孝是"至德要道"，是"德之本也，教之所由生也"。在古代中国，有"五教"之说：教父以义，教母以慈，教兄以友，教弟以恭，教子以孝。在"五教"中，孝成为一切道德规范的根本。孔子所称赞泰伯的首先是泰伯的孝及对孝的持守。孔子肯定泰伯推让王位之举为"至德"，首先是高度肯定泰伯的孝，因为这种孝要以让出王位为前提，泰伯主动地去体会父亲的意图，实现父亲的心愿，是为"孝"的最高境界。建文帝《题泰伯墓东壁》，颂扬泰伯"避荆不为君臣义，采药能全父子纲"。归有光在《至德论》称颂泰伯为"天下之至情"。

伯夷顺其父志，而以国予弟，然叔齐不潜长幼之礼、坚辞不受，兄弟二人先后褰裳而去。

其父之志终不遂。父志最终未能实现，故伯夷不能称至孝。对于伯夷的品德，后世赞颂有嘉，但对其人生之路的选择，并未能为后代人们所一致认同。原因在于，伯夷之"让"除了成就了自身的贞节高义外，没有产生应有的社会价值：一未遂父志，二因让而至亡国。伯夷之让的结果是两败俱伤。"故让之而不得其情，其祸甚于争。苟得其情，则武王之争可以同于伯夷。故圣人之贵得其情也。"（归有光《至德论》）从社会意义、历史进步来说，伯夷之让则完全没有必要，不值得提倡。他的让给社会带来的是动乱而非和平与进步。

至于泰伯则大为不同。泰伯之让不仅遂父志——履行孝的责任，而且富国强民，周朝终于灭商。泰伯之让的结果两全其美。其让产生了巨大的社会价值。泰伯高于伯夷之处在于，他"让"得不露痕迹，水到渠成，合情合理，这是孔子所言"民无得而称"的原因。归有光在《至德论》中评价泰伯之让曰：

> 泰伯之去，不于传位之日，而于采药之时，此泰伯之让所以无得而称也。假使太王有其意而吾与之并立于此，太王贤者亦终胜其邪心以与我也。吾于是明言而公让之，则太王终于不忍言，而其弟终于不忍受，是亦如夷齐之终不遂其父之志而已矣！

刘邦想废太子刘盈，改立戚夫人之子刘如意。张良为太子献计，教四皓以羽翼太子，转危为安。此事光明磊落，举世讴歌，但对于太子来说，却终于伤父之心。未及泰伯之去"不于传位之日，而于采药之时"周全完美。晋国太子申生屡遭庶母骊姬陷害，但他终于未能逃亡也未造反，徘徊不去，最后，被逼自杀，其心则恭而陷父于杀嫡之罪，故成而为惠帝，不成而为申生。亦远不及泰伯之明智果断。所以归有光在《至德论》中云："古今之让未有如泰伯之曲尽其情者。"

其次，让"贤"。评价古代先贤之让，并非只看其让的行为，更重要的是看其让的结果和所起的历史作用。季札之让恰如伯夷之让，没有赢得后世的颂扬。季札是吴王寿梦的幼子，寿梦死后，其子诸樊、余祭、余昧相继为王。余昧死后，应传位季札，可季札再度"弃位而逃"。季札之让的结果引起了吴国大乱（季札走后，吴王余昧长子继位，称吴王僚。于是诸樊的嫡长子公子光却不甘居臣位，发动政变，夺取王权），由此引发了天下大战。对于季札，孔子亦十分敬佩，但只称季札"延陵君子"（孔子所书季札墓碑）。一定意义上说，这表达了孔子对于季札之让未能完全苟同。此后，史书即称季札为"延陵季子"，而谓泰伯"至德"[4]，即因泰伯解决了忠孝难两全的困惑。

清人李光地《榕村语录》论泰伯至德的原因，泰伯之让："太王不过是寻常爱少子，泰伯窥见此意，所以处之者。却比夷齐尤善，所以称为至德。泰伯若明言要让，太王偏爱之失已显，且季历之受之也难安，惟招呼仲雍托言采药而逃，太王无偏爱之迹，而季子有不得不立之势。当时竟不知其去之故处，得浑然无迹，故曰至德。若伯夷之让，便使叔齐不能正其位，孤竹君之偏爱，复不能隐，比泰伯不如远矣！故夫子称夷齐曰古之贤人，又曰民到于今称之。"（卷三）因而，"让"，非圣人之所贵。后世史书对于伯夷之让就避而不谈，而只称颂其"死节"，由此，今天我们谈及伯夷、叔齐，只知道他们是节义之士的典范。所以孔子也认为伯夷只是"贤人"、"义士"而已。

孔子肯定泰伯、仲雍之"让"即非一般意义上的"让位"，而是肯定他们的"让贤"。季历贤明，姬昌圣德。西周在姬昌的治理下，很快兴盛强大起来，到其子周武王之时，灭商纣而统一天下。因此，孔子称这种推让王位的行为为"至德"，其实是称赞泰伯、仲雍的"让贤"，称赞泰伯、仲雍以国家、人民利益为重的精神。虽然"让"对于许多人来说也未必不能做到，但对于"让"后所产生的历史作用则难以预料。泰伯是因看到了季弟的聪明才智，他清醒地认识到季弟的才能，相信季弟必能治理好国家。所以他才坚辞不受，三让天下。

与忠孝、让贤相映生辉的是泰伯的诚信和坚守。通常情况下，一让固然令人尊敬，二让即可半推半就，三让即可理直气壮地称王登位，同时仍能赢得忍让的美名。但是泰伯的三让却是义无反顾，决然没有身在江湖，心在魏阙。归有光《至德论》即多次感慨："泰伯之德不可及。"

二　梅里古都——德城的文化意义

宋代龚颐正《泰伯庙迎享送神辞》：

> 福我吴人兮无疾与患。
> 千秋万岁兮歌至德以何言。

以梅里为中心，以梅里为至德精神源头，世界各国的华人华侨将至德视为最高贵的品德。梅里精神成为全世界至德宗亲的纽带和文化符号，至德精神传播至世界各地。1908 年各国华侨在美国旧金山成立至德三德公所。1974 年，首届世界至德宗亲恳亲大会在香港召开。大会宣言：

> 精诚报国，孝友传家，所望海内外诸宗长，群策群力，同心同德，效劳乡邦，服务社会，光大列祖列宗之遗训。

第二届至德宗亲会于 1977 年在中国台北召开。以后每隔两年，分别于1980、1982、1984、1986、1988、1990 年，在日本东京、中国香港、菲律宾、中国台湾、中国香港、泰国曼谷召开了第三至第八届恳亲大会。1992 年 10 月，第九届恳亲大会在吴姓发祥地江苏无锡举行"祭祖大典"。2007 年，为庆回归，香港至德总会举行庆祝会，《至德歌》：

> 至德一家源远流长，
> 三让天下万世流芳。
> 精诚团结济济一堂，
> 一枝多叶世德弥昌。

　　至德精神对于梅里、对于无锡有重要的意义。无锡之所以发展为历史名城，之所以拥有强大的经济实力，就是因为有至德精神的文化支撑。

　　其次，至德精神已成为中华民族的精神砥柱。至德是儒家文化的核心。孔子对至德文化的贡献：将至德精神概括为举仁政行王道，把至德精神运用到其理论核心中。经孔子的诠释，至德发展为"仁义礼智信"的完整的儒家思想体系。西汉初期，汉武帝罢黜百家、独尊儒术。从此，孔子"君君臣臣，父父子子"，"三纲五常"，以及"克己复礼，天下归仁"的思想观念，成为2000多年的封建统治的指导思想。

　　主张无为的道家与至德情操也一脉相承，密不可分。老子，在政治上提倡无为而治，以柔克刚，这是至德精神在道家理论中的体现。谦虚礼让，才能达到不争。并非无原则的忍让，如果毫无条件地退缩忍让，则是懦弱。老子主张"君子爱财，取之有道"。泰伯三让王位，并不是无休止地让，而是在支持其父古公亶父将政权让给季历，自己却带领仲雍远赴江南，从事开拓，其结果仍然是进取。这同老子在《道德经》中讲的无为而治、无为而无不为异曲同工。

　　主张有罚必惩的法家所最推崇的品德亦为至德。法家始祖墨翟，其主张"天志说"：尚贤、尚同、兼爱等。《墨子·尚贤》中墨子用尧舜禹汤文武的前代思想文化精华，提出了"天下从事者不可以无法仪，无法仪而其事能成者无有"的法家经典学说，其学说经荀子、李斯、韩非子等的积极推行和充实，形成了具有相当影响力的法家思想。作为一种思想，其影响力固然与儒家不同。但是，作为一种匡世济民的思想理论，法家思想的起源，其所崇尚的道德和法治，却同至德精神血水相融。

　　所以，自孔子提出"至德"理论以后，3000多年来，不管各种流派，各种思想怎样斗争，但对于至德精神却一致认同并皆将至德作为自己的文化源头。至德精神的博大精深，决定了至德文化的伟大恢宏。至德，成为中华民族精神的灵魂。

　　泰伯至德，泽被天下，光耀至今。泰伯教化乡民，由于泰伯尊父三让天下，并在促进黄河流域与长江流域文化交流、开发江南方面建立了不朽的功勋，为世代吴地百姓所爱戴与崇敬。

　　为纪念泰伯开发江南，宣扬他三让王位的"至德"，歌颂他在经济、文化等方面的伟大功绩，从汉代起，人们分别在泰伯建吴和开拓的梅村镇，建造了泰伯墓、泰伯殿。新中国成立后，多次修缮，相关碑记、碑文多有记载。自汉至清，代代皆立，有文字记载的达21块，现在保存的尚有12块。而载之于古文献的则遍被华林。每逢春秋佳节，各界人士均到泰伯庙、墓朝拜、祭吊。孔子为泰伯庙题写"至德名邦"，乾隆帝则题匾"三让高踪"，建文帝在泰伯墓壁写下了"泰伯赞歌"。泰伯庙与山东"孔庙"并为南北二府。

　　作为江南第一府——梅里"泰伯庙"长久以来形成了独特的江南文化——泰伯庙会，这是一个有悠久历史传统的文化事件。农历正月初九是泰伯诞辰，每逢此日，四面八方的人们赶往泰伯庙，参拜"让王爷"。千百年来，泰伯庙节场一直是江南一年中最早又是最为盛大的乡村节场之一。

　　"至德名邦"泰伯庙会外，梅里还有如下的巨大文化支撑：梅里是吴文化的发源地；《孙子兵法》的诞生地；中国第一条人工古运河——伯渎河的诞生地；春秋吴国的都城所在地；中国第一支水军——寿梦水军的诞生地等。这些都是因至德而产生的文化事件，在中国历史上源远流长，影响及至于今。

　　目前，国内外有30多家报刊近百次报道和介绍了无锡梅里的泰伯和吴文化。自1975年起，到无锡梅村、鸿山朝拜吴泰伯，考察吴文化的已有40多个国家和地区以及联合国有关国际组织数千名官员和专家。新加坡、泰国、菲律宾、日本等国有以"泰伯"、"梅里"等命名的厂矿、商店和文化团体。美国唐人街有"泰伯店"和"泰伯俱乐部"。我国台湾的吴姓宗亲会出版了《泰伯之光》杂志。泰伯英名、梅里声誉，作为一种独特的文化符号，已经传播到五湖四海。

　　作为一个文化事件，以泰伯庙会为契机，梅里古镇，至德都城蕴含了无限的商机。为弘扬至德精神，促进世界经济贸易发展和文化交流，日前在广东省湛江市举行的世界吴氏至德总会第十八届恳亲大会上，签署了总投资超过100亿元人民币的国内投资合作项目。无锡新区梅村街道的"梅里古都"一期和二期工程作为重点推介项目受到特别关注。至德总会计划2011年4月在陕西省岐山县和无锡新区梅村梅里古都，同时举行隆重的祭祀吴泰伯活动。

尤为重要的是，改革开放30多年来，经济增长突飞猛进，取得历史上前所未有的巨大成就，令人欣喜，令人鼓舞。但同时，思想观念的弊端也日益显露。原来支配人们精神领域的"共产主义"理想已经悄然退出人们的话语主流，信仰空白。导致官场腐败，精神堕落。

为了弘扬泰伯精神，重现吴文化在梅村留下的历史遗迹，恢复古吴都城场景和江南古镇的文化生态，倡导至德，弘扬至德，极具时代迫切性和必要性，对无锡、对国家都是巨大的文化贡献。

注释:

[1]《论语·述而第七》。

[2]《史记·伯夷叔齐列传》。

[3] 归有光《至德论》:"夫先意承志，孝子之至也。"

[4] 虽然不堪并比泰伯的历史作用，但季札挂剑的事迹却为后人所敬。当年季札并没有因为徐国国君的过世，而违背曾经的心灵承诺，将宝剑赠送死去的徐国国君，成为后世诚信的典范。季札挂剑的诚信品德万古流芳，赢得后世永远的敬仰。

（作者单位：上海财经大学人文学院）

"勾吴·梅里·至德"初探

/ 王国平

公元前 11 世纪，商朝没落，周王兴替。周太王长子泰伯避让周室侯位，从陕西岐山南下来到江南番里（梅里），建立"勾吴"古国。泰伯怎样千里奔吴、开启吴地文明的呢？

梅里（番里），一个古老的地名，今属无锡新区，因与 3200 多年前"泰伯奔吴"建立江南第一个文明古国，开启中国吴文化源头的历史联结在一起，而变得富有传奇色彩。古朴的风情，深邃的人文，让许多载入史册和留在人们传说记忆中的依稀往事，如同斑驳的印痕呈现于世人面前，使人遐想与回味……

> 一青二白团子酿（馅），吃到嘴里喷喷香。
> 让王老爷功劳大，老百姓永远记心上。
> 伯渎河水清又长，先祖开出鱼米乡。
> 蒸笼团子想亲人，泰伯品德最高尚。

这是一首在吴语地区广为流传以歌颂泰伯之功德的童谣，叫作《三让团子歌》。每当清明泰伯忌日，吴地四方邻里、街头巷尾的男女老少，用糯米裹着猪肉、豆沙、芝麻三种馅儿，做成青白团子作为祭祀的贡品，一路唱着，一路走来，在这块墓地前驻足燃香、叩首、礼拜。歌谣中所唱的"让王老爷"，就是已经在这块墓地中沉睡已久的泰伯。

泰伯为世世代代的吴地人民所敬仰。每年的农历正月初九是泰伯诞生日，梅里及周边地区数十公里的百姓，都会从四面八方赶来，云集于泰伯庙前，举行场面隆重、浩大的集会活动；或香火祭拜，或商贾集市，或踏青访友，以"庙会"这一千古传承、延续不断的民间习俗，表达着人们对于泰伯的缅怀和对吴地传统文化的热衷；更有海外华人华裔的"吴氏宗亲"和"至德宗亲"，成群结队接踵而至，或寻根祭祖，或往来故土，以示海外赤子之情怀。人们把泰伯当作心目中永存不灭的偶像、当作天地万物间祈祥纳福的神灵！

岁月悠悠，往事如烟。泰伯毕竟是一个真实存在过的历史人物。一个数千年前的古人，何以让今天的人们如此顶礼膜拜？今天的人们为何要以这种方式纪念泰伯呢？

商周时期吴地乃荒蛮之地。周太王之子泰伯、仲雍来到吴地梅里，开化一方水土，成为吴地文明的开宗鼻祖。泰伯在中国历史上有"三让王位"之称，吴地人民用青白团子三种馅儿（馅：吴语为"酿"，"酿"与"让"吴方言是同音）寓意泰伯"三让王位"的崇高品德。无锡梅里每年正月初九举行盛大祭祀活动更是对吴地祖先泰伯的崇敬。

华夏民族历来有着秉承崇尚功德的优良传统。上自开天辟地的盘古，下至历朝历代开国功勋、圣贤智者，凡有着品德高尚、功盖千秋、福荫社稷、恩惠于民的事迹，皆可载入青史，流芳百世，甚至成为人们相互传说时的神话人物！

从商周时期周原文化的考古发现，以及历代史学家所著的各种典章史籍中，追溯和探究泰伯的生平逸事与丰功伟绩，可以让今天的人们穿越时空的隧道，走进历史，去解读和感悟有关泰伯的历史话题。

据《中国历史大事年表》和《竹书纪年》等史料记载中推断泰伯来到江南梅里的年代，应当是在商王朝趋于没落，周部落日益兴盛的两朝更替时期。确切地说，是在商武丁年间，即公元前 1127 年。又据汉代著名史学家司马迁《史记·泰伯世家》记载："泰伯，弟仲雍，皆周太王之子，季历之兄也。季历贤，而有圣子昌，太王欲立季历以及昌，于是泰伯、仲雍二人乃奔荆蛮，文身断发，示不可用，以避季历。季历果立，是为王季，而昌为文王。泰伯之奔荆蛮，自号勾吴。荆蛮义之，从而归之千余家。"司马迁的这段记述，虽寥寥数语，却十分完整而又清晰地道出了泰伯世家以及泰伯"让王"奔吴，始建"勾吴"古国的重要史实。其中所言"荆蛮",是指当时被称作蛮荒之地的江南梅里,也就是位于今天无锡新区梅村一带的梅里古迹区;所言"勾吴",乃泰伯在梅里建立的江南第一个文明古国,史称"勾吴国"。

"勾吴国"早已消失在尘封的岁月中。如今,无锡新区揣摩"勾吴"景象所规划与建设的"梅里古都",虽不能原原本本地复原古国昔日之风貌,却反映了吴地人民对泰伯古迹和泰伯人文精神的崇尚与弘扬。这种崇尚与弘扬,从古代到现代,犹如高山流水的清音、犹如润物无声的细雨,滋润着人们的精神世界。

春秋时期最伟大的思想家、中国儒家文化的奠基人——孔子曰:"泰伯其可谓至德也已矣,三以天下让,民无得而称焉。"明代翰林泰斗高攀龙亦有诗云:"泰伯城荒德未荒,至今遗址尚流芳。试问霸业今何在,不比勾吴让国香。"

关于泰伯奔吴和泰伯让王的事,还须追溯到泰伯生平,即从商周时期所发生的重大变故说起。

泰伯的祖先原是陕西渭水流域的一个民族,始祖姓姬,名弃,因擅长农事被尧命为农官。弃在舜时因与大禹一起治水有功受封于邰,即陕西武功县,后又移居豳地,即陕西彬县一带。商朝武丁年间,弃之曾孙周太王古公,即泰伯的父亲当上了姬姓部落首领,族人安居乐业,泰伯与二弟仲雍诞生。不久,古公为了发展与周围游牧部落和睦相处的关系,娶羌族头领的女儿姜太氏为妻,生出季历。季历与泰伯、仲雍系同父异母的三兄弟。周太王统领的姬姓部落是一个以擅长农田开垦与种植的部落,不同于其他游牧部落,他们始终在寻求一个可以长期赖以生存和发展,且相对集中和稳定的生活栖息地。姬姓部落在发展壮大的同时,也经常受到周围其他游牧部落的侵扰,于是决定放弃豳地。

《史记·周本记》中,对周太王意欲离开豳地,另谋出路的说法有过这样的记载:"今戎狄所为攻战,以吾地与民,民之在我与其在彼,何异?民欲与吾攻战,杀人父子,予不忍。"周太王为了避免战争,保存实力,率姬姓部落迁徙。他们告别了自己的家园,扶老携幼,跋山涉水,渡过漆河,翻越梁山,在岐山脚下扎下了营盘。此时豳人基本上举国倾出,尽复归古公于岐山之下。这就是中国古代有名的"姬姓部落大迁徙"。

岐山之下，土地肥沃、草木丰盛，是一块比豳地更加适合农牧业发展的好地方，时称岐周，又称周原。此时，泰伯已为少年，修《伏羲》、务农事、学骑射、制工具，无所不及。在这里，由于农业为主，人口集中，粮食和财富迅速得到积累，姬姓部落日益强大。古公亶父率姬姓部落避免战乱，发展农业、外交，使周室部落很快强大崛起，他们建立城郭与宗庙、宫殿，在岐山初具了一个小国家的形态，并得到了商朝王武乙的认可，成为一方诸侯国，周太王被封为"周侯"。

这一次大迁徙，无疑是对泰伯上了一堂活生生的社会大课。泰伯深受太王仁义爱民和开拓进取思想的影响，同时在大迁徙途中经受了磨炼，加上自幼修《伏羲》，对"天地人和"、"万物和谐共存"的理想境界，自有其深刻的见解。这些，也成为后来触动泰伯"让王"与"奔吴"的主观情志。

泰伯为何让王奔吴的客观原因有三：其一，在姬姓部落大迁徙的过程中，泰伯为救族人与其他部落发生冲突导致伤势过重，失去生育能力，无以后世为继；其二，泰伯修《伏羲》，其理想中的社会应当没有王权纷争与战乱动荡，而当时的情境恰恰与其心志相背；其三，当季历生"昌"（即周文王姬昌），周太王古公大喜，曰："吾世当兴者，其在昌乎！"

那么，泰伯又是怎样"三让王位"，从千里之外的陕西来到江南吴地梅里的呢？

商朝末年，商王暴政，宫廷糜烂、民怨沸腾，各部落群起征伐，战乱四起，周太王和三个儿子亦举旗征战。及至周文王和周武王伐纣，终于在公元前1046年推翻商王，开周朝基业，续春秋篇章。

关于泰伯的"三让"，迄今史学界说法不一，版本较多。代表性的说法有几种，都是在泰伯让王、让于谁的问题上争论不休；也有认为"三"古时是指多的意思，也就说"三让"就是多次的"让"。我们认为有据可考、有理可推的观点是所谓"三让"：一让季历（周室）；二让姬昌（周室）；三让仲雍（勾吴）。所以有史书称泰伯为"三让两家天下"。

先说这第一让，公元前1127年，周太王崩，按世袭规定，古公有三个儿子：泰伯为长、仲雍次之、季历最幼。太王之位应由泰伯继承，但是泰伯没有继位，而是让给了三弟季历。

泰伯第二让，让的也是周室天下。公元前 1102 年，季历在一次征战中被商王文丁所杀。季历死后，其子姬昌继位。继位前，姬昌派一支人马前往江南吴地，请泰伯回来继位，泰伯又不从。因为在泰伯的心里，父亲遗愿不可违，所谓古公有遗示："当有兴者，其在昌乎！"历史总是前因与后果的转化。有文史学者评说：正是泰伯的"二让周室"，才让出了日后历时 800 年的周王朝。

而泰伯的第三次让王则是在奔吴建立"勾吴"之后，又将"勾吴"的王位让给二弟仲雍。

泰伯携弟仲雍，从陕西岐山南下，沿途经过哪些地方？当时的情形会是怎样？目前一些文史学者提出了一些不同的观点或看法。导致观点或看法不同的主要原因是，从陕西岐山到江南梅里，用今天的距离概念来衡量，其直线就有1500 公里，况且又有 800 里秦川横亘其间，众多江河湖泊阻隔其行，这对古代仅靠车马步行为其交通的人来说，实在是个难以想象的事情。

泰伯奔吴的过程哪一种说法更为可信？还需考证为实。但泰伯和仲雍最终将梅里视为理想中所向往的目的地，是不争的事实。

如今，在无锡新区梅里古迹区，仍有一些与泰伯让王奔吴直接相关的地名传说。其中有一处叫"凤凰墩"，便是泰伯奔吴时留下，且尤为民间所津津乐道。

梅里有一高墩，泰伯、仲雍一行人马，奔至此，时见梅李芬芳，鸟语花香，山明水秀，即命部下在水泽高墩安营扎寨。第二天起来，发现雉鸟啼鸣，凤凰来仪，一派祥和景象。土著人告知，这个地方是梅里"荒三千"。泰伯不胜惊奇，当年太王迁徙岐山，也是驻扎在一个叫"荒三千"的地方，而"荒三千"有一土山，名"凤凰山"。"如此巧合，岂非天意！"故泰伯便将此高墩叫"凤凰墩"，此名一直延续至今。

著名史学家范文澜先生在《中国通史》中说，泰伯逃奔江苏无锡东南梅里做荆蛮人君长，筑城建都，国号"吴"。史学家、考古学家郭沫若在《中国史稿》中亦说，周朝在东南方最远的同姓诸侯是吴国，泰伯和当地蛮民相结合而建立。

　　泰伯携弟仲雍来到梅里后，修水利、兴农桑、施教化、殷民实，数年之间强盛起来，受到当地土著人的拥戴。正如《史记》中所言：泰伯"自号勾吴，荆蛮义之，归之千余家"。

　　泰伯构筑"周三里二百步，外廓三百余里"的都城，此城在无锡地方《梅里志》的记载中叫作"泰伯城"。"泰伯城"毁于历史上的战乱年代，其遗址的中心方位就在如今无锡新区梅村镇区。

　　"勾吴国"建立后，泰伯只称"伯"，不称"王"，且让王于二弟仲雍，辅其政事。至此，泰伯已是"三让王位"。仲雍即位后，在泰伯生前亦不称王，直到泰伯去世后方才称王，足见仲雍对泰伯"让王"之举的敬重与礼赞。

　　公元前1098年，泰伯寿终，享年98岁，葬于梅里东五里许"皇山"。其后人吴郡太守糜豹，于东汉永兴二年（公元154年）奉诏修建"泰伯庙"和"泰伯墓"。"泰伯庙"即宅为祠，庙址就是当年泰伯在梅里居住过的地方，现与"泰伯墓"同为国家重点文物保护单位。

　　后人对泰伯让王和开创勾吴基业、开启吴地文明的评说，多有仁人智者和文人雅士的诗赋题咏与碑文题记。正所谓"志异征诛三让两家天下，功同开辟一抔万古江南"。孔子尊泰伯为"至德"，司马迁列泰伯为"第一世家"，为后人树立了一座"道德丰碑"。而这座丰碑，在吴地文化乃至中国历史上产生过怎样的影响？又能给今天的人们带来怎样的启迪呢？

　　　　顶顶顶，青铜鼎，
　　　　德字刻在正中心。
　　　　拍拍手，唱唱歌，
　　　　泰伯功劳记在心，记在心！……

　　梅里，有许多传诵泰伯的童谣。或是祖辈们延续下来的古老的儿歌，或是在校园里应时新编，倡导文明新风的歌谣。其中，这首歌颂"德鼎"的童谣，虽为童趣，却道出了一个沉甸甸的历史话题。

　　远古华夏有九鼎。鼎，是中国古代"王权"的象征，也是历史千载厚重的文化符号。在梅里古都耸立的一座青铜大鼎，名为"德鼎"。其由来原系周文王姬昌为感念伯父泰伯"让王"、成全翦商大业之功、仿铸九鼎中的"德鼎"，赠与泰伯，不仅是对泰伯胜于王者品德的敬重，而且更是对泰伯奔吴、开垦江南蛮荒、拓展周室疆土的至高礼赞。"德鼎"传至，也表明了从那时起，"中国"领土已由中原延伸到了长江中下游地区，即当时称作东南"夷蛮"之一的吴地，被纳入了华夏版图。"勾吴"第五世时，吴王周章朝觐周武王，以此鼎证属是泰伯后裔，被册封为吴侯，"德鼎"也因此成了泰伯"立国"，开创吴地文明和吴地后世传承文化，永固江山社稷，谋求百姓福祉的历史见证。

历史上由泰伯所创立的"勾吴"古国，即日后所说的"前吴国"，是周王朝分封属地中最为重要的诸侯国之一。从泰伯"立国"并"让王"于仲雍开始，到世袭第 25 代吴王夫差为越国所灭，历时长达 700 多年之久，成为中国历史上最为长久的一个诸侯国。"前吴国"的疆土，从始初泰伯筑城于梅里平墟方圆数里的"弹丸"之地，扩展到春秋末期的疆域，涉及范围包括如今行政划分意义上的江苏、上海和浙江、江西、安徽等全境与部分地区，占据了大半个华东地区。及至东汉末年后的魏、蜀、吴"三国时期"，即史学界所称的"后吴国"，可谓"鼎立之势"，三分天下有其一。而如今，人们关于"大吴文化"研究所认同的区域，则是沿长江中下游及太湖流域以吴语方言为基础的吴语地区，形成和发展于吴语地区的文化称之为"吴文化"。

"吴文化"，自古至今是中国区域性板块文化之一，它和越文化一起构成"吴越文化"，在华夏文明史上闪耀着灿烂的光芒。

吴地因处长江中下游地区，因独特的地理气候环境而成为中国最为富庶的地区之一，从古代"天下粮仓"，到近代成为中国民族工商业的摇篮，乃至现代成为辐射华东、面向世界的"长三角经济圈"，人文财富甲天下，吴地的经济活力和文化影响力长盛不衰。

然而，追溯吴文化的历史源头，其始初文明的崛起，却与数千年前商周时期、产生于黄河渭水流域——陕西岐山一带的周原文化有着不可分割的渊源。

周原是周王朝的发祥地，也是中国历史脱离原始，从奴隶社会向封建社会过渡的重要转折点，它是推动着中国社会生产方式和社会制度进入划时代意义的变革。而作为周太王长子，泰伯则是将周原文化融入江南吴地的第一人。

　　泰伯对吴地的历史贡献，首先是以传播周原农业文化为标志，使当时的"蛮夷"之地，脱离了物质尤为匮乏的原始部落聚居时代，进入一个物质相对丰盈的社会化文明时期。

　　20世纪70年代至21世纪初，北京大学与陕西省考古学家在位于陕西岐山境内，对"周原遗址"和"周大墓遗址"进行考古中发现大量商周时期的陶罐、石器农具和用于贵族宫廷生活的青铜器等历史文物，充分反映了当时周原地区的农业生产力和物质生活水平已经相当发达。《诗经》中说道："周原物物，净土礼仪"，生动描绘了那时农耕文化的景象。同时，这些文物与吴地出土的文物也有许多相互的联系，为吴地文明得益于泰伯传播周原文化的影响，提供了一个必要的佐证。

　　北京大学暨陕西省联合考古队研究员对笔者说：中国文明是一体的，它们相互影响，相互传承，相互有发展。就如泰伯奔吴，这是文献记载的人群之间的联系。人群之间的联系，从我们考古学上来讲，最终要体现考古证据。根据我们这几年（考古发现），虽然江苏（吴地）的西周文化和商文化（考古发现），与关中地区（考古发现）有很大差异，但差异之间有许多内在联系。表现在许多陶器的器类、器型和一些文饰的特征上是极其相似的。这就说明这种文化是传承过去的。它们本身在陶器制作的过程中，因为原料不同，比如说北方用的黄土，南方用的红土，会造成差异，但这种差异，不能视为文化上的差异。从这个角度上讲江南（吴地）文明，尤其泰伯奔吴后的文明，和周文明是紧密联系的。

　　又据《锡金考乘》、《吴郡志》等地方志和文献资料记载，早在泰伯奔吴之前，吴地所有各部落的土著人，在历史上，凭借太湖流域温和湿润的气候条件与水乡泽国的自然环境，虽然相继出现过多种文化形态，其始初以水稻种植为标志的原始农业迄今也已有6000多年的历史；但是由于处在原始部落制生存状态和刀耕火种式的生产方式之下，其生产能力十分低下。狩猎和捕鱼仍是"荆蛮"土著人聚居谋生的主要手段。自泰伯把华夏先进的周原农耕技术与旱季农耕作物引入吴地之后，吴地的原始或半原始面貌发生了根本性的改变，即为了改变生产状况，泰伯在向土著人传授农耕技术、使用新型农耕工具的同时，将原先农田水稻一年一熟改为稻麦两熟，又将农田单种变为农田复种，极大地提高了农田产出效率，同时，以饲养牛、羊、猪、狗等牲畜和鸡、鸭禽类，让土著人学种桑、麻和养蚕、缫丝、纺织等，不断扩大了人们赖以生存的物质空间，促进了社会生产力的大发展。

一条从梅里古都缓缓流向四方的河流，叫"伯渎河"，古名"泰伯渎"，因世人缅怀泰伯而得名。元代王仁辅在《志》中说："渎开于泰伯，所以备民之涝，民德泰伯，故名其渎，以示不忘。"可见，它是泰伯为了开发可耕农田、消除吴地系水泽洼地的水患灾害而开挖的一条用来疏导水利、灌溉农田的河流。《泰伯梅里志》上说："泰伯渎，西起运河、东达蠡湖，贯四乡，长达七八十里……"可见，河流区域之广。

"伯渎河"，是一条非常古老而又十分罕见的人工运河，比隋炀帝开筑贯穿京杭的大运河还早1800年。从商周到唐宋各个历史朝代，它与京杭大运河相连接，成为吴地漕运贯通太湖和长江的中心枢纽，是兴盛、繁荣吴地区域政治、经济和社会生活的一条重要血脉。

泰伯在引入周原农耕文化的同时，也带来了周原先进的社会文化。无锡地方《梅里志》中描述泰伯教化"荆蛮"的情形："以石为纸，以炭为笔，以歌为教，以礼为尊"。就是说，重教化，施周礼，以"德"立国、以礼治国。所开创的吴地社会文化，在中国文化发展史上留下了一抹深厚的印迹。

据史籍《潜夫论·志氏姓》记载："泰伯君吴，端垂衣裳，以治周礼。"《论衡·潜告篇》中亦云："泰伯教吴冠带，熟与随从其俗与之俱裸也。故吴地知礼义也，泰伯改其俗也。"由此可见，泰伯率周室随从来到吴地，在统领吴地百姓、治理勾吴古国的过程中，一方面是充分尊重当地的文化习俗，以"入乡随俗"、"断发文身"的方式，表现出"文化包容"的胸怀；另一方面又开拓性地将始初的"周礼"融入了吴地，使吴地摆脱了鬼神蒙昧的时代，建立起一种"人为天命、天命予人"，天人之道维系于和谐共处的社会秩序与社会道德观念。有吴地文化学者试图据此推论，说泰伯当为其后《周礼》形成的先驱。此言虽无考古可证，但是在《周礼》博大精深的文化体系中，确能看到泰伯以"德"

立国、以"礼"治国的评说。

《周礼》，堪称影响中国数千年儒家传统文化的经典，为泰伯第三代后人，即周王朝建立伊始、"三公辅政"之一的周公所著。《周礼》、《仪礼》与《礼记》合称"三礼"，对古代礼法、礼义作了详细的记载和解释，后经历代文人整理与完善，其内容涉及天文历象、邦国建制、政法文教、礼乐兵刑、赋税度支、膳食衣饰、农商医卜和宗庙祭祀、典章制度等，几乎无所不包。

周公鉴于商朝后来滥用刑法，最终导致灭亡的教训，他已经认识到法制只能治社会的表，法制的缺陷在于它走在社会现象的后面，后法治人不能防患于未然，周公提出德治，感化人心，以求治社会的本。周公提出德配天命的理论，认为天命随着德行的转移还可以转移，周人有了德行，这样就为伐商提供了理论上的依据。3000年前的社会制度、法律典章、机构的设置，下到民间婚丧嫁娶的一些风俗习惯，可以说都是被周公创建（立）的《周礼》规范化了的。周公是在法制和德治的基础上，把它们结合起来，创造了礼治。

《周礼》作为周王朝建立的理论依据，所宣扬的本原依托便是仁义道德，所谓"天下归心"，施仁政、得民心者得天下。这种理论及至春秋末年，诸侯纷争的"礼崩乐坏"时期，受到孔子的极力推崇。孔子在《论语·泰伯篇》中尊泰伯为"至德"，为后人树立起一座"道德丰碑"，也正是把泰伯"三以天下让"视为《周礼》的典范，视为至高无上的精神境界。

泰伯因"德"让天下，却也因"德"得天下。正如西汉史学家司马迁说："泰伯奔吴，自号勾吴，荆蛮义之，归之千余家。"司马迁因泰伯祖上皆仁德，故列泰伯为"世家第一"。明代东林党首领顾宪成，在《重修泰伯庙记》碑文中写道"泰伯奔吴，遂端委以临其民，是欲辞富贵而富贵随之。及至后世七百年，阖闾之子夫差，穷兵黩武，破越困齐，欲霸中土，卒之国亡身戮，妻子为虏，是欲求富强而失其富强矣"。这段文字，恰恰是从吴地祖先"立国"到后世"误国"，从正反两个方面的历史教训，让今天的人们从中感悟到泰伯至德精神的伟大。

世界"至德宗亲"总会副主席吴希民在《至德论》中说：从历史辩证法的高度概括泰伯"德让天下"的精神实质及其文化内涵是德让、包容、开拓、进取，这也是"至德精神"形成与发展的重要意义。

"至德精神"是 3000 多年来中国吴文化思想体系得以形成和发展的重要基石，也是历史延续不断、为吴地人民世世代代所信奉与传承的一种文化价值观。以史为鉴，可知兴衰；以人为鉴，可知得失。

当年轮进入到 21 世纪的今天，人们在寻求世界和平、国家富强、经济繁荣、政治稳定和社会和谐、人民幸福的大背景下，这种文化价值观也更具时代性和发展性。当今吴地高度重视吴文化建设，这对弘扬吴文化、创新和发展吴地区域经济、走向世界有着重要的意义。不仅是吴地国人为吴文化的光华所照耀，而且远涉海外的华人华裔，尤其"至德宗亲"，将吴文化视为根系祖国故里，与大陆同胞血肉相连的情感纽带。"吴文化"是中国的，也是世界的。以"至德精神"为依托的吴文化，也将承前启后，在未来的岁月中，绽放出更加绚丽的光华……

（作者单位：无锡新区梅村街道人大工委、江苏省吴越文化研究院）

试论泰伯奔吴

/ 浦学坤

吴文化，一般说来是指从商朝末年即 3200 年前周太王之子泰伯、仲雍奔江南开始的。那么，泰伯为什么会不远千里到江南开创吴地基业呢？泰伯奔吴，为什么会"荆蛮义之，从而归之千余家"呢？这是长期争论且尚未得到共识的历史之谜。本文试从另一个视角来探讨这千年之谜。

一 泰伯奔吴，是"让王"，还是"拓疆"

商朝末年，地处西北的周人姬姓部落逐渐兴起，周部落的首领周太王古公亶父在周原建立了国家，国号称周。周太王有三个儿子，长子泰伯，次子仲雍，三子季历。季历聪明能干，与大任氏部落联姻。季历的儿子昌更是贤能皆备。周太王想把王位传给季历，进而传位于昌。他不止一次说道："我世当有兴者，其在昌乎！"司马迁在《史记》中记述了泰伯为了遵从父王的旨意，便说服弟仲雍，离开了周原，辗转到江南，"泰伯之奔荆蛮，自号勾吴，荆蛮义之，从而归之千余家。立为吴泰伯"（《史记·吴泰伯世家》）。古往今来，研究吴史、吴文化者都认为泰伯是为"让王"而奔吴，极少有人提出疑义。如果说为了"让王"，泰伯只要在离家不远的地方寻找生存之处便可以了，何必要刻意历尽艰险，从黄土高原的岐山到长江以南的太湖之滨，且兄弟两人还要带领一群随从，路途遥远又坎坷，令人难以理解。

史籍说泰伯让王是为实现父王旨意，笔者认为是一家之言。另有古籍记载说古公亶父为了承继民族的传统礼制，临终前又留下遗嘱，要季历将王位归还泰伯。如果说这是史实，那么同原先亶父欲将王位传给季历的事就很难自圆其说。

泰伯究竟为什么要奔吴呢？分析当时政治背景，不难看出，还另有原因。著名历史学家徐中舒先生认为，周太王时期的周邦国还很弱小，无法与强大的殷商王朝分庭抗衡，正面冲突。于是太王选择抵抗力量最小而又与殷商关系较远的地方进行拓疆，以逐步培植国力，所以他派泰伯、仲雍沿江汉而至吴。他认为"泰伯、仲雍之在吴，即周人经营南土之始，亦即太王翦商之开端"。果然，周人灭殷商建立自己的国家后，就分封泰伯、仲雍之后周章为句吴国君，又将周章的弟弟仲封于周原北边的夏墟，仲以国为姓，称为虞仲。周平王东迁时，虞国也东迁到黄河以东，山西的虞乡一带，史称北吴或北虞。周章所封的邦国，在江南无锡一带，即春秋时的吴国，当时也叫南虞。

由此看来，周太王颇具战略眼光，他不仅让泰伯奔吴以让王位，更主要的是让泰伯成为周民族拓疆中国东南地区的先行者。

二　泰伯为什么要奔荆蛮

泰伯奔吴，为什么要奔荆蛮而不奔其他地方？这也是让人不可捉摸的谜。要解开这个谜团，先让我们研读太史公司马迁在《吴泰伯世家》中的一段"赞语"："太史公曰：孔子言'泰伯可谓至德矣，三以天下让，民无得而称焉'。余读《春秋》古文，乃知中国之虞与荆蛮句吴兄弟也。延陵季子之仁心，慕义无穷，见微而知清浊。呜呼，又何其闳览博物君子也！"这段话，告知后人两条重要信息：一是儒家学派的创始人孔子对泰伯"三以天下让"美德大加赞扬；二是"乃知中国之虞与荆蛮句吴兄弟也"的深刻含义。在这里，我们要着重理解第二条信息的含义。司马迁是说远在中原地区的虞国，原来和地处荆蛮之地的吴越邦国本来是亲兄弟啊！这就解开了泰伯奔吴为什么到荆蛮，原来是为了寻根，为了返回先祖的故土。寻根问祖，是人类的一种最原始、最本质、最普遍的情感。恰恰是源自于这种血缘基因的文化认同感，促使他们不辞艰险，长驱数千里，来到先祖曾经生活过的地方——太湖流域，并很快就与荆蛮之地居民融为一体。同宗文化的凝聚力是无法低估的，中原文化与荆蛮文化的融合，使他们很快就有了生根的立足之地。

根据考古发现，太湖流域在距今 10000 年前，就出现了最早的原始先民。在宜兴灵谷洞发现的人类下颌骨，距今也有 10000 余年。距今 7000 年至 6000 年前后，吴地就出现了"马家浜文化"，这里的先民已经创造了史前文明，距今 5000 年至 4000 年前，太湖地区出现了良渚文化，这里生产生活水平已经达到相当规模，成为全国发达地区之一，这里已经能冶铸青铜器，在无锡港下镇北周巷出土的一对青铜簋和青铜斧，为公元前 8 世纪中叶春秋早期的遗物。可是，在距今 4000 年左右，有着蓬勃生命力的良渚文化突然消失了。消失的原因与自然环境的急剧变化有关，特大洪水泛滥，加上部落之间的战争，给了良渚时期的先民以沉重的打击。鱼米之乡的江南变成了水乡泽国，吴地先民有的纷纷逃至山林，过着山居水行的生活。有的逃难到西南，我国云南的纳西族等少数民族据传就是原先吴人后代。据纳西族《木氏宗谱》记载，纳西族远古祖先前八代都娶吴妇女为妻。直到现在，那里的民族仍讲稍有变化的吴语，妇女服饰有的也与吴地相似。另有一支熟练水性的吴地先民，据传泛海东渡至台湾和日本，至今日语和吴语的发音仍有不少相近之处。巧得很，在东海彼岸的日本州岛西南部，也有一个"吴县"，是日本现在的大港——钢铁基地。还有一支吴人则渡江北上，这支吴人十分彪悍，在北部生存后，"吴人"就成了"虞人"。这部分虞人也就是周太王、吴泰伯的祖先。难怪司马迁说："中国之虞与荆蛮句吴兄弟也。"泰伯奔吴到江南，同荆蛮居民接触后就感知到：姬周民族、荆蛮民族，句吴兄弟也！由此，泰伯为什么要奔吴到荆蛮，也就在情理之中了。

三 泰伯奔吴，这个"吴"是泰伯自号的还是与荆蛮人共立的

《史记》载："泰伯之奔荆蛮，自号句吴。""自号句吴"，这个"吴"也就自然是泰伯自己命名的了。司马迁说了，还能有疑义？其实不一定是这样。如果

这个"吴"是从中原带来的，自号的，荆蛮人就不可能"义之"，也不会"归之千余家"。这千余家荆蛮居民，不可能是一盘散沙，不可能没有首领。那么，是什么原因令"荆蛮义之，从而归之千余家"的呢？

根据当时的背景以及泰伯到荆蛮后的实践，其主要原因：一是泰伯奔荆蛮，是来投亲问祖的，泰伯和荆蛮本是同根同宗；二是"泰伯、仲雍二人乃奔荆蛮，文身断发"，表示他们已经入乡随俗生死与共，与荆蛮居民融合为一体了；三是在交往中，他们谦虚礼让，交流生活、生产经验，泰伯的德行和组织才能赢得了荆蛮人的信任和拥戴。在《吴越春秋》卷一《吴泰伯传》中有两句话，必须关注和研究："荆蛮义之，从而归之千有余家，共立以为句吴。数年之间，民人殷富。""荆蛮义之"，说明荆蛮人的宽容大度，接受了泰伯之奔吴；"归之者千有余家"，说明泰伯获得了荆蛮人的信任和拥戴，千百家荆蛮人归属泰伯旗号下；"共立以为句吴"，说明"句吴"不是泰伯自号的，是经过民主协商后共立的；"数年之间，民人殷富"，这是泰伯奔吴后所取得的实实在在的政绩和成果。从政治上来说，泰伯奔吴，实现了开发江南、民人殷富的目的；从地缘上来说，泰伯奔吴，寻根问祖，找到了自己的同宗家园；从体制上来说，泰伯奔吴，实行的是民主集中制，建立了一个和谐社会。这些情况，用今天的眼光来看，仍然有着深刻的历史意义和现实意义。

四　泰伯奔荆蛮，荆蛮是处于尚未开化的原始状态还是句吴文明的风水宝地

不少史籍与传说，都把泰伯奔吴时的荆蛮之地说成是尚未开化的荒蛮之地，那时的江南还处于"刀耕火种"的原始状态，人们过着"半生为食，以棚为窝"的生活，文化上更是不值一提。许多人认为是泰伯奔吴后，在较短时间里，教会了当地居民栽桑养蚕、饲养畜禽。在饮食起居上，泰伯引导人们改"半生为食"为全熟为食，改"以棚为窝"为建村立巷，由此江南处处呈现出六畜兴旺的喜人景象。但历史事实并非如此。

在距今 6000 多年前，无锡的仙蠡墩就出现了原始村落，成为无锡城市周围最早的居民点之一，仙蠡墩是一个略呈椭圆形的土墩。先民们在土墩中心偏北的地方，盖起了一座座简陋的茅舍。在仙蠡墩遗址中发现有直径约 11 厘米的木炭痕迹，在遗址堆积中，还发现有一些烧红的土块，这些都是先民脱离了刀耕火种后生活的遗物。从遗址堆积中发现的石制生产工具，有使用磨制光滑的穿孔石斧、石锄、石锛等，还有稻谷堆和凝块的稻粒。这些都说明先民开垦荒地、种植水稻已经有了一定的规模，且品种有籼稻、粳稻，这是江南稻作文明的体现。在仙蠡墩还出土了陶釜、蒸煮器，说明 6000 多年前，他们就已进入了蒸食为主的熟食阶段。他们是最早使用蒸煮方式饮食的人们，可谓是东方烹调艺术的创始者之一。遗址中的骨镞、鱼镖、陶网坠等为我们描绘了先民们使用弓箭、渔网进行捕鱼打猎的情景。他们烧制的陶器，以夹砂红陶为主，器型有釜、双耳罐、圈足豆、圆锥足鼎等。仙蠡墩的先民还发明了较为先进的纺织工艺，他们已有了衣服，且有了美的观念，遗址中发现的钻孔石珠、骨珠、石璜、石镯等充分证明了江南先民正在走向文明。从无锡鸿山彭祖墩遗址发掘一大批距今 7000 年至 6000 年的文化遗存，如釜、罐、豆、盆等陶器，更是掀开了一页新的长江流域古代文明史。

距今 4200 年左右，无锡地区出现了良渚文化，无锡的锡山南坡、环湖路七号桥、东晾金城湾等都是良渚文化遗址。这里出土的除大量的石器、陶器外，还出土了多种多样的竹编器、多种麻织、纺织品，包括丝绸。在江阴高城墩曾出土大量的品级很高的玉琮和玉璧等大量玉器。良渚文化不仅对中原有过很大的影响，在古代文明的形成中也起着显著的作用。

良渚文化后的 1000 年时间内在江南地区发展的马桥文化已到了青铜与石器并用的时代。1960 年在无锡西郊许巷发现的遗址是无锡马桥文化的代表。泰伯、仲雍来到太湖流域时，他们所面对的就是马桥文化。曾经是相当先进的良渚文化和马桥文化时期的文明，为吴国的建立准备了良好的基础。

无锡的文明史，不应自泰伯奔吴算起，而应追溯到 7000 年前的远古时代。泰伯奔荆蛮，荆蛮之地早已是脱离"刀耕火种"的原始生活，进入男耕女织的古文明时代。

五 荆蛮 "文身断发"，是愚昧落后的标志，
还是古吴图腾

远古时期江南一带的荆蛮先民均有 "文身断发" 的习俗。《江苏史话》说："史载'裸国在南方'，今之无锡一带，被发文身，裸以为饰，夏禹曾'解衣而入，衣带而出'。"泰伯奔荆蛮时，尊重当地习惯，入乡随俗，文身断发。

"文身断发" 的式样，历代史书、典籍均有记载，说法大同小异。关于 "文身"，史载："文身在人体上表现为涂色、切痕、黥文三种，黥文即文身。""文身" 是用器物（或尖骨、或利石、或陶刀）"刻肌肤，锐皮革，被创出血，至难也"（《淮南子·泰族训》）。泰伯文身断发后曾自称 "刑余之人"（《论衡·四讳篇》），说明当时文身者要承受极大的痛苦。关于 "断发"，式样约有五种，即 "被发"（《礼记》王制）；"祝发"（《春秋谷梁传》哀公十三年）；"剪发"（《墨子》公孟）；"削发"（《淮南子·齐俗训》）；"断发"（《左传》、《史记》）。"断发" 即剪、"被" 指披、"祝" 是束在上而作髻状，荆蛮人的断发，以上皆有。

荆蛮人为什么喜欢 "文身断发" 呢？古籍《集解》应劭曰："常在水中，故断其发，文其身，以象龙子，故不见伤害。"原来生活在江南水乡的荆蛮先民为了适应生存环境，就先于其他民族而不留长发了，而且在当时就已经懂得掌握使用文身艺术了，就拿今天的眼光来看，"文身断发"，也是了不起的文明之举，而绝不能说是愚昧落后现象，荆蛮先民的身上文上鱼龙纹，意象鱼化龙，使其他水怪猛兽避而退之。当时的各地民族都有特定的图腾崇拜。图腾崇拜，既是一种民族标志，以增强血亲观念和团聚氏族的记号；又是一种祈福求平安的追求和信仰。荆蛮先民的图腾崇拜，是由崇拜鱼开始的。在他们眼里，鱼就是生活。他们的原始字符，就是一条抽象的鱼，以后逐渐演变成 "吴" 字。他们认为龙是鱼神，龙是鱼变的。鱼龙纹，也就成了荆蛮先民文身图案。可见，中国的 "龙"，早已是荆蛮先民的崇拜物了。在中华民族悠久的历史和灿烂的文化中，龙的蜿蜒矫健的身躯、光彩照人的鳞片、威武雄壮的气势，它的潜藏深渊、

遨游天空的巨大本领，以及它具有翻江倒海、呼风唤雨的力量，都寓意着前进、向上、健旺、丰美和无所畏惧，总之，龙是人们心目中的一种有着深广意蕴和无限空间的祥瑞神物。无论是象征年年有余的"鱼"，还是祈保平安的"龙"，作为图腾崇拜，都是荆蛮先民的文明之举。泰伯、仲雍奔荆蛮，"文身断发"，不仅是入乡随俗更是向荆蛮先民学习的文明之举。

六　泰伯奔吴，有哪些作为和影响

泰伯奔吴后的德行，在历史上受到历代史学家的肯定和赞扬，在吴地更是被后人立为楷模，其精神广为传扬。泰伯奔吴的作为和影响，可归纳为千年流芳的泰伯精神。

一是谦让至德。泰伯三次应受王位而让贤，这种谦让的德行，在你争我夺的封建社会真是难得。他的这种谦让举动，孔子称为"至德"，晋明帝尊他为"三让王"，百姓尊称"让王爷"，司马迁在《史记》中把他列为《帝王世家》之首。这种谦让至德精神，成为吴文化的精神，为后人所传承。

二是和谐包容。泰伯奔吴，以博大的胸怀，入乡随俗和荆蛮居民打成一片。荆蛮居民同样以博大的胸怀接纳了这个外来人。泰伯在江南兼收并蓄，取长补短，诚信团结，以"和谐包容"精神获得了荆蛮人的拥戴。这种和谐包容精神，是吴文化的核心。正由于有了这种"和谐包容"精神，以后又包容了越文化、楚文化、秦文化等外来文化，使吴地文化成为中华民族大文化中的灿烂奇葩。

三是开拓创业。泰伯在吴地开拓荒地、兴修水利，带领居民开挖了我国历史上第一条"人工运河"——伯渎港及其九条支流，既发展了交通运输又便利了农田灌溉。开土辟地是泰伯的立国之策。泰伯把黄河流域的生产经验，传授给当地居民，进一步发展农业生产。泰伯还结合实际，大力发展渔猎、养殖、畜牧业和手工业，使荆蛮地区很快达到强盛、富裕。泰伯的"开拓创业"精神，是吴文化的灵魂。正是发扬了这种开拓创业精神，无锡才成为民族工商业的发祥地和乡镇企业的发源地。

四是融会交流。泰伯奔吴时，交通很不发达，但他已懂得融会交流对地区的发展起到至关重要的作用。泰伯一方面把中原文化融会到江南；另一方面又把江南文化传播到中原。根据考证，不仅中原文化对江南文化起到很大的推动和促进作用，而且诞生于长江下游太湖流域的吴文化对中原文化同样起着丰富和发展的作用。"融会交流"精神是吴文化的特点，它使吴文化在融会交流中不断演变、不断丰富和不断发展。

可以说，如今的无锡精神——"尚德务实，和谐奋进"正是泰伯精神的延伸，是吴文化内涵的体现。泰伯精神，永远是一笔宝贵的文化遗产和精神财富。

（作者单位：无锡市吴文化研究会、无锡市太湖文化研究会）

德圣泰伯西周来

/ 陈国柱

　　农历的三月初三，相传是泰伯的逝世纪念日。这一天，四乡八镇的男女老少，纷纷赶到泰伯庙、泰伯墓，举行各种纪念活动。人们看到，在梅村泰伯庙前的牌坊上，镌有"至德名邦"四个大字；泰伯庙的正殿，叫"至德殿"。至德，是对泰伯的称颂语。

　　无锡的文明史，是从泰伯开始而彪炳于世的。泰伯虽然不像秦皇汉武那样创下轰轰烈烈的功业，甚至还不如春秋五霸那样煊赫一时，但是他的道德品格，却很少有人能及。有关泰伯的事迹，至今还众说纷纭。笔者不避浅薄，就个人所知及研究所得，向大家作一些介绍。

泰伯让王

　　泰伯，姬姓，周太王长子，出生于公元前 12 世纪中后期。泰伯是名号，其真名已难考。"太"、"泰"有敬称创始人之义；"伯"是伯爵，因周武王封吴为伯；一说"伯"为长兄之义。

　　据《史记·吴泰伯世家》载，周太王古公亶父有子三人，长曰泰伯，次曰仲雍，次曰季历。周太王认为季历最贤，而且更主要的是季历生有一个孩子昌，被认为有"圣瑞"。古公亶父公开说："我世当有兴者，其在昌乎！"意思是说：我们这些人中应当有振兴周国之人，大概就是昌吧。太王的意思非常明确，就是要让昌接班。他还把三子的名字改为"历"（原本不叫历），历与"适"通，

"适"又通"嫡",嫡就是继位者。太王要传位于三子季历,然后再传于昌。

当时周国已有立嫡立长的传统。无缘无故地废长而立幼,在制度上说不过去。这成了周国政治生活中一个难解的结,也使太王颇感棘手。

泰伯、仲雍知道父王的心思后,决定禅让王位,以遂父亲之愿。他们在古公亶父生病的时候,以到衡山(古地名,待考)采药为名,带着部属,离开周国,直奔荆蛮之地,即今无锡梅村一带。他们入乡随俗,文身断发,即在身上刺上蛇、龙一类的图纹,把长发剪短(北方人将长发束于头顶),扎成椎髻(像棒椎似的发髻)。殷商武乙二十一年,古公卒。据《吴越春秋》、《论衡》、《韩诗外传集释》等书记载,太王卒后,泰伯、仲雍曾回去奔丧,季历要让泰伯继位,但泰伯一再辞让,最后以自己是"荆蛮之人"(文身断发)为理由固辞,即声明自己已是异族之人,不便当部族之主。于是季历继位。季历在位有所建树,扩张了周的势力,后因遭商王太丁妒忌而被杀害。季历卒后由其子昌继位,他就是历史上有名的周文王。周文王果然是位贤君,他任用贤才,治国有方,使周国在诸侯中威望大增,为他的儿子武王灭掉殷商奠定了坚实的基础。

泰伯让王,成为古代政治史上有名的事件。对此最为权威的评价是孔子的话:"泰伯,其可谓至德也已矣!三以天下让,民无得而称焉。"(《论语·泰伯》)这句话的意思是:泰伯,可以称得上是道德最为高尚的人了。他坚决以天下相让,人民简直无法来称颂他。所以后世就称泰伯让王为"泰伯三让"。

孔子具有很强的中原正统观念,他十分鄙视蛮夷之邦,他在《春秋》中很少提及吴国这样的蛮夷国家,但他还是由衷地赞叹泰伯,可见泰伯在历史上的地位之高。无独有偶,历史学家司马迁在《史记》中把泰伯传记列为"世家"第一。

但是,后来许多人对泰伯让王之事表示怀疑,不相信有人会将王位拱手相让,正如唐朝陆龟蒙在《泰伯庙》诗中所说:"迩来父子争天下,不信人间有让王。"现代一些研究者也多从统治集团内部斗争的角度去看待这一问题,认为泰伯的政治观点与古公亶父不合,他的出走是被迫逃亡,这也是否定了让王之说。

事实上,泰伯的出走,的确是让。因泰伯当时并没有去争夺王位,古公亶父也没有迫害泰伯,季历更没有与长兄争夺王位的想法。有关这些的历史记载,都是非常明确的，没有必要凭空去挖掘无根据的"内幕"。他的出走、文身断发、礼让季历等，都是"让"的具体行为。退一步说，泰伯如果要争，太王生病时正是好机会，为什么反而要走？古公即使一定要让季历继位，也会妥善安排泰伯、仲雍，他们完全没有必要出走。泰伯的主动离开周国，是出于对父亲的孝心及对弟弟的爱护，更主要的是他可能看到了昌的聪慧过人之处。他的辞让王位，并不是消极的逃避，而是为周国长远利益着想的明智之举。另外有一点也值得注意，即泰伯没有生育，是"绝嗣之人"，这在继位上也是一个绝对的缺陷。古往今来的人之所以不信让王之说，是因为在阶级社会中人们都为争夺权位而斗得你死我活，哪里会肯相让？但是，普遍性中也有特殊性，像泰伯这样极个别的例子还是存在的。正因为罕见，才称为"至德"。

泰伯奔吴

《史记·吴泰伯世家》："泰伯之（奔）荆蛮，自号句吴。荆蛮义之，从而归之千余家，立为吴泰伯。"

泰伯奔荆蛮，自号句（勾）吴，其所居之处到底在哪里呢？《史记》张守节《正义》解释："泰伯奔吴所居城在苏州城北五十里，常州无锡县梅里村，其城及冢见存。""泰伯居梅里，在常州无锡县东南六十里。至十九孙寿梦居之，号句吴。"这说明泰伯所居一直在无锡梅里，至十九世寿梦还在那里。据有关资料记载，泰伯所建的城到唐宋时还在。

现代一些浮躁的研究者，不相信泰伯会千里迢迢从陕西岐山来到江苏无锡，他们认为泰伯奔吴的"吴"不是在无锡，而是在陕西，或认为是在安徽、南京镇江地区等。但是，他们拿不出具有说服力的证据。而无锡，既有历史文献记载，又有泰伯墓、泰伯庙在此，当地有关泰伯的许多故事、传说，也绝不会是先人凭空编造。关于文献，除《史记》之外，较早的还有《左传》，《左传·昭公三十年》："吴，周之胄裔也，而奔在海滨，不与姬通。""海滨"当然是在无锡一代（吴的疆域后来扩展至东海旁边），而不会是在陕西、安徽、宁镇等地。《左传·哀公十三年》:"吴人曰:'于周室,我为长。'"说明吴是泰伯之后,故辈分居长。稍晚的记载有《后汉书·郡国志》注引刘昭云:"臣昭按:无锡县东皇山有泰伯冢,民世敬修焉。去墓十里有旧宅、井犹存。"可见当地人世世代代都恭敬地祭扫泰伯墓;泰伯的旧宅、井也一直保存着。还有《吴越春秋》及后代的许多地方志,都有记载。吴国从泰伯、仲雍到夫差,共25世,600余年,历历可考,皆在锡、苏(含常熟、江阴、吴县),而"宫城"绝大部分时间在无锡梅里,并没有从外地迁来之说。从地名来说,无锡梅里,汉朝以后,一直到唐末、元、明、清都叫梅里乡(后不知何故改为梅村),其为泰伯居地无疑。而常熟(简称虞)又是仲雍的封地和葬地。因此,泰伯在无锡梅里创建勾吴是无可辩驳的历史事实。

那么,泰伯为何要沿着长江流域长途跋涉,来到无锡呢?目前还没有发现直接的资料,我们只能依照情理,作如下推测:一是因为周太王要废长立幼,泰伯既要成全父王的意愿,又不想惹出任何麻烦,就必须做得彻底一些,即远离周国,断绝往来。二是无锡一代属于荆蛮之地(蛮是一种似龙似蛇、四足的动物图腾,宜兴闸口镇有唐代石刻为证,该地还有"岁末祭蛮"的习俗),这里的土著居民,可能和泰伯、仲雍封地的一些氏族有某种渊源。泰伯的封地为弻(音姜,在今陕西宝鸡),仲雍的封地为虞(今陕西陇县西南)。弻、虞都和鱼图腾有关,而鱼、蛇都是龙图腾的组成部分。鱼族、蛇族(蛮族)在中华大地上都有较广的分布,并在历史发展过程中进行交流、融合。中华民族统一的图腾龙的出现,正是各个氏族、部落互相融合的结果。泰伯、仲雍千里迢迢来到无锡而不是到别的地方,可能有氏族联系的因素。泰伯断发文身,表示自己已脱离周族,彻底放弃了继承权。三是当时泰伯要在中华大地上寻找一块安身立命之地,要进行长远发展,也确实不易。长江以北是殷的统治地盘,殷、周有矛盾,泰伯不会到殷人统治区去;长江以南是苗、越等民族,各有自己的势力范围(当时在中华大地上有数以千计的"方国",直到周武王灭殷时,还和"八百诸侯"会盟);至于西北地区的戎狄,更是经常侵扰周族,周人避之犹恐不及。而太湖流域的无锡一带呢?这里在原始社会末期文明程度原本不低,是当时世界上少数发达地区之一,后来由于遭受洪水侵袭,社会生产力遭到破坏,成为一块有待开发的处女地。泰伯来到这里，正可以开拓经营，进行发展。

还有一个问题是：在当时落后的交通条件下，泰伯迁吴是否有可能？答案是肯定的。翻阅史料，我们可以知道，周族历史上曾有过两次较大的迁移。第一次是公刘从戎狄之地的甘肃庆阳迁移到豳（今陕西彬县），第二次是古公亶父从豳迁徙到周原（今陕西岐山县）。两次迁移，都是带着整个部族，跋山涉水长途迁徙。周人因曾和戎狄游牧民族相处，长途迁徙对他们来说不算困难。泰伯作为古公之子，可能也经历了从豳到周原的迁徙，从中获得了长途迁移的经验。

勾吴的最初疆域

泰伯到梅里，给自己起了个名号叫"句吴"（亦作勾吴）。他还在这里筑城，该城周长三里二百步，外郭三百余里。后来，勾吴成为这个国家的国号，这是继承了原始社会氏族酋长名兼作氏族名的遗风。泰伯所筑之城，叫勾吴城，后来也叫"故吴城"。勾和故乃一音之转。

泰伯为什么要给自己起名叫"句吴"？"句吴"的最初疆域有多大？

泰伯自称句吴，并不是随口说说，而是具有特定的含义，其意思就是"干鱼"或"鱼干"。古代的语言文字很不规范，加上方言的因素，一字多种写法甚为普遍。"句"和"工"、"攻"、"干"可通，乃一字多形。句吴即干吴，后世也称吴为干。如《庄子·刻意》："夫有干越之剑者，柙而藏之，不敢用也，宝之至也。"《释文》引司马彪云："干，吴也。"《淮南子·原道训》："干越生葛纬。"高诱注："干，吴也。"《吕氏春秋·疑似》："相剑之所患，患剑之似吴干者。""吴干"即"干吴"的倒写。此类例子很多，不一一列举。而干吴即"干鱼"或"鱼干"之意。吴是鱼族的一个分支，金文的吴都写"𫘫"、"𩵋"等，即鱼；水神天吴的图案原来是鱼；吴、鱼同音，泰伯等周族人读吴作"yu"，吴常写作余、禺等，如余皇大舟即吴王大舟，禺邗王即吴干王，而当地土著居民用方言读吴则如"鱼"（无锡人）、"河"（苏州人）。泰伯之所以起这个名号，是因为他的封地在𫘫，𫘫即干鱼或鱼干的意思。据《吴越春秋》载，吴人问泰伯：为什么要起"勾吴"这个名号？泰伯回答说："自己是因为长兄的缘故才做了这个国家的首领，但是我没有后代。真正应该受封的是吴仲（仲雍）。所以，我自号勾吴，这不是一个很好的比方吗？"原来，泰伯起这个名号，有两层意思，一是不忘故土；二是因绝嗣而把自己比作干鱼，预示着将把吴国君位传给仲雍。

泰伯在梅里安顿下来以后，周围的土著居民都很钦佩他，有一千多家归附于他。这"一千多家"并不是现代意义上的一千多户人家，而是一千多个氏族，也许相当于一千多个自然村。

关于勾吴的最初疆域，《吴越春秋》载："……故泰伯起城周三里二百步，外郭300余里，在西北隅，名曰故吴。"泰伯在梅里所筑的周长三里二百步的小城，是勾吴的"王城"。至于"外郭三百余里"，汉以前一里约合现在415.8米，则三百余里约为125公里。需要说明的是，当时的"外郭"并不是后世所谓外城，而是以山、川等地形为天然屏障，辅以篱笆、石墙、土坝等简陋的防御设施而形成的边界线。有些人不懂"外郭"的含义，怀疑泰伯那时不会有三百里的外城，因而擅自为"外郭30里"。岂知历史是不能随意更改的。要说"外城"，泰伯那时根本没有能力建造30里的外城。勾吴最初疆域为三百里范围，由于古今地理情况变化较大，加上古迹遗存已无，其具体四至已较难考证，我们只能作一个大致的勾勒：勾吴以梅村为中心，东至常熟练塘、杨园、吴县黄埭、浒墅关、通安一带，南至太湖沿岸，西至惠山、舜柯山、桃花山一线，北至东北塘、查桥、安镇、羊尖一带。这一带的地理特点是水网密布，湖泊纵横，间有丘陵，而且处在太湖和芙蓉湖之间，不易遭受外地势力的侵袭；气候温暖湿润，土地肥沃，是个鱼米之乡；人口已较多（1000余家约有3万—5万人），但发展情况还较落后。

泰伯的历史贡献

泰伯创建勾吴，在无锡乃至苏南的文明史上具有划时代的伟大意义。

在泰伯之前，无锡和苏南地区的历史是一片混沌。虽然这一地区的地下发掘展示了早期的文明，但是能够清楚表述的历史几乎是一片空白。泰伯到来后，情况就完全不同了。吴的历代君主都有名有姓，既有文献记载，又有一定的文物佐证。从这一点上说，吴和鲁、晋、卫等中原国家并没有差距，相反，在辈分上要长于他们。

泰伯到无锡，加速了这一地区的文明进程。周太王古公亶父在岐山下建立了一个强盛的国家。相对于周国，无锡地区无论在政治、经济还是文化上都是落后的。泰伯的到来，使得这种落后状况有可能较快得到改观。

泰伯所筑的三里两百步的小城，虽然是简陋低矮的土城墙，但其意义不容低估。城市是一个地区进入文明社会的重要标志，是国家形成的重要条件。吴国既尊泰伯为始祖，则其时已经建立国家。据《竹书纪年》载："武乙二十一年，古公亶父薨，泰伯君于勾吴。"可见古公死后，泰伯已经立国。至于这个国家到底是什么性质，我们暂时可以不去考究。依我之见，根据泰伯的道德，他至少不会使用奴隶，勾吴城里很可能只有平民，没有奴隶。我们不能用固定的公式、概念去硬套纷繁复杂的社会生活。

周人以农业传世，古公亶父在周原崛起，也和发展农业分不开。泰伯来锡后，带来了周族人先进的农业技术。无锡一带由于是水乡泽国，居民主要以鱼虾为食，虽早在泰伯奔吴前，吴地已有耕作但不大重视。泰伯确定了300里疆域后，率民耕作，"人民皆耕田其中"（《吴越春秋》）。农业的发展，对提高社会生产力水平和人民生活水平具有重要意义。

泰伯到来之前，江南地区已经进入青铜时代。但是，青铜器的使用并不普遍，社会生产、生活中经常使用的是石器、陶器。泰伯来后，促进了青铜器的推广使用。据传，泰伯教住地附近的居民使用铜锅，改善了烧煮食物的条件。

泰伯关心民众们的生产、生活，领导民众们开凿了伯渎港。这是一条运河，在当时条件下要靠人力挖掘这条河，的确很不容易。由此也可推测，那时已有了青铜制造的生产工具，因为要用石器来挖条运河，简直是难以想象的。

由于泰伯淡泊名利，爱护百姓，他获得了人民的拥护和爱戴。他在位49年而逝（约为公元前1078年）。泰伯逝世后，当地人民非常悲痛，成千上万人自发地为他送葬。后来，邑人又以立祠的方式纪念他。先是在景云乡（今南站镇）

的泰伯渎边立庙祭祀，此庙称为"渎上之庙"，至元、明时犹存，后废。东汉桓帝永兴二年（公元 154 年），吴郡太守糜豹奏请朝廷，在泰伯故居立庙奉祀（即宅为祠），这是地方政府所立之祠，以后历代都曾修葺，至今香火不断。明清时，在城中娄巷、惠山建立至德祠，奉祀泰伯。

　　吴国的周族人后裔以国为姓，吴姓后成为一个大姓，遍布海内外。

（作者单位：无锡市南长区扬名街道办事处）

泰伯奔吴考

/ 张金龙

　　在公元前 12 世纪，泰伯偕同仲雍从陕西岐山出发，一路上跋山涉水，披荆斩棘，到达数千里外的江南荆蛮之地，并建立了江南第一个奴隶制国家——勾吴，泰伯可称为传奇人物；泰伯将当时先进的中原文化与荆蛮本土文化相结合，使该地区的经济得到飞速发展，并逐步形成灿烂的吴文化，泰伯亦可称为开拓人物；泰伯"三让王位"的高风亮节，堪称后人的榜样，孔夫子赞他为"至德"，历代统治者对他奉若神明，民间又对他有种种传说，泰伯又可称为一个神秘人物。正因为如此，后人对泰伯奔吴产生了浓厚的兴趣，力求撩开泰伯奔吴的面纱，探求其历史的真面目。

泰伯的父亲古公亶父

　　泰伯的祖先原是活动于陕西地区渭水流域的一个古老民族。始祖名弃，以擅长农艺著称，尧时被任命为农官。弃在舜时还曾与大禹一起治过水，因治水有功被封于邰地（今陕西武功县）。弃姓姬，后来弃的曾孙公刘至泰伯的父亲古公亶父有十代人居住在豳地（今陕西彬县、旬邑县一带）。在商王朝武丁年间（公元前 1250—前 1192 年），古公亶父当上了姬姓部落的首领，他不但守住了公刘的事业，而且生产得到不断发展，财富的积累也逐步增多，因而姬姓部落的百姓也安居乐业。在豳地，古公的两个儿子泰伯和仲雍也先后诞生了。

　　此时北方游牧民族戎狄觊觎这块大好的地方，经常来骚扰、侵犯，古公为了与戎狄取得和解，使姬姓部落的人民有一个长期安定的生产和生活环境，他将一些币皮、犬马、珠玉送给了戎狄，并与之约定互不侵犯，谁知过了一段时间，狄人又来侵犯，并且胃口越来越大，送一些东西已无济于事，他们要姬姓部落大片良田，要姬姓部落的人做他们的农奴、牧奴。姬姓部落的人听到这苛刻的条件后非常愤慨，提出要与戎狄决一死战，保卫自己的家园，古公心里虽然十分气愤，但很冷静。他审时度势，认为自己部落与戎狄开战会两败俱伤，吃亏的是姬姓部落，因为当时戎狄比较强大，是善骑会射的游牧民族。他们没有固定的居所，抢夺一下就换个地方，来去无踪，姬姓部落则不同，有家园，有土地，有财产，时时成为他们的攻击目标。于是古公亶父决定放弃世世代代经营的豳地，对他的子民说："有民立君，将以利之。今戎狄所为攻战，以吾地与民，民之在我与其在彼，何异？民欲以我攻战，杀人父子而君之，予不忍为。"（见《史记·周本纪》，意思是说，我作为首领，要给你们办好事，目前戎狄发动战争，要的是土地和人民，你们一些老百姓生活在姬姓部落或者是戎狄部落都是一样的，你们如果为了我与戎狄拼一死活，你们的父亲或儿子不免要牺牲，我是不忍心啊。）

古公亶父为了避免战争，保存实力，决定实行姬姓部落历史上的大迁徙，这些迁徙困难大，规模大，意义大，他们告别祖祖辈辈赖以生存的家园，扶老携幼，跋山涉水，古公亶父率领人们渡过漆河和沮河，翻过了梁山，在岐山脚下扎下了营盘。此时豳人基本上举国倾出，尽复归古公于岐下。这次大迁徙，证明古公亶父有政治家的胆略，成功地进行了战略的大转移。

这一次大迁徙，无疑是对少年时代的泰伯和仲雍上了一堂活生生的社会大课，他们被古公亶父的胆略所折服，同时在大迁徙途中受到不少困难的磨炼，在他们的心灵上刻上了不灭的烙印。

岐山之下是一片水草丰茂、土地肥沃的好地方，人们称之为岐周，又称周原。

古公亶父在周原这片肥美的土地上，大力发展农业生产，在牧业方面则放牧与圈养相结合，使农业生产能够得到充分的肥料，反过来农业又为牧业提供充分的饲料。由于以农为主，人口相当集中，粮食、财产积累比较容易，经济实力提高得很快。同时管理上设官分职，划分地界。而后"从之者如归，一年而成邑，二年而成都，三年而五倍其初"。并建立了城郭、宗庙及宫殿。岐周很快兴旺发达起来，已初步形成了一个国家雏形。

古公亶父吸取了在豳的一些教训，他与周边的游牧部落尽量搞好关系，当时西方有一个游牧民族羌，羌的势力也很大，岐周与羌的关系较友好，为了巩固这样的友好关系，古公便娶了羌族头领的女儿太姜氏，这位太姜，深受古公宠爱，并生下了一个儿子就是季历。据波斯诗人费尔杜西德史诗记述，古公曾把自己的女儿嫁到葱岭附近的西夏，周羌联姻和周西夏联姻意义十分重大的，一方面岐周有了一个安全的周边环境；另一方面，岐周人民也从其他民族那里学到不少东西，特别是养马、驯马和骑马的本领，这些可用在军事上。还学到了开采矿石、铸造金属工具以及武器等技术，国力也随之增强。

商朝末期，帝王等奴隶主们的生活非常奢侈糜烂，尽情地挥霍民脂民膏，过着灯红酒绿、醉生梦死的生活，他们根本不关心百姓的疾苦。此时，一些部落如旨方、羊方、系方等十多个方国陆续叛商，羌人也对商骚扰不断。虽然商王几次亲自率兵征战，往往顾此失彼，一方暂时平息，另一方烽烟又起。商王朝已危机四伏了。

古公亶父在治理岐周期间，商王没有对岐周发动战争。因为古公亶父表面上对商表示臣服，并且每年要进贡给商王朝许多牲畜、粮食、龟甲、珠宝，甚至献上美女，以免战火烧到岐周。另外，他暗中扩充实力，"积德行义"，与各种反商力量修好关系，搞好外交。所以古公亶父从豳到岐周以后的 30 多年中，基本上属于太平无事。后来岐周方国得到了商王武乙的认可，并封古公为"周侯"。

泰伯奔吴的原因

岐周经过古公亶父 30 多年的发展，地盘扩大，人口增多，经济实力雄厚，军事力量较强。他先后吞并过几个"不听话"的小方国，威望大增。此时古公胸中蕴藏着"翦商大志"。但是翦商的大业靠谁来完成？靠古公他自己？显然不行，他被称作"周侯"已 60 多岁了，况且又多病，垂垂老矣！他知道，他在岐周 30 多年的发展仅仅是站稳了脚跟，靠他自己的实力与商王朝抗衡不过是以卵击石，自取灭亡，商有数十万军队，还是十分强大的，他知道，灭商要靠几代人的努力。

正在古公亶父考虑翦商大业的时候，季历的妻子太任生下了儿子昌，季历的母亲太姜以及他的妻子太任均称作"贤妇人"，这个"贤"字固然说贤惠，知书达理，更重要的是说他们十分能干，当昌呱呱坠地时，她们便制造了昌"有圣瑞"的舆论。对于凡要办大事靠占卜来预测的古公亶父来讲无疑是一个好兆头，他由衷地说："我世当有兴者，其在昌乎！"

在商朝，中国的社会已是奴隶制社会了，原始社会的那种禅让制早已废除，禅让制由世袭制所代替。父亲死后，理所当然由长子继承。古公亶父有三个儿子，长子泰伯，次子仲雍，幼子季历。按当时的世袭制度，"周侯"这个位置应该传给泰伯，但是古公亶父有他的考虑，他主要考虑是翦商大业，翦商大业是不能靠"和平演变"的，而是腥风血雨的兵戎相见。商末各方国均崇尚武力，打一个胜仗便可掠取粮食、禽畜以及奴隶，同样，崇尚武力又可保卫自己的家园。季历具备这个条件，首先他会带兵打仗，敢作敢为，其次他又"笃于行义"，能团结一些诸侯方国，所以古公亶父认为"季历贤"。而泰伯、仲雍的性格谦逊、宽容、讲道德、讲仁义、讲诚信，俗话说："春秋"无义战，在"春秋"之前的义战也极少，而只为奴隶主服务的不义战争多。泰伯、仲雍的性格是反对不仁不义，更反对不义之战，靠仁义道德怎能实现翦商大业呢？再说，太姜和太任二位"贤妇人"的地位十分重要，泰伯、仲雍和季历属于同父异母，泰伯、仲雍的母亲没有提及，而季历的母亲太姜有相当实力，她娘家羌国也很强大，周羌联姻本身就是一种政治上的联合，古公要实现翦商大业，周必须与羌等各国结成同盟，今后的周羌联合，季历出面是最佳人选了。

古公亶父意欲传位于季历，只能暗示，不能明言。季历的"历"字，就是"适合"的意思，他把翦商大业的希望又寄托在尚在襁褓之中的"昌"身上。他表面上必须遵守老祖宗传下的规矩，此时古公的心理是十分矛盾的。泰伯、仲雍明白了古公亶父的意图后，《史记》吴泰伯世家称："于是泰伯、仲雍二人乃奔荆蛮，文身断发，示不可用，以避季历。"《史记》周本纪称："乃二人亡如荆蛮，文身断发，以让季历。"太史公司马迁遣词高明，称泰伯奔荆蛮，又称亡荆蛮，其实是"亡奔"也。又以避季历和以让季历，其实是"避让"也。因为"季历贤"，深受古公宠爱，又有"圣瑞"的儿子昌，他在岐周很有实力。泰伯、仲雍表面上为父亲治病而外出采药，实质上是既成全了父亲的意愿，又避免了一场兄弟不和或兄弟相残的悲剧。如何避呢？如果避得近，仍然生活在周原附近，还是成了季历继位的障碍，要避，必须远点。泰伯、仲雍在少年时代从豳地长途跋涉到岐山，他们现在也可学父亲一样，长途跋涉远离岐周，开辟新的家园。于是他们一直"亡奔"到远离岐周达数千里之遥的江南荆蛮地区，这就是历史上有名的泰伯奔吴。

事实证明，古公亶父是一位卓有远见的政治家。泰伯奔吴以后，不论在黄河流域还是在江南地区均出现了中国历史上波澜壮阔的一幕。季历继位以后，翦商大业非常艰难、血腥和残酷。他先后对长期骚扰岐周的狄戎发动了攻击，10年之内分别大败了"余吾"戎、"始呼"戎、"翳徒"戎等北部和西部的夙敌，并其土地、人口，夺取武器、财产，将大量的战俘沦为奴隶，势力大增。就是历史上所说的"季历朝商"以后所取得的赫赫战功。季历每打一次胜仗就向商王报捷，商王文丁表面装作很高兴，并加封季历为"西伯"（统率西部地区最大的诸侯）。可是当季历要辞朝回周时，文丁突然下令将季历囚禁起来，季历不久便死在商都。

季历死后，昌继位，仍封为西伯，昌为父报仇，潜心准备，不久商王文丁死后由其儿子帝乙继王位。帝乙为了缓和与周的矛盾，特将自己的胞妹嫁给昌，表示尽释前嫌，恢复亲善。昌为韬晦之计，答应了这门亲事，这就是《诗经》上所说的"天作之合"。帝乙死后由帝辛继位，帝辛就是商纣王。

西伯昌励精图治，广求贤才。不仅周国大治，而且在各方国诸侯中的威望也越来越高。

商纣王是历史上有名的暴君，一是设置了残酷的刑罚；二是荒淫无度。西伯昌仅仅是有些看不惯，就被纣王关进了监狱，并且将昌的大儿子伯邑考杀死做成肉汤送到狱中让昌喝。昌为了蒙蔽商纣王，"若无其事"地喝下去。后来周的大臣行贿了纣王的谀臣，送给纣王美女、美玉、好马以后，西伯昌才得以获释。西伯昌获释以后，更做出了一副忠于商王的样子，实际上他加快步伐做好翦商的准备。到了晚年，周国的政治、经济、军事力量都大大超过了商王朝。"三分天下有其二"，奠定了翦商的基础。

姬昌死后，由姬发继位，姬发在太公望（姜子牙）和周公旦及几位弟弟辅佐下，积蓄力量，在发十一年，商周二军在牧野展开一场大战，这就是历史上著名的牧野之战，商大败，纣王自杀。自古公亶父逝去 80 多年以后，经过三代人的努力，终于完成翦商大业，并分别对古公亶父、昌封为周太王和周文王的谥号，发，即是周武王。

泰伯奔吴的地点

泰伯奔吴，吴在哪里？这引起了许多学者专家和吴文化研究者的关注，众说纷纭，莫衷一是。有人说"吴"在丹徒，有人说吴在常熟，又有"西吴"和"东吴"的两吴说，"西吴"在陕西宝鸡附近，然后又到"东吴"——即无锡梅里。我们暂且"搁置争议"，从文献专家说、遗迹典故说等几方面加以阐述。

文献专家说：我们首推太史公司马迁的《史记》，他在"周本纪"和"吴泰伯世家"中明确泰伯、仲雍是"亡奔荆蛮"，既然是泰伯奔荆蛮，荆蛮在哪里？

荆蛮是属于一个地区（是区域的小概念，不像"南蛮"、"荒蛮"等区域大概念），荆蛮亦可指为一个特定的民族，如"荆蛮义之"等。史学家一致认为荆蛮就是无锡梅里（今梅村）地区，根据《吴地记》记载，泰伯居梅里，在阖闾城北五十里许（阖闾城即姑苏城，城北偏西五十里左右即是梅里），又《史记正义》记载，泰伯居梅里，在常州无锡县东六十里。《咸淳毗陵志》记载，无锡，古勾吴地，泰伯旧国，其城在今梅里乡。由此可见，古梅里地区就是荆蛮之地，著名史学家范文澜先生在《中国通史》中说泰伯逃奔江苏无锡东南梅里做荆蛮人君长，筑城建都，国号"吴"。史学家、考古学家郭沫若在《中国史稿》中亦说，周朝在东南方最远的同姓诸侯是吴国（今江苏无锡县），泰伯和当地蛮民相结合而建立。

遗迹典故说：泰伯奔荆蛮时，见到地势较高的一片土地，询问土著人，名为"荒三千"。泰伯称奇，想当年古公亶父从豳迁到岐山安顿下来，当地亦名"荒三千"，泰伯认为并非巧合，实为"天命"，决定住下来。因为岐山"荒三千"是周部落的发祥之地，荆蛮的"荒三千"一定是泰伯的发祥之地。后来泰伯建勾吴国后，在荒三千中央筑一高台，取名"文台"，作祭祀、庆典之用。后来，阖闾迁都姑苏后，亦筑一文台，后人称荒三千的文台为"故文台"。"故文台"被批准为无锡市文保单位，可惜在21世纪初被夷平。传说泰伯、仲雍一行逃到江南梅里，前面有条河，为摆脱追兵，慌忙渡河，马夫溺水，派人寻尸，见于坝端，将之安葬。后人把泰伯渡河处起名"皇渡河"，发现马夫尸骨处，叫尸骨坝，马夫塚旁的小河称马夫浜，现皇渡河、施家坝（尸骨坝吴方言谐音）、马夫浜相距仅200公尺，均在梅村镇区中心地域。值得一提的是，梅村镇南有三个带荆的行政村，分别是荆同村、荆心村、荆协村（新中国成立初期，三个村是一个小乡，叫荆福乡）。在荆同村中有一个中心自然村叫万巷（蛮巷，梅村人将万读成蛮），万是大姓，真可谓称之"土著居民"的后裔了。

泰伯庙和泰伯墓建于公元154年即东汉永兴二年。吴郡太守糜豹奉诏修建泰伯庙，"即宅为祠"，地址就在泰伯居住地。泰伯逝世后，葬在梅里东五里许皇山，亦被糜豹修葺一新。泰伯庙和泰伯墓在2006年均被列为国家重点文物保护单位。

综上所述，泰伯奔荆蛮即是泰伯奔梅里，这是无疑的，那么为什么又称作"泰伯奔吴"呢？我们知道，泰伯、仲雍在荆蛮地区创建的一个国家叫作勾吴。泰伯之奔荆蛮自号勾吴，"荆蛮义之，从而归之千余家，立为吴泰伯"。泰伯自号勾吴有其道理，因为江南荆蛮地区并非那么荒蛮，在泰伯到来之前，这里已是鱼米之乡了。荆蛮地区是水乡泽国，可耕地很少，荆蛮人生产是半渔半耕，鱼是荆蛮人的主要食物，有专家认为荆蛮人将鱼作为一种图腾不无道理。在荆蛮地区鱼吴同音，念ng（鼻音，口微开，缩舌，咬齿），而北方及中原地区念yu和wu。武王灭商以后，封周章在江南仍为吴。封周章弟仲到中原为虞，鱼和虞在北方是同音，鱼与吴在无锡是同音，这是值得推敲的。

泰伯创建勾吴国以后，泰伯奔到荆蛮当然应该称作泰伯奔吴了。后来随着勾吴国越来越强大，其疆域也越来越大，并曾称霸中原，连国人也大多姓了吴。所以泰伯奔吴在中国历史上有重大影响。泰伯也成为太史公司马迁笔下的一个重要人物了。

泰伯、仲雍从陕西岐山出发，直接到太湖流域的荆蛮地区？事实并非像现代人乘火车或乘飞机那样简单，就可以直接从甲地到乙地。当时他们没有明确的目标，首先是借采药之名离开岐周，在某个地方先躲避一下，休整一下，认为这个地方并不合适，然后再走，跋山涉水，历尽艰辛。如果通过某奴隶主部落的领地，要进行谈判、交涉，否则被视为"入侵"，形成械斗，等等。更主要的是古公亶父得悉泰伯、仲雍离岐周而去，他派季历带兵追赶，泰伯、仲雍必须摆脱追兵。"亡奔"的时候需东躲西藏，同时他们沿途必须打猎，猎取必要的食物，如果条件比较好的地方，暂时再安顿下来。如此反复比较，最终泰伯、仲雍一行到达荆蛮地区以后，认为这地方好，经过一段时间的接触，荆蛮人并非野蛮，能接纳来自周原的异客，泰伯决定在此居住。泰伯从岐周到荆蛮，尚需一年或更长时间，在这段时间里，他们停留的地点（或居住点）不下10多处，从地域来看，陕西、河南、安徽、江苏均有可能，但这些仅是泰伯奔吴过程中的落脚地，不是目的地。其目的地就是无锡梅里，所以说，泰伯奔吴，吴在哪里？我们可以毫不犹豫地回答："吴，就是无锡梅里。"

泰伯奔吴的功绩

荆蛮地区地处水乡泽国的太湖流域，加上温和湿润的亚热带气候，其水稻种植源远流长，迄今至少有6000多年历史。但由于生产力低下，在泰伯奔吴的时候，还处于原始社会后期的社会形态。荆蛮部落的族长和平民百姓过着一起吃饱、一起挨饿、一起温暖、一起受冻的原始社会生活，人们仍然将捕猎作为主要谋生手段。为了在水中捕鱼或者在林间追逐野兽比较方便，荆蛮人便"断发文身"，身上绘上花纹，夏天赤膊，冬天穿兽皮；泰伯等周原人穿布帛做的衣服，并蓄发。荆蛮人一起劳动，一起享受，没有多大规矩；周原人讲等级、讲礼仪，有许多规矩，有好多习性迥异。于是泰伯采取了入乡随俗的办法，自己"断发文身"。这是一个了不起的举措，断发文身对于泰伯来讲无疑是对老祖宗的背叛，是与"周礼"的彻底决裂，但对荆蛮人来讲是融合，是团结，是一家人了。"断发文身"对于泰伯来讲仅仅是一个手段，通过断发文身与当地人打成一片，取得信任。然后再逐步地、潜移默化地将黄河流域的先进文化传播开来，或者说中原文化与太湖流域文化有机地结合起来。

当古公亶父逝世，季历继承了侯位，泰伯、仲雍奔丧后回到荆蛮，"自号勾吴，荆蛮义之，从而归之千余家"，建立了勾吴国，勾吴国成为江南第一个奴隶制国家雏形。勾吴国建立以后，泰伯、仲雍致力于发展生产，"数年之间，民人殷富"。商朝末年，"中国侯王数用兵，恐及于荆蛮，故泰伯起城，周三里二百步，外郭三百余里"。泰伯吸取了古公在豳的教训，民人富了以后，树大招风，容易引起贫穷落后部落的侵扰，现在荆蛮人富了，也要防患于未然。勾吴筑城以后，军事防御力量随之增强，奠定并巩固了泰伯的统治地位。

我们说泰伯是开发江南的奠基人，其主要表现在以疏代堵，兴修水利，开凿了长达28公里的伯渎河及其支流。基本消除了水患，并在伯渎河两岸露出了大量可耕地，扩大了人们的生存空间。这些可耕地，将一年种水稻一熟改为稻麦两熟，变单种为复种。并办起了养鸭场、养鹿场、养猪养羊场等，以养殖业代替单纯的狩猎业。养牛、养马以畜力代替了部分人力。教会当地人"植桑麻"，引进周原地区养蚕、缫丝、织布等技术，促进了生产发展，改变了人们的生活。同时，夏历纪年、医药、货币、祭祀、建筑、气象等先进的科技文化在江南传播开来。

由此可见，泰伯奔吴的主要功绩在于：泰伯创建了江南第一个奴隶制的国家——勾吴。泰伯带领民众开凿了中国第一条运河——伯渎河。泰伯是第一个先进文化使者，将中原地区的先进文化与太湖流域的稻作文明有机地结合起来，形成了灿烂的吴文化。

以上谈的"泰伯奔吴"的功绩，是泰伯为老百姓办实事、办好事，老百姓得到了实惠。泰伯还给后人留下了一笔不菲的精神遗产，则是"三让王位"的高尚道德，这也是泰伯精神的核心所在。

关于泰伯的三让，版本很多，说法不一。笔者认为，泰伯的三让是：一让季历，古公亶父死后，泰伯、仲雍奔丧，季历要由泰伯继承侯位，泰伯"断发文身，示不可用"，坚辞侯位。二让昌（即文王），季历被商王文丁谋杀后（此时勾吴国已建立），昌请伯父继承周侯，泰伯不从，因古公早有遗训"当有兴者，其在昌乎"。三让仲雍，勾吴国建立后，泰伯只称伯，不称王，要仲雍称王，仲雍不肯，于是，两人共同负责国家事务。仲雍将自己的儿子季简作为泰伯的嗣子，泰伯死后，仲雍称王，成为勾吴国第一代国君，所以有"吴王世系仲雍始"的说法。泰伯墓道前棂星门上楹联是：志异征诛三让两家天下，功同开辟一抔万古江南。这里所说的两家天下就是周和吴。

当时勾吴国对于中原的周王朝来讲，乃是江南一隅的弹丸之地。只致力于内部发展，虽然统治的年代很长，但十分闭塞。直到19世寿梦继位后，国力强盛，扩充疆域，有扩张的野心，这才引起周边各国和中原的重视，直到礼崩乐坏的春秋末期，孔子大力宣传吴泰伯。因为当时有不少诸侯国为争夺王位而父子交恶，兄弟相残，孔子对此痛心疾首，泰伯的三让王位无疑对孔子主张以仁义道德为中心的儒家学说提供了有力的佐证。他特别推崇泰伯，说："泰伯可谓至德也已矣，三以天下让，民无得而称焉。"孔子成为宣传泰伯精神的第一人，泰伯成为中国历史上第一座道德丰碑。

东汉永兴二年（公元154年），吴郡太守糜豹奉诏建泰伯庙于梅里，建泰伯墓于皇山（鸿山），后人在伯渎河上建了至德桥、三让桥等。三让桥的辖地是三让乡，附近百姓做三让（酿）团子在清明节祭奠三让王（泰伯）。据说生日是正月初九，忌日是清明节，正月初九便是泰伯庙会，清明节便是鸿山庙会，盛况空前。老百姓用各种方式纪念开发江南的鼻祖吴泰伯。

泰伯奔吴的年代

泰伯奔吴的年代尚未有确切的历史记载。加上年代久远，很难查考，只能从故纸堆的只言片语中加以推理。

首先我们要明确"商周断代年"。根据 2000 年 11 月 9 日"夏商周断代工程阶段成果学术报告会"的发布，商周断代为公元前 1046 年，即周武王于（武王 11 年）公元前 1046 年灭商。

根据"商周断代工程"研究成果发布，有关年代报告如下：

商武乙，公元前 1147—前 1113 年，在位 35 年；

商文丁，公元前 1112—前 1102 年，在位 11 年；

商帝乙，公元前 1101—前 1076 年，在位 26 年；

商帝辛（纣王），公元前 1075—前 1046 年，在位 30 年。

关于泰伯奔吴的年代，必须要符合以下几个条件：

（1）古公亶父、泰伯、季历的儿子昌曾经同时一起生活过，同时存在某个历史断面上。

（2）古公亶父生病期间（不是大病），泰伯、仲雍借采药之名而奔吴；若干年以后，古公亶父才逝世，泰伯奔丧以后回到荆蛮即建"勾吴国"。

（3）根据《中国历史大事年表》，"泰伯奔吴"在商武乙年间。根据《竹书纪年》记载："武乙二十一年，周公亶父薨，泰伯君于勾吴，当即是年。"这是唯一可以佐证的历史记载。武乙二十一年，即为公元前 1127 年。

（4）泰伯在位 49 年，但泰伯不称王，泰伯"在位"应指泰伯奔吴起直至逝世一段时间，泰伯在什么年代逝世的呢？有的书上记载是武乙四年（公元前 1143 年），显然是错误的，这不可能先于古公逝世。有的书上记载是帝乙四年（公元前 1098 年），这基本符合历史情况。可见是帝乙与武乙一字之误。

（5）多种版本都认为是勾吴国从建国到灭国是 624 年，夫差亡国是公元前 473 年，则建国应为 473 加 624 年，是公元前 1097 年。公元前 1097 年，正好是仲雍元年，根据"吴王世系仲雍始"的说法，正好吻合。勾吴国吴王世系记载应该是 624 年。这更能证明：泰伯不称王，只称伯。但是我们应该计算勾吴国的年代，从武乙二十一年，泰伯建勾吴国开始。泰伯第一次到荆蛮的时间，应该是 624 年再加上 49 年。泰伯享年 91 岁，仲雍比泰伯小 4 岁，享年 92 岁，昌享年 97 岁。

根据以上条件，可列出如下大事年表

公元前 1188 年，泰伯诞生。

公元前 1184 年，仲雍诞生。

公元前 1155 年，昌诞生。

公元前 1146 年，泰伯、仲雍借采药之名"奔荆蛮"，泰伯时年 43 岁，仲雍 39 岁，昌 10 岁。

公元前 1127 年，古公亶父逝世，泰伯、仲雍正式建勾吴国，泰伯 62 岁，仲雍 58 岁。

公元前 1126 年，季历元年，昌 30 岁。

公元前 1114 年，季历朝商，封为周侯，昌 42 岁。（武乙三十年，季历朝商）

公元前 1102 年，季历被文丁杀害。（文丁十一年，季历被害）

公元前 1101 年，昌元年，昌 55 岁。

公元前 1098 年，泰伯逝世，享年 91 岁。

公元前 1097 年，仲雍继位，称王，吴王世系开始。

公元前 1093 年，仲雍逝世，享年 92 岁。

公元前 1057 年，昌（周文王）逝世，享年 97 岁。

公元前 1056 年，发（武王）元年。

公元前 1046 年，武王十一年，发灭商。

公元前 1045 年，武王分封诸侯，封周章于吴，封周章之弟虞仲于中原为虞。

公元前 585 年，吴王寿梦元年，此后有明确的历史记载。

公元前 473 年，吴国被越所灭。勾吴国从仲雍称王算起，为 624 年，从泰伯建国算起应为 654 年，从泰伯奔吴开始应为 673 年。

（本文主要参考《史记》、《吴越春秋》、《竹书纪年》、《吴地记》、《史记正义》、《锡金考乘》等书）

（作者单位：无锡新区《梅村志》办公室）

梅里与阖闾：吴文化的精神坐标

——论梅里古都与阖闾城的关系

/ 唐洁　夏心明

　　自从有了国家，便有了首都或国都。国都在什么地方，这个国家的经济、政治和文化中心，通常便在什么地方。翻开吴国的历史，从泰伯奔吴至夫差亡国的 700 余年里，有明确记载的国都只有两个——梅里、阖闾，而拨开历史的层层云雾便会发现梅里与阖闾之间千丝万缕的联系。

　　从整个世界的范围来看，绝大多数国家从古至今，首都位置变化不大或竟无变化，比如埃及、罗马、巴黎等。反观中国历史，"不常厥邑"，迁都之频繁是令人震惊的。据统计，中华 5000 年的文明史，就有 350 多个都城。这是因为，在中国人看来，"都者，大也；国都，国之大也"，国都的选择关系着国家兴衰存亡。在吴国的历史版图里，虽然有大大小小的城邑，但是见于史料的都城只有梅里与阖闾。由于各朝各代所处的历史时期不同，社会制度不同，疆域边界不同，政治、经济、军事的区域性发展不同，都城的选择和确立的着眼点也就不同，所以，国都形成的根源以及兴衰变化是多方面的历史和现实条件综合作用的产物，是多种力量合力作用的结果。概而言之，"天"、"地"、"人"三要素决定了都城的兴衰更迭。"天"主要指自然气候条件，"地"主要是由地势、地缘、物产、水源、土壤肥力等组成的地理环境，"人"即各民族之间的相互关系、每个政权内部的各种关系、人心的向背等。吴国之所以定都于梅里与阖闾，正是"天"、"地"、"人"三要素综合决定的结果。

一　梅里古都凝聚吴国之国魂

《史记》云："泰伯之奔荆蛮，自号句（勾）吴，荆蛮义之，从而归之千余家，立为吴泰伯。"《汉书·地理志》云："梅里上有吴城，周武王封泰伯之后于此，是为虞公，即周章之弟虞仲，盖仲雍之曾孙也。"又《史纪正义》云："吴，国号也，泰伯居梅里，在常州无锡县东南……泰伯奔吴，所居在苏州北五十里无锡县界梅里村，其城及墓见在。"众多史料记载，泰伯携弟仲雍隐身之处正是梅里（今无锡梅村）。古之梅里，气候温暖，雨量充沛，河流纵横，土地肥沃，地理环境与中原地区大不一样，可谓极尽灌溉、舟楫和渔业之利。作为帝尧农官后稷的后代，泰伯的祖上可以说得上是世代为农，而他自己也应有着丰富的农业生产经验。当泰伯看到地势平坦，适于农业耕作的梅里宝地时，结束了四处藏匿的旅程，入乡随俗，"文身断发"，向当地人传授中原先进的农业生产经验，开凿人工泾流，"穿浍渎以备旱涝"，大力发展养鸭、养麋鹿等饲养业。由于采取了一系列发展生产的措施，"数年之间，民人殷富"。泰伯因此得到了当地人民的拥护，被拥戴为吴国的君王。有国就得有都，都城是一个国家的象征、一个民族精神的归宿与寄托。与当初的荒蛮相比，这时的梅里已经算是物产丰富了，四方夷族对泰伯也是推崇至极，纷纷来到梅里。此时的梅里也就符合了中国古代定都的"天时地利人和，龙腾虎跃鹏举"的条件。于是，泰伯动员并率领当地百姓在梅里一带构筑了一座周长为 3 里 200 步（约 1530 米），外郭 30余里（约 1.5 万米）的土城，建立了勾吴国。

不可否认，在泰伯奔吴前，江南地区已有相当进步的原始文化，如马家浜文化、崧泽文化、良渚文化、马桥文化等。然而，正是泰伯的到来，才将北方的黄河文明与南方的长江文明整合在一起，开创了长江下游，太湖之滨第一个文明古国——吴国，从而形成了丰富且独特的吴文化。而泰伯之所以来到江南地区，其背后关系着一个民族的生死存亡。商朝中晚期，周太王看到殷商始终是周人的威胁，就考虑从周、羌联盟以稳固根基的目的出发，让三儿子季历

（母亲太姜，乃羌族贵族之女）继位，并要他和商朝大奴隶主贵族中的任姓挚氏通婚，娶太任为妻，从而建立起牢固的统一阵线。这样一来，也能保证贤能聪慧、颇有王者风范的孙子姬昌（即后来的周文王）能够顺利接替执政，继承王位。泰伯、仲雍看到这种情况，十分理解父亲的苦衷，为了顾全大局，兄弟俩双双离开岐山，先是来到距周原百里以外的吴山，以后又沿故道，循汉水，远避长江中下游，定居无锡梅里。泰伯、仲雍将王位主动让给三弟季历，达到了发展壮大周部落、推翻残暴的商纣王朝的目的。泰伯离乡背井，用自己的王位换来了周族的发展与壮大，这需要多大的勇气与魄力。所以，大圣人孔子赞誉泰伯："其可谓至德也已矣。三以天下让，民无得而称焉。"正是由于这样的历史背景，吴文化的始祖泰伯的"让德"开创了吴地这一良好的社会风尚，吴国从建立之初也就打上了泰伯至德精神的烙印，尚德作为一种文化思想，有着极为丰富的内涵和精神特质。德，内含"礼让"、"谦逊"、"友善"、"关怀"，此为内倾之德。它是建立在个性化的心理修为上的一种文化品质。德者，仁也。仁者，爱也。而仁爱又以谦让和与人和谐相处为基础。当物质日渐满足人民的基本需求时，如何管理这样一个新建的国家，改野蛮之风气，行文明之礼仪，是泰伯必须思考的问题。泰伯高尚的个人品格决定了他以德治理国家，而不是暴力统治。"德"有三层重要含义：一是礼让、谦逊之德，有此之德，可建立良好的人际关系，求得与他者的和谐；二是友善、关怀之德，即以人文情怀、良善之心关怀他人，关注民生疾苦，关心百姓利益，在全社会营建一种互爱互助的和谐氛围；三是开拓、创新之德，即建构一种对事业、对民族、对国家、对人类未来发展的责任感，发挥个人的才智，不断开拓，不断创新，为社会争做贡献，在更高的社会进步的层面上追求新的和谐。至于泰伯如何施德政，这已成为历史的尘埃，后人无从知晓。但是从泰伯至寿梦的 500 多年间，吴国没有大型战争的记载，也没有因战争或是自然灾害迁都的记载，这在一定程度上说明当时吴人安居乐业，吴国与四邻和睦相处，从而也在一定程度上佐证了泰伯及其后世以德治国的成效。以尚德为文化核心的吴国，其首都梅里自然称得上为一座德城。

然而，建立都城，不光是为了治理国家、教化百姓，还有防御的需要。当时各方国家的生产水平参差不齐，物资普遍较为匮乏，掠夺他国也是常有的事。而吴地自然环境优越，吴人又因泰伯而掌握了中原先进的农业生产技术，物产也就越来越丰沛，这更勾起其他国家前来掠夺的欲望。正如《吴越春秋》中所云："泰伯当殷之末，中国侯王数用兵，恐及于荆蛮，故起城，周三里二百步，外郭三百余里。在吴西北隅，名曰故吴。人民皆耕田其中"，由此可见，泰伯所建的梅里都城既是一个生产基地、治国中心，也是一个军事据点，它为吴国的生存与发展奠定了基础。所以，尚德崇武、刚柔兼济是吴国特有的高贵精神与风尚，即吴国的国魂，而梅里作为吴国首都，是这个国家的象征和这个民族精神的归宿与寄托，即吴国之国魂所在。

　　一些学者根据《吴越春秋·吴泰伯传》"泰伯城周三里二百步、外郭三百余里"的记载，把梅里国都的外郭作为吴的疆界，认为吴国"以今地言，当辖有今太湖东北苏州、常州、江阴、常熟以及镇江、丹徒一带"。此言似不够完善，因古代城池建筑，往往是有城有郭，郭外才是国土，因此外郭不等于疆界。吴国初期界域似不止这三百里。随着生产水平的不断提高，吴人的活动范围越来越大，越来越分散，在梅里都城之外的疆域内建立城邑是国家发展的客观需求，所以吴国修筑了大小不一的众多城址，见之于史籍的就有淹城、固城和阖闾城等 10 余座，这也就说明吴国的国力在逐渐增强。时至春秋时期，王室衰微，大国争霸。吴国地处东南一隅，周围又有一些缓冲的小国，几个争霸的大国鞭长莫及，吴国得以免遭战祸之害和被掠夺之苦，得以和平发展。在春秋前期，吴国就已经成为地区性的小强国，它甚至敢于藐视齐桓公的霸权。《管子·轻重甲》说，齐桓公称霸时，"吴越不朝"。后来可能是因为进攻徐国而遭到了齐国的打击。《左传》宣公八年（公元前 601 年）载："楚为众舒叛，故伐舒、蓼，灭之。楚子（庄王）……盟吴、越而还。"问鼎中原的霸主楚庄王，灭掉舒、蓼后，不敢轻易侵犯吴、越，只好与之订盟而还。说明春秋中期时，吴国的力量就连楚庄王也要刮目相看，不敢小视。

　　虽然偏安一隅，但春秋是个弱肉强食的时代，如果一个国家不懂得保护自己就会被其他国家吞灭掉。所以，吴国的君主们打破了与其他国家和平相处的平衡局面，积极向外扩张。吴国的勃兴，是从吴王寿梦开始，《史记·吴泰伯世家》记载："寿梦立而吴始益大，称王。"寿梦十年（公元前 576 年），吴国参加了晋、齐、宋、卫、郑、邻等国在钟离召开的诸侯大会。寿梦十八年（公元前 568 年），吴国参加了晋、鲁、宋、卫、郑、曹、莒、邾、滕、薛、齐、曾等国在戚召开的诸侯大会。寿梦二十三年（公元前 563 年），吴国又参加了在祖召开的诸侯大会。这些会盟，进一步促进了吴国与中原各国的交往，提高了吴国在中原的地位，吴国也逐步走上了争霸的道路。春秋争霸靠的是军事力量，吴王的争霸雄心把吴国拖入了军备的竞争中，国家的整个运行机制都得为军事战争服务。此时的梅里都城因为建城年代久远，地势平坦，无法满足军事扩张及防御的需求。除此之外，吴国因泰伯的德行备受世人称赞，而梅里作为都城，安放着泰伯的陵寝，是吴国先君宗庙之所在，凝聚着吴国的国魂，从这里发动扩张战争必将冒天下之大不韪，有损祖先的形象，这也是吴王发动战争前不得不考虑的事情。因为这些主客观的原因，所以，要想称霸，迁都是最好的选择！

二 阖闾新都印证吴国的辉煌

在辽阔的中华大地上，曾有几百座城市做过都城，所以，迁都在中国的历史上并不是一道不能逾越的宗法鸿沟。纵观历史，迁都成为中国历史剧烈震荡的政治波谱图和晴雨表，因为迁都不仅仅是地理位置的移动，更主要的是一种政治力量的重新组合，其中埋藏着许多的历史隐秘：政治的诡谲、军事的机心、经济的跌宕、文化的瑰丽、社会的纷纭、人性的荒芜……此时的吴国，公子光在以伍子胥为核心的幕僚的帮助下，成功颠覆政权，取得王位，成为吴国第二十四代君王，史称阖闾。阖闾上台以后，实施"厚爱其民"、治国兴邦的一系列政策，使得吴国"禾稼登熟，兵革利坚"，"仓廪以具"。一个新的朝代需要一派新的气象，作为一位有雄心、有胆识、有远见的君王，阖闾急需加入诸侯争霸的行列，以称霸天下证实其强大的统治能力。然而，吴国西临强楚，南接仇越，这两个国家都是吴国的强敌，要想图生存、求发展，必须要大力加强军备。

在冷兵器时代，坚固的城堡是非常重要的，特别是都城，它是国家的心脏，君民的依托。当时的都城已无法顺应吴国社会经济发展的要求，成为阖闾称雄争霸之凭借。所以，为了达到"安君治民，兴霸成王，从近制远"的目的，迁都一事正式成为王朝的重大议程。但是，迁都，对每个朝代来说，都是极受重视的一件大事，这不光是因为工程之浩大繁杂，更因为它关系到一朝一国的命运与前途，此举或为中兴之肇始，或为丧邦之先兆，因此，没有充分的准备、反复的论证，则不可轻易为之。

迁都首先是一种地理位置的移动，国都的择地有其严格的标准，《管子》一书中曾对我国古代建都的必要条件作过以下记载："凡立国都，非于大山之下，必于广川之上。高毋近旱而用水足，下毋近水而沟防省，因天材，就地利。"(《管子·乘马》)。由于生产力水平及时间的限制，吴国的新都与旧都的距离不能太远，否则就更劳民伤财，引起民怨，这是初登王位、社稷不牢的阖闾极不愿意看到的。所以，阖闾想要的国都必须有优越的自然条件和天然屏障，利于生产生活，易于战略防御，此外，距离旧都较近，便于搬迁。于是，他将迁都之事交与重臣伍子胥。伍子胥(？—公元前484年)，名员，春秋后期楚国人。伍子胥"怀文武，勇于策谋"，有"文治邦国，武定天下"之才，他对吴国所做的重大贡献主要有两个，一是促成了阖闾伐楚，五战五捷最后攻克了郢都；二便是规划建造了吴大城，又称阖闾城。

《吴越春秋》记载，伍子胥"相土尝水，象天法地，造筑大城"，《吴地记》云："阖闾城，周敬王六年，伍员伐楚还，运润州利湖土筑之，不足又取吴地黄渎土为大小二城，当阖闾伐楚还，故因号之。"又曰："子城在无锡富安乡，地名间江，大城在阳武界十六都八图。"最新的考古发掘确认，阖闾城遗址位于无锡市滨湖区胡埭镇和常州市武进区雪堰镇之间，占地约100万平方米。城址呈长方形，东西长约1300米，南北宽约800米。城中段有残存城墙相隔，形成东西两个方形城区。东城较小，在无锡境内；西城较大，大部分在武进境内。城墙残高3米—4米，墙基厚约20米，均系夯土筑成。西面无城墙残迹，利用宽约30米—40米的直湖港(间江的一部分)作堑壕，与外界隔断，其他三面均有6米—30米不等的城壕，总长约4000米，城内现有周家、城里及东城等自

然村，有 5 座桥梁与外界通联。如下图所示，今阖闾城遗址所在地东面是碧波
万顷的太湖，南面和西面是一片开阔平原，北面有青山、磨盘山、白药山、龙
山等，又引闾江之水入城，形成城外的环壕和城内的水系，离梅里的直线距离
也只有三十几公里，完全符合新都的建设要求，可谓是进可攻，退可守。

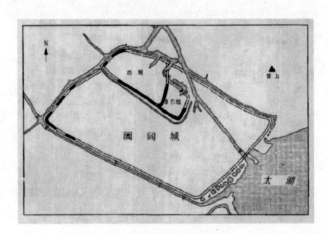

阖闾城遗址示意图

公元前 514 年，即阖闾元年，吴国开始了都城的重建工程，遂建成规模宏
大、气势雄伟的阖闾城，成为吴国新的政治、军事、经济中心。吴国人也正是
在这座新都城里运筹帷幄，励精图治，通过短短的十几年间披荆斩棘，使素被
中原鄙视的蛮夷之邦，称雄东南，屡败强楚，震慑齐晋，成就霸业。阖闾迁都
的目的主要是发动进攻战争，因而阖闾城的建设表现出强烈的军事性。遗址附
近的龙山山脉的山顶和山脊沿十八湾分布着蜿蜒起伏的石城，石城依山势高下
而筑，两面用大石块垒砌，中部填土，宽约 1.0—1.1 米，残高约 0.4—0.7 米，
已调查的长度为 2 公里。石城立于太湖之滨，为阖闾城第一道防御工事，并与
阖闾大城、东城、西城和胥山湾构成了完整的军事防御体系；胥山湾为训练和
驻扎水军之湖湾，构成阖闾城的东部水域防御；阖闾大城居住兵士和民众，构
成阖闾城的第二道防御；东城居住兵士或民众，形成西城的外藩；西城的南区
为大型建筑群（宫殿区），北区则加强了南区（宫殿区）防御的纵深。因此，更
准确地说，阖闾城是一座军事性城堡。

　　纵观吴国的发展之路，基本上呈现出"尚德"与"崇武"并行发展的趋势，特别是春秋战国时期，中国大地呈现出了"武"、"德"并行发展时期。以孔子、老子、墨子等为代表一派努力探求实现社会共治的整套理论方案，并自主编制系列社会规则。他们各自所围绕的角度并不一样，但都怀揣治国大志，目的也大同小异，就是如何将国家社会治理得更好。所提出的理念虽然百家争鸣，但却一起丰富了中国"德"的概念。而此时中国更是战乱纷飞，低劣的生产力、复杂的多国并存环境等原因，导致人们不得不靠武力解决一切，武力成为主宰的一切。各国不仅出现了伍子胥、孙武、吴起、司马穰苴等军事家，还有专诸、豫让、聂政、荆轲等流传后世的武者。吴国自古便民风强悍，尚武、轻生、善剑、勇斗仍然是这个国家的一种文化，特别是与中原的礼仪之邦相比，吴人的崇武之文化氛围更加浓郁，这使得吴国在军事上的优势凸显，使得吴国迅速崛起。

　　然而有泰伯德行在先，吴国的"尚德"文化的发展并没有因为硝烟四起而中断。在此期间，阖闾虽身为一国之王，但"食不二味，居不重席，室不崇坛，器不彤镂，宫室不观，舟车不饰，衣服财用，择不取费"，厉行节俭。同时，"在国，天有菑疠，亲巡孤寡，而共其困乏；在军，熟食者分，而后敢食；其所尝者，卒乘与焉。勤恤其民，而与之劳逸"。楚大夫子西意在褒阖闾而贬夫差，所述难免过分，但在一定程度上是反映了历史实际的。《说苑》中载梁公弘对楚王说："夫吴君恤民而同其劳"。惟其如此，民心可归，吴国才能振兴。阖闾努力缩短与中原国家的差距，积极吸收中原地区的先进文化。《左传》说："吴光新得国……今而始大，比于诸华。光又甚文，将自同于先王。"山东临沂银雀山汉墓出土的《孙子兵法》残简中有一篇《吴问》，专门记载了吴王阖闾与将军孙武讨论晋国六个执政贵族谁将最后取得晋国政权的问题："吴王问孙子曰：'六将军分守晋国之地，孰先亡？孰固成？'孙子曰：'范、中行是（氏）先亡。''孰为之次？''智是（氏）为次。''孰为之次？''韩、魏（魏）为次。赵毋失其故法，晋国归焉。'"吴国君臣从赵氏行大亩制和富民政策，认为晋国必归政于赵氏，进而得出结论说："王者之道，厚爱其民者也。"这不仅说明吴王注意吸取中原国家的经验教训作为统治吴国的借鉴，而且可看到阖闾明显地倾向于赵氏的大胆改革，表明阖闾也有一定的革新思想。吴王夫差在其父阖闾的基础上，韬奋自励，武力在当时诸侯中最强，可谓威镇诸侯。司马迁在《史记》里就很好地概括了这一点："（楚惠王）十三年，吴王夫差强，陵齐、晋，来伐楚。"吴王夫差的势力的强大，在黄池之会上达到顶峰。当时整个盟会的筹备，都是吴王夫差主持的，并没有晋国插手的证据。正如子服景伯在黄池会盟上所说："执事（吴王夫差）以伯召诸侯。"吴王夫差兵力最强，同时他也守礼，尊敬周王。吴王夫差没有吞并任何一个国家。吴王夫差最后遣返越王勾践，"封地百里于越，东至炭渎，西止周宗，南造于山，北薄于海"。吴王伐齐，齐人弑悼公，夫差在军门外哭了三天，表示哀悼。吴王夫差非常尊敬周王。黄池之会，邀请了周王朝的单平公参加。盟会时，"吴王称公前歃"，去掉僭礼的"王"。会后，吴王夫差使王孙苟告劳于周，周景王大加褒奖。也许正是因为尚德的原因，夫差没有杀掉勾践，当然，不杀的原因可以有千万条，但是不是有一条可以是夫差有了恻隐之心，希望以德服敌，结束吴越之间的纷争呢？

所以，与梅里古都相去不远的阖闾城继承了起源于梅里古都尚德崇武、刚柔兼济的吴文化，并将之发扬光大，不仅凭借军事力量取得霸业，也愿以德行使其他诸侯国臣服。

三　梅里与阖闾的象征意义

吴国存世 700 余年，是中国古代历史上最长的一个诸侯国家，开创了江南古文明的源头，对江南的发展起到了功不可没的作用。即使在它从版图上消失之后，它的后人们仍不遗余力地开发着江南，使之成为中国的经济重心直至当今。而一个地区持续繁荣发展一定是文化力量的作用，所以，吴国留给世人更多的是以尚德好勇、刚柔兼济为核心的吴文化。

作为吴国都城，梅里与阖闾凝聚了吴文化的精髓，成为吴文化的精神坐标。泰伯三让王位，使吴地居民受到了德行的感召，臣服于泰伯的个人魅力，始建梅里城，尚德也成为吴人的立身之本。但是，由于江南长期未开化，居民仍保留着远古初民强悍的民族性格和尚武传统，梅里的建城也有军事防备的作用。所以说，吴国从建国开始就播下了尚德、尚武的文化种子，在 500 多年时间里，两者较为平衡地发展着。直至迁都阖闾城，尚武的文化枝条因客观环境的改变显得长势迅猛，但这不表示尚德文化的发展戛然而止了。因为所谓文化，就其广义而言，是指人类创造物质财富和精神财富的总和，也就是说人类创造了文化，人到哪里自然也将文化带到哪里。阖闾与梅里在空间距离上相去不远，这就意味着创造文化的绝大多数的旧都居民或主动或被动地搬至新都，那么，吴都推崇"尚文"和"崇武"的文化也就顺其自然地在新的都城延续。

作为一种文化传承，尚德崇文精神曾经在无锡以及吴地既往历史上产生了十分重要而广泛的影响，尚德必然崇文尊教，这种价值取向，十分有利于一代又一代的创造性人才的培养。早在东汉，吴地藏书、读书、教书的风气就已盛行。北宋时期，无锡就设立县学，作为培养人才的官办学校。从宋代开始民办的书院也日益兴盛，宋人杨时办的东林书院、明人邵宝办的二泉书院，都非常有名。重教育、重科技、重文化、重创新，在吴地蔚然成风，至明清则大盛。许多崇文的富商亦致富不忘造福乡梓，捐资办学，奖励学子，挥金藏书，推动教育，清末民初，一批有名的工商业主，主张"兴学育才"，各种新式学堂更是如雨后春笋般地兴办起来，在吴地造成了崇学重教、敬商重文、文商并茂的良好社会风气。古代苏、锡、常以及杭、嘉、湖等地，进士、状元等联袂而出。在现代，则成为教授之乡、科学家摇篮，一批著名的国学大师、文学家、艺术家、经济学家、政治家、外交家等不断产生，吴地成为一方充盈着丰厚人文内涵和创造活力的文化土壤。由此可见，"尚德"，构成了吴文化的核心价值内涵。敬重道德，表现出吴地"以德化民"，"以德治域"，以德促进人与人之间的情感交流，以德构建和谐社会的文化理想。崇尚文化，反映了吴地人民重教育、重科技、重创新、重发展的人文精神和价值观念，文化、教育、科技事业的兴盛，不仅为国家培育出了大批的栋梁之材，而且为吴地自身经济文化的可持续、高速度的发展提供了强有力的智力与动力支持。

同时，我们也要认识到，吴国始于尚德，却不能将亡国的全部原因归咎为尚武，因为尚武之风的盛行是由春秋争霸的大环境所决定的。视死如归的吴人，无论战场格杀、恩怨角斗，还是朝廷刑罚、轻死之风盛行，涌现出了一批像专诸、要离那样悲歌慷慨的伏节死难之士。然而，貌似凶悍蛮勇的吴人其实并非只逞匹夫之勇，而是充满运筹帷幄的计谋与智慧，否则，偏于东南的小国怎能西破强楚，北威齐晋，南服越人，所向披靡。吴国灭亡，使得膨胀的尚武文化如同破了洞的气球，急速回缩。远离了那些金戈铁马与刀光剑影后，吴人们学会了谦和与忍让，崇文、温婉、静雅遂逐渐成为吴文化后来的重要特色。但是，尚武文化并没有消失，只是回到了一个正常的发展轨道。随着历史的变迁，尚武文化褪去了血腥与暴戾，强化了胆识、果敢与勇气，逐渐表现出敢为天下先的开拓性和务实善变的灵动性。前者将吴地人民的创新欲望、潜力、激情、才华充分调动起来，从而形成了新思想、新成果代代竞相涌现的局面。东晋至南宋时期，政治中心南移，大量中原民众南迁，吴地得到了进一步的开发，不但成为经济中心，其文化生产也在整个中华文化中扮演着越来越重要的角色；明清时期，吴地又成为由市民经济到资本主义生产萌芽的重要策源地，吴地的纺织行业在全国处于领先地位；清末民初，民族实业集团于以无锡为核心的吴地崛起，是在原有农商文化之外，开辟了新型的城市工商文明基地；进入到20世纪80年代，中国改革开放局面的打开，90年代"市场经济体制"的形成，为吴文化的再次发展带来了契机，乡镇企业与乡镇经济的出现，使人们看到社会主义新农村建设的一种新的发展模式——苏南模式。后者是吴地人的生存之道，它推动人们去脚踏实地地探求事物的规律性，它要求人们不尚空谈，不拘成规，灵活应变。可以说，如果没有骨子里的那股刚性，没有尚武文化的传承与发展，吴地人就失去了前进的勇气与动力。

　　梅里古都与阖闾城的辉煌已湮没在历史的风云里，但是两座城池留下的不只是史料的记载与残存的断垣。梅里古都是以尚德崇武、刚柔相济为核心的吴文化的源头，阖闾城是继承者和发扬者，这就意味着梅里古都与阖闾城地保护与开发不能割裂而单独进行。定都于梅里的几百年里，吴国通过励精图治，韬光养晦，综合国力从弱到强，其文化也得到积淀和发展，而迁都至阖闾，吴国几百年积累的能量得到极大的发挥，并在中国的历史上书写了一个崛起的神话。

虽然其兴也勃，其亡也忽，但是吴国的文化特质得以化为吴国、吴地、吴人的遗传基因，世代相承，为江南地区的开发提供了强大的精神动力。今天，梅里古都与阖闾城不仅仅是历史遗址，更是吴文化的精神坐标，遥相呼应，缺一不可，这使吴地文化在不停地吸纳、充实、改革、出新中，保持着无限生机，充满激情，充满活力。

（作者单位：无锡国家高新区发展研究院、江苏省吴越文化研究院）

试论吴文化源流及其发展

/ 顾一群

吴文化是上古时太湖文化与中原文化结合的产物。

从某种意义上说，文化与历史是一个共生体。国学大师钱穆认为："文化即历史，历史即文化。"太湖地区早在 6000 年前，先民们就在这里繁衍生息了，约 5000 年前，已经开始种植水稻，从事农牧生产。吴地多个地区考古发现了石制工具和炭化了的稻谷以及陶器、玉器等生活用具、装饰器件。3000 多年前，泰伯奔吴，在梅里建立句吴国后，率领民众在当时多为沼泽的土地上，用简陋的工具，开凿了一条自今无锡城区清明桥至鹅湖、漕湖的运河，这是江南的第一条人工运河，将沼泽积水导入河中，流向湖泊，使之成为可以耕种的农田，并有利两岸农田灌溉、人民生活用水和交通运输。河长 12 公里，宽 2 丈。为了不忘泰伯这一德政，百姓称这条河为泰伯渎，后称伯渎港。

吴国建国以后，经过 20 多代君王 600 多年的统治，勤劳的吴国人民，在农业、畜牧、蚕桑、养殖、水利、制陶、制玉、冶铜、冶铁、建筑、造船、纺织、烹饪等物质文化方面有了较快的发展，政治、军事、文学等非物质文化随之也有了发展，为吴地文化开辟了广阔的空间，夯实了坚固的基础。

从物质文化方面上看，吴泰伯的开创精神，在农业、畜牧业、手工业等经济的多个侧面上在上古时代发展到了相当水平，特别是水稻、蚕桑、水利、造船、制陶、冶金等方面领先于其他诸侯国家，从而使得吴王阖闾、夫差能够称霸诸侯。如果不是夫差荒淫无道、杀害忠良就不一定会为越国所灭。

吴国在历史上消失后，文化依然在吴地传承发展。如果不是 2000 多年来封建制度的"独尊儒术"，轻视乃至阻碍作为第一生产力——科学技术的发展，吴地的物质文化，早就会发展到一个相当高的水平。

试以舟船文化来说，吴地是水网地区，交通运输离不开舟船。吴国中期造船已有一定水平，无锡的丽溪（至溪河北岸）、五里河，苏州的蠡墅、余皇、胥口出现了被称为"船宫"、"舟室"的造船工场，能够造出宽1.6丈、长12丈，可容近百人的大型船只，还能够造在海中航行的楼船。从当时世界范围来说，吴国的造船技术也是领先的。遗憾的是，在漫长的封建社会里，舟船除了造得越来越大外，一直只是以人力和风力作为动力。值得一提的是，南宋时，抗金宰相无锡人李纲在湖南建立水军时，曾打造过用木轮代替橹桨的人力轮船。不知是什么原因，没有推广开来，以致造船界认为人力轮船也是从海外传入广东福建沿海的。

直到近代，有着开拓精神和创新头脑的无锡人徐寿父子和华蘅芳制造了我国第一艘机动轮船，命名为黄鹄号第一批兵舰，奠基了我国近代造船工业。新中国成立后，无锡人辛一心又奠基了我国现代造船工业。

从舟船文化发展来说，可以看出吴地人民在物质文化这个层面上的水平和贡献。

从非物质文化层面上看，吴国在政治、军事、文化、艺术等文化方面在春秋时的诸侯国中也有着相当地位，有的还是领先的。比如在政治军事方面，伍子胥的政治、孙武的军事才能对吴国称霸诸侯起了关键作用。孙武的《孙子兵法》到今天不仅成为军事家的圭臬，企业家也把它作为商战的法宝。

吴国建立和发展的非物质文化，很多是封建统治者需要利用的，因而在吴地还是发展较快的，吴国的音乐艺术在当时已发展到了相当高的水平，出现了像季札等具有极高鉴赏能力的音乐评论家。在他作为吴国使者出使鲁、齐、郑、卫、晋诸侯国家时，能从乐曲声中判断出一个国家政治的明暗，并且能预测这个国家命运的兴衰。太史公在不到6000字的《吴泰伯世家》中，竟对季札有关诸侯各国乐曲的点评不吝笔墨地写了700多字。可见司马迁对季札音乐鉴赏力的肯定。

吴国灭越以后，吴地在音乐艺术领域中是代代都有人才出。鸿山越国贵族墓出土了春秋战国时的所有乐器，包括过去只出现于文字而未见过实物的

"缶"。不禁令人产生这样的问题，为什么这批乐器在原越国地域的浙江地区没有出现，而出现在吴地呢？到了唐代，无锡人李绅与白居易、元稹倡导了"新乐府"运动，使音乐的文人歌词走向民间。清代，无锡出了位杰出的词曲音乐家杨潮观和出版第一部《琵琶谱》的音乐家华秋苹。近现代，吴地音乐更是人才济济。仅无锡地区就有华彦钧（阿炳）、刘天华、杨荫浏、储师竹、闵惠芬、王莘等一大批国内外知名的音乐家。

介于物质文化与非物质文化之间的园林、建筑等文化，对于统治者和被统治者来说，都是需要的。以园林文化来说，吴国在国力强盛以后，兴建了宫廷园林、苏州的姑苏台、无锡的避暑宫等，都是一时之盛。2000多年来，吴地的园林文化无论在国内还是在海外都是享有盛誉的。历史上的战乱兵燹，虽屡遭毁败，但不断再兴。明代，无锡的私家园林即有50多个。其中最著名的有安国的西林、邹迪光的愚公谷、秦金的秦园（寄畅园）等。近现代，有梅园、蠡园、锦园、鼋头渚等。

吴地园林文化始终保持着傍山近水、真山真水、借景山水、小中见大的鲜明特色。

（作者单位：无锡市政协文史委）

略论梅里古都

——对无锡新区梅村"江南第一名镇"的质疑与商榷

/ 黄胜平　李桂林　杜亮

　　梅村（古称荆蛮、梅里）是我国吴文化的发祥地，拥有 3200 多年的历史，相传被孔子誉为"至德名邦"。它不同于其他江南古镇，是见证了江南第一个文明古国"句（勾）吴"国兴衰的露天博物馆。泰伯"三让"两家天下、开发江南的功德，数千年来一直为后人所景仰。提及"泰伯肇基梅里"、"功辟万古江南"、"江南文明始梅里"，人们无不肃然起敬。

　　然而，细心的人们发现，在梅村镇政府前的牌楼上却挂着一个叫"江南第一古镇"的匾额。人们不禁会产生疑问：既然古之梅里、今日之梅村，是中国吴文化的发源地，是吴泰伯南奔荆蛮建吴立国之地，明明是"江南第一古都"，为何又称为"江南第一古镇"呢？笔者认为，二者虽一字之差，但内涵根本不同。称镇虽然不错，但不准确，称"都"证据充分，历史使然！

一　"镇"与"都"的区别

　　首先让我们辨别一下"镇"和"都"的称谓。

　　镇：一般史书认为古代在边塞设镇，派重兵驻守，最早自北魏时设，唐末五代时期节度使在自己的境内设镇。而"唐初所设镇，为方镇之始，所置戍边兵力较少"。从性质上来讲，是一种军事建制，即"军镇"，这与今日"镇"的概念相去甚远。如今所称"古镇"者，大多形成于明清时期，一般指"市镇"，是人类聚落形态之一，介于城市与乡村之间。这与梅村久远的历史明显不符，在此不再赘述。

都：《说文解字》："都，有先君之旧宗庙曰都。"一般指围绕城邑建造的一整套防御构筑物，以闭合的城墙为主体，包括城门、墩台、楼橹、壕隍等。它的雏形，是指在新石器时代，一些部落为保护自己的居住地，开始在聚落周围设置的防御工事。"三里之城，七里之郭"，它的面积一般在数万至数十余万平方米，极个别的可达到百万平方米，比"镇"要大得多。

二　称"都"有据可考

古之梅里，是泰伯兴吴建都之地，是吴国先君宗庙所在地，这有详细的史料记载为证。

《史记》云："泰伯之奔荆蛮，自号句（勾）吴，荆蛮义之，从而归之千余家，立为吴泰伯。"

《汉书·地理志》云："梅里上有吴城，周武王封泰伯之后于此，是为虞公，即周章之弟虞仲，盖仲雍之曾孙也。"

《史纪正义》云："吴，国号也，泰伯居梅里，在常州无锡县东南……泰伯奔吴，所居在苏州北五十里无锡县界梅里村，其城及墓见在。"

《越绝书》称梅里古城："此城泰伯所筑，按《史记》春申君城故吴墟。"

《吴越春秋》云："泰伯当殷之末，中国侯王数用兵，恐及于荆蛮，故起城，周三里二百步，外郭三百余里。在吴西北隅，名曰故吴。人民皆耕田其中。"

《咸淳毗陵志》云："无锡，古句（勾）吴地，泰伯旧国，其城今梅里乡。自泰伯以下至王僚二十三君皆都此。周敬王六年，阖闾始城姑苏而迁都焉。"

《太平寰宇记》云："泰伯城，西去县四十里，平地高三丈。"

《舆地志》云："吴作城梅里平墟，即泰伯城也。城内有泰伯宅，堂基及井尚在。"

《吴地记》云："泰伯筑城于梅里平墟，其地汉为无锡县，地属会稽郡，东汉为无锡侯国，属吴郡。”

以上众多“史”、“志”、“记”以翔实的史实证明，梅里是古吴之都城。在梅里，自泰伯建立号称“勾吴”国之后，为防御强敌入侵，吴泰伯动员并率领当地百姓硬是靠肩挑人抬，就地取土，在梅里一带构筑了一座周长为 3 里 200 步（约 1530 米），外郭 30 余里（约 1.5 万米）的土城，这就是后人所称的“吴城”，也即“句（勾）吴”国。以后历时 580 多年，自泰伯至王僚、阖闾 23 位国君的“都城”：“勾吴古都”。泰伯所居的梅里俨然已是一政治中心，已有“国家”之雏形，当然不是一般的“镇”。由此可见，“都”的内涵恰与抵御强敌入侵构筑“吴城”的史料相符，因此，梅村（梅里）更确切的称谓应是“古都”而非“古镇”。

三　“江南第一古镇”的由来

梅村既然为“都”，那么这个“江南第一古镇”的称号又是从哪里来的呢？

据了解，如今更多城镇的出现，源自于 1984 年国务院规定：“县级地方国家机关所在地，均设置镇的建置；总人口在 2 万以下的乡，乡政府驻地非农业人口超 2000 的可设镇……”在当时，“镇”的称谓颇有些“物以稀为贵”的尊崇。20 世纪 80 年代中期，《解放日报》一位记者为采访无锡乡镇企业来到梅村。在采访过程中了解了梅村深厚的历史文化底蕴，于是在发表的文章中便首次采用了“江南第一古镇”的称号。其后，这一说法就逐渐在民间传播开来。著名书法家启功先生也为梅村题了“江南第一古镇”的牌匾。

四　复归“梅里古都”实乃当务之急

1. 复归“梅里古都”有利于顺势利导、提升品位

近几年来，无锡市委、市政府按照邓小平理论、“三个代表”重要思想和

科学发展观的要求，坚持经济与文化协调发展，重视弘扬地方传统历史文化，大力推进社会主义先进文化建设。2005 年 3 月市委杨卫泽书记带领市委、市政府其他领导同志和相关部门负责人就保护和弘扬吴文化这一重要课题专门赴新区梅村等地进行实地调研，听取汇报并现场办公，作出了"显吴地文化之蕴，扬山水名城之名"的重要指示。新区党工委也把历史文化保护和建设列入了重要议程，专门成立了吴文化保护开发领导小组，体现了对吴文化历史遗存的保护力度和高度责任心。特别是连续 4 年的 4 月，中国（无锡）吴文化节重头戏放在新区梅里地区（鸿山也属古梅里）举行并取得圆满成功，赢得国内外众多嘉宾的一致好评，影响广泛而深远，为彰显吴地文化底蕴奠定了激昂奋进的基调。与此同时，无锡市人民政府新区管委会专门聘请专家制定以中国吴文化为特色、以发展文化旅游为载体的吴地文化遗存保护规划并正式启动吴地文化功能区开发建设。梅村镇人民政府也拿出了泰伯文化景区的规划建设构想，以使吴文化建设计划周密、有序开发，做到高起点规划、高标准保护、高质量推进。

这些统一领导、统一规划的背景和举措，使吴地文化资源的有序挖掘、整合、保护、开发和利用成为可能。因此，复归"梅里古都"有利于对吴文化保护开发的进一步加强，有利于提升新区乃至无锡市的文化品位和内涵。

2. 复归"梅里古都"有利于正本清源、彰显个性

自 20 世纪 90 年代起，江南大地各处旧址遗存纷纷自称"第一"，其中"江南第一古镇"就有多处，如上海的朱家角、浙江的南浔等。翻看"中国古镇网"，江苏八大古镇分别为同里、周庄、锦溪、甪直、枫桥、木渎、盛泽、沙溪；江南六大古镇分别为乌镇、周庄、同里、西塘、南浔、甪直。梅村并不位列其中。虽然他们都没有梅村那么悠久的历史文化底蕴，但其古镇整体风貌的保存基本完好，加上自己独特的历史文化底蕴，他们称之为江南名镇，我们没有必要妄加评论。

对此，我们也无须和江南其他古镇去争。我们有着他们不可比拟的深厚的历史文化底蕴，有着丰富的历史文化遗存，历史上我们梅村既然是勾吴古都，

从层次上讲，显然和他们不在同一个平台上，这是不争的事实和史实。因此，复归梅村"江南第一古都"称谓，有利于正本清源，加强科学性，也有利于和其他古镇真正区别开来。

3. 复归"梅里古都"有利于强化特色、扩大影响

如今，无锡市计划在"十一五"期间投资257亿元打造八大特色旅游板块，吴文化板块名列第三，目前前期准备工作正在有条不紊地进行之中。将"江南第一古镇"改为"梅里古都"，不仅遵循史实，更将赋予新区旺盛的生命力，它将为新区、为无锡搭建更重要、更宽广的展示舞台，成为最大程度地体现无锡丰富文化底蕴和特色的形象窗口。

同时，把"古镇"改为"古都"，将更好地把握历史文脉，找准切入点，提升吴文化的层次、特色，做到高起点迈步，进一步扩大宣传范围和影响，提升文化的综合竞争力，从而有利于提高无锡的知名度和美誉度，构筑好无锡的文化品牌，也为无锡这座山水名城注入更多的历史文化内涵。

综上所述，无论是学术界，还是各级人民政府，一个共同的理念就是梅里是吴文化的发源地，3000多年江南文明从梅里肇始，梅里不仅仅是一般意义上的古镇，更是勾吴古国的都城。因此，我们要让梅里早日恢复勾吴古都的本来面目，尽快重塑勾吴古都的历史形象，努力再现它的历史地位，重振勾吴古都的雄风。在这种情况下，把勾吴古都梅里降低为"江南第一古镇"显然是不合适的，它将误导历史和舆论，既违背了它的本来面目和历史真实，不利于进一步挖掘吴文化的内涵，也不利于吴地文化科学规范的保护开发要求。因此，我们认为与其称梅里为"江南第一古镇"，不如称其为"梅里古都"更合适、更准确、更科学。建议有关方面对此加以讨论和研究，让"梅里古都"成为宣传吴地文化的一张"名片"，以利于勾吴古都梅里及无锡市打好、打响吴地文化品牌。

（作者单位：无锡新区党工委、无锡国家高新区发展研究院。本文在《决策咨询要报》2006年第12期发表后，无锡市委、市政府主要领导分管领导和职能部门领导都先后作了重要批示，之后，无锡市政府有关部门在复函中正式

同意使用"梅里古都"的概念，不久无锡新区和梅村镇正式将梅里古都的概念运用到城市规划建设之中。）

附一：无锡市政府有关部门就"江南第一名镇改称梅里古都"建议的复函
附二：关于将梅里古镇改名为梅里古都的专家建议

附一：
无锡市政府有关部门就"江南第一名镇改称梅里古都"建议的复函

由无锡国家高新区发展研究院编辑出版的内部刊物《决策咨询要报》2006年第 12 期（总第 23 期）上刊登了《"古都"何以成了"古镇"——对无锡新区梅村"江南第一名镇"的质疑与商榷》一文，无锡市委、市政府主要领导作了重要批示。根据领导批示，无锡市文化局与无锡新区作了初步的探讨。

吴文化是中国历史上南北文化第一次相融而造就高度文明的地域文化。泰伯奔吴，开创了长江下游第一个文明古国的光辉历史。从商末（公元前 11 世纪）周太王之子泰伯、仲雍奔江南与当地土著部族相结合起，至春秋末吴王夫差二十三年（公元前 473 年）吴国为越国所灭止，相传了 25 世，历经 700 年左右的时间。但至今为止吴国都城确切城址尚未考古发现，成为吴文化研究的重大课题。

一、关于吴国早期都邑的问题

泰伯奔吴的史实，先秦时的《国语》、《论语》、《左传》、《论衡》等文献均有记载。但吴国初建国都于何处，先秦史籍记载欠详，甚至连系统地论述吴国历史的《史记·吴泰伯世家》也只字未提。到了东汉早期赵晔撰《吴越春秋》始言："泰伯城、泰伯墓于梅里平墟。"三国魏时，王象等编《皇览》："仅言吴伯冢之地望，于吴县北梅里聚。"其后在南北朝时，顾野王编《舆地志》云："吴筑城梅里平墟，即泰伯城。"刘昭《后汉书·群国志》云："无锡县东皇山有泰伯冢。"进入唐代,泰伯居城在无锡梅里村为之流行。有唐代李泰的《括地记》、陆方微的《吴地记》、张守节的《史记正义》、杜佑的《通典》等文献,明确泰伯城、泰伯冢位于无锡梅村和鸿山的具体地理位置。梅里就是梅村,已被古今中外学术界和吴氏宗族公认。

综合文献研究资料和考古发掘成果,充分证明无锡是吴文化的发源地,泰伯奔吴至梅里成为无可争辩的历史事实。但由于缺乏相应的吴国城址的考古资料,吴国早期都邑的地望还存在争议。

二、关于开展梅里都城研究的相关工作

按照市领导的批示意见,为塑造城市历史化品牌、创建历史文化名城,市文化局会同新区管委会商讨研究,决定组织相关人员开展吴国都城的研究和考古工作。

(1)组织考古专家及相关科技人员,对无锡东部开展全面的考古普查和遥感探测研究,寻找吴国都城遗址。

(2)积极筹备成立吴越文化研究会,组织考古界、学术界、专家学者深入研究,同时充分发挥无锡新区吴越文化与现代化研究中心等社会学术团体的作用,继续深入地开展相关的专题研究。

(3)建议《江南论坛》和《无锡日报》开辟吴文化研究专栏,刊发《"古都"何以成了"古镇"》一文,开展泰伯奔吴、吴国都邑的征文学术研讨。《无锡新区》等杂志也开辟相应专栏进行宣传研讨。

(4)新区结合"三泰一址"保护旅游规划,以梅村泰伯庙为核心。根据研究成果做好吴国都城遗址保护修复的整体规划。

(5)建议在未取得科学研究成果和学术达成共识之前,"江南第一古都"、"江南第一古镇"都暂不使用,用"梅里古都"或"句吴古都"为妥。

无锡市文化局

无锡市人民政府新区管委会

2006 年 8 月 14 日

附二：
关于将梅里古镇改名为梅里古都的专家建议

2007年2月20日下午，应新区党工委主要领导同志的邀请，原国家旅游局司长、中国旅游研究院学术委员会主任、中央民族大学经济学院博士生导师魏小安同志，在新区管委会张建华副主任、无锡市旅游局相关领导的陪同下，专程赴梅村对梅里古镇的规划方案、旅游开发、商业运作等方面进行了考察。魏主任认为梅村历史悠久、故事很多，既有吴国25位吴王的谱系，又有古庙、古水系，更是吴文化的发源地，发展环境很好。魏主任在听取了梅村镇尤伟副镇长的汇报后，针对梅村开发建设从功能定位、风格、表现形式等方面提出了一些建议。

一、功能定位

建议将梅里古镇改名为梅里古都。因为梅村有600多年的吴国建都史，共有25位吴王，将梅里古镇定位为梅里古都有历史依据，又有别于江南地区其他古镇。江浙古镇较多，竞争激烈，较难做出特色；更因"吴越争霸"的历史故事海内皆知，梅里古都容易打响名气。具体操作可加建城楼、用夯土垒砌城墙等形式，城楼可用于吴国兵器展览。

主题功能定位于集行、游、住、食、购、娱于一体的主题宾馆、住宅群，再现梅里古都风貌。

二、建筑风格

由于梅村历史遗存较少，新建梅里古都可不必考虑原有古迹，发挥空间较大，有利于打造梅里古都。建议采用明朝的建筑风格，和泰伯庙的建筑风格一致，既有别于其他古镇，又比清朝建筑更节约建设成本。

三、表现方式

1. 借鉴《大秦帝国》一书中所描写的吴国都城繁荣景象，来布置酒肆、茶馆、客栈等商业建筑，营造古代商业氛围，要充分注重古都夜间商业、娱乐等项目的营造。

2. 充分利用历史典故（如孙武演兵斩王妃、中国第一支水军诞生地等），营造看得见的景点，打造旅游项目和旅游产品，吸引游人观看、参与、消费。

3. 因历来都城皆临水而建，所以要充分尊重并保留原有水系、老地名，如九泾一渎、梅里十大源头等要结合旅游开发在规划建设时有所表现。

4. 驳岸尽量采用自然驳岸，部分古水系岸边可种植芦苇、蒲草等，以便营造"蒹葭苍苍，白露为霜。所谓伊人，在水一方"的浓浓古意。

5. 植物的种植四季要不同，每季要有主题。植物可以梅为主，柿子树（柿有八德，与泰伯至德相得益彰）、海棠等为辅。

6. 充分利用姓氏文化节，开展姓氏寻根问祖，提升人气，增强商业氛围。

7. 适当建设一些主题商业和房地产项目，增加会展功能。

我看吴文化（三题）

／王永丰

一　吴国历史与吴文化探秘

叶文宪先生说："学术不应该只是学者的玩物，知识应该让全社会来享受。"他策划主编了"东周列国探秘丛书"。《吴国历史与吴文化探秘》是该丛书中的一册。

该册共六章：吴国之源、吴国之强、吴国之城、吴人之墓、吴人之器及吴国之亡。书末附有据《史记·吴泰伯世家》编定的"吴王世系表"一张。从泰伯到夫差，计25世。书前有李学勤先生所作之序。

吴文化是什么？由本节标题来看，它只能与吴国的历史相关。吴国的历史规定着吴文化的形态。具体来说，吴文化与吴国历史的时间、空间规定性相关，与创造吴国历史的特有人群相关。吴国历史的时间、空间规定性与创造吴国历史的特有人群，是吴文化得以存在的前提性条件。没有这两个条件，吴文化不可能产生；这两个条件消失了，曾有吴文化也当不再。该书著者指出"以'吴'命名的'吴文化'作为一种特定的文化形态，它不仅具有一定的时空界限，而且是与一定的人群相联系的"，由此他进而说，"吴文化是指先秦时代吴人的文化、吴国的文化"，而"当吴国灭亡以后吴人也就四散而去"，作为国别文化的吴文化也就随之消失。他进一步说，"自从秦汉帝国建立之后，中国的文化日益趋向一致，先秦时代的国别文化已经不复存在"。国别不存在了，那留下来的是什么呢？留下的只能是具有一定特色的地方文化，比如，吴地文化等。不过，吴地文化等地方文化，都是汉文化内部的一种亚文化，它们间的区别不是国别的，而只是"汉文化内部较低层次的文化区别"。吴地文化与吴文化不等值。吴文化与吴地文化，是两个不同的概念。如果我们把吴地文化径称为吴文化，一如本书著者所说，"不合适"。

周族的泰伯、仲雍来到江南，是在商朝的末年。那么，在他们到来之前的夏与商时，生存于江南的当是谁？考古学家把整个江南划分为两大区域：西部的宁镇地区与东部的太湖地区。两区各有各的考古文化序列。

夏时的宁镇地区，生存着的是点将台文化先民，而同时期的太湖地区，因洪水泛滥泽国一片而罕有人迹，考古文化序列在此时此地出现了空白断层。在此空白断层期之前，也即新石器时代晚期，这里曾活跃着一支良渚文化先民，千余年间，他们在此创造过高度发达的良渚文化。在距今4000年前后，也即中原夏王朝始建之时，它神秘消失。现在，考古学界普遍认为，它消失的原因，是大洪水的到来。

约500年之后，商王朝建立。此时，大洪水退去，在江南宁镇地区出现的是湖熟文化先民，而太湖地区出现了马桥文化先民。这两支文化存在的时间与整个商代相当，约500年。他们是这约500年间的江南土著。也就是说，周族人来到江南之时，面对的就是这两支土著文化。

权威的考古学家说，湖熟文化与点将台文化之间有继承关系。这两种文化在地层上有叠压关系。不仅如此，早期的湖熟文化遗物，比如陶器、石器，在器类、形制等方面，都可以从点将台文化中找到渊源。湖熟文化是在点将台文化基础上发展起来的。

点将台文化在宁镇地区是时代最晚的新石器文化。这一土著文化虽定位于江南，但它却更多地受到来自中原及江淮地区诸文化的影响，"它与河南龙山文化、山东龙山文化、岳石文化和江淮地区的龙山文化至夏代文化有较多的相同或相近因素"，"它受中原与江淮南地区诸文化的影响远远大于南方诸文化对它的影响"。

在点将台文化基础上发展起来的湖熟文化，与其前身一样，与中原文化之间也保持着密切的联系，比如，在该文化中吸收融入了大量来自中原商周文化的因素，最为典型的是中原旱作农业区的主要炊器——鬲在湖熟文化的地区的广泛使用。

中原文化对湖熟文化的影响是断续的。湖熟文化的延续时代相当于早商至西周前期。"大约在二里岗和西周初期"，中原文化对湖熟文化"产生的影响最大"。

不仅如此，"湖熟文化中还出现了少量几何形印纹陶和原始瓷"。因为"几何形印纹陶和原始瓷是江南古越族的文化因素"，而"湖熟文化中出现这些因素"，说明了它也接受了与之相邻的越文化的影响。

与湖熟文化同时期出现在江南的位于江南东部太湖地区的是马桥文化。"马桥文化分布区不只限于太湖地区，还包括宁绍平原和金衢盆地一带"。马桥文化，其年代"大致与商代相当"。

马桥文化覆盖的地区正是先此约500年前良渚文化先民的栖居地。虽两相重合，但不相续。两者之间不存在继承关系。约500年前，因大洪水的到来，在这里繁衍生息了千余年的良渚文化先民不得不举族向他乡迁徙。把自己的家乡让给了鱼鳖龙蛇。约500年之后，大洪水退去，这里迎来了另一群人。这群人为这里带来了另一种文化：马桥文化。

在马桥文化中，"占主导地位的文化因素是几何印纹陶"。"在陶器上拍印几何印纹是江南先民装饰陶器的主要手法，始见于新石器晚期"。这种文化因素，我们从良渚文化中无法找到。更重要的是，从"马桥文化所含的几何印纹陶比例超过了40%"来看，它一出现在马桥文化中，就已经"不是初始状态了"，而是很成熟的形态了，这说明，这种制陶工艺的诞生地并不在马桥文化区，它是从别的地方传播到这里来的一门成熟的技艺。总之，这一文化因素是外来的。

来自哪里？印纹陶文化是江南文化的一个重要特征。江南很大。考古学家把出现印纹陶文化的整体江南，划分为七个区域。"几何印纹陶在这七个区域中出现的时间和发展速度是不同的，赣鄱区和闽台区出现时间最早，早在新石器时代晚期就出现了，发展得也最快，到商代后期就达到了鼎盛阶段。"与之相比，太湖、宁镇地区就要晚得多，其起步时间是在商代后期，直到"西周时才达到鼎盛"。不仅如此，"马桥文化几何印纹陶的各种纹样都是赣闽地区常见的"。从地缘关系角度看，马桥文化中的几何印纹陶文化因素，来自赣鄱地区的推断，似乎更可信些，因为"在太湖平原与鄱阳湖平原之间有大片山地阻隔，但从金华、衢州到上饶、鹰潭有一条天然的通道把两大平原连接在一起"。

仅是几何印纹陶。同样作为马桥文化主体因素的原始瓷及硬陶等，也不是为马桥文化所固有，也是外来的，而且同样也很可能来自赣鄱地区。

虽然如此，但赣鄱文化与马桥文化之间，又存着许多差异。有许多文化因素，是在马桥文化中有的，而并不见于赣鄱，反之亦然。这说明，我们还不能因为两种文化都以几何印纹陶、硬陶及原始瓷为主体因素，而认定马桥文化先民就是来自江西的移民，"马桥文化先民虽然也是江南土著中的一支，却并不是来自江西的移民"。

据此，历史的还原，似乎应该是这样：在距今约4000年时，大洪水到来，太湖地区的良渚文化先民不得不撤离故土，远走他乡。此时也正是中原夏王朝建立之时。此后的约500年，也即整个夏代，宁镇地区出现的是点将台文化，而太湖地区，仍是泽国一片，考古文化上便出现了空白断层。良渚文化消失了约500年后，也即到夏末商初时，大洪水退去。这时，在宁镇地区，在点将台文化基础上产生出湖熟文化，而在太湖地区，则有一支江南土著文化先民来到了这里，他们是经由"从金华、衢州到上饶、鹰潭"间的一条能把太湖平原与鄱阳湖平原连接起来的天然通道来到太湖地区的。不过，他们并不是来自江西的移民。他们是江南其他地方的一支土著，只是取道于江西而已。

湖熟文化与马桥文化，前后延续了约500年，也即，它们的延续年代，大约与整个商代相当。这之后，在湖熟文化基础上，产生出句吴文化，而在马桥文化基础上，则产生出于越文化。"湖熟文化是句吴文化的前身，可视其为先吴文化，湖熟文化先民应当就是泰伯、仲雍奔吴后与之融合的所谓'荆蛮'。马桥文化是于越文化的前身，可视其为先越文化。"进入句吴文化与于越文化，大约在距今3000年以后，也即相当于进入了中原地区的周。

在先秦文献中，江南土著中，并没有被称为"荆蛮"的。"荆蛮"一词出现于汉代。自汉代司马迁在《史记·吴泰伯世家》中使用了"荆蛮"一词之后，江南土著中吴人这一支便有了"荆蛮"的称名。那么，汉代人为什么会这样去称呼吴人呢？这要从春秋战国时江南吴、越、楚三国疆域的变化说起了。

周初时的江南，吴与越，西东分治，"吴人生活在江南西部的宁镇地区，越人生活在江南东部的太湖地区"。在吴王寿梦之前，江南一直维持着这样的空间格局。宁镇地区的西边与北边，是楚国。到寿梦的儿子诸樊成为吴王时，为避免楚国的侵扰，"诸樊把都城迁往太湖平原"，使得太湖地区成了日后吴国的腹心地区，同时也就成了吴越两国冲突的主战场。之后，越灭了吴，吴国疆域全并入了越。再之后，楚又灭了越，越疆又悉数并入了楚。本书著者借鉴了广西师范大学钱宗范教授的一个观点，他这样写道："广西师范大学钱宗范教授认为，太湖地区原是吴人和越人的居地，但到了战国成了楚地，所以在汉人的书中就称当地土著为'荆蛮'了。这是很有见地的。"在汉代人看来，太湖地区的土著，原本为"蛮"，而后又为"荆"的楚人所占，因而，这些土著也就被称为"荆蛮"了。

由于句吴文化与于越文化，各有自己的得以形成的土著文化渊源，又由于句吴与于越，一开始便西东分治，这就使得吴与越，在文化形态上有了区别。这种文化区别表现是多方面的。其中的一个重要方面为葬俗。著者说，"葬俗是一种最顽固的文化因素，不会轻易改变"。考古学事实也可以证明这一点。江南西部的宁镇地区，流行土墩墓。这是由"当地土著居民平地掩埋方式演变而来的一种葬俗"。土墩墓的分布，虽然并不一定限于宁镇地区，但以此地区分布最为密集。因为"土墩墓的时空分布都在吴国的积年与疆域之内，因此土墩墓应该是吴人的墓葬"。江南东部的太湖地区，则多石室土墩墓。它源于从浙西南向浙东北一线分布的属当地特有的一种土墩墓葬俗。不少学者都主张，正是在这类本地区特有的土墩墓基础上，发展出了后来的石室土墩墓。这类土墩墓，年代最早的为夏商，晚的也在西周早期。相比之下，石室土墩墓出现的年代要晚于它，"石室土墩墓的时代大约相当于西周中期到战国前期"。从出现年代上看，前后相续。不仅如此，我们还可以很方便地从石室土墩墓中找到原本属于这类土墩墓的结构要素，很清晰地看到从这类土墩墓到石室土墩墓演变的轨迹。石室土墩墓分布面虽广，但主要分布在武进、宜兴以东一线的太湖周围地区，"太湖周围地区最为密集"。年代的下限为春秋中期。根据石室土墩墓的"分布区域、存在的年代和包含的内涵来分析，石室土墩墓就是越人的墓葬"。这说明，在春秋中期之前，太湖周边地区，无疑是越人生活的地区。寿梦的长子诸樊东迁，把吴国的都城迁到了太湖地区，这里成了吴国的腹心之地。石室土墩墓随着越人的东撤也相应在此地淡出，而代之以吴人带来的葬俗。

前面说过，石室土墩墓的前身，出现年代可以追溯至夏商，"在浙江的江山、遂昌、淳安和福建的光泽一带还发现了夏商时期的土墩墓"。马桥文化的存在时期相当于中原的商。从商向前推到夏约为 500 年。这说明，在马桥文化先民来到太湖地区之前，早有先民栖居于浙西南到闽西北一带。又如前述，这一带的土墩墓葬俗是出现于西周中期太湖地区的石室土墩墓葬俗之源头，而这种石室土墩墓为越人所有。由此，我们不得不提出这样的问题：到达太湖地区之时的马桥文化先民与在此之前很久便已栖居于浙西南到闽西北一带的先民之间存在着一种怎样的关系？马桥文化先民是否就是由早先栖居于这一带的先民中的一支迁徙而来？或者，迁来的是另外的一支南方土著先民，只是他们在迁徙的路上，在这一带滞留过相当一段时期，最终在重新踏上迁徙之路时，把滞留地的一些文化元素，比如葬俗带了出来，带到了太湖地区，或者迁到太湖地区的这支南方土著先民，就是这种葬俗文化的首创者，他们在迁徙中路过这一带时，在此滞留期间，把这种葬俗在这一带作了有效的传播，而使这一带打上了他们的文化印记？回答这些问题，对于追溯越文化的根，是很有意义的。

关于吴越之争，该书主要提出了两点看法。首先，吴国从寿梦开始，与中原的晋国结盟以伐与之相邻的楚国。吴伐楚，也曾取得过一些胜利。但在诸樊继位的那一年，吴楚交争，以吴国的大败而告终。诸樊"迫于楚国的压力只得把都城迁到了姑苏"，迁到了原本为越人的生活区，当然会遭到来自越人的抵抗。从这个意义上说，吴越之争，始于诸樊，可以说是吴人与越人间为争夺生存空间的斗争。其次，中原霸主原本是齐。齐桓公死后，齐国大乱，国力顿衰。易位后的中原霸主是晋。不过，楚国是晋国保持霸主地位的一大威胁。晋为对付南方的楚国，就结盟于楚国的东邻吴国，以联吴伐楚。楚国则以结盟于吴国的东邻越国来反制晋吴联盟。因此，吴越之争的实质是晋楚之争，或者说，吴越之争是在晋楚之争的大背景下展开的。

我们都知道在我国春秋时期有个吴国。追问一句：吴国在中国历史上是怎样一步步建立起来的？该书从分析中国早期国家得以形成的独特模式出发，对此问题作出了很有学术价值的回答。

在人类社会的早期，人口数量很少，因而还没有也不需要国家，那时只有以血缘为纽带结成的群体——氏族。因通婚的原因，氏族之间逐渐结成了比较牢固的联系，这就形成了部落。部落是国家的前身。从部落到国家，中间必须经过一个"合并"的过程，一个过渡时期，此时段的社会形态叫作"前国家"。它有两个不同的类型：一为摩尔根所说的实行军事民主制的部落联盟，一为塞维斯所说的有最高首脑的酋邦。最后是由部落联盟或酋邦发展为国家。那么，是什么在推动"前国家"的部落经由一个过渡期的社会形态"合并"为国家的呢？马克思、恩格斯为我们揭示了两种原动力模式："通过社会分层和阶级斗争产生国家"，"雅典和罗马是其典型"；或者是"通过社会分群和对外征服产生国家"，"日耳曼国家是其典型"。

那么，中国的国家产生的原动力模式是怎样的呢？雅典、罗马式的，抑或日耳曼式的？该书的回答是："都不是"。中国走的是一条"具有中国特色的国家形成之路"。"中国的国家是通过族际的冲突斗争从族邦开始经过部族国家或民族国家阶段，再通过互相兼并为领土国家，最终通过武力征服建立帝国这样一个过程逐步发展形成的"。

在中国传说中的五帝或是考古学上的龙山时代，社会的控制系统不是部落联盟，而是相当于塞维斯所说的"酋邦"的"族邦"。"之所以称其为'族邦'，是为了强调血缘纽带对其的重要性"。从它具有"最高首脑"的意义上说，它应是塞维斯说的酋邦，但与塞氏酋邦不同的是它特别强调血缘纽带对它的重要性，因此，它又不同于塞氏的酋邦，而只能说是"相当"，只能另铸新词为"族邦"。

族邦是一个怎样的社会群体？"族邦是由一群文化形态相同的氏族部落所组成的社会共同体，其规模比部落要大"；"在族邦内部已经出现了明显的贫富差别和社会分层，但是因为血缘纽带依然牢固地存在，所以社会并没有因为贫富分化而发生阶级对抗，也没有因为社会分层而离析崩溃"；"在族邦内部，族长和族人依然保持着氏族时代传统的权利与义务，但是已经出现了凌驾于他们之上的、拥有最后决定权的最高领袖——帝"。

在中国，由部落发展为国家，中间作为过渡的"前国家"社会形态为相当于酋邦的族邦。也就是说，在中国，最后是由族邦发展为国家的。

在中国，由"前国家"社会形态向国家的转变，"是通过部族之间的征服战争实现的"。什么是部族？"部族是由一群具有共同血缘关系的部落组成的族群"，比如，夏人、商人、周人等便是这样的部族。"部族是社会上的群体与集团，而不是社会上的阶级与层次，因此夏、商、周三代的更迭是社会群体之间斗争的结果，而不是社会阶级斗争的结果"。"部族是一种介于部落与民族之间的社会共同体，部族既像部落氏族那样有着血缘纽带的联系，又像民族那样具有相同的文化形态"。这样，在中国，通过部族间的征服战争所形成的国家，离"民族国家"尚有一段距离，而只能称之为"部族国家"。"部族国家"这一概念为本书著者首创，"意在用'部族'标示出中国早期国家特别突出血缘纽带这一特点"。夏、商、周三代王朝，其性质就是这样一种部族国家。从春秋中期起，"部族国家走上了进一步合并的道路"，同族或不同族的部族国家通过武力兼并，产生出新的领土国家。战国七雄便是这样的领土国家。战国七雄作为领土国家，其政治体制属专制主义的国君集权。进一步的兼并，秦国征服了其他六国，最终建立了大一统帝国。

中国国家产生的逻辑之路是：部落——族邦——部族国家——领土国家——大一统帝国。

参照这一理论框架，我们来看看吴国是怎样形成的。"从泰伯到寿梦的代代相传说明他们始终保持着自己的族，而并没有因为社会分化为阶级而瓦解"，"这一时期长达600年"。这就是说，吴人有长达600年的族邦时期。古文献说得也很清楚，族邦时期吴人首领都不称王，如"立为吴泰伯"、"周章已君吴"、虞仲"列为诸侯"等，而到了寿梦时，情况发生了变化，"寿梦立而吴始益大，称王"。这说明，"寿梦与他的前辈相比，已经不仅仅是一个族长或酋豪，他的权力已经大大加强"，而且，此时的吴人守着的，已"不再是先前那个默默无闻的蛮夷小邦，而是强大起来并开始向外扩张"。不过，此时的吴人还没有发展成为一个民族，因此，寿梦称王以后的吴国还只能称之为部族国家。"当吴人一步步向外扩张"，"逐渐把外族的土地囊括进自己的版图以后，吴国就由部族国家发展成"为"一个领土国家"。吴王夫差是想把领土国家的吴国推向帝国的历史使命担当下来的，但是，"正当吴王夫差北上争霸、把吴国进一步向帝国的方向推进的时候，它却被越国灭亡了"，帝国之梦没能在吴人手上实现。

在这样一个理论框架背景下看吴国的历史，我们不觉得清楚明白了许多吗？

该书中有二十余处涉及吴国青铜器铭文的释读。这些铭文释读，值得读者留意，因为，这或许会对加深我们对吴越文明的理解有所助益。

二　吴越文化

冯普仁所著《吴越文化》对吴越文明的阐释，其角度与以往的有所不同。以往的这类读物，往往侧重于从历史文献方面入手去考察吴越文明的发展脉理，该著的侧重点是考古学，以大量地下发掘材料为事实依据，对吴越文明作出颇有新意的考古学阐释。我并不意图在一定要从中比较出个高低来。我只是强调冯著阐释吴越文明的角度的新。冯著《吴越文化》乃是吴越文明的考古学阐释。

著者把他所提供的全部考古学事实依据，概括为三大类别：吴越文化遗址、吴越两国墓葬、吴越文化遗物。遗址类，包括吴越的都城及其他的一些重要城址，此外还有军事城堡遗址以及为南方所特有的印纹陶、原始瓷的烧制窑址。墓葬类，包括越王陵、吴越贵族墓以及土墩墓、土坑墓、崖墓及石棚墓等。遗物类，包括青铜器、铁器、金器、玉石器、陶器、原始瓷器、漆木竹器及丝麻织物等。一件件实存的吴越文明事象，无不在向我们诉说着曾经的故事。我们从这些故事中读到的是昔日曾有的辉煌以及早已云散了的激越、哀婉与悲壮。

该书使用的"吴越文化"一词，就其概念内涵而言，与"吴越文明"通。

"吴越文化与长江中游的楚文化和长江上游的巴蜀文化并称为长江流域古代三大文明。"书中的"吴越文化",也就是"吴越文明"。

何为"吴越文明"?该书界定时,所依傍的理论框架得之于俞伟超。俞氏认为:"这种文化遗存有一定的时间范围、一定的空间范围、一定的族属范围以及一定的文化特征内涵。"一种文明,也即一种考古学文化遗存,它往往要涉及时间、空间、属族、文化四个相互关联的概念。吴越文明亦然。时间:春秋战国;空间:长江下游;族属:蛮、蛮夷、南蛮、荆蛮。文化:与中原相区别。据此,该书对吴越文明作了这样一个界定:"吴越文化是东周时期长江下游的一种考古学文化,也就是中国古代吴越民族所创造的一种有自身特征的文化遗存。"

吴越文明的源头,从考古学意义上说,是马桥文化。太湖—钱塘江流域是马桥文化空间范围。马桥文化是古吴越地区西周以前的早期青铜文化。马桥文化的年代,经碳14测定,距今3100—3700年,相当于中原的商代。这样看来,就时间要素而言,吴人来到江南太湖地区时,他们所面对的,就应是这种马桥文化。吴越文明是建立在马桥文化基础之上的。这也就意味着,若要对吴越文明的发生有一个清楚的认知,马桥文化是关键。

在考古学家眼中,马桥文化可以划分为两种不同的类型。两个类型,分别定位于太湖—钱塘江流域的西与东:环太湖地区的马桥类型与浙东宁绍地区的塔山类型。马桥文化西与东的两个类型,有着诸多的不同,比如说,出土的炊器、食器,其形制及纹饰等方面就有所不同。这说明,马桥文化时期,在太湖及太湖以东地区,有两支重要的土著文化活跃着。吴人到达太湖地区后,融入的是马桥文化的西支——马桥类型的土著文化,最终形成吴文明。至于越文明,则是在马桥文化的东支——塔山类型土著文化的基础上形成的。吴越文明各有各的发源地:"吴文化的发源地应在太湖地区",而"宁绍地区"则是"越文化的发源地"。类型学意义上的马桥文化,说明了什么?说明了吴越文明不同源,虽然都属马桥文化。在后来的历史发展过程中,吴文明与越文明,在一段时期内,曾沿着各自源头所规定的路标向前发展。从西周早期开始,吴与越这两种文明开始出现融合的趋向,而到"春秋晚期,吴越地区的文化面貌更趋一致",

因为，已出土的这段历史时期的青铜器，无论是炊器、食器，还是兵器或农具等，其"形制几乎完全相同"。这说明，到此时，"吴文化与越文化已融合统一而成吴越文化"。这样看来，《吴越春秋》与《吕氏春秋》中说吴越同俗，是有一定的考古学文化依据的。

　　吴越文明虽然都建立在马桥文化基础之上，但因马桥文化本身分成西东两个类型，而使吴越文明有了各自的文明源头。吴越文明不同源。不同源的吴文明与越文明，曾有一个各自相对独立的发展时期，而后，便开始相互融合，直到春秋晚期，吴文明与越文明，才最终融合成为吴越文明。吴越文明是一定历史阶段的产物。该书提出了一个很有意义的论题。论证还可再充分一点，线索还可以梳理得更清晰一些。

　　与印纹陶与原始青瓷一样，土墩墓也是吴越文明的重要特征。就土墩墓的分布而言，该书把古吴越地区分为三大区：宁镇地区、太湖地区与杭州湾—黄山以南区。一大区又分为若干小区。杭州湾—黄山以南区分为宁绍平原与金衢丘陵两小区。"金衢丘陵位于浙江西南部"。"金"是今金华，"衢"是今"衢州"。"根据考古发现，吴越地区流行的土墩墓葬制即起源于这一地区。"这一地区土墩墓的年代相对于其他地区的要早，比如江山县肩头弄的土墩墓可分四期，其中第一期，年代为夏代至商代早期。不管怎么说，这一提法很有意义，因为它引发出有关吴越文明生成、发展中的许多问题，比如，最早江山土墩墓的墓主人是谁？他们又是来自哪里？为什么到这里？从江山土墩墓的一期到四期，墓主人是同一族属的吗？既然说，吴越地区的土墩墓葬制起源于此，那也就意味着宁镇地区、太湖地区以及杭州湾—黄山以南区的另一小区——宁绍平原的土墩墓都是由这里走出的族群所为，那么，迁徙路线又当如何还原呢？他们迁徙到古吴越地区时，那里是否先已存在着什么土著文化？他们是否就是后来发展出马桥文化的先人？等等。这些问题，对于我们研究吴越文明的发生机制都很有意义。

　　"吴越文化遗物"一章，首先提到的是吴越青铜器。该书列有一张"出土的吴越铭文铜器一览表"。这部分"有铭铜器"，"年代最早的为春秋中期，年代最晚的属战国中期"。表中一共列有有铭文铜器55件。此表列有器名、器主及其时代、出土时间与地点、铭文、资料出处等。全表按器主的年代先后排列。我以为，此表最值得我们关注的是表中列出的 55 段铭文。对这些铭文的通览比较，将大大有益于我们深入地去研究吴越文明。只可惜我们未能在该书中看到著者对这些铭文所作的思考。

著者冯普仁，无锡人，北京大学历史系考古专业。早年间曾就职于中国科学院考古研究所，于 20 世纪 70 年代中期，调回无锡，服务于无锡博物馆。生前为无锡博物馆研究馆员。他的吴文化研究，是他回无锡以后的事。吴文化研究方面，除了该著以外，在之前，他还曾有《吴地交通文化》、《中华吴氏大统宗谱·文物卷》等面世。该著的后记写于 2006 年 2 月，2007 年 4 月出版，而著者病逝于 2006 年 7 月。每每想到该著是由著者抱病杀青而却未能亲见它的印成本，在钦服之余又不免为之唏嘘。

三 梅村又叫"梅里平墟"所包含的文化信息

梅村是现在的叫法，过去还曾叫过"梅里平墟"。梅村为什么又称"梅里平墟"？"梅里平墟"向我们透露出怎样的文化信息？

先说梅里之命名。地名为梅里，当与梅人的到来有关。一支是来自北方的梅伯之后裔曾到过梅村。梅伯是商王之后，为商纣王的一个诸侯。在历史上，梅伯与比干齐名。《韩非子·难言》："比干剖心，梅伯醢。""醢"，即肉酱也。"梅伯醢"，就是"醢""梅伯"，把梅伯剁为肉酱。他是以死为谏的英雄。梅伯最初的受封地，在今河南新郑市西北之梅山。梅伯被商纣王杀死后，他的封国被迫东迁至今安徽亳州市南 20 公里的梅城。隋代在此置梅城县。《亳州志》称此梅城为故梅伯国，今名梅城集。春秋初年，梅国又从亳州之梅城南迁至今湖北的黄梅县。黄梅县之西有梅川。吴楚交争之际，梅人又被迫东迁至江苏无锡之梅里，成了吴国的臣民。

作为地名的无锡梅里，当是吴楚交争之际，梅人从湖北黄梅县东迁以后的事。自泰伯之后，历经 24 代，到吴王寿梦时，"寿梦立而吴始益大，称王"

（《史记·吴泰伯世家》）。寿梦的长孙公子光夺得了王位，是为吴王阖闾。吴王阖闾对楚国发动了多次的军事行动，且屡战屡胜。阖闾三年（公元前512年），吴伐楚，攻下楚国的舒这个地方。次年攻取了楚国的六和潜。六年（公元前509年），在豫章大败了楚军，夺取了楚国的炎巢。以上战事，都在今安徽境内。周敬王十四年（公元前506年），吴王阖闾再次攻楚。吴军深入楚国腹地，直逼汉水，在一个叫柏举的地方，即今湖北麻城市北，楚军大败。吴军追击到汉水之支流——清发水，击溃楚军，并一举攻入了楚国之国都郢城，即今湖北江陵北，楚昭王出逃随国，即今湖北随州市。这样看来，湖北的一支梅人东迁至江苏无锡之梅里，当在周敬王十四年，即在公元前506年的吴王阖闾攻入楚都的这一仗时。总之，无锡之梅里的命名，当是吴王阖闾时，湖北黄梅的那支梅伯之后裔被迫东迁至无锡以后的事。

无锡梅里，在这一支梅人到来之前，是不会被称为"梅里"的。那么，在此之前，这里的梅里，当叫什么名？对此，在司马迁写《史记》时，人们就已说不大清楚了。司马迁在《史记·吴泰伯世家》中说："泰伯之奔荆蛮，自号句吴。"司马迁说到这件事时，他有把握的，只知道泰伯奔荆蛮之地后自立的国号，至于立国的具体地点，他没有提及。因为他当时已无法知道，所以只能不说。他虽然在写作前，到江南实地考察过"吴墟"，但大概也没有得到什么有价值的信息。

从吴泰伯至其十九世孙寿梦，一共建立过多少个都城，这还有待考证，但有一点是可以肯定的，那就是，梅里这地方，做过吴国的都城。

寿梦死后，他的长子诸樊南迁至吴，诸樊的儿子公子光，也就是后来的吴王阖闾，命伍子胥在今苏州地界筑阖闾之城而都之。这之后，吴王阖闾才发动对楚国的战争。也就是说，吴王阖闾在周敬王十四年，也即在公元前506年攻入楚国国都时，在湖北的那一支梅人被迫东迁无锡梅里时，这里早已不再是吴国的都城了。这样，梅里这地方，因有梅人的到来，而命名为梅里，似乎也没有什么说不通之处。

越国原本是吴的一个属国。吴越经过多年的较量，吴终不敌越。周元王三年（公元前473年），越王勾践又一次攻吴，一举攻破吴都。吴王夫差自杀。越灭了吴。有史料称，越王勾践之世行分封制。《越绝书》上说："东瓯，越王所立也，即周元王四年（公元前 474 年——引者注）越相范蠡所筑。"这里所说到的越王，当是越王勾践无疑。《越绝书》中还提到了封有糜王、荆王、干王、摇王等。被勾践收取的故吴之地如梅里者，也当在分封范围之内。

《越绝书》中说："越王子孙姓梅氏，秦并六国，越王逾零陵往南海，越人梅销跟从越王至台岭，安下了家。"另外，《粤中见闻》一书中这样说："越王勾践子孙，更姓梅，散居沅湘。秦并六国，越复称王，梅销从之至南海家焉。"也是说梅销跟从越王到"南海家焉"，只不过没有前一条说得那样明确。李调元《南越笔记》卷二"梅岭"一条写道："涓本越勾践子孙，与其君长避楚走丹阳皋乡，更姓梅，因名皋乡曰梅里（今安徽祁门梅城）。"此三则资料，传递了这样几方面信息：一、当越王勾践破吴之后，把曾经做过吴国都城的无锡之梅里也封给了他的家人，否则，越王子孙之"姓梅"或是"更姓梅"，便没了依据。因为曾被封于梅里，因此，他们才有了后来的"姓梅"或是"更姓梅"的前提。二、越王勾践子孙"姓梅"或是"更姓梅"于何时？我以为，其时间的下限当在秦并六国之时。三、越王勾践子孙之是否在居于无锡梅里时就已"姓梅"或是"更姓梅"，这我们无从确知，但是，一当离开无锡梅里时，在异地，他们都姓了梅。四、离开无锡梅里之时间有先后，有一部分梅姓越王勾践子孙是在秦灭楚之前的楚越相争时离开的，比如，"涓本越勾践子孙，与其君长避楚走丹阳皋乡，更姓梅"；另有一部分梅姓的王勾践子孙，则是在"秦并六国"之时，离开无锡梅里而远走他乡。五、越王勾践攻下吴国后，无锡梅里的最初之受封者是谁，我们不得而知，但是，受封者的后代，我们略知一二，其中有汉代的名将梅销，还有一个不知具体时代的梅涓，据此，我们也就可以说，无锡之梅里，在吴亡后，最初的受封者，当为梅涓、梅销等人的先人。

湖北黄梅的一支梅伯之后裔，被迫东迁到吴国，定居于吴国的旧都城之后，这吴国的旧都城就被命名为梅里。梅里之名，不可能在此之前出现。有了梅里之名，而后才有可能出现越王勾践后人因受封于梅里而以梅为氏的事。梅里命名在前，越王勾践后人以梅为氏在后。当受封于无锡梅里的越王勾践后人不得已而离开梅里时，他们在以梅为氏的同时，还把原有的"梅"品牌带往他们所去的异地他乡，而异地他乡也因他们的到来而平添了许多以"梅"命名的地名。比如，为"避楚走丹阳皋乡"的越王勾践后人，把所到之皋乡更名为梅里，即今安徽祁门县之梅城。把无锡梅里的地名搬到了安徽祁门。在今祁门县境内除了梅里——梅城外，还有梅南门、梅溪河，而婺源县境有梅溪、梅源水、梅源山、梅岭等，贵池区境，则有梅村、梅根山、梅根河等，怀宁县境，有梅城、梅湖等，霍山县境有梅子岭。这些地方，都有受封于无锡之梅里的越王勾践后人曾到过。

无锡梅里之名，在史籍中，最早出现于何时？《吴越春秋·吴泰伯传》：周武王之世，商灭，"天下已安，乃称王，追谥古公为太王，追封泰伯于吴。泰伯殂卒，葬于梅里平墟"。《吴越春秋》由东汉时人赵晔所著。无锡梅里之名，在史籍中，最早出现于东汉。陆广微在《吴地记》中说：泰伯"殂卒，葬梅里"。张守节《史记正义》中说："泰伯居梅里，在常州无锡县东南六十县，居十九世孙寿梦居之，号句吴。"陆广微、张守节均为唐代人。这说明，到唐代时，无锡梅里之名之使用，已甚普遍。

无锡之梅里，赵晔在《吴越春秋》中，叫它为梅里平墟。这里的"墟"字，又给我们一些怎样的信息呢？在古汉语中，"墟"又可写作"虚"。《吕氏春秋·贵直》："晋侯登有莘之虚，以观师。"这里的"虚"字，当"故城"、"废址"解。如果按这一思路去理解，那么，梅里平墟，当是后人因看到了一座已被废弃了的吴之旧都时所给出的称谓。文献中的"墟"字还可作"墟市"解。如果是这样，那么，梅里平墟这地方，最早时当是一个集市所在地。"墟"字在文献中作"墟市"解，大约是从唐宋开始的。"墟"字之"墟市"这一词义，在古文献中出现得虽然较晚，但在壮侗族语言中，却是自古便是如此的。《太平寰宇记》："容州夷多少……不习文字，呼市为墟。"《青箱杂记》："岭南呼市为墟。"柳宗元《童区寄传》："童区寄者，郴州荛牧儿也……之虚卖之。"钱易《南部新书》："端州以南，三日一市谓之趁虚。"由此可见，作为市义的"墟"，当为南方少数民族的语汇。现代壮侗语言，仍把集市称为"墟"。到这里，有一个问题，不能不提出来，那就是，南方少数民族语汇中的集市"墟"，怎么会出现于江苏无锡的梅里呢？不要忘了，现在生活在南方的一些少数民族，他们的祖先，曾在吴越之地生存过，因此，集市意义上的"墟"，最早就应该出现在这里。现代壮侗族人呼市为墟，乃是古代越人所使用的古越语在当代壮侗语中的一种残留。如果是这样，那么，这就传达出了这样几点极有价值的信息：一、吴人所筑之城，其基础是原已经存在的一个集市。二、在吴人到达这里之前，这里已有了文明，此文明当由古代之越人所创造。

那么，还有一个"梅里平墟"中的"平"字呢？这里的"平"字又当怎么解释？这"平"字又传递了一些怎样的文化信息？

让我们先来看一看清代人张海鹏对地名"梅里"的一条注释。他说，梅里"又名番丽，今鸿山"。还有一些史籍称梅里为藩篱。由宗菊如、周解清、黄胜平等编著的《中国太湖史》（中华书局出版社 1995 年版）就此作结论说："番丽、藩篱古音相同，故藩篱即梅里。"

说"番丽、藩篱古音相同"，这没问题。说"藩篱即梅里"，这要看你怎么理解了。如果理解为"藩篱"这地方就是现在的无锡之"梅里"，或者说，无锡"梅里"这地方，在历史上还被称作"藩篱"，这可以说得通。如果那意思是在说，因为"番丽"、"藩篱"与"梅里"，其读音相近而说"故藩篱即梅里"，这就有了问题，因为，"藩篱"自是"藩篱"，而"梅里"自是"梅里"，虽然，"藩篱"、"梅里"是同一个地方。

"梅里"这地方，曾被命名为"番丽"、"藩篱"，与历史上被称为"番禺"的一族人来过此地相关。"番禺"人原本生活于北方。由于种种原因，他们不得不离开北方故土，向南方迁徙。中有一支"番禺"人来到过江苏无锡梅里这地方。"番禺"人到此后，便把这里命名为"藩篱"，或有记之为"番丽"的。因此，"藩篱"或是"番丽"，当是北方"番禺"人的一支在此留下的地名。那么，这一支"番禺"人是何时到达这里的？具体说不清楚，但有一点应当是明确的，那便是，当吴人到达这里之时，这一支"番禺"人不得不又一次向南迁徙。向何处迁徙？向广东。他们来到了广州。广州城里因此便有了番山与禺山，广州又因此而被称作番禺。番禺人当年从无锡南迁时，是被迫浮海南逃的，因为，吴之南有越，所以只得顺冬季寒潮南下时漂海去广州了。这才有了广州浮丘二山一老一少彼此扶掔而行由东海浮海而来的说法。这样看来，吴人当年开发吴地，免不了要来一点血腥。文明之开发，总不能不伴随着残酷。这就是说，吴人当年来到无锡梅里，这里并不叫梅里，而是藩篱。"藩"与"平"，字音甚近。到东汉时，当地或许已不太知道这里曾有过一支"番禺"人到过的事，因此，"藩"在不太熟悉这一段历史的人听来，或许就记成了"平"。这也就是说，"梅里平墟"原本当记为"梅里藩墟"。

　　这样，"梅里"的又一称"梅里平墟"这一地名，包含的文化信息有多层，即，首先最早的是"墟"，为古越人所留；其次是其中"平"，为番禺人到此地后所留；最后是"梅里"，则为吴王阖闾攻入楚都后，由东迁来的梅人所留。至于说，这里成为吴国的都城，只能在番禺人被逼走之后、梅到来之前这一时段内。

（作者单位：江南大学人文学院）

二、至德精神千秋传诵

论江南文明始祖——吴泰伯

/ 黄胜平　姜念涛

　　3200 多年前，周太王长子泰伯偕同二弟为避让王位，从岐山周原南奔建吴，其历史贡献，前人今人已有很多论述。综观前论，主要集中在两方面：一是泰伯为实现父王翦商之志，让王位于贤弟季历及其"有圣瑞"的昌，文王兴周，武王伐纣，开西周 300 年盛史；二是泰伯教化江南荆蛮，从此走向文明。这两方面的论述无疑都是正确的。然而，我们若把眼光放到更大跨度的时间、空间来看，所论又都有一定的局限。前者局限于对建立周王朝的贡献，后者局限于对江南开发的贡献。本文拟从更大的时空尺度，并将两大尺度连接、综合，重新观照泰伯南奔建吴的意义，探讨他们对整个中华文明史的伟大贡献。

　　泰伯避让王位以后去哪里？做什么？我们在《泰伯奔吴的经济学解释》（2007）中，作了 5 种考量、分析，大意如下：

　　（1）留在岐山，在季历手下当一般臣民。此举可获让贤之誉，可与亲人共享天伦。但自己的才能得不到发挥，倒使王室平添监管成本。倘有不慎，或受外人挑拨，会令王季猜疑，引发内乱，后果不堪设想。

　　（2）离岐留周，退隐山林。有让贤之誉，但也有自暴自弃之讥。且给王室留下悬念，不知其去向，亦不知往后怎样作为，王室必然提心吊胆，加以搜寻和防备。且外人不知内情，会疑心是父王和季历所逼，有损王室的政治声誉。泰伯、仲雍既不肯埋没自我，又不肯牵累父、弟，故未留周退隐。

　　（3）在周国的其他地方占山为王，割据一方。这是最差的选择，属流窜、反叛。兄弟阋于墙，必为外人欺，此为泰伯、仲雍所不齿。

　　（4）在周国的边缘或附近建立附属国。形为掎角之势，实为比试、较量，有伺机反扑的隐情，徒增王室的防御成本。这绝非泰伯、仲雍的本意。

（5）远离周国，在遥不可及的长江之南、东海之滨聚民立国，与周王朝构成战略共同体，形成有利于灭商的地缘政治格局。

泰伯坚定地选择了第5种，其用意是实现父王（也是全族群）的翦商之志。后来武王灭纣，"殷顽民"只向北方流窜，不敢南逃，就因为知道南方有吴，害怕受到南北夹击。但泰伯自己也没有想到，他们从黄河的上游走到长江的下游，在两大流域的辽阔大地上走出了一条巨大的对角线，让周原的黄河文明一下子辐射到江南，使江南成为后来华夏文明的大后院。在华夏文明遭遇蹂躏、濒临破败之时，有了一方保存回旋绵延不断之地。泰伯走出的巨大对角线，是中华文明的永久的生命线，他们对整个中华文明的生生不息作出了贯穿3000多年时空的伟大贡献。

以往的论者说，泰伯给江南带来了农耕文明。随着河姆渡、马家浜、崧泽、良渚诸文化遗址的发掘，获知这里早在7000年前就种植水稻，饭稻羹鱼，于是有人认为，不能说泰伯给江南带来农耕文明，而是江南原先就有农耕文明，且稻作技术并不低于北方种小米的技术。这有一定的道理，但我们认为农耕文明不光是指耕作技术，更重要的是指文明的结构、制度。从总体上看，当时北方已进入农业社会，而江南还处于半农耕、半渔猎的社会。按照国学大师王国维的说法："中国政治与文化之变革，莫剧于殷周之际。"（《殷周制度论》）泰伯正是在殷周之际，带着中原政治与文化之变革的早期成果来到江南海滨的。

"泰伯导仁风，仲雍扬其波。"（晋·陆机《吴趋行》）泰伯、仲雍在梅里—虞山一带共导仁风，共治周礼，遂使江南与中原有相同的文明结构。在泰伯、仲雍来此之前，江南的开化程度不如殷商；而泰伯、仲雍带来仁风、周礼之后，江南便渐渐与周同构。而周之文明，肯定高于殷商之文明。因此，我们可以模拟王国维的话说：江南社会之变革，莫剧于泰伯、仲雍来此之际。是泰伯、仲雍使江南的文明由原先的不及殷商而一下子超越了殷商。司马迁在《史记》中说的"荆蛮义之，从而归之者千余家"，也表现了较低度文明对较高度文明的遵从。

泰伯、仲雍带领江南土著治水、耕作、采药、治病、冶炼、铸造、练兵、筑城、御敌，使荆蛮之地转向文明礼仪之邦，这一切，毋庸赘述。我们要说的是：文明在空间上的同化、同构，为文明在时间上的延续、衍化提供了深厚的土壤和广阔的平台。假如没有泰伯、仲雍南奔开吴，那么，北方的中原文明在以后的 3000 年中屡遭劫难、摧残，而没有回旋的空间，文明的碎片就会四处散落，有埋没、消失的可能。

在西周之初，勾吴的水平、国力不如中原。到春秋战国，吴国渐渐与中原持平，一度"西破强楚，北威齐晋"。季札出使齐鲁诸国，其政治、外交、人文、艺术水平皆使北人倾倒。到汉末，魏蜀吴鼎足三分，竞胜争雄达 60 年之久。此后，江南的经济、人文渐次增加对北方的吸引力。当北方游牧民族的铁蹄践踏中原、中土沦丧之时，或北国内乱、文明倾圮之际，他们隔江向南眺望，便看到了一片文明之光，一条退却之路，一方避难之地，一处栖身繁衍之所。

中原文明的"衣冠南渡"，大规模的有三次，略述如下：

第一次也是历史空前规模最大的一次，在东晋南北朝时期。西晋末年"八王之乱"，政权衰落，北方游牧民族趁机进袭，造成"永嘉丧乱"，中原经济、文化遭受极大破坏，社会严重倒退，唯有江南保存着元气。为避战乱，大批世族士子和宗族、百姓纷纷南迁，形成有史以来从未有过的北人南迁高潮。尤其是作为衣冠文化代表的京洛名流的南迁，将文化中心由洛阳迁到建康，南北两种文化在大范围内交流、碰撞，使吴地在政治、经济、文化及社会生活的各方面均获得长足的进步，总体文明程度远胜当时的北朝，也超越原先的中原。东晋之前人口、人才主要集中于黄河流域，东晋之后则向长江流域转移，建康（南京）一跃成为汉文化的复兴地。仅从文学领域而观，也许是受到江南山水之美的熏染，东晋南朝的统治者和皇族成员多雅好文学，喜与文人交游，形成"竟陵八友"、"元嘉三大家"等文学集团，或吟诗唱和，或作赋应对，或品评人物，或切磋文艺，推出史无前例的文学高潮。对文学创作本身的探讨催生出文学理论，刘勰的《文心雕龙》成为中国文学理论史上空前绝后的巨著。梁朝昭明太子萧统组织周围文人编纂的《昭明文选》，入选文章"丽而不浮，典而不野"，多为传世佳作。随着江南地区的开发和经济生活水平的提高，东晋、南朝的书法、绘画、雕刻、音乐、舞蹈等艺术门类皆异彩纷呈，出现了顾恺之等一批大师名家和艺术精品，成为中华文化的瑰宝。

　　第二次是在唐朝中期"安史之乱"到五代十国时期。隋唐两朝政治中心北移，但经济重心业已南倾，文化上则南北交汇融为一体，难分轩轾。"安史之乱"结束了盛唐气象，江南成为诸多文人避乱隐居存身的理想地点，太湖流域以及南面的宁绍平原成为文士荟萃之所。中唐诗人白居易、刘禹锡、韦应物和晚唐的杜牧等，都在此间留下了不朽篇章。从唐朝后期经五代十国到北宋，南方长期和平安定，人口已南北持平，经济上则南盛于北。

　　第三次是从"靖康之难"到南宋、辽、金、元时期。北宋后期孱弱，败于金，宋室南渡，初定都建康，后迁临安（杭州）。南宋偏安江南，与金对峙，不能不精心经营，使此间的经济、政治、军事、文化、教育皆有大的起色。苏州地区的许多小城镇，如周庄、同里、甪直、陆墓等，皆成形于南宋初年。常熟是苏、杭的屏障，地处江防前线，南宋初期在此部署了庞大的水军，尤其是浒浦水军，辖一万四千余人，有巨舰大舰，设城壁楼橹，金鼓镗鞳，在长江破浪往来，威武壮观。南宋水军由名将韩世忠指挥在镇江江面大败金兀术，士气、民心大振，从此金兵不敢渡江，为南宋赢得150余年的安宁。南宋水军长期驻守常熟，对常熟地区的经济发展、风尚习俗、文化精神都产生了深远的影响。海虞城（今虞山镇）原先形制狭小，南宋初建为要塞，扩其形制，成为常熟地区经济、政治、文化中心。南宋以降，常熟地区屡经战火，豪杰义士代不乏人，史书记不胜记。文教方面，南宋书院星罗棋布，如明道书院（江宁）、学道书院、濂溪书院（镇江）、安定书院（泰州）、和靖书院、鹤山书院（苏州）、淮海书院（丹徒）等，朱熹、张栻、吕祖谦等理学代表人物往返于各书院讲学，提升了江南的文化品位。

　　元朝民族矛盾空前加剧，汉族士人纷纷南下，避祸江南，吴地再度成为文人汇聚之地，巩固了作为文化重心的地位。元朝的江南，一些上层市民也都渗入文化领域，导致市民意识在文化领域的扩张，为明清时期江南文化转型准备了条件。

　　吴地社会是中原文化精英在遭遇外患内乱之时的南渡避难之地，吴地文明则是整个华夏文化精英在遭遇心灵折磨之时的精神家园，并进而成为一些进步思潮的滥觞。无论在元、明、清，远离政治中心的江南，总是汉族文人学士向往、流连、聚友、抒怀、著述的宝地，使这里成为中国思想、文化之高地。北方文明时露疲软、晦暗，而南方文明则显得坚挺、光明。明代嘉靖以后，政治腐败，宦官掌权，特务横行，横征暴敛，饿殍遍野。江南顾宪成、高攀龙等在东林书院讲学，公开评论朝政时弊，成为当时全国的舆论中心，得到朝廷一些正直士大夫的支持。他们从"利国"、"益民"的政治原则出发，提出"天下之是非，自当听之天下"的口号，具有鲜明的民主思想色彩，成为明清之际早期启蒙思想的先声。东林人士提出"经世致用"，为官者施行惠政，理财有道；经商者业绩卓著，遗泽后世，为后来民族资本的萌发埋下了根苗。

即便身处异族统治之下，其冠盖服饰已被迫异化，其志向情怀依然紧系华夏文明。明末清初文坛巨擘常熟人钱谦益，受清廷软硬兼逼一度违心出仕，但很快挂印辞职回家，吟诗泄愤，暗中与反清志士联络图变。诗人在经历了故国沧桑，身世荣辱巨大跌宕之后创作的《有学集》，抒发了对明王朝的怀念和对清王朝的仇恨，实际上是执着于华夏文明，抗拒异端侵袭。钱谦益与爱妾柳如是的大量唱和，洋溢着强烈的民族意识和激切的斗争精神，被国学大师陈寅恪在《柳如是别传》中赞誉为"三百年来之绝代著作"。

在世界史上，一种文明遭受另一种野蛮的、强悍的势力侵袭、驱逐，因没有后方和退路而终于破碎、覆没、消亡的悲剧，不乏其例。中华古代文明也几次遭逢袭击、摧残，但因为有江南这个文明同构的后方，中原文明可以在不得已的情况下退避到这里来安顿、喘息、疗伤、恢复元气，进而中兴再起，与之周旋。即便是神州陆沉，只要东南一带的文明火种不灭，最后总是燎遍北国，光复中原，以原本高度的文明覆盖、取代低度的文明。追根溯源，这种与中原结构相同而又有所创新并且不断超越自我的文明，就是从泰伯、仲雍南奔建吴起始的。是他们当初走出了一条史无前例而又福被后代的对角线，为中华文明的保存、接续、繁衍，以至在神州大地上的全面复兴，奠定了一块坚韧不摧的磐石，建成了一方向中原源源辐射的基地。现在，在这条对角线上，长江下游的工业文明和信息文明正在向黄河上游进行历史的、辩证的回馈。泰伯、仲雍在中华文明空间上的拓展和创造，是中华文明区别于人类历史上其他古文明而唯一经久不衰的重要原因。

（作者单位：无锡市人大常委会新区工委、江苏省吴越文化研究院）

吴文化源远流长与吴泰伯"至德"立国

/ 唐茂松

吴文化是中华民族文化中的一支发展历史悠久、富有水乡特色、充满创新活力的东南地域文化。吴泰伯是以"至德"为本，开发江南、创立吴国的一代英雄豪杰。吴文化在吴国时期正式形成，并不断繁荣发展为海纳百川的先进文化。吴泰伯倡导的"至德"作为文化之魂，成为吴文化持续开拓创新的巨大动力。

一 一方水土育人，开创灿烂文化

1. 一方美丽的水土

吴地位于祖国的东南一方，这里有浩渺的太湖，有奔流的长江，有濒临的大海，在广阔的环太湖平原上更有密如蛛网的河荡港浜，是名副其实的"水乡泽国"。这里山不高而秀，如茅山山脉、宜溧山脉，林木繁茂，鸟语花香。这里常年雨水丰沛，日照充足、气候温润、四季分明。吴地优越的自然地理条件，非常利于农业生产的发展，利于渔业、林业、牧业等多种农业经济的开发，也适宜于人们的安居生活。经过一代代吴地人民的辛勤开拓，这方水土终于成为美丽富饶的"鱼米之乡"。

自然地理条件虽然不是社会发展的决定性因素，但它在一定历史时期确实发挥着决定性的作用。马克思在《资本论》第一卷中明确指出："外界自然条件在经济上可以分为两大类：生活资料的自然资源，例如肥沃的土地、鱼类丰富的河湖等；劳动资料的自然资源，如奔腾的瀑布、可以航行的河流、森林、金属、煤炭等。在文化初期，第一类自然资源具有决定性的意义；在较高的发展阶段，第二类自然资源具有决定性的意义。"对于吴地良好的自然地理条件和生态环境，我们必须有充分的认识和高度的重视，应该对大自然、对吴地的山水沃土，怀有感恩和敬畏的情怀，热爱它、珍惜它、保护它，这是吴地人民生生不息的美好家园。

2. 一方智慧的人民

关于吴地先民的族属，在学术界有荆蛮族、东夷族、越族、苗族等多种观点，但从吴越两地历史上的物质与精神文化的基本特点研究，可以认为吴越同族，即是古越族，是中国南方"百越"族系中的一支主要族群。其基本的共同特点是"断发文身，裸以为饰"，"火耕水耨，食鱼与稻"、"以船为车，以楫为马"等，故《越绝书》称："吴越二邦，同气共俗。"《吕氏春秋》称："夫吴之与越地，接土邻境，壤交通属，习俗同，言语通。"在诸多历史文献中，吴地的土著居民，尽管被中原华夏族人称为"荆蛮"、"荆夷"、"夷狄"等，而这些称谓也同样称于越地的土著居民。《史记·吴泰伯世家》载："泰伯之奔荆蛮"，《索隐》注："蛮亦称越。"这些称谓从族属来说，都是指的古越族。由于吴、越的地域相连，地理相类，居民的语言相通，风俗相同，因此后人不仅认定吴、越同族，还很自然地直接共称为"吴越"。《汉书》中的"三越"之称，就是指的"吴越"、"南越"、"闽越"。

吴地的居民，在古越族原住民的基础上，不断有中原北方人民迁徙而来，逐渐融合。首先便是著名的"泰伯奔吴"，开启了南北两个民族和文化的交流先河。此后，特别是六朝时期、唐朝末期、南宋时期的三次大规模的移民潮，一批批的北方人民纷纷南迁，与吴地人民融为一体，共同开发江南，发展经济、昌明文化、安居乐业，造就了"苏湖熟，天下足"的繁荣局面。这种"移民"趋势，连绵至今。在中国改革开放的新时期，依然是"孔雀东南飞"，"吴地人"与"新吴地人"同心协力，建设着现代化的宏伟事业！

3. 一方灿烂的文化

吴地美丽的山水，养育了吴地智慧的人民；吴地智慧的人民，创造了灿烂的吴文化。吴文化有悠久的渊源，从近代以来的考古发现，远古时期可追溯到万年以前的旧石器时期文化，如江苏句容的庙家山文化、金坛的青龙山文化、太湖的三山岛文化等。社会发展进入新石器时期，则相继产生了马家浜文化（公元前5000年至前4000年）、崧泽文化（公元前4000年至前3300年）、良渚文化（公元前3300年至前2200年）以及马桥文化（距今约4000年）。马家浜文化已出现了原始的稻作文化和葛麻编织文化。崧泽文化已产生了小型的犁耕文化和慢轮的制陶文化。良渚文化已形成了初步发展的农业文化和多种类型的陶器文化，特别是负有盛名的精美玉器文化，典型的玉琮、玉璧为祭祀天地的重要礼器，对中国的玉文化影响深远。而马桥文化，则开启了青铜文化的序幕，并以大数量、多器型的几何印纹陶，成为商周时期吴地文化的重要标志。在这一系列吴地土著文化发展的深厚基础上，周太王的长子泰伯和次子仲雍等来到了吴地，带来了中原先进文化的新风。正是在这两支异质文化的相互交流、相互促进、相互融合的历史进程中，具有强大生命力、包容力、创新力的吴文化正式形成。

吴文化在顺应时代的发展中，经历了春秋时期的"尚武"、六朝时期的"崇文"、近代以来的"务实"，以及当今时代的"开放"等富有特色的重要阶段，成为一支在中华民族大文化中朝气蓬勃的先进文化。尤其在近代强大的"西风东渐"形势下，上海人民积极以吴文化海纳百川的襟怀和自信自强的气概，与西方先进文化广泛交流，形成独树一帜的海派文化，打开了吴文化的新境界。从现今的社会发展趋势看，以上海为中心、南京和杭州为两翼，在沪、苏、浙这片古老吴越文化的地域内，随着长江三角洲城市群的出现，社会经济的一体化，将会逐步形成崭新的"长三角"文化，这正是吴文化新的全面开拓和高度升华。

二 泰伯奔吴立国，梅里弘扬"至德"

1. 泰伯"让王"奔吴

周太王的长子泰伯主动"让王"，离开中原南奔荆蛮，在今江苏无锡的梅里创建吴国，这是历史上的一个重大事件。对此，学术界存在着多种认识。由于历史久远，资料珍稀，视角不同，出现相异见解是可以理解的。不过，"百家争鸣"贵在言之有据、言之有理、成"一家之言"。随着新资料的陆续发现、科学研究的不断深入、学术交流的广泛开展，历史面貌终能得到全面揭示。根据已有的各种资料和研究成果，基本上是可以确认这一重大历史事件的。

第一是有历史典籍可证。在先秦至汉代，这一阶段的经典文献，如《尚书》、《国语》、《论语》、《春秋左传》、《战国策》、《韩非子》、《吕氏春秋》、《论衡》、《淮南子》等，都程度不一地涉及吴地和吴国史料，而具有权威的司马迁著《史记》，其中的《吴泰伯世家》可称得上是最早的吴国史书。它明确记载："泰伯之奔荆蛮，自号句吴。荆蛮义之，从而归之千余家，立为吴泰伯。"而《正义》又有两条重要注文："吴，国号也。泰伯居梅里，在常州无锡县东南六十里。""泰伯奔吴，所居城在苏州北五十里常州无锡县界梅里村，其城及冢见存。"此外，在历代的大量史志中对此多有引证与考据，如《太平寰宇记》载："泰伯城，西去县四十里，平地高五丈。《舆地记》云'吴筑城梅里平墟'，此也……城内有泰伯宅，井堂及堂基见在。"珍贵的文献资料，这是文字记载的历史。

第二是有遗址遗物可证。无锡"梅里"的地望至今未变，古村新貌，遗址犹存。以梅里为中心的"泰伯城"虽已消失在历史的风烟中，但"泰伯墓"和"泰伯庙"作为国家重点文物保护单位，依旧完整存在。特别是泰伯奔吴立国后，为兴修水利而开凿的"泰伯渎"，至今绿水长流，功传千秋，利益民生。自泰伯之后，历代的吴王继承者更有所作为，直至称霸中原。位于今无锡胡埭乡和常州雪堰桥乡交界地的吴国阖闾城遗址，在 2008 年春进行考古勘查，被评为当年全国十大考古新发现。科学的考古资料，这是实物保存的历史。

第三是有民间风俗可证。无锡民间，祖祖辈辈流传着关于泰伯奔吴、创业吴国的传说故事，如《泰伯文身断发》、《泰伯建造荆村蛮巷》等。再有民间歌谣"吴歌"，也传唱着对泰伯的颂扬，如号称"江南十大民间叙事诗"（长篇吴歌）之一的《沈七哥》，其"开场歌"中歌唱："泰伯仲雍过长江，开辟江南太湖改荆蛮。七哥七娘传谷传山歌呀，荆蛮荒滩变成仔好河山。"还有民间相传农历正月初九是泰伯生辰，梅村有盛大的"泰伯庙会"，以传统的民间娱乐活动表达吴地人民对泰伯的纪念。延绵不绝的民俗风情，这是活在民间的历史。

2. 泰伯奔吴贡献

泰伯奔吴作出了重大的历史性贡献，主要表现在政治立国、社会经济、文明教化三个方面。

在政治立国方面。《史记》载："吴泰伯、泰伯弟仲雍，皆周太王之子，而王季历之兄也。季历贤，而有圣子昌，太王欲立季历及昌，于是泰伯、仲雍二人乃奔荆蛮，文身断发，示不可用，以避季历。""泰伯之奔荆蛮，自号句吴。荆蛮义之，从而归之千余家，立为吴泰伯。"这一史料，揭示了泰伯在政治上的两个贡献：一是对周王朝，泰伯尊重了太王的意愿，而放弃了长子继位的权利，让小弟季历及季历的儿子昌相继接任王位。这就使周王朝在王权承袭中避免发生激烈冲突，以至刀光剑影、自相残杀，而能平和地完成王权更替，维护了政局的稳定，有利于周王朝的发展，最终实现灭商大业，成为一个统一的强大的王朝。二是在荆蛮创立吴国。泰伯并非是消极"礼让"或"避让"，而是积极南奔荆蛮，开拓一方新的天地。泰伯入境随俗，"文身断发"，与荆蛮人亲密相处，深得民心，受"千余家"的氏族部落共同拥戴为吴泰伯，实现了创建吴国的大业，使荆蛮地区脱离了氏族制度，在社会形态上完成了质的飞跃。据《潜夫论》载："泰伯君吴，端垂衣裳，以治周礼。"吴泰伯以周王朝的政治体制为模式，加强吴国政权的建设，从而为江南社会政治、经济、文化的全面稳定发展开拓了广阔的前景。因此，创立吴国，这是吴泰伯最大的贡献。

在社会经济方面。人们常说：泰伯带来了"北方先进的农业生产技术"，却少见具体论述。其实，太湖地区本是中国犁耕农业和稻作文化的发源地，而北方的旱作农业生产技术即使很先进，也未必能适用于南方的水稻生产。从史实来看，泰伯在社会经济方面主要有这两大贡献：一是筑城。《吴越春秋》载：吴国建立后，"数年之间，民人殷富。遭殷之末世衰，中国侯王数用兵，恐及于荆蛮，故泰伯起城周三里二百步，外郭三百余里，在西北隅，名曰故吴。人民皆耕田其中"。这座规模宏大的"故吴城"，就是著名的"泰伯城"，是荆蛮地区最早建起的城。泰伯建这座城，主要是为了防御中原诸侯王在频繁征战中侵犯吴国，使吴地人民能安宁从事农业生产和正常生活。而泰伯能筑城，正是采用了中原王国的先进技术。值得注意的是，泰伯的父王周太王就是筑城能手，曾在周原"居三月，成城郭，一年成邑，二年成都，而民五倍其初"。周太王筑的这座城，位于陕西岐山之南，称"古周城"，即"太王城"。泰伯在梅里筑"古吴城"，即"泰伯城"，与之是一脉相承的。恩格斯在《家庭、私有制和国家的起源》中指出："在新的设防城市的周围屹立高峻的城墙并非无故：它们的壕沟深陷为氏族制度的墓穴，而它们的城楼已经耸入文明的时代了。"泰伯城的建立，也正标志着荆蛮的氏族社会结束了，泰伯带领着吴国进入了新的文明时代！二是开河。吴地是"水乡泽国"，农业生产因水得利，也因水受害。开凿和疏通河道是重大的水利建设，既能利于农业灌溉、排涝，又能利于交通、运输。泰伯以梅里为中心，因地制宜开凿了长达80多里的"泰伯渎"，这是中国最早开创的运河之一，是千古流芳的一项伟业！

在文明教化方面。泰伯"三以天下让"的实践行动，体现了"尚德"的风范，这是一种强大而崇高的道德精神，在吴地民间起着重大而普遍的教化作用，并成为吴文化的核心价值和优秀传统。再者，据《论衡》所载，泰伯奔荆蛮后，主动"断发文身，以随吴俗"，这是一个方面；另一方面，"泰伯教吴冠带，孰与随从其俗与之俱倮也？故吴之知礼义也，泰伯改其俗也"。这种既"随俗"而又"改俗"的举措，正是泰伯逐步以当时中原的先进文化改造荆蛮的相对落后文化，不断提高吴地民众素质，使吴国进入"礼仪之邦"。

3. 梅里"至德名邦"

孔子高度赞赏："泰伯可谓至德矣！"《吕氏春秋》的《上德》篇也盛赞："以德以义，则四海之大，江河之水，不能亢矣；太华之高，会稽之险，不能障矣；阖闾之教，孙吴之兵，不能当矣。""至德"具有强大的精神力量，"至德"是泰伯在梅里开创吴国的立国之本，也是泰伯留给后人的宝贵精神财富。无锡梅里可称为泰伯"至德"精神的发源地，也是弘扬泰伯"至德"精神的传承地，成为名副其实的"至德名邦"。

吴文化的发展历史表明，泰伯倡导的"至德"是吴文化的灵魂，它深深地存在于吴文化发展的各个重要阶段，使吴文化在与时俱进中始终保持着"至德"的高尚品格。

春秋战国时期，在各国争霸的形势下，人们讲武习战、好剑善斗，吴文化显示出"尚武"为主的特色。而这个"尚武"，并不是恶斗蛮战，而是保持着"至德"精神，形成"武德"。著名的《孙子兵法》就是典型，它是一部军事著作，竟以"道"列为第一，《计篇》："道者，令民与上同意也，故可以与之死，可以与之生，而不畏危。"表达了只有取得民众的支持才能取得战争的胜利这个重要思想。其他篇中还反复强调，如《地形篇》："进不求名，退不避罪，惟人是保。"《九地篇》："人情之理，不可不察。"《攻谋篇》更提出："善用兵者，屈人之兵而非战也"，"是故百战百胜，非善之善者也；不战而屈人之兵，善之善者也"。战争总是残酷的，而善用兵者必须以"道"为上，尽量减少流血和毁灭。"人情之理"、"惟人是保"充分体现了战争中的人文精神。这就是"武德"。

在六朝时期，由于北方严重战乱，大批上层精英和社会民众纷纷南移，吴地成为保存、吸纳和发展汉文化的重要基地，吴文化又逐渐显示出"崇文"为主的特色。而这个"崇文"，并不是娇弱作态，而是渗透着"至德"精神，形成"文德"。这时期，吴地接受了王羲之、谢灵运等王、谢士族精英群体，又涌现出大量本地的英才，如史学家沈约、顾野王，文学家陆机、陆云，画家曹不兴、顾恺之，书法家张融、张畅，文学理论家刘勰，道教医药家陶弘景等，一代人杰辈出，群星灿烂，引领了吴地"崇文"的潮流。在名著《世说新语》里，记载着六朝文人自我觉悟、张扬个性、独立求索的思想风采，以及追求潇洒豁达、活泼自在、身心愉悦的生活情趣。其中的《赏誉》篇，品评了吴地的一批名流：朱永长，"理物之至德，清选之高望"；顾颜先，"八音之琴瑟，五色之龙章"；严仲弼如"九皋之鸣鹤"；张盛伯如"岁寒之茂松"；陆士衡、士龙如"鸿鹄之徘徊"等。他们"以谈论为英华，以忠恕为珍宝，著文章为锦绣，蕴五经为缯帛，坐谦虚为席荐，张义让为帷幕，行仁义为室宇，修道德为广宅"。这就是"文德"。

在近代时期，东西方文化激烈冲突又广泛交流，吴地人民以包容兼蓄的博大气度对西方文化的思想理念、科学技术、文化艺术等，充分地批判吸收，使吴地从传统的农业、手工业为主的乡镇社会，逐步转向近代的工商业、金融业为主的城市社会。吴文化也随之转化，显示出近代"务实"为主的特色。而这个"务实"，并不是唯利是图，而依然坚守着"至德"精神，形成"商德"。在近代的吴地，产生了闻名全国的两大民族企业集团，一个是南通张謇创办的大生企业集团；一个是无锡荣宗敬、荣德生兄弟创办的荣氏企业集团，他们对江苏乃至中国的近代社会经济作出了重大贡献。尽管这两个企业集团在经营理念、产业门类、管理体制、发展路径等方面各有特点、存在差异，但两者又有共同的高尚品格：都有忧国忧民的爱国精神，都有务实诚信的敬业精神，都有积极开拓的创新精神，都有公益社会的奉献精神。这就是"商德"。

在改革开放的当代，吴地的社会经济文化更是得到全面的率先发展，著名的华西、昆山、张家港等先进典型，坚持以人为本、科学发展、社会和谐，高度重视物质文明和精神文明建设，积极探索并开创着现代化的新道路。在这个新的伟大的历史时期，传统的"至德"更升华为新的时代精神，融入了具有中国特色的社会主义核心价值体系。

三 品性刚柔相济，气度包容创新

号称三万六千顷的烟波浩荡的太湖，是中国第三大淡水湖，湖中有著名的三山岛，环湖是广阔的平原和散落的丘陵山地。在太湖之畔的无锡鼋头渚，屹立的山岩上有摩崖题刻"包孕吴越"四个大字，气势雄健，令人震撼。太湖在江苏、浙江两省之间，是孕育吴越文化的母亲湖。在这里，人们会深深地感受到和谐相宜的吴越山水，孕育出了丰富多彩的山水文化，以及这一文化特具刚柔相济的品性和包容创新的气度。

1. 吴地的山水文化

太湖地区的青山绿水，是吴地最为秀美的自然环境。"仁者乐山，智者乐水。"山水养育了这里的仁者智者，也培育了这里的山水文化。由于这方土地上以水为主，素有"水乡泽国"之称，人们往往将吴文化称为"水文化"。水文化有着丰富的物质文化和精神文化的内涵。举其要点：一是水稻文化。栽培水稻，根据考古资料已有上万年的悠久历史，自古至今，这里发展成精耕高产的稻作农业，人民也以稻米为主食，甚至将农历八月二十四定为"水稻生日"，以示无限的感恩之情。二是水产文化。主要是渔业，江河湖塘，处处都能捕鱼捉虾。"吴楚之人嗜鱼盐，不重禽兽之肉。"(《风俗通义》)"吴"字与古"鱼"字音义相通，"吴"即是"鱼"。可见人们对鱼的亲敬。吴地被誉为"鱼米之乡"，江苏的繁体"蘇"字，原本是由"鱼"、"禾"两字合成。三是水利文化。水利是农业和渔业的命脉，利用水利和消除水害是治水的头等大事。吴地人民很早就开河、挖渠、筑坝、造堤、围圩、护塘，既能引水灌溉又能排涝防洪，在这方面积累了丰富的知识经验。四是水运文化。吴地水网密布，交通运输素来"以船为车，以楫为马"(《越绝书》)。开凿的重要河道称"运河"，正是发挥水上航运的功能。运河、航船、桥梁、水闸、牵道、码头、货栈、税卡等，形成了系列的水运文化。五是水乡文化。吴地居民喜爱傍水而居，市镇是"水陆并行，河街相邻"。乡村是"数间茅屋水边村，杨柳依依绿映门"。人们在这美丽如画的宜居环境中，男耕女织，采桑养蚕，商铺经营，集市交易，吴侬软语，山歌小唱，庙会进香，团圆过节……这是吴地人心中终生迷恋、不能忘却的"水乡"。六是水神文化。吴地先民特别崇拜"水龙王"，最富特色的"断发文身"之俗，就是出于"常在水中，故断其发、文其身，以象龙子，故不见伤害也"。(应劭语）还有对河神、湖神、江神、水怪等的敬畏。《吴郡志》称"吴之土风习俗"
为"信鬼神，好淫祀"。正反映了吴地民间信仰的风俗特点，以及趋利避害、
逢凶化吉、以求平安的心态意识。

　　吴地的太湖平原上还分布着一些丘陵山脉。山不在高，却有灵气。青山映
衬着绿水，风光更加秀美。峰的突起，岩的坚硬，其文化的意蕴对"水文化"
是必不可少的补充，使吴文化增添了刚毅、雄健的品性，更扩充了吴文化的内
涵。举其要点：一是玉文化。良渚文化的玉器可谓中国远古时代玉文化之冠，
而江苏溧阳小梅岭的软玉矿床即是玉源之一。琮璧玉器是重要礼器，还有多种
璜、玦、珠、瑗等玉饰，具有高贵、吉祥、辟邪和美化的意义。玉器至今仍受
到人们的喜爱和追求。二是陶文化。印纹硬陶、原始瓷器是先吴文化中的重要
标志物，也是人们日常生活中不可缺少的实用品。制陶工艺、烧窑技术是陶文
化发展的重要内容。吴地宜兴成为中国著名陶都，紫砂壶则成为具有高雅品位
的工艺品，使陶文化登上艺术高峰。三是茶文化。吴地山丘多栽茶，尤以苏州
"碧螺春"最负盛名。茶文化极其丰富多彩：遍布城乡的茶楼、茶馆、茶室，是
社会生活中的休闲文化场所；"茶礼"体现着亲热和诚信；茶又与泉水结下不解
之缘，留下许多趣事佳话。四是竹文化。江南多竹，一般民家都喜爱在宅旁辟
个小竹园，或在庭院栽丛翠竹。《红楼梦》里苏州姑娘林黛玉，就居住在竹园内
的潇湘馆，整日伴着"龙吟森森，凤尾细细"。而在山区则形成了茂密的竹林、
竹海，满山青翠，气象万千。竹笋可食用，竹竿可制各种竹器和工艺品。竹更
被赋予虚心凌云、清雅淡泊、宁折不弯等品格，梅兰竹菊并称为文人"四友"。

2. 优美的刚柔相济

　　从吴地的山水文化，我们可以感悟到吴文化"刚柔相济"的优美品性，若
作具体表述，宜为以柔为主，以刚为辅，柔中有刚，刚柔相济。这种优美的文
化品性，深深浸润着吴地的民性，吴地人的言行举止，总能透露出水灵、聪慧、
雅致和时尚的风情。

　　吴文化刚柔相济的品性，与吴文化研究中常涉及的两个问题相关，在此作
简要分析。

　　一是"让"与"争"。孔子称颂泰伯"至德"，是缘于泰伯"三以天下让"。泰伯作为周太王长子，按礼制继承王位是理所当然的，但因泰伯"知古公（周太王）欲立季历（太王的第三子）以传昌（季历之子）"（《史记·周本纪》），决心尊重其父周太王的意愿而奔吴，"以让季历"。泰伯的"让"是尊父而违制。吴国另一个"让"的榜样是季札，据《史记·吴泰伯世家》载："寿梦有子四人，长曰诸樊，次曰余祭，次曰余眜，次曰季札。季札贤，而寿梦欲立之，季札让不可，于是乃立长子诸樊，摄行事当国。"季札是小儿子，按礼制本不能继承王位，但其父有意传位给他，他不愿接受。故季札的"让"是尊制而违父。泰伯与季札的"让"有所不同，但又有一个共同点，即在特定的情势下，以国家发展大局为重，以政权平稳交接为重，以社会秩序安宁为重。正是在这个共同点上，不管是"礼让"、"谦让"，还是"退让"、"避让"，人们肯定泰伯的"让"，也肯定季札的"让"。但是，值得关注的是，他们不仅有"让"的风格，更有"争"的气概。泰伯在周王朝"让"了，而在荆蛮之地却努力"争"了，他充分发挥了自己的治国才能，"争"得了荆蛮"千余家"的拥戴，"争"得了吴国的建立，也"当仁不让"地成为"吴泰伯"，干出了一番轰轰烈烈的大事业。季札在吴国也"让"了，他不当吴王，却"争"得了充分发挥自己特长的机会，"吴使季札聘于鲁，请观周乐"。他便洋洋洒洒大发高论，显示了卓越的艺术才华，留下了中国古代美学的经典之作。他出使途中为徐君"挂剑"的故事，更成为千秋佳话，是吴文化"诚信"特点的一个典型。由此可见，正如"刚柔相济"，"让"与"争"也是对立的统一。我们肯定"让"的传统，主动"礼让"、"谦让"，更要弘扬"争"的精神，积极"争先"、"争优"、"争强"！

　　二是"文"与"武"。吴国发展到寿梦时，迅速强大起来，而到阖闾、夫差时，则大力开展"争霸"战争，并一度获得"霸主"的地位，建立起赫赫武功。有种传统看法，认为"春秋无义战"，众多诸侯国互相征伐，战乱不息，是一场大灾难。但我们作深度历史考察，其实并非如此。春秋战国时期，正是中国社会由奴隶制向封建制转型的重要时期，社会的发展大势是实现这个转型，而周王朝却在迅速衰落下去，无力承担这个重大历史使命。此时，各诸侯国便乘势而起，实行变法，耕战强国，"争霸"成为历史之必然。从春秋到战国，不断在战争中兼并，最后由秦国强势取胜，"六王毕，四海一"。建立起统一的封建王朝，完成了历史使命。因此，"争霸"的实质是争社会的转型，争国家的统一，具有顺应时代潮流的积极意义。吴国参与"争霸"，也应作此评价。

六朝以后，吴文化的主导品格由"尚武"转向"崇文"，同样是顺应着当时的历史发展潮流。此后，吴地一直文风昌盛、典藏丰富、英才辈出。但是，在历史发展的特定时机，吴地人民并非总是文质彬彬、温良恭让。正如"柔中有刚"，"崇文"中依然有"尚武"。例如隋末的农民战争中，杜伏威领导的起义军威震江淮，"尽有淮南、江东之地"，被封为"吴王"。在南宋的抗金斗争中，吴地人民奋力支持，岳飞在宜兴抗金，四战四捷；韩世忠在镇江抗金，大战黄天荡。在抗元斗争中，大江南北遍地烽火，常州、无锡、金坛等地人民，纷纷组织义勇兵抗元，苏州人民直接在名将文天祥率领下守城抗元。明末的抗清斗争，又有"太湖义军"奋起抗争，江阴地区更是男女老少齐上阵，不畏强暴，可歌可泣。近代辛亥革命前后，宜兴、丹阳、常熟、昆山、震泽、金坛等地，农民广泛开展自发斗争，江阴、无锡、常熟三地还组织"千人会"起义。1927年秋，在中国共产党的领导下，苏南农民举行秋收暴动，红色革命风暴席卷宜兴、无锡、江阴，以武装斗争英勇反抗国民党反动派的统治。在抗日战争、解放战争、抗美援朝战争中，吴地人民都作出了贡献，不愧为祖国的英雄儿女。因此，弘扬吴文化，包含着弘扬吴地人民的斗争精神和革命传统。

3. 豪迈的包容、创新

吴文化的形成和发展历程，显示出这一文化有很大的包容性，能充分吸纳多种的异质文化，经过交流、消化、融合，使自身得到充实和发展。与此同时，吴文化也不断增强活力，开拓创新，对外辐射。这体现着吴地人民具有豪迈的气概、博大的胸怀和高度的自信自强、开拓开放的精神。回顾以往对这方面的研究，主要偏重于吴文化与国内的越文化、楚文化、齐鲁文化、中原文化等的交流，而且以包容、吸纳为主。而对吴文化的创新、开拓，特别对海外的传播、辐射，产生的国际影响，则研究和宣扬不足。

吴文化以"水文化"为主要特色，这个"水"，有宽广的太湖水、奔流的长江水、繁忙的运河水，还有壮阔的海洋。吴地东临大海大洋，视野开阔，襟怀开放，又具有航海的传统，很早就开展对海外的交往。朝鲜、日本在 3000 年前出现栽培水稻，就是由吴地直接循海上水路传送过去的，日本弥生文化的干栏式建筑等，更明显是出自吴越文化的成果。而在南太平洋地区，如菲律宾、婆罗洲、新西兰、印度尼西亚等地的印纹陶、有段石锛等器物，都表明了早期吴越文化的广泛外传。

在三国东吴时，吴地对外的海上交通已相当发达，公元 230 年，孙权派将军卫温、诸葛直率万人大船队到达夷洲（台湾）、澎湖。六朝刘宋王朝时，将一批吴地的丝织女工（"吴织"）、制衣女工（"缝衣兄媛弟媛"）赐予日本，她们在日本的安置地称为"吴墟"，她们带去了吴地的蚕桑技术和织造技术，促进了日本蚕桑业和丝织业的发展。日本的民族传统服装"和服"，即是"吴服"的衍化。

唐宋时，随着吴地经济的繁荣和造船业的发达，与海外的经济、文化交流更为频繁。唐朝扬州高僧鉴真大和尚的东渡日本，在对外文化交流上写下动人的篇章，对日本的佛教、建筑、医学、文学、书法、工艺等的发展作出了巨大的贡献，深受日本人民的敬重和热爱。宋代，江阴的黄田港已设置市舶务管理对外贸易；华亭（上海松江）已成为"蛮商舶贾交错于水陆之道"的外贸港口；镇江也是"海南蕃船"，"买卖至多"；苏州的海外商船贸易更是繁荣，吴地的各种农副产品和手工业品，与日本的家具、朝鲜的折扇、南洋的珠宝，销售旺盛。

元明时期，太仓刘家港成为中国最大的对外海港之一，号称"六国码头"。举世闻名的"郑和下西洋"，正是从这里启程远航的。航程到达东南亚、印度洋北部、非洲东海岸诸国，进行了无与伦比的和平外交和经济文化大交流，孙中山先生高度赞扬为"中国超前轶后之奇举"！

总之，吴地人民在海外积极传播自己的文明成果，对世界作出的巨大贡献是应予充分肯定的，吴地人民乐于吸纳、善于创新、勇于开拓的精神更是值得大力发扬的。在当代改革开放的历史新时期，吴地人民正以更宽广的胸怀包容吸纳世界的优秀文明，也正以自己的先进文化与世界交流，吴文化繁荣发展的前景必将更加灿烂辉煌！

主要参考资料：

[1] 梁白泉主编：《吴越文化——中国的灵秀与江南水乡》，香港商务印书馆1997年版。

[2] 江苏省社科院历史所编：《江苏史话》，1983年版。

[3] 江苏省社科联编著：《江苏人文精神概论》，凤凰出版社2009年版。

[4] 吴文化研究促进会：《勾吴史集》，江苏古籍出版社1998年版。

（作者单位：江苏省社科联）

历史文献记载中的泰伯形象

——以宋代为中心

/ 张剑光

　　宋朝的文献记载中，关于泰伯，对《史记》和《论语》的记录差不多是全盘接受的。不过，由于宋朝对泰伯的形象十分看重，而且发现泰伯还有众多时代意义，他们对泰伯的描绘，不但重视史料的搜集，而且更注重对汉代以前史料的发挥和探索。

一　对有关泰伯史实的搜集与描绘

　　由于推崇泰伯，更因为觉得泰伯的"至德"有现实意义，所以宋朝人十分注重对有关泰伯史实的搜集与整理。

　　首先，宋人对《史记》和《论语》、《世本》、《左传》、《潜夫论》等汉代及汉代以前史书中涉及泰伯的史料十分相信，几乎是全盘接受。一些史书凡是涉及到周朝前期历史时，都会提到泰伯的南奔，如《册府元龟》卷1《帝王部》谈到的泰伯事迹，大多是引自《史记》。语句虽有不同，但内容上没有变化。再如宋罗泌《路史》卷18说："泰公生亶父，是为古公。泰王避熏育，居岐阳，实始翦商。复取于骀，曰泰姜，生泰伯、仲雍、季历。季历居程，古公属焉，泰伯阖知，及弟仲雝窜于荆曼，居梅里。荆人义而君之，号勾吴。古公薨，计于近郊，而还于番离。伯卒，仲继剪发文身，赢以为俗，是谓孰哉虞仲。"这段文字显然是综合了汉代以前关于周人的史料，并没有新的创新。大体而言，至汉朝，有关泰伯这个人物的史实，已经十分充实，所以后代是不再作任何创造，宋人也是如此。

其次，至宋代，地理类著作突然增多，尤其是各类方志大量涌现，这些书特别注重对泰伯的事迹进行搜集。不少全国性的地理总志都记述了与泰伯相关的建筑、庙宇、事迹、人物等，如《太平寰宇记》记录了泰伯城，"西去县四十里，平地高三丈"。《元丰九域志》卷5谈到平江府古迹有吴泰伯庙，常州古迹有泰伯城，引《越绝书》说是吴泰伯筑。

苏州的一些方志，记录泰伯的史迹，更是不惜笔墨。比较突出的如朱长文《吴郡图经续记》。该书卷上《封域》中叙述吴地历史，就免不了从泰伯和仲雍让位开始说起，并谈到了吴国的都城。同卷《风俗》中谈到泰伯精神对吴地的影响，如"泰伯逊天下，季札辞一国，德之所化远矣。更历两汉，习俗清美"。卷中《桥梁》谈到宋代有至德桥，在泰伯庙前，"以庙名桥也"。《祠庙》内谈到汉代以来一直存在的泰伯庙，"在阊门内，旧在门外。汉桓帝时，太守糜豹所建，钱氏移之于内。盖以避兵乱也"。卷下《冢墓》引三国时的《皇览》说，泰伯墓在吴县北梅里聚，去城十里。又引刘昭的说法云："无锡县东皇山有泰伯冢，去墓十里有旧宅，其井犹存二。"在书中，作者对泰伯充溢着赞赏的口吻，谈到泰伯"清风大节，足以兴万古之善"，是人间的最高境界，并将永远影响后人。而"仲雍比德泰伯"，与泰伯一样是至高无上的。

再如《吴地记》，也有相似吴国历史的记载，如："周太王三子，长曰泰伯，次曰仲雍，次曰季历。季历贤而生圣子文王昌，昌必有天下，故泰伯以天下三让于季历焉。周与吴皆后稷之后，姓姬氏。吴国泰伯在位四十九年，无子，弟仲雍立。"稍后出现的南宋范成大的《吴郡志》，在卷12《寺庙》中记录了泰伯庙不同时代的变化，卷48《考证》大量征引了两汉以来各类史书对泰伯事迹的记载。

一些关于吴地的笔记也不时记载到有关泰伯的史迹，如《中吴纪闻》卷6"苏民三百年不识兵"条云："承平时，泰伯庙栋犹有唐昭宗时宁海镇东军节度使钱镠姓名书其上，可谓盛矣。"与泰伯相关的史迹，只要吴人谈到，就十分自豪。

宋朝的一些文人，常常用诗歌来表达对泰伯的敬崇。如蒋堂的《春卿遗稿》，有《泰伯庙》一诗："泰伯何为者，不以身为身。逊避天下位，奔走句吴滨隐。德昭来世遗，祀传斯民吁。"再如范仲淹的《苏州十咏》，内中有《泰伯庙》诗，云："至德本无名，宣尼一此评。能将天下让，知有圣人生。南国奔方远，西山道始亨。英灵岂不在，千古碧江横。"（《范文正集》卷4）刘敞《题浙西新学》云："吴前泰伯后季札，礼让继为天下师。迄今遗风未全灭，得逢贤侯益昭晰。"（《公是集》卷17）此类诗歌还有很多，不再列举，说明泰伯遗风在宋代仍很浓烈，而宋代文人对泰伯是十分怀念的。

至于宋朝政府，顺应民意，对泰伯也是表露出敬崇的态度。哲宗元祐年间，知苏州黄履言"吴泰伯以礼义变蛮荆之风，今庙貌虽崇，而名号未正"，于是恳请朝廷为泰伯高赐匾额。《续资治通鉴长编》卷470谈到元祐七年二月丙辰，"诏吴泰伯庙以'至德'为额"。表面上看，这件事情并不复杂，但实际上却是表明了朝廷对泰伯"至德"精神的提倡。

二　对泰伯"至德"精神内核的讨论

宋朝人对泰伯的敬崇，更加突出地表现在对其史实、思想的探索与讨论上。宋人的这种讨论十分热烈，无论是专门为《论语》作注作疏的书，还是其他的文集篇章，关于泰伯思想和史实的探索在学术界十分普遍。我们粗略地分成这样几个方面。

1. 泰伯"让"的内涵

据《史记·吴泰伯世家》记载："太王欲立季历以及昌，于是泰伯、仲雍二人乃奔荆蛮，文身断发，示不可用，以避季历。季历果立，是为王季，而昌为文王。"太王将王位传给了小儿子季历以及孙子昌。在这个过程中，一般认为泰伯、仲雍两人是将王位让给了季历。宋代学者对泰伯的这个"让"进行了严肃的探讨。

那么，什么叫"让"？叶梦得说："让者，己所当得，不自有而推之与人之名也。尧有天下而推之舜，舜有天下而推之禹，谓之让。故周之有国，泰伯不自有而推之仲雍，仲雍不自有而推之季历，泰伯终谢而去焉，以授于文王。故孔子曰：'三以天下让，民无得而称焉。'"（《春秋考》卷4）本来应该是泰伯所有的，现在让给了季历，这就叫让。

自北宋开始，很多人认为泰伯之让不能简单地认为是让了个王位给弟弟，而是要从整个"天下"的角度来考量。《程氏经说》卷7："泰伯之让，非谓其弟也，为天下也。其事深远，故民不能识而称之，而圣人谓之至德。"这种观点为宋人普遍认同。如钱时在《融堂四书管见》卷4中认为"殆非让国也"，"泰伯让国，而直曰让天下"。从让王位到让天下，泰伯的精神在不断放大。

而事实上，周部落刚刚从岐山来到关中，所占之地只限于一隅，泰伯所让最多只是一个占地不足百里的王位，何谈是整个天下？宋人认识到了这一点，于是进行解释说："惟至德者，能以百里王天下。能以百里王天下者，虽未得天下，能以百里让，是亦让天下矣。让者，推己之所能有而与人者也。"（刘敞《公是先生弟子记》卷4）按这种意思，泰伯在当时虽只让的是百里王位，但也已经可称为让天下了。

林岊《毛诗讲义》卷7《大王论》也像许多当时人一样，谈到了泰伯"让"的实质："泰伯孝乎父，率仲雍以之吴；季历友乎兄，施文王而缵绪。伯非无故而让，伯之让以天下而让也。何则？商之衰久矣，天下有待乎圣人之兴也。历为父，昌为子，且发为孙，天之生大圣也，不数今其聚于吾季之门，安得不以天下之故而让吾国焉。"从历史的纵向来说，泰伯是为了以后周人能得天下才让国的，所以究其实所让的确是天下。

不过，南宋陈埴对"让天下"有自己的理解。《木钟集》卷1云："使不偕逃，亦自足以造周，故又言以天下让。"他认为孔子将泰伯和周文王一样称为至德，说明如果泰伯即位，也能缔造一个周王朝出来，从这种意义上说，他是让出了天下。所以他又说："周之得天下来历，自泰伯之让始。"泰伯让位，周就开始得天下了。

不过也有学者冷静地认为所谓的"让天下"，只是后人的追述，在当时并不是真的让出了天下。洪迈《容斋随笔》卷16《稷有天下》说："稷躬稼而有天下，泰伯三以天下让，文王一怒而安天下之民，皆以子孙之事追言之。是时稷始封于邰，古公方邑于梁山之下，文王才有岐周之地，未得云天下也。禹未尝躬稼，因稷而称之。"在宋代，很少有人能够这样客观地理解，并且用文字表述出来。

2. 泰伯的"三让"

孔子在《论语·泰伯》篇中说泰伯是"三以天下让"，这句话成为 3000 年来的美谈。至于孔子这里所指，究竟是一让天下还是让了三次，或是这个"三"有另外的理解，从汉朝以来学术界是有不少看法的。[1]

晋孙盛《周泰伯三让论》曰："孔子曰：'泰伯可谓至德也已矣，三以天下让，民无得而称焉。'郑玄以为托采药而行，一让也；不奔丧，二让也；断发文身，三让也。"由此看来，较早对"三让"按实数进行探索的是汉代的经学大家郑玄，这种看法对后人影响很大。就拿这个孙盛来说，他在这篇文章中提出了不同于郑玄的"三让"，说："称三让者，其在古公至文王乎，周之王业显于亶父，受命于昌，泰伯元览，弃太子之位，一让也。假托逊遁，受不赴丧之高，潜推大美，二让也。无嗣而养仲雍之子以为己后，是深思远虑，令周嗣在昌，天人叶从，四海悠悠，无复纤介疑惑，三让也。凡此三者，帝王之业。"（《太平御览》卷 424《人事部六五·让下》）至于这种说法的依据，看来只是孙盛自己推理而得来的。

东晋江熙《论语集解》中提到时人的"三让"有两种看法，后来梁皇侃《论语集解义疏》卷 4 引用了这两种说法："一云泰伯少弟季历，生子文王昌，昌有圣德，泰伯知其必有天下，故欲令传国于季历以及文王，因太王病，托采药于吴越，不反。太王薨而季历立，一让也。季历薨而文王立，二让也。文王薨而武王立，于此遂有天下，是为三让也。又一云太王病而托采药，出生不事之以礼，一让也。太王薨而不反，使季历主丧，死不之以礼，二让也。断发文身示不可用，使季历主祭礼，不祭之以礼，三让也。"唐代张守节的《史记正义》对此也作了引述，说明这两种观点当时有不少人是认同的。

在宋代这样一个文化极为发达的时代，人们当然不会忽略这个问题，而且也不会只是恪守前人的观点而不作一些推进，人们的讨论异常热烈。

朱长文《吴郡图经续记》卷下《事志》说："泰伯三以天下逊……《吴越春秋》云：'古公病将卒，令季历归国于泰伯，而三逊不受。'盖孔子称三逊者，著其实也……王季尝归国于泰伯，而泰伯不受，不为虚言也。"认为三让的确是事实。因为古公死的时候是想让季历把王位归于泰伯的，只是泰伯不接受。

理学家程颢在解释孔子的这段话时说："泰伯知王季之贤，必能开基成王业，故为天下而三让之，言其公也。三让者，不立一也，逃之二也，文身三也。"他的"三让"与前代略有不同，但总体上与郑玄的观点比较接近。程颐也说："泰伯之让……不立一让也，逃之二让也，文身三让也。"（见《论语精义》卷4下、《二程粹言》卷下）兄弟两人的观点完全一致。二程的说法为不少宋朝人接受。

戴溪赞同二程的看法，认为三让根本不是让了三次天下。他说《史记》中泰伯知古公欲立季历而亡去荆蛮，断发文身，"却不曾见他三让"。如果泰伯"迁延退让至于再三，百姓亦自得而称矣"，与孔子的话就矛盾了。如果泰伯当初"不立、不逃去，若逃去不断发文身，亦恐未免有顾恋意思"，所以程氏的"三让"解释应该是比较准确的。他认为泰伯是不可能预先知道"文王之圣可以得天下而让焉"（《石鼓论语答问》卷中）。

有人虽和二程的看法不完全一样，但比较接近。如钱时《融堂四书管见》卷4的解释是："三让，先儒谓固让也；或曰逃荆蛮一也，文身断发示不立二也，并仲雍而去之三也。"与二程的观点大同小异。

也有不少人与二程的观点不同，如刘敞在《七经小传》卷下中说："所谓三以天下让者，言自窜荆吴以让季历也。所以让季历者，以季历有昌也；所以贵昌者，以昌有发也。泰伯见季历既仁，而文、武又圣，知天之意方大启周室，必有天下，故默焉而逃。是泰伯让仁人者一，让圣人者二，故曰三以天下让也。"按他的意思，所谓"三让"是泰伯让了三个人，即让位给了仁人季历和圣人周文王、周武王。这种观点，比较新颖，别具一格。

朱熹是不认同按"三"的实数进行理解的。他在《四书或问》卷13中说："古人辞让，以三为节。一辞为礼辞，再辞为固辞，三辞为终辞。故古注至是，但言三让，而不解其目也。今必求其事以实之，则亦无所据矣。"他认为古人以三为节，泰伯三让只是表示他辞让的决心，但并不是说他让了三次，如果要一一对应具体事实，那是没有依据的。

与朱熹持相同意见的人不少。如郑汝谐在《论语意原》卷2中说："三，言逊之之笃，不必泥其数。"只是表达辞让的诚恳而已。此外，如真德秀在《西山读书记》卷34中，对朱熹的观点是赞成有加的。

3. 泰伯的"至德"精神

孔子说："泰伯其可谓至德也已矣。"至于什么叫至德，历代人们所处的角度不同，具体认识上也是各不相同。宋代的学者对此进行了热烈的讨论。

一些人认为至德主要指泰伯远离家乡，把王位让给了季历。郑汝谐说："泰伯之逃，太王尚在位也。泰伯知季历之有圣子，足以大周家之业，乃断发文身示不复用。又虑其以次而立仲雍也，则与之俱奔，使季历之立若出于当然，太王、季历皆无可议。世亦不知泰伯之逊以天下。非至德而何？"泰伯的至德，就是不但自己让位，而且还让仲雍一起让，让太王和季历让得十分自然，这种境界才叫至德。(《论语意原》卷2)刘敞《七经小传》卷下对至德也进行了阐述："辞一国之适，离逃窜之名，以自弃于蛮夷，往而不反，求仁得仁者也。故曰可谓至德矣。"他认为至德就是指泰伯不辞而别离开了舒适的家乡，背负了逃窜的名声，来到南方蛮夷之地，再也不回北方了，在南方开辟了新天地。

程颐对泰伯的"至德"提到了一个政治高度，他说："泰伯之让，非为其弟也，为天下也。其事深远，故民不能识而称之，而圣人谓之至德。"他认为不能狭义地只从把王位让给其弟来说事，而应该站在得天下的高度来认识，老百姓是只看到表面的让而不知让的真实内涵，只有圣人能认识到这一点，所以称他为至德。这一点为朱熹所继承，而且更有所发挥。他在《四书或问》卷13中说，普通人看到了泰伯的礼让，"但见其让国而已"，而不知道泰伯是最后将周国让给了周文王和周武王，因为文王、武王最后夺得了天下，所以泰伯的让"是以天下让也"。所以，称他为至德，主要是指："让之为德既美矣，至于三，则其让诚矣。以天下让，则其所让大矣。而又能隐晦其迹，使民无得而称焉，则其让也非有为名之累矣，此其德所以为至极，而不可以有加也。"因为是诚心地让了天下，隐居到南方，根本不是为了自己的名声，所以这种礼是德之"至极"，再往上就没有了，所以称为"至德"，是道德标准的最高境界。

也有人认为至德就是至公，用今天的话说就是公心。张栻认为："以君之元子而弃宗国，以逃身本中夏而从夷狄之为，不亦冒先王之大禁欤？而泰伯安然行之，非圣人，孰能明其为至德也。至德，谓德之至也。泰伯知文王有圣德，天之所命，当使天下被其泽，故致国于王季，为文王也。故曰以天下让，言其至公之心，为天下而让也。"（《癸巳论语解》卷4）程颐、朱熹论"至德"着重于"让天下"，而张栻落实在"公心"上，从政治伦理的角度来看待"至德"精神，在观点上还是比较接近。

陈祥道的观点比较质朴，他认为泰伯的让天下，不为了自己有任何好处，也不想得到好名声，这就叫至德。在《论语全解》中，他说："不累于厚利，故三以天下让；不累于名高，故民无得而称，此所以为至德。泰伯之让则国也，三以天下让者，以文王之圣，有得天下之道故也。"

陈埴《木钟集》卷1说："太王有翦商之志，又以王季生圣子，意欲立之，而事迹未见。泰伯窃窥此意，故逃之。盖其处父子兄弟之变，而欲全天性之恩。处商周兴亡之际，而欲全君臣之义，其事皆类夷齐而泯其迹，所以为至德。"所谓至德，是指泰伯"全天性之恩"，"全君臣之义"，而且又悄悄地不让他人知道。

南宋有人更是用《周易》的阴阳学说来解释"至德"精神。项安世《周易玩辞》的"至哉坤元"条说："孔子以文王、泰伯为至德，皆以其能顺也。乾以纯阳，为万物之祖，其大莫加焉。而坤之六爻，皆能随其数而耦之。乾之所至坤，亦至焉。此可谓孝子顺孙矣，可不谓至德乎！"认为至德是"万物之祖"，用现在的话说，"至德"是最高境界的伦理道德。

4. 有关"废长立少"

中国古代一般认为"立嫡以长"，但太王将王位传给了小儿子季历以及孙子昌，不过文王、武王后来夺得了政权，所以一般人认为太王的决定是很英明有远见的，泰伯、仲雍两人是很高尚的，是历代立嫡不以长的榜样。

不过，并不是每个宋朝人都是这样看的。有人就提出："太王有废长立少之意，非礼也。泰伯又探其邪志而成之，至于父死不赴，伤毁发肤，皆非贤者之事。就使必于让国而为之，则亦过而不合于中庸之德矣。其为至德何耶？"对太王不立长子有看法，对泰伯明知太王有"邪志"却反而"成之"，认为这不是"至德"的表现。

朱熹对这种看法进行了批驳。他认为太王和泰伯的举动都很符合礼义："太王之欲立贤子圣孙，为其道足以济天下，而非有爱憎之间、利欲之私也。是以泰伯去之而不为狷，王季受之而不为贪。父死不赴，伤毁发肤，而不为不孝，盖处君臣父子之变，而不失乎中庸。"他指出这样做就是至德的表现，也不违反中庸之道。他认为泰伯从道德层面上说是达到了最高境界，但他没有像周文王那样有得到天下的能力："泰伯固为至德，然恐非文王之伦也。使其德业果与文王不异，则太王之欲立季历，乃邪心矣。"（《四书或问》卷13）太王古公之所以将国位传给季历再传给昌，这是从得天下的公心来通盘考虑的。

有人还对古公亶父在泰伯让位一事上的心态进行了细节的描绘。如林岊说："太王仁人也，不与狄人争地以战，恐残民于锋镝，去豳逾梁山，邑于岐山之下居焉。"古公"深知子孙之帝度帝谓也。伯与季均吾子也，伯长宜立，顾吾季而有圣子也"（《毛诗讲义》卷7《大王论》）。对为什么要废长立少进行解释。

古公不立长而立少，与王季本人的素质有关。《程氏经说》卷4说："泰伯虽不为人君，然其为与王季相须，皆周家之事。王季之治能对天，而由泰伯与之固，故云'自泰伯王季'也。'维此王季，因心则友'，又述其事也。因心者，出其天性也，言王季天性友爱其兄，故其兄贤之而让之国，卒受天命，兴王业之笃，厚周家之福庆，又成其兄让德之光显也。"程子在讲到泰伯让位时引用了《诗经·大雅·皇矣》，着重说了古公决定不立长而立小，其实与季历本人的天性有关，不只是因为他有个儿子昌的关系。真德秀《大学衍义》卷8也是持这种观点，认为："臣按王季之友泰伯也，盖其因心之本然，非以其让己而后友之也。昆弟至情出于天性，岂有所为而为之乎？使泰伯未尝有让国之事，王季之所以友之者，亦若是而已也。夫王季之友，不过尽其事兄之道耳，岂有心于求福哉。"不立嫡而立少，就是因为王季自身有着较高的素质。

古公不立泰伯立季历，宋人认为还有历史意义。刘恕《通鉴外纪》卷5从"让天下之至德也"这一泰伯的故事来评价春秋时期晋国的执政大夫赵衰之妻赵姬，认为自己的弟弟赵盾比自己的三个儿子更为贤能，让赵衰立赵盾为嫡子，让三个儿子侍奉赵盾。她"不以贤才为尚，屈身庶孽，以成赵宗"。他认为"赵姬知人而让，可谓贤矣"。

司马光在《资治通鉴》卷191中谈到唐太宗和李建成的关系时说："立嫡以长，礼之正也。然高祖所以有天下，皆太宗之功，隐太子以庸劣居其右，地嫌势逼，必不相容。向使高祖有文王之明，隐太子有泰伯之贤，太宗有子臧之节，则乱何自而生矣。既不能然，太宗始欲俟其先发，然后应之，如此则事非获已，犹为愈也。"他认为从唐高祖到李建成、唐太宗，都没有像古公和泰伯、季历那样的明、贤、节，所以造成了王位交接中出现了血案。

司马光的这段话，应该是改编自范祖禹的。《唐鉴》卷1说："臣祖禹曰：立子以长不以有功，以德不以有众，古之道也……君子曰：善处父子之间矣。王魏以辅导东宫为职，当劝建成以孝于高祖，友于秦王，则储位安矣。秦王有定天下之功，高祖苟欲立之，能为泰伯，不亦善乎！且建成既为太子，则国其国也，安在于有功？乃使之击贼以立威，结豪杰以自助，是导之以争也，祸乱何从而息乎？"所以，宋人都认为长子要向泰伯学习，祸乱就自然熄灭了。

5. 泰伯、仲雍的"断发文身"

《左传》记载了孔子弟子子贡的话："大伯端委以治周礼，仲雍嗣之，断发文身，裸以为饰，岂礼也哉？有由然也。"子贡认为断发文身是"有由然也"，按今天的话来说是有原因的。那么这个原因是什么？宋人进行了探讨。

朱熹在《四书或问》卷13中引用苏辙的话，"以为让国盛德之事也，然存其实而取其名者，乱之所由起。故泰伯为此，所以使名实俱亡，而乱不作也。此以利害言之，固不足以论圣贤之心"。按他的意思，国是让了，但泰伯不能得到让国的名声，否则国家要乱的，所以泰伯让了国，但要像没有让过一样，断发文身就是圣贤为了这样做而采取的一片苦心。

《史记》说泰伯兄弟二人"亡如荆蛮，文身断发，以逊季历"。汉代应劭注释说："常在水中，故断其发，文其身，以象龙子，故不见伤害。"王观国谈出了自己的看法："泰伯、虞仲知古公之欲立季历以传昌也，乃奔荆蛮，文身断发，盖自同于蛮夷之习，以示无争立之心，乃得以全其生也。使二人不奔荆蛮，则见忌于父子兄弟之间，其能全其生乎？……若谓常在水中，故断其发，文其身，以象龙子，而不见伤害，则其说疏矣。前汉《地理志》曰：'粤地牵牛婺女之分野也，其君禹后帝少康之子，云封于会稽，文身断发，以避蛟龙之害。'盖文身断发者，粤俗之所好也，非避蛟龙之害也。班固误训其文，故应劭注《史记》有象龙子之语尔。"（《学林》卷3《文身断发》）认为泰伯文身断发是事实，他们是自愿随蛮夷风俗，这样做的主要目的是不让古公、王季有所顾忌。

不过，罗泌对泰伯是否断发文身有所怀疑。他说："《史记》谓泰伯断发文身，非也，乃仲雍也，《左传》及《潜夫论》详之。王充亦云泰伯教吴冠带，孰哉随其俗，而与之俱保也。故吴之知礼义，泰伯改之也。此与左氏'端委以治周礼'，仲雍嗣之，断发文身并。"（《路史》卷18）查王符《潜夫论》卷9，的确有云："泰伯君吴，端垂衣裳，以治周礼。仲雍嗣立，断发文身，保以为饰。"将《左传》上的"端委"解释成了"端垂衣裳"，是否恰当，是汉代人的一家之言。不过王充在《论衡》里却是说"泰伯……乃辞之吴，文身断发"，其实与司马迁的意见是相同的。因而罗泌认为泰伯并没有断发文身，与宋人的主流观点是不同的。

三　余论

宋代有大量的著作提到了泰伯，人们饶有兴趣地对泰伯的事迹和思想进行了深入的分析。我们上面列举的，只是一些有代表性的著作。那么，宋代人为什么对泰伯其人和思想如此推崇呢？

首先，我们认为这与宋朝的时代理论需求有关，与《论语》学的发展有关。自汉以降儒家独尊，"五经"受到政府的尊奉。孔子是儒家的开山祖，他跟

"五经"关系密切，《论语》之学就自然而然地发展起来。有专家统计，从宋初到朱熹，有关《论语》的著作不下 70 部 [2]，至南宋末年，《论语》学的著作超过了 100 多种，《论语》是理学尊信的主要经典，是理学价值系统的主要根据。理学家试图通过对《论语》的研究，填补构筑以适应于社会统治的理论体系，因此在意识形态中，《论语》被尊崇的局面就更加得以夯实。在《论语》中，泰伯是被孔子特别推崇的一个人，所以宋朝的学者从尊孔的角度出发，对泰伯也就特别敬重，对他的讨论十分丰富。简言之，宋朝人谈泰伯，是精神文化发展的一种需要。

其次，宋人认为，泰伯的"至德"有着相当的现实意义，是对儒家精神传统的推广。朱熹在《论语集注》中谈到"大王因为翦商之志，而泰伯不从，大王遂欲传位季历以及昌"，说明泰伯原是只想继承王位而并没有想灭商的，毕竟商朝是周人的顶头上司，是天下的王。所以朱熹认为："夫以泰伯之德，当商、周之际，固足以朝诸侯有天下矣，乃弃不取而又泯其迹焉，则其德之至仍为何如哉！盖其心即夷、齐扣马之心，而事之难处有甚焉者，宜夫子之叹息而赞美之也。"并不是泰伯没有才能灭商做个天下的国王，而是他不想做不屑于做，而且他让出王位又不留下自己的行迹，对自己的高品行不作任何宣扬，所以他的"德"为孔子赞美，而这一点恰恰朱熹认为是十分有时代意义的，且是宋代文化的最高境界。

注释：

[1] 当代仍有不少学者认为泰伯是让了三次，而不是一次。如钱宗范先生在《浅析泰伯、虞仲"三让天下"的历史和意义》（《江南文化新探》，《江南风》杂志社 2009 年版）中，继承了清朝崔述和前辈学者吕思勉、童书业的看法，认为泰伯第一让在其登位前，第二让是登位后，第三让是逃离关中到了荆蛮，"终于实现了让位的目的"。这种观点认为，泰伯是正式登过位的。

[2] 章权才：《宋明经学史》，广东人民出版社 2009 年版，第 219 页。

（作者单位：上海师范大学人文学院）

论泰伯精神的历史与现实意义

/ 沈祖方

　　无锡梅里（今梅村）是吴文化的发源之地，也是泰伯精神孕育之处。3200多年前，泰伯三让王位，断发文身，同其弟仲雍一起，来到荆棘丛生、蛮人窝居的无锡梅里，传播中原文化，兴修水利，种稻栽桑，发展生产，筑城立国，培育了具有水乡特色、兼容并蓄、独具异彩的"句吴文化"，江南吴地从弱到强，从小到大，逐步走向辉煌。泰伯的崇高德行，其在梅里及吴地建立的丰功伟绩，为世代吴地民众所爱戴与崇敬。每逢农历正月初九（泰伯生日），四处的村民就赶游泰伯庙，表达怀念之情，歌其德行，颂其功勋。千百年来，泰伯庙会节一直是江南新的一年中最早、最大的乡村节场之一。每年三月初三（泰伯忌日），四面八方的村民采集白色鲜花献于泰伯墓前，扫墓祭奠，寄托哀思，怀念其高风亮节，教育后代学习和发扬泰伯的崇高精神。

　　何谓泰伯精神？有的专家诠释为谦让与开拓，两者奇妙的统一，即为泰伯精神。这是很有见地的。但我觉得，泰伯精神似应包含：不守陈规的开拓精神，殚心竭虑的民先精神，以及传承到今的至德精神。开拓、民先与至德，无一不与谦让有着千丝万缕的联系，有着与生俱来的内在统一。从历史文化来看，泰伯精神不仅有着广泛的历史意义，而且有着深远的现实意义。

一　不守陈规的开拓精神

　　泰伯三让天下的崇高德行，为后人景仰，尊他为"让王"，晋明帝尊称他为"让王爷"。为何后人如此推崇泰伯，因为"让"之中内涵深厚，不啻包括谦让、宽和、仁厚、德行，而且包含着有自知之明、勇于开拓的精神。其实，"让"这种精神，在古公亶父时就有。《史记·周本记第四》所云："幽人举国扶老携弱，尽复归古公于岐下，及旁国闻古公仁，亦多归之。"古公在邠地受到戎狄威胁时，主动退让到周原，自己开拓新地，图发展、壮大。事实也是这样，古公主动退让后成就斐然。

泰伯继承古公亶父的这种精神，应受王位而让贤，而且三让天下。泰伯之让，避免了统治集团内部为权力而争斗，对周部落、百姓皆有好处，也促进了当地社会的发展。正是由于泰伯之让，其弟季历顺利莅政（后传其子姬昌），修先王之业，守仁义之道，以后才有武王灭纣而统一天下，开创了周朝800余年的天下。无怪乎，明初建文帝在泰伯墓地感慨而发："远隐停骑泰伯乡，仰瞻墓宇法先王；避荆不为君臣义，采药能全父子纲。"

泰伯在决定让王后，又说服其二弟仲雍，趁父亲生病之时，托言往南方采药，一起离开了周原这个地方。兄弟俩长途跋涉，风餐露宿，忍饥挨饿，终于来到了3000多里之外的无锡梅里。这里虽然遍地荆棘，蛮人搭棚窝居，但一眼望去，山清水秀，梅花盛开，风景优美。泰伯认为这里是吉祥之地，于是决定在此安家落户。二弟仲雍也在邻近的常熟虞山安了家。当时江南还是"荆蛮之地"，蛮民"常在水中，故断其发，文其身，以象龙子，故不见伤害"（《史记·吴泰伯世家》）。泰伯在梅里定居后，便断发文身，从当地俗，与本地蛮民一起生活，一起开发。

泰伯在梅里开发时，针对当地灌溉和交通的实际情况，带领当地土著民众开始兴修水利，改以往的"堵"为"疏"，开挖了我国历史上第一条"人工运河"——伯渎港，以梅里为中心，西面延伸到无锡清名桥，东南边一直开挖到吴县的蠡湖。同时，开九泾，凿十八浜，形成河流贯通，纵横交叉。这不仅大大便利了农田灌溉，而且带动了当地的交通运输。民云："当季开之，以备旱涝，一方居民，如得粮食。"故此河以泰伯名其伯渎。泰伯开的"九泾"，据《梅里志》记载，其中在梅里境内的就有四泾，即香泾、洋泾、龙泾和梅泾，除龙泾已淹没，其余河道至今仍发挥着水运和灌溉农作物的作用。后人又在伯渎港畔的望亭，向东开挖到常熟入江的河道"望虞河"，成为太湖水入江的主要通道。受泰伯开伯渎港之启发，伍子胥在吴国任大夫时曾先后开通长十多里，从高淳起，沟通太湖与长江芜湖水道的"胥溪"。后人又在苏州近郊开挖胥江，从吴县一直通到太仓，中间位置在胥口镇，现仍为吴县、太仓地区水运的主要河道，灌溉农作物的重要水源。

在泰伯的带领和当地土著民的共同奋斗下，数年之后，梅里一带的生产有了长足的发展，人们的生活水平有了较大的改善，文化娱乐活动也随之丰富起来。泰伯因此而受到当地居民的尊敬与爱戴。正如六朝《陈书》云："讴歌所往……自求于泰伯者矣。""荆蛮义之，从而归之者千余家"。经过一段时间的议论和准备，大家一致拥立泰伯当国王，建立"句吴"国，开创了吴国600多年的文明史，故人称泰伯为"江南鼻祖"。泰伯建国后，仍励精图治，带领当地居民勇于开拓，不断进取，应对各种复杂的环境。当时，在中原地方有个野心勃勃的叫侯王的人，曾多次对外用兵，扩大势力。处在长江下游的江南句吴，也受到了一定的威胁。泰伯居安思危，未雨绸缪，为保护当地居民的生命和财产安全，防御中原敌人前来侵犯和骚扰，于是筹划以梅里为中心，构筑城邑。他亲自带领千余家乡民肩挑手推，就地取土，在梅里的荆村、蛮巷一带筑起了一座土城，名为吴城，又称泰伯城。该城"周三里二百步，外廓三十余里，一说三百余里。自泰伯至于辽二十三君，皆都无锡梅里"。至二十一世夫差亡国后，此城才被废弃，称为"故吴墟"。至唐代时还存有城墙、内宅、古井等遗迹。因事变沧桑，历遭破坏，至今故城遗址已荡然无存。

泰伯筑吴城，不仅对"句吴"的生存有很大作用，而且对吴国的发展、壮大也具有很大影响。公元前515年，吴王阖闾命伍子胥在姑苏筑阖闾大城。伍子胥带领军士和民工用三年积聚材料，用五年施工才筑成这座姑苏新城。新城周围有47公里。公元前514年（周敬王六年），吴都便从梅里迁至姑苏。同时，阖闾又命伍子胥在无锡市郊胡埭乡湖山村与武进雪堰桥乡城里村交界处的闾江西侧，用土筑阖闾小城，作为防御越国入侵的军事堡垒。阖闾城为东西走向，呈长方形，周12里，整个城区面积约100万平方米。城东无墙，以后背的胥山、濮射山、龙山为屏障，南临太湖，进可攻，退可守，地势十分险要。现今留有一些土埂，有遗址可寻，竖有标志牌，列为省级文物保护单位。

泰伯不断进取、放手开拓的精神，对句吴及后来的吴国，乃至中华民族的发展都产生了巨大的影响。就是至今，也有积极的意义。环太湖流域的上海、苏锡常、杭嘉湖七市，之所以发展成为耀眼的明星城市群，就在于敢于开发，勇于开拓，善于创新。

二　殚心竭虑的民先精神

泰伯在梅里立足后，特别是建立句吴国之后，时常思虑的是：民乃国之本。如何解决当地民众的温饱问题，居住问题，如何改善民众的生活水平。这种"为耕者谋利，替乡民造福"的民先精神也体现在其带领民众大胆开发、不断开拓之中。

粮乃人之宝，民以食为天。当时江南无锡一带，虽然早就有人居住，原始农业也有了一定的发展，但农业还是"刀耕火种"，一年一收，人们过着"半生为食"的生活，有时温饱还存在很大问题。于是，泰伯把黄河流域的先进生产技术传授给这里的土著居民。他总结当地的经验，在种植上改一年一熟为一年两熟，稻麦轮作，麦子收割后，接着栽种水稻。在梅里西南四华里许，有一个占地两亩、高约10多米的孤立土墩，是泰伯与民筑的"文台"，每年春播第一天，泰伯就登台庆典，检阅乡民，预祝年内风调雨顺，国泰民安。同时为改变"望天收"的状况，泰伯带领民众兴修水利，改善稻麦生产灌溉条件。这样，梅里一带旱涝无灾，连年丰收，粮食产量大大增加，民众的温饱问题基本得到解决。在生活上泰伯教化乡民"半生为食"为全吃熟食。这样，既使有限的粮食发挥了最大的效能，也使人们的体质得到增强。自此至今，吴地的农民一直沿袭着一年两熟的种植方法，并不断改进生产技术，提高稻麦单产和总产水平。苏州地区一跃成为全国最大的商品粮基地。

业以住为基，安居方乐业。当时，梅里乡民过着"以棚为窝"的居住生活。泰伯在解决当地民众温饱问题的同时，着手解决人们的居住问题。特别是在他立国筑城之后，这一进程得到大大加快。他在城内建造宫室住宅，建村立巷，开凿水井，把分散的土著民集中起来居住。"人民皆耕田其中"，安居乐业。劳动之余，便唱起颂泰伯的吴歌："三让王位吴泰伯，开化荆蛮种庄稼；兴修水利凿伯渎，立国句吴安天下。"其中较为有名的居住地就是荆村与蛮巷，分别为"江南第一村"和"江南第一巷"。清高景泰有诗云："稻香岸岸一祠收，荆村蛮巷在两头；百世三吴开日月，万家合祀肃春秋。"荆村、蛮巷至今仍在。蛮巷后因万姓居民逐渐扩大，才改为"万巷"，在吴方言中，"万"与"蛮"读音基本相同。之后，吴地的村落根据水乡的特点，均傍水而建，一般都在河里洗衣洗菜，生活方便，由于水质好，饮用水也是河水。同时也有利于交通，便于舟楫通行。吴地的城镇均建街设巷，街巷沟通，便于居民来往交流。

发展为根本，生活讲质量。泰伯在解决当地乡民温饱、居住之后，思考着如何带领乡民发展经济，提高生活水平。于是泰伯教民种桑养蚕，饲养鸡鸭猪羊。吴地的养蚕业、丝绸业由此逐渐发达起来。伯渎港两岸遍栽桑树，每年春季桑叶苍翠欲滴，挤得出水，捏得出油。桑叶的大量增加，为养蚕业打下了基础，养蚕业的发展，又促进了丝绸业的兴起。"吴地桑叶绿，吴蚕已三眠"，是唐代著名诗人李白对当地植桑养蚕情况的真实写照。当时吴地出现了许多蚕桑之乡、丝绸之乡。姑苏盛泽的丝绸更是一马当先，至今仍享誉海内外。同时，泰伯教乡民饲养家畜、家禽，这既解决了饮食的问题，又增加了乡民的收入。相传现在的梅村镇西北的鸭城桥、猪羊巷，即是泰伯当年教民饲养家禽、家畜的遗址。鸭城桥为泰伯牧凫之地，即把野鸭驯成家鸭。传说泰伯养的鸭特别多、特别大，鸭聚在荡岸像城墙，浮在河里可走人。故此地的村庄名"鸭城"，村边的桥叫"鸭城桥"。猪羊巷位于鸭城附近。在驯野鸭时，泰伯听说附近常有野兽伤人，同时又在那里驯兽，把它们养成家猪和家羊。后那里建了村巷，人们便称为"猪羊巷"。

泰伯的民先精神，使吴地的生产越来越发展，经济越来越发达，民众的生活越来越好。吴地成了闻名的"鱼米之乡"、"水乡泽国"，是受人仰慕的好地方。有谚云："上有天堂，下有苏杭"，说的也是这个意思。

泰伯"心里想着乡民，情系乡民疾苦，办事为了乡民"的民先精神，不仅影响着句吴的发展，同时影响着吴国、吴地的大发展。直至如今，泰伯的民先精神也值得大大发扬光大。诸如孙中山提出"民生、民权、民主"的三民主义，毛泽东提出的为人民服务，以及现在大家共同倡导的"权为民所用、情为民所系、利为民所谋"的"以人为本"思想，等等，可以说，都与泰伯的民先精神，有着一定的内在联系。

三 传承到今的至德精神

泰伯庙棂星门前的大牌坊镌有"至德名邦"四个大字，建文帝在泰伯墓壁写下了"泰伯赞歌"，清康熙为泰伯庙赐"至德无名"御匾，乾隆帝也赐了相同御匾。孔子在《论语·泰伯》篇则云："泰伯可谓至德也矣，三以天下让，民无得而称焉。"这就让人思考这样一个问题：泰伯的"至德"究竟包含哪些内涵？所谓德，就是道德、品德、美德。至德，就是说其美德至高无上。但我觉得，泰伯的"至德"精神，除了三让王位德无上之外，似应包括其德化与德风思想。

先说德化。就是说泰伯的"至德精神"善于为人表率、以德感人。《韩非子·难一》云："舜其信仁乎！乃躬藉处若而民从之。故曰圣人之德化乎。"泰伯从小就勤奋好学，为人宽厚，德行至上，孝敬父母，兄弟之间和睦相处。他来到无锡荆蛮之地后，入乡随俗，"断发文身，衣土著之服"，同荆蛮乡民一道，筚路蓝缕，含辛茹苦，凿河拓荒，开发江南，筑泰伯城，建句吴国。不几年，梅里一带生产发展，人民生活提高，文化娱乐也丰富起来，"归之者千余家"。正是泰伯这种"德化"（德治）思想，不仅开发出了"上有天堂"、"下有苏杭"的万世江南，也开创了周朝800年的铁统江山，同时还创立了历代朝野推崇的谦让与开拓的至德精神。古人语：世上万物，可久者必大。这是由于事物经过时间的考验，长期生存和发展起来，逐步走向强大的结果。这就是泰伯"德化"思想具有无限生命力的力量所在。

再说德风。《论语·颜渊》中云："君子之德风，小人之德草；草上之风必偃。"在孔子看来，如能用道德教化人民，人民就会像受风的草一样顺从，故称这种作用为"德风"。泰伯在教化乡民时，当时梅里以入水捕鱼为生的荆族尚处于未开化的蒙昧状态。于是他将德寓于中原文化的传播之中。他和当地蛮民一起"以石为纸，以炭为笔，以歌为教"，传播中原文化，并与当地的土著文化相融合，来发展吴地的文化。聚居在岐山之下、渭水之滨的周族，是一个善歌的族群，他们创作的《公刘》、《七月》等著名诗歌，后成为《诗经》的重要组成部分。泰伯不仅拿这些诗歌教化梅里的乡民，同时还把周族的诗歌与当地的蛮歌、土谣结合起来，创作出了一种新的歌谣，后人称之为吴歌。相传在梅里东北五华里的皇山坡上，由土石建成，上系竹棚紫藤的歌舞墩，就是泰伯和吴民们在那里常唱吴歌的地方。至今，还有大量的吴歌在吴地承传。在此过程中，泰伯将当时较为先进的中原文化与当地的土著文化相融合，开创了句吴文化。以后又历经与越文化、楚文化、齐文化、鲁文化、晋文化等的碰撞与洗礼，形成了具有兼容并蓄、包容性、开放性和水乡特点的吴地区域文化，成为中华民族文化中的一个重要组成部分，使吴文化区域成为中华民族的重要摇篮之一。

泰伯的至德精神、至德文化、至德文明，不仅推动了当时句吴国的发展，以后又促进了吴国，乃至吴地的大发展。往日的"荆蛮"之地，变成了如今的"人间天堂"。泰伯的至德精神，从立德开始，继而尚武，进而崇文、崇实，使得吴地民风淳朴，崇尚道德，文明程度在全国处于领先位置。梅村泰伯庙前的石牌坊镌刻着"至德名邦"四个大字，梅村成为"江南第一古镇"也是与其分不开的。几年前，无锡市颁布的"尚德务实，和谐奋进"的八字城市精神，不能说与泰伯的至德精神没有一定的内在联系。

综上所述，泰伯的开拓精神、民先精神和至德精神，由于其有着无限的活力和生机，对吴地区域政治、经济、文化、社会的持续快速发展，起着不可磨灭的贡献。可以相信，吴地人民在泰伯精神的熏陶和影响下，在开创现代文明、构建和谐社会诸方面，一定能够取得新的进步、新的发展、新的辉煌！

（作者单位：江苏省粮食局）

以礼让为国

——吴文化"至德"精神论略

/ 胡发贵

泰伯是吴文化的开创者。他礼让王位的义举，在历史上产生了巨大而深远的影响，孔子就盛赞："泰伯可谓至德矣，三以天下让，民无得而称焉。"[1] 偏处江南一隅的吴地，历史上曾被视为落后的荆蛮之地，但泰（太）伯奔吴，不仅推动了吴地的文明，而且也给这种文明赋予了一种特别的礼让精神。

一

泰伯之奔吴，与其谦让王位密切相关。于此《史记》中有这样记载："吴泰伯，泰伯弟仲雍，皆周太王之子，而王季历之兄也。季历贤，而有圣子昌，太王欲立季历以及昌，于是泰伯、仲雍二人乃奔荆蛮，文身断发，示不可用，以避季历。季历果立，是为王季，而昌为文王。泰伯之奔荆蛮，自号句吴。荆蛮义之，从而归之千余家，立为吴泰伯。"[2] 原来吴泰伯是周太王长子，他有两个弟弟，大弟叫仲雍，小弟叫季历。季历甚为贤明，深得父王的喜爱，而季历的儿子昌，也被周太王寄予厚望。于是周太王打算不让泰伯继承王位，而有意将王位传给幼子季历。察觉父亲这一意愿后，泰伯就主动与弟弟仲雍离开王宫，远走江南的吴越之地。

据上述《史记》的记载，吴泰伯是一让王位，但有些史料认为吴泰伯是三让王位，如《史记》"正义"引江熙语称："太王薨而季历立，一让也。季历薨而文王立，二让也；文王薨而武王立，三让也。"[3] 据此说法，吴泰伯是谦让了三次继承王位的机会，即不仅让给了季历，还先后让给了季历的儿子与孙子。

泰伯之后，吴国还发生了季札三让王位的故事。史称泰伯无子，身后由其弟仲雍继位，传十九世而至寿梦。寿梦有四子：诸樊、余祭、余昧、季札。季札最小，但在吴文化的前期发展中，却是一个十分杰出的人物。季札曾代表吴国出使中原诸国，并与当时各国精英有过交流，当时中原大国的一些贤哲，都乐于和他交往，也很重视他的意见。季札出使到齐国时，曾提醒晏婴："子速纳邑与政。无邑与政，乃免于难。齐国之政将有所归，未得所归，难未息也。故晏子因陈桓子以纳政与邑，是以免于乐高之难。"[4] 至郑国，他与子产一见如故，并建言说："郑之执政侈，难将至矣，政必及子。子为政，慎以礼。不然，郑国将败。"[5] 抵晋国后，他对叔向推心置腹地说："吾子勉之。君侈而多良，大夫皆富，政将在三家。吾子直，必思自免于难。"[6] 鲁襄公二十九年，季札出使鲁国。他的好学与博识，赢得了鲁人的敬重。史称："（季札）问周乐，尽知其意，鲁人敬焉。"[7]

其实不仅鲁人敬之，司马迁在《史记》中也称赞季札为"闳览博物君子"。所谓"闳览博物君子"，即是说季札为一位博学而智慧的贤达之士。可能也正因此，他深得其父王寿梦的喜爱，于是又演绎了一出如泰伯一样的让国君之位的逊让故事。史书上说"季札贤，而寿梦欲立之，季札让不可，于是乃立长子诸樊，摄行事当国"[8]。诸樊继位第一年，将父王的丧事料理完后，谨遵亡父旨意，要将王位还给季札。季札不肯接受，吴人强求不止，弄得季札实在没办法，就离开了城里，跑到乡下种地去了。这样，国人才打消了要他继承王位的念头。诸樊继位十三年后辞世。临终前遗嘱将国君位传给弟余祭，"欲传以次，必致国于季札而止，以称先王寿梦之意，且嘉季札之义，兄弟皆欲致国，令以渐至焉。季札封于延陵，故号曰延陵季子"[9]。余祭继位四年后亡故，也遗令将国君位传给弟弟季札，但季札还是一如既往地逊让，实在躲不过，就跑得远远的。国人很是无奈地说：按照先王的遗命，是兄终弟及的，是想依照这个秩序，最终传到季子；当时季札"逃位"，我们只得立王余昧，现在季札又不愿意继位，只得立余昧之子僚为吴王。

从上述的历史叙述看来，季札也至少是三次让出了王位，他与其先人泰伯一样，表现出对权力的淡漠和敬而远之，以及面对利益的先人后己的主动退让。

二

泰伯与季札的先后谦让王位，尽管可能各有其特定的历史原因，但其行为却洋溢出一种美德，孔子就曾由衷感叹"泰伯可谓至德矣"！所谓"至德"，也就是极致性的、无以复加的最高道德。

那么孔子为何要如此赞叹呢？本文以为这是因为泰伯与季札之让，展现出了中国古代伦理的低调精神和谦逊厚德。这种精神和厚德大致有这样一些内涵：其一是谦让。谦让是中华文明传之远古的道德传统。传说三代时，"舜禹揖让"；《国语·周语下》也肯定"圣人贵让"："宽所以保本也……夫人性，陵上者也，不可盖也。求盖人，其抑下滋甚，故圣人贵让。且谚曰：兽恶其网，民恶其上。"宋代哲学家邵雍认为，谦让也是往古圣人所共同昭示的德行，"义轩让以道，尧舜让以德"[10]。因此，在中国古代文化中，"让"很早就被赞为美德。如《尚书》则宣扬"满招损，谦受益"；《国语》则赞扬"德莫若让"。吴泰伯与季札的先后"三让"王位，显然是大大弘扬了"舜禹揖让"的古风，所以孔子大为感动，并盛赞他们的行为体现出一种至善至美的道德，即"至德"。所谓"至德"，朱熹注解说："谓德之至极，无以复加者也。"[11]孔子时代，德让之风渐被"当今争以气力"的赤裸裸的争权夺利的篡夺所代替，礼让之风被社会所遗忘，"能以礼让为国乎，何有？不能以礼让为国，如礼何？"[12]在此情形下，泰伯、季札的让国，至为难得，这当然会使那些以天下为己任，并试图重建礼乐文明的仁人志士们，激动不已。于是泰伯、季札的让国，成为千古传唱的主题。司马迁赞"延陵季子之仁心，慕义无穷"，后人更以为泰伯、季札之让国，奠定了东南礼乐文化之基，如东汉吴郡太守糜豹说："尚端委以治周礼，数年之间，人民殷富，教化大治，东南礼乐实始基焉。"[13]晋左思则认为泰伯、季札开创了吴文化的"克让"之风："吴之开国也，造自泰伯，宣于延陵。盖端委之所彰，高节之所兴……由克让以立风俗。"[14] 元代瞿如忠也有类似的表扬，他说："至德化浇漓为淳朴，息争夺为廉让。"[15] 先贤所言至为确论，吴泰伯与季札的先后"三让"，使吴地文化久浸"至德"，呈现出敦厚雍容、彬彬有礼的文雅之风。

其二是坚韧。谦让的本质是自我克制。王肃在注解《史记·乐书第二》中的"礼主其谦"之"谦"时写道："自谦损也。"文中一"损"字，就形象而生动地揭示了谦让精神中的自我抑制之意，这也就是一种隐忍、坚韧精神。其实吴泰伯走过万水千山，筚路蓝缕地开发江南，就已体现出一种不惧险阻、能承受饿其体肤、苦其心志考验的坚韧品格。吴泰伯与季札的先后"三让"，更为鲜明地展现出为了整体利益的一种自我克制与自我牺牲精神，这一精神化为吴文化的特别禀赋，也成为吴文化的突出的文化符号，并随着吴文化的传承而世代流传。如近代中国产业的先驱、吴人张謇，就充分显示出吴文化中不怕挫折与困难的坚韧品格。他在对学生讲演时曾动情地说过：在他的三十多年的人生奋斗历程中，"所受人世轻侮之事，何止千百"，但他却忍辱负重，刚强自持，"未尝一动色发声以修报复"，相反，"受人轻侮一次，则努力自克一次"[16]，在坚毅中反而让自己受锻炼，使自己的事业得到发展。苏南人民在发展乡镇工业过程中所形成的"四千四万"精神，也是吴泰伯与季札所开创的吴文化坚韧性的时代体现。

其三是诚信。无论是泰伯的"前三让"，还是季札的"后三让"，他们都是说到做到，不是作秀，不是沽名钓誉。为示让位的诚意与决心，吴泰伯远离"中国"，来到当时还是蛮夷之地的江南，断发文身，与当地人民一起开始了艰难的文明开创，从而也真正实现了自己的让位诺言。季札的"后三让"，也同样体现了"言必信，行必果"的品格。他为了表示让位的决心，见一推再推还是不行，于是他跑到乡下，躬耕于郊野来信守让位的诺言。搜诸文献，季札是位非常诚实的君子。季札挂剑的典故，也生动展现出其一诺千金的风采。季札挂剑的行为表明，他已远逾"言而有信"的层面，而达到了"心诺"的至精至微的境界，而且不为环境的变故而改变自己的初衷。正是出于对季札敦信厚义的感佩，司马迁深有感慨地写道："延陵季子之仁心，慕义无穷。"[17]

　　吴泰伯和季札的"三让"，为当时人所难为，行世人所不能行，故孔子深为其举止和精神所感动，赞许之为"至德"。吴泰伯和季札"三让"所蕴含的"至德"精神固然是历史的，但它所包含的"德莫若让"的礼让、坚韧与诚信道德内涵，充分展示了中华传统美德，也辉映出梅里"中华德城"的历史光彩。

注释：

[1]《论语·泰伯》。

[2]《史记》卷三十一，《吴泰伯世家第一》，中华书局 2003 年版。

[3] 同上。

[4] 同上。

[5] 同上。

[6] 同上。

[7]《史记》卷三十三，《鲁周公世家第三》，中华书局 2003 年。

[8]《史记》卷三十一，《吴泰伯世家第一》，中华书局 2003 年版。

[9] 同上。

[10]《争让吟》。

[11]《四书章句集注·论语·泰伯》。

[12]《论语·里仁》。

[13]《泰伯墓碑记》。

[14]《吴都赋》。

[15]《常州路重修季子庙记》。

[16]《张謇全集》第四卷，第 26 页。

[17]《史记》卷三十一，《吴泰伯世家第一》，中华书局 2003。

（作者单位：江苏省社会科学院哲学与文化研究所）

泰伯"三让两家天下"考辨

／金其桢

　　子曰："泰伯，其可谓至德也已矣！三以天下让，民无得而称焉。"这是《论语·泰伯篇》开篇第一句话，是孔子高度评价泰伯的赞语。但是，由于孔子从来没有对这句话作过具体阐述，从来没有详细说明过泰伯是如何"三让天下"的，因此自古至今，对泰伯"三以天下让"具体究竟是怎样"让"的？究竟"让"了什么"天下"？究竟把天下"让"给了谁？众说纷纭，争议甚多，歧见不一，乃至还出现了泰伯让周让吴"三让两家天下"之说。这个泰伯"三让两家天下"的问题，是一个关系到吴文化发展历史、吴文化始祖、吴文化源头的重大问题，有必要作一番深入的考证和探辨。

一　泰伯"三让"的是"周"天下

　　自《论语》面世至现代，两千多年来，关于泰伯"三让天下"具体究竟是怎样"让"的，在我国历代相关文献、重要典籍的记载和著名学者、史家的论述中，先后提出过多种说法。根据查考，这些说法虽然各不相同，但是有一个观点绝大多数历代相关文献、典籍的记载和著名学者、史家的论述是基本一致的，那就是泰伯"三让"所"让"的是"周"天下。这一点，如果深入地查考一下我国历代相关文献、重要典籍的记载和著名学者、史家的论述，是不难得出明确结论的。请看：

　　成书于西汉武帝时的司马迁的《史记》，有多处说到泰伯"三让天下"。在

《周本纪第四》中说："古公有长子曰泰伯，次曰虞仲。太姜生少子季历，季历娶太任，皆贤妇人，生昌，有圣瑞。古公曰：'我世当有兴者，其在昌乎？'长子泰伯、虞仲知古公欲立季历以传昌，乃二人亡如荆蛮，文身断发，以让季历。"在《吴泰伯世家第一》中说："吴泰伯，泰伯弟仲雍，皆周太王之子，季历之兄也。季历贤，而有圣子昌，太王欲立季历以及昌，于是泰伯、仲雍二人乃奔荆蛮，文身断发，示不可用，以避季历。"在《太史公自序》卷一三〇中说："泰伯避历，江蛮是适；文武攸兴，古公王迹……嘉伯之让，作《吴世家》第一。"很显然，在《史记》的记述中，太史公司马迁都十分明确地阐明，泰伯的"三让天下"，是主动将"周"的天下让给弟弟季历，只字未提泰伯还向别的人"让"过别的天下。

西汉韩婴《韩诗外传集释》（许维遹点、注）卷十载："大王室甫，有子曰泰伯、仲雍、季历，历有子曰昌。泰伯知太王贤昌，而欲季为后也，泰伯去之吴。大王将死，谓曰：'我死，汝往，让两兄，彼即不来，汝有义而安。'太王薨，季之吴告伯仲，伯仲从季而归。群臣欲伯之立季，季又让，伯谓仲曰：'今群臣欲我立季，季又让，何以处之？'仲曰：'刑有所谓矣，要于扶微者，可以立季。'季遂立而养文王，文王果受命而王。"《韩诗外传》的这一记载，也十分明确地表明，泰伯的"三让天下"，是主动将"周"的天下让给弟弟季历，也只字未提泰伯还向别的人"让"过别的天下。

东汉著名学者王充在其所著《论衡》一书中，亦多次说到泰伯"三让天下"。在《论衡·初禀》中说："后孙古公亶父三子，泰伯、仲雍、季历，季历生文王昌。昌在褓襁之中，圣瑞见矣。故古公曰：'我世当有兴者，其在昌乎！'于是泰伯知之，乃辞之吴，文身断发，以让王季。"在《论衡·谴告》中说："且太王亶父以王季之可立，故易名为历。历者，适也。泰伯觉悟，之吴越采药，以避王季。"在《论衡·四讳》中说："昔泰伯见王季有圣子文王，知太王意欲立之，入吴采药，断发文身，以随吴俗。太王薨，泰伯还，王季辟之，泰伯再让，王季不听，三让，曰：'吾之吴越，吴越之俗，断发文身，吾刑余之人，不可为宗庙社稷之主。'王季知不可，权而受之。夫徙不上丘墓，泰伯不为主之义也。"这些记载表明，王充同样十分肯定地认为，泰伯"三以天下让"是主动将"周"的天下让给弟弟季历，也只字未提泰伯还向别的人"让"过别的天下。

东汉赵晔在其所著的《吴越春秋》卷一《吴泰伯传》中说："古公三子，长曰泰伯；次曰仲雍，一名吴仲；少曰季历。甲季历娶妻大任氏，生子昌。昌有圣瑞，古公知昌圣，欲传国以及昌。曰：'兴王业者，其在昌乎。'因更名曰季历。泰伯、仲雍望风知指，曰：'历者，适也。'知古公欲以国及昌。古公病，二人托名采药于衡山。遂之荆蛮，断发文身，为夷狄之服，示不可用。古公卒，泰伯、仲雍归。赴丧毕，还荆蛮。国民君而事之，自号为勾吴……古公病，将卒，令季历让国于泰伯，而三让不受。故云：'泰伯三以天下让。'"这一记载表明，赵晔也十分肯定地认为，泰伯"三以天下让"是主动将"周"的天下让给弟弟季历，也只字未提泰伯还向别的人"让"过别的天下。

东汉经学家郑玄对《论语》泰伯"三以天下让"一句所作的"注"，认为泰伯托词到南方采药，接到太王去世的讣闻后，为了能让季历继位，并未奔丧回来。在由三国魏何晏集解、北宋经学家邢昺疏的《论语注疏》中，邢昺在疏引郑玄的"注"时赞同郑玄的见解，说："泰伯因适吴越采药，太王殁而不返，季历为丧主，一让也。季历赴之，不来奔丧，二让也。免丧之后，遂断发文身，三让也。"清代学者刘宝楠在其所撰《论语正义》中也赞同这一见解，认为郑注比较合理。郑玄、邢昺、刘宝楠的说法虽与《韩诗外传》、《论衡》、《吴越春秋》等书所说泰伯和仲雍奔丧回国，在丧事完了，又到吴地有所不同，但是他们也和《韩诗外传》、《论衡》、《吴越春秋》等书一样，都十分明确地阐明，泰伯的"三让天下"，是主动将"周"的天下让给弟弟季历，也只字未提泰伯还向别的人"让"过别的天下。

东汉班固所撰《汉书·地理志》卷二十八载："殷道既衰，周大王直父与郊梁之地，长子曰泰伯，次曰仲雍，少曰公季。公季有圣子昌，太王欲传国焉。泰伯、仲雍辞行采药，遂奔荆蛮。公季嗣位，至昌为西伯，受命而王。"故孔子美而称曰："泰伯，可谓至德也已矣！三以天下让，民无得而称为。"这一记载表明，班固也十分肯定地认为，泰伯"三以天下让"是主动将"周"的天下让给弟弟季历，也只字未提泰伯还向别的人"让"过别的天下。

东晋经学家、《后汉书》作者范晔之祖父范宁，在其所撰《春秋穀梁传集解》中，对泰伯"三以天下让"提出了两种见解。一说泰伯三让，是一让季历，二让文王，三让武王；一说泰伯三让，是生一让（太王病，采药不归），死一让（太王死，不奔丧回来），丧事除，又一让（断发文身，示不可用，终不归）。尽管范宁这两种见解中"让武王"和"死一让"与《吴越春秋》、《韩诗外传》、《论衡》等典籍所说有所不同，但是也都十分明确地阐明，泰伯的"三让天下"所"让"的是"周"天下，也只字未提泰伯还向别的人"让"过别的天下。

南朝宋时史学家裴松之注《三国志·吴书吴主传》引《志林》说："天既弃殷，乃眷西顾，泰伯三让，以有天下。文王为王，于义何疑。"这一记载，也明确地说明，泰伯"三以天下让"所"让"的是"周"天下，也只字未提泰伯还向别的人"让"过别的天下。

由唐高祖李渊下令编修、欧阳询主编的《艺文类聚》卷21《人部五中》"让"也有多处关于泰伯"三以天下让"的记载。如，晋代符朗在其所著的《符子》中说："泰伯将让其国于季历，谓其傅曰：太王欲以一国之事而以嗣我，我其羞之，吾闻至人也，不君一世，而万世以之君，不贵一代，而万代以之贵，吾焉能贵乎一国，而贱乎万代哉。"晋代孙盛的"泰伯三让论"说："孔子曰：泰伯其可谓至德也已矣，三以天下让，民无得而称焉，郑玄以为采药而行，一让也；不奔丧，二让也；断发文身，三让也。三者之美，皆蔽隐不著。王肃曰：其让隐，故民无得而称焉，盛谓玄既失之，而肃亦未为得也，玄之所云，三迹显然，天下所共见也，何得云隐而未著乎，三迹苟著，则高让可知，亦复不得云其让隐也，盖泰伯之出，让迹已露，不奔丧，故一事耳，断发之言，与左传明文相背。又不经也，然则称三让者，其在古公至文王乎，周之王业，显于亶父，受命于昌，泰伯玄览，弃周太子之位，一让也，假采药逊遁，受不赴丧之讥，潜推大美；二让也，无胤嗣而不养仲雍之子以为己后，是其深思远防，令周嫡在昌，天人叶从，四海悠悠，无复纤芥疑惑；三让也，凡此三者，帝王之业，故孔子曰：三以天下让，言非其常让，若臧札之伦者也。"所有这些记载，都清楚地阐明，泰伯"三以天下让"是主动将"周"的天下让给弟弟季历，这些记载也只字未提泰伯还向别的人"让"过别的天下。

　　宋代范成大纂修、汪泰亨等增订的《吴郡志》载："泰伯三让，今吴县有三让乡。"孔子曰："泰伯，其可谓至德也已。三以天下让，民无得而称焉。"《史记正义》引江熙云："泰伯少弟季历生文王昌，有圣德，泰伯知其必有天下，故欲传国于季历。以太王病，托采药于吴越，不反。太王薨而季历立，一让也；季历薨而文王立，二让也；文王薨而武王立，遂有天下，三让也。"又释云："太王病而托采药，生不事之以礼，一让也；太王薨而不返，使季历主丧，不葬之以礼，二让也；断发文身，示不可用，使历主祭祀，不祭以礼，三让也。"这一记载十分清楚地表明，《史记正义》作者唐代张守节及江熙和宋代范成大、汪泰亨等著名学者，都认为泰伯"三以天下让"是主动将"周"的天下让给弟弟季历，他们也都只字未提泰伯还向别的人"让"过别的天下。

　　元代王仁辅在其编纂的《无锡县志》卷三上中说："吴泰伯、泰伯弟仲雍皆周太王之子，而王季之兄也。季历贤而有圣子昌，太王欲立季历以及昌。于是泰伯、仲雍二人乃奔荆蛮，文身断发，示不可用，以避季历。季历果立是为王季。而昌为文王。"这一记载表明，王仁辅也认为，泰伯"三以天下让"是主动将"周"的天下让给弟弟季历，也只字未提泰伯还向别的人"让"过别的天下。

　　清代华湛恩（沐云叟）所纂《锡金志外》卷二《补遗下·汉糜豹〈泰伯墓碑记〉》载："考古史周太王生三子，长泰伯，次仲雍，次季历。季历生子昌有圣瑞。太王欲传位季历以及昌。泰伯豫知之，偕仲雍托采药而之荆蛮。"清代周有壬纂《锡金考乘》卷十三载："《古今乐录》泰伯既与虞仲逃去，被发文身，托为王采药。闻太王卒，还奔丧，哭于门。季历谓泰伯长子也，当立。垂涕而留之，终不肯止。遂委而去。"清代吴熙辑《泰伯梅里志》卷一《地理》载："梅里为有吴肇基之地。《史记》吴泰伯、泰伯弟仲雍皆周太王之子，而王季历之兄也。季历贤而有圣子昌，太王欲立季历以及昌。于是泰伯、仲雍二人乃奔荆蛮，文身断发，示不可用，以避季历。季历果立，是为王季。"所有这些记载，都明确地阐明，泰伯"三以天下让"是主动将"周"的天下让给弟弟季历，也只字未提泰伯还向别的人"让"过别的天下。

　　现当代国学大师钱穆在《论语新解·泰伯篇第八》中说："泰伯：周太王

之长子。次仲雍，季历。季历生子昌，有圣德，太王意欲立之。太王疾，泰伯避适吴，仲雍从之逃亡。季历立为君，传子昌，是谓文王。""三以天下让：或说：泰伯乃让国，其后文王、武王卒以得天下，故称之为让天下。或说：时殷道渐衰，泰伯从父意让季历及其子昌，若天下乱，必能匡救，是其心为天下让。三让，一说：泰伯避之吴，一让。太王殁，不返奔丧，二让。免丧后，遂断发文身，终身不返，三让。一说：季历、文、武三人相传而终有天下，皆泰伯所让。今按：泰伯之让，当如《史记》，知其父有立昌之心故让。孔子以泰伯之德亦可以有天下，故曰以天下让，非泰伯自谓以天下让。三让当如第二说。"这些论述，十分清楚地表明，钱穆也认为，泰伯"三以天下让"所"让"的是"周"天下，也只字未提泰伯还向别的人"让"过别的天下。

诸如此类的记载和论述，在我国历代相关文献、典籍中还有不少，这些记载和论述清楚地表明，泰伯"三让天下"是主动将"周"的天下让给弟弟季历，并没有还向别的人"让"过别的天下，这是历代一致公认的历史事实，也是两千多年来形成的共识。那种泰伯"三让两家天下"之说，显然是不为历史所公认的。

二 泰伯是传位于仲雍，并没有将"吴"天下"让"于仲雍

根据详细查考，能作为提出泰伯"三让两家天下"之说即泰伯除了让"周"天下还让"吴"天下的历史依据的，在历代文献记载中仅有两条：一是在无锡鸿山（也称东皇山、梅里山）泰伯墓前建于清代的享堂门旁石上，镂刻有清嘉庆间金匮知县齐彦槐书写的一副楹联："志异征诛，三让两家天下；功同开辟，一抔万古江南。"二是唐代陆广微在其所纂《吴地记》的《吴地记后旧本原文》中说："吴人义泰伯，归之为王。泰伯三让弟仲雍。仲雍立，号勾吴。"

根据深入的考证，这两条依据都是不足为凭的。前一条是对齐彦槐楹联的误读，后一条依据不符合历史事实。具体辨析如下：

　　前一条金匮知县齐彦槐书写的那副楹联"志异征诛，三让两家天下；功同开辟，一抔万古江南"中的"两家天下"，有些人由于不明白其来龙去脉，将其理解为是指"周"和"吴"两家天下。但是，如果作一番深入的考证研究就可以发现，其实这是对齐彦槐书写的那副楹联的误读。经查考，齐彦槐楹联中所说的"两家天下"，乃是沿袭宋儒朱熹之说，所指是"商"、"周"两家天下。朱熹在《论语集注》卷四《泰伯第八》中说："子曰：'泰伯，其可谓至德也已矣。三以天下让。民无得而称焉。'泰伯，周太王之长子。至德，谓德之至极，无以复加者也。三让，谓固逊也。无得而称，其逊隐微，迹可见也。盖太王三子，长泰伯、次仲雍、次季历。太王之时，商道寝衰，而周日强大。季历又生子昌，有圣德，太王因有翦商之志。而泰伯不从。太王遂欲传位季历以及昌。泰伯知之，即与仲雍逃之荆蛮。于是太王乃立季历，传国至昌。而三分天下有其二，是为文王。文王崩，子发立。遂克商而有天下，是为武王。夫以泰伯之德，当商周之际，固足以朝诸侯有天下矣，乃弃不取，而又泯其迹焉，则其德之至极为何如哉。盖其心即夷齐扣马之心。而事之难处有甚焉者。"朱熹从道学家君臣关系的正统观念出发，认为周太王有灭商之志，而泰伯认为不合法，为存商，故"不从"太王之意，避让逃亡到吴越去。朱熹认为，泰伯的忠君之心乃是"夷、齐扣马之心"，忠诚可感，竭力称赞泰伯"其德之至极为何如哉"。正是在朱熹的竭力推崇下，信奉程朱理学的宋儒中引申出了泰伯"三以天下让"的让商让周之说。齐彦槐系嘉庆进士、授翰林院庶吉士，为当时名儒，乃程朱理学的忠实门徒，对于泰伯"三以天下让"理所当然地要沿袭朱熹的让商让周之说了。而有些人不了解此中深层次的内涵，就把齐彦槐楹联中"三让两家天下"所指商、周"两家天下"，误解为让周、让吴"两家天下"了。

　　而后一条《吴地记》中《吴地记后旧本原文》所说的"吴人义泰伯，归之为王。泰伯三让弟仲雍。仲雍立，号勾吴"，是根本不足为信的。因为这一说法不仅与同一书同一文中所说"周太王三子，长曰泰伯，次曰仲雍，次曰季历。季历贤而生圣子文王昌，昌必有天下，故泰伯以天下三让于季历焉"。"昔周太王三子，长泰伯，次仲雍，次季历。季历生子昌，有圣瑞。大王有疾，泰伯、仲雍以入山采药，乃奔吴，文身断发，示不可用，以让季历"。"……吴国泰伯在位四十九年，无子，弟仲雍立"完全自相矛盾、自我否定，而且与我国历代其他相关文献、重要典籍的记载也不相符。诸如《史记》卷三十一《吴泰伯世家第一》载："泰伯之奔荆蛮，自号句吴。荆蛮义之，从而归之千余家，立为吴泰伯。泰伯卒，无子，弟仲雍立，是为吴仲雍。"西汉史游所撰的《急就篇》卷二载："又周泰伯之弟仲雍，号曰虞仲，嗣泰伯之后。"西汉韩婴《韩诗外传集释》（许维遹点、注）卷十上载："泰伯反吴，吴以为君。"东汉班固所撰《汉书·地理志》卷二十八载："泰伯初奔荆蛮，荆蛮归之，号曰句吴。泰伯卒，仲雍立。"东汉王符所撰《潜夫论·志氏姓》载："泰伯君吴，端垂衣裳，以治周礼。仲雍嗣立，断发文身，倮以为饰。"东汉赵晔所著的《吴越春秋》卷一《吴泰伯传》载："泰伯祖卒，葬于梅里平墟。仲雍立，是为吴仲雍。"元代王仁辅编纂的《无锡县志》卷三上载："泰伯之荆蛮，自号勾吴，荆蛮义之，从而归者千余家，立为吴泰伯。泰伯卒，无子，弟仲雍立，是为吴仲雍。"清黄卬所纂的《锡金识小录》卷四载："泰伯奔荆蛮，自号句吴，荆蛮义之，从而归者千余家，立为吴泰伯。泰伯卒，无子，弟仲雍立……又《吴地记》云泰伯在位四十九年卒，弟仲雍立。"清周有壬所纂的《锡金考乘》卷一载："商武乙二十一年。泰伯君于勾吴。《吴越春秋》古公卒，泰伯、仲雍归赴丧毕，还荆蛮，国民君而事之，自号为勾吴。案《竹书纪年》武乙二十一年，周公亶父薨，泰伯君于勾吴，当即是年。"清吴熙所辑的《泰伯梅里志》卷一《地理》载："泰伯之奔荆蛮，自号勾吴，荆蛮义之，从而归之千余家，立为吴泰伯。"所有上述所引历代文献的记载，都十分清楚地表明，句吴国是泰伯所建，泰伯在世时一直是句吴之君，直到死的时候，因无子，才将君位传给仲雍的，仲雍是在泰伯"卒"后才"嗣"位的，根本就不存在泰伯在世时，甚至从奔荆蛮建句吴后一开始，就将句吴的君位"让"给仲雍、即把"吴"天下"让"给仲雍的问题，所谓的"泰伯三让弟仲雍"完全是子虚乌有之事，是根本没有历史事实依据的。

很显然，既然两个依据都是不足为凭的，那所谓的泰伯"三让两家天下"即泰伯除了让"周"天下还让"吴"天下之说，当然是无法成立的。

三 走出泰伯让周让吴 "三让两家天下" 的误区

据分析了解，那些提出泰伯让周让吴 "三让两家天下" 的人，从主观意图上来讲主要是出于对泰伯的崇敬，出于力图使泰伯的 "至德" 形象更加完美、更加光辉的良好愿望。因为他们认为，泰伯是 "至德" 的化身，而作为 "至德" 来讲，当然是 "让" 得越多越好，因为只有 "让" 得越多才越能体现出其 "至德" 之高。正因为如此，所以他们力主泰伯让周让吴 "三让两家天下" 之说。殊不知这种从良好愿望出发的泰伯让周让吴 "三让两家天下" 之说，客观上却产生了否定泰伯是吴文化始祖、否定无锡梅里是吴文化发祥地、吴文化源头的严重负面影响。因为，如果泰伯让周让吴 "三让两家天下" 之说成立，泰伯确实在世时，甚至从奔荆蛮建句吴后一开始，就将句吴的君位 "让" 给仲雍、即把 "吴" 天下 "让" 给了仲雍的话，那很显然，吴文化的始祖理所当然应该是仲雍，而并不是泰伯。既然泰伯不是吴文化的始祖，那泰伯终生所居住的无锡梅里当然也就不是吴文化的发祥地、吴文化的源头，吴文化的发祥地、吴文化的源头则理所当然地应该归属于作为 "吴文化始祖" 的仲雍所居住的常熟。如果真是这样的话，那么，无锡梅里就等于被挖掉了 "根"，就根本不必再谈什么 "梅里古都" 建设了，吴文化的发展历史也就需要重新改写了！

很显然，泰伯让周让吴 "三让两家天下" 之说是一个误区，我们应该以历代文献、典籍的有关记载和著名学者、史家的论述为依据，尽快走出这个误区，好好地珍惜和保护好无锡梅里吴文化发祥地、吴文化源头的根基！

（作者单位：江南大学）

经典诠释背后的观念

——关于"泰伯三让天下"的不同解释镜像

/ 史应勇

　　本文想把一个经学个案放在经典诠释学的视域下加以分析。经典诠释学的理论源自西方。中、西方人都有自己的经典，也都有自己的经典诠释传统，但中国人善于代代相承地、逐字逐句地解释经典，或以经典阅读作为自己的思想资源，或在经典的不断解读中发现自己当下想要的真理。欧洲则自 18—19 世纪之交出现施莱尔马赫（Friedrich Schleiermacher, 1768—1843）这样的人物以后，学界有人沿着他所发明的"诠释学"理路，反思经典诠释这样的一种思维活动，从而形成了"经典诠释学"这样一个学术流派。

　　近年，海峡两岸哲学界的同人们通过引介兴起于欧洲一二百前的这个学术理路，试图借此来重新思考中国的经典诠释问题。不知这是否更加表明中国人的学术思考缺乏原创性。

　　"经典诠释学"主要的理路在于宏观、整体性地探究经典诠释中的方法、取向、思考路径及效应问题。这比具体的经典注疏要抽象一些，中国人没能开创这样的思考方式，大概与中国人抽象思维的传统不深有关。西方人在抽象问题、形而上问题的理解方面有较中国人深厚得多的传统。中国人在两千多年的经典诠释史上，不知出现过多少位经典诠释者，却一直只是见仁见智，各自诠释，没有人从中提炼什么关于经典诠释的整体思考性著作。源自西方的"经典诠释学"，却努力要探求一般意义上的经典诠释方法论问题，要"探求某些超出方法层面之上，属于所有理解活动共通的性质"。这个学派的后起之秀、同样是德国人的高达美（H.Gadamer, 1900—2002）则特别关注：对于经典，"恢复"

与"复原"到底有没有可能，有没有意义，"诠释理解真正起的作用……是对现在有益的'再发现'（Wiederentdeckung），重新发现某些原本并非完全不知道、但是其意义业已因为日久湮没而变得有点陌生的东西。""对有效的诠释而言，重要的是发明作品中的'事理之真'（die sachliche Wahrheit），而非追究其原意或原样如何。对事理的理解（Sachverständnis），远超过对于原先的人或原先的时代之理解。"此所谓"较好地理解"。[1]

这种思考，与中国传统的经典诠释的目的大相径庭，中国人诠释经典，是想从经典阅读中，领会圣贤教给我们的真理，直至19世纪末20世纪初的孙诒让等人依然如此，而源自西方的经典诠释学则是想通过探究经典诠释活动本身，进而探求思维活动本身的真相，这种探求则确实为我们提供了新的一种思考中国经典诠释问题的思路。

本文想要讨论的个案是中国儒家经典中烂熟的一个事实——"泰伯三以让天下"。无锡梅里是当年泰伯奔吴的落脚点，无锡又以吴文化发祥地自居，又以"尚德"为城市文化精神，那么，吴文化的奠基人泰伯当年被人称颂的"三以天下让"的这个"德"，无锡人不能不晓得。然而，就如今无锡"尚德"的城市名片而言，其"德"字之内涵实在还不够清晰。

"泰伯三让天下"的故事，《史记·周本纪》有述：

> 古公有长子曰泰伯，次曰虞仲。太姜生少子季历，季历生昌，有圣瑞。古公曰："我世当有兴者，其在昌乎？"长子泰伯、虞仲知古公欲立季历以传昌，乃二人亡如荆蛮，文身断发，以让季历。古公卒，季历立，是为公季；子昌立，是为西伯，西伯曰文王。

《史记·吴泰伯世家》曰：

> 吴泰伯，泰伯弟仲雍，皆周太王之子，而王季历之兄也。季历贤，而有圣子昌，太王欲立季历以及昌，于是泰伯、仲雍二人乃犇荆蛮，文身断发，示不可用，以避季历。季历果立……

这两段记载大同小异，尽人皆知，文中没有强调泰伯、仲雍（虞仲）让贤之德，反倒彰显了两位兄长被迫离家出走的事实。

然《论语·泰伯篇》开篇一句曰："子曰：'泰伯，其可谓至德也已矣，三以天下让，民无得而称焉。'"

这一说法特别强调了泰伯（太、泰古通用）的让贤之德，那么，这是怎么回事？不是因为太王不愿传位于己而离家出走吗？怎么变为他让贤了？关于此"让"的具体解释，历代经学家呈现出大不相同的解释镜像，颇有探讨的价值，我们从各自不同的经说中可见不同的观念倾向与认识逻辑。以下对历史上几种主要的关于"泰伯三让天下"的诠释内容略作分析。

首先看迄今所见关于"泰伯三让天下"的最早一段解释——《韩诗外传》中的一段陈述：

> 太王贤昌，而欲季为后也。泰伯去之吴。太王将死，谓曰："我死，汝往让两兄，彼即不来，汝有义而安。"太王薨，季之吴告伯、仲，伯、仲从季而归。群臣欲伯之立季，季又让。伯谓仲曰："今群臣欲我立季，季又让，何以处之？"仲曰："刑有所谓矣，要于扶微者，可以立季。"季遂立而养文王，文王果受命而王。孔子曰："泰伯独见，王季独知。伯见父志，季知父心。故太王、泰伯、王季可谓见始知终，而能承志矣。"

《韩诗外传》相传为燕人韩婴所作，可视为汉朝初年的作品。根据这一条，太王传位于小儿子季历，首先是太王自己的主张，这与上述《史记》的记载是一致的。这个主张违背了周人嫡长子继承制的"例"[2]，因而老大泰伯一气之下带着二弟仲雍奔了吴。太王临终前，又让季历假惺惺地去"让"一下二位兄长，心想，他们二位回不来，你不就可以心安理得地即位了？太王设法传位给小儿子季历的心思确实昭然若揭。后来太王大丧之时，远行的泰伯、仲雍二兄回到了老家，因为太王生前的意愿，群臣也都想让两位兄长同意立小弟季历为继承人，而季历本人呢，又假惺惺地推辞了一番。怎么办呢？与泰伯一起奔吴的二弟仲雍最终找到了"刑有所谓矣，要于扶微者，可以立季"的台阶下，季历最终立为继位者，文王也最终成为圣王。

这里，《韩诗外传》述孔子所称道者，并没有"三让"之说，涉及一"让"，却是季历"让"泰伯，而非泰伯"让"季历，这是非常值得注意的一种解释。而孔子称道的则是太王如何有远见卓识，最终因传位于季历而让文王成了周人的受命之王，泰伯、王季等人则能子承父志，见知父心，其孝心良有以也，与"让"无关。

《韩诗外传》之后，东汉前期王充的《论衡·四讳篇》中又有一段对此事的记述：

> 泰伯入吴采药，断发文身，以随吴俗。太王薨，泰伯还，王季辟主。泰伯再让，王季不听；三让，曰："吾之吴越，吴越之俗，断发文身，吾刑余之人，不可为社稷宗庙之主。"王季知不可，权而受之。[3]

按照王充的这条记述，"让"已经变成了泰伯"三让"季历，而非如《韩诗外传》所述，是季历假惺惺地"让"了一下泰伯；"刑有所谓矣"在这里说得更加具体明确，"扶微"之说则不再有。而且，这里泰伯"三让"，显然是明"让"，而非暗"让"，是泰伯明确要把君位"让"给小弟季历，季历不管是真情还是假意，依然表示了要按嫡长子继承制的传统，想把"主"的位子交给兄长泰伯，但泰伯坚持不受，还找到了因"之吴越"而"断发文身"，成为"刑余之人"，不可为"主"作为理由，这样，季历即位就成为不得已而为之之事。在这里，《韩诗外传》所述那种太王与季历合伙，迫使泰伯不得不从，又虚情假意"让"一下，俨然作一个假把式的说法没有了，我们看到的是泰伯主动让贤，而且，"三让"之说终于出现了。

之后东汉末年的"经神"郑玄的解释则影响更大：

> 泰伯，周大王之太子，次仲雍，次叔不见，次季历。"三以天下让"者，见季历贤，又生文王，又（有）圣人之表，欲以让焉。以为无大王

命，将不见听，大王有疾，曰（因）过吴、越采药，大王没而不返，季历
为丧主，一让。季历赴之，不来奔丧，二让也。勉（免）丧之后，遂断发
文身，倮以为饰，三让。三让之美，皆蔽隐不著，故人无得而称之。三让
之德，莫大于此。[4]

　　根据郑玄的解释，这件本为违规、却成为美谈的事，"美"就美在泰伯与
二弟仲雍"三让"君位，而又"蔽隐不著"，使小弟季历继位既成为事实又不致
背骂名，而且文王这位圣王最终出现，也是因为这样一次特殊的传位活动。具
体说来就是：泰伯、仲雍见小弟季历比自己"贤"，又生下一个"有圣人表"的
非凡侄子，就主动愿意让位于季历。可没有父亲太王的明确安排，这事恐怕又
不好办（"以为无太王命，将不见听"）。于是兄弟二人就在父亲生病的时候，借
故到吴、越之地采药，一走了之，一直到父亲太王去世，二位兄长也未返回，
小弟季历不得不主丧，此所谓"一让"；季历派人向二位兄长告丧，他们也不回
来，使季历不得不成为一家之主，此所谓"二让"；免丧之后，二位兄长干脆
"断发文身"，彻底成为当地土著人，不能再回老家主事，小弟季历不得不承担
起周家继承人的角色，此所谓"三让"。

　　我们发现，从王充《论衡》到郑玄《论语注》，太王自作主张，以父权迫
使老大、老二服从，以及与小儿子季历合伙搪塞两位兄长的事实不见了，说法
变成了泰伯与二弟的主动让贤，而且为了让小弟即位又不致有社会舆论压力，
就把自己的这个"让"做得"隐蔽不著"，以至于长期以来"民无得而称焉"，
因此孔子才称道其为"至德"，也就是郑玄所谓"三让之德，莫大于此"。

　　郑玄的经学著述因时代久远，大都已散失，今天我们想了解这位"经神"
的诸多见解，只能靠后人的引述。幸运，晚近出土的《唐写本论语郑氏注》为
我们提供了上述关于泰伯"三让"之德的特别诠释镜像。而同样关于郑玄《论
语》的诠释，宋初邢昺作《论语义疏》时所引述的郑注则与上述大不相同：

　　　泰伯，周太王之长子，次子仲雍，次子季历。太王见季历贤，又生文
　　王，有圣人表，故欲立之，而未有命。太王疾，泰伯因适吴越采药，太王

殁而不返，季历为丧主，一让也。季历赴之，不来奔丧，二让也。免丧之
后，遂断发文身，三让也。三让之美名，皆隐蔽不著，故人无德而称焉。
（见刘宝楠《论语正义》引）

这一说法则与上述唐写本郑注内容有明显的不同，除少了"次叔不见"[5]
四字以及文后没有"三让之德，莫大于此"的慨叹，这无关紧要，最大的不同
在于，根据这一条注释，让季历君位的仍旧不是泰伯、仲雍二位兄长，而是父
亲太王，是他"见季历贤，又生文王，有圣人表"，于是想违背嫡长子继承制的
传统，传位于小儿子季历，当他有了这个想法，还没有作出明确安排时，老大
泰伯、老二仲雍在他生病时，借故适吴越采药而出走，于是有了所谓"三让"。
显然，按照这条注释的逻辑，泰伯、仲雍还是有被迫出走的意味，而唐写本郑
注则是二位兄长主动让贤，这在性质上大不同！如果是被迫出走，后文的所谓
"让之美名，皆隐蔽不著，故人无德而称焉"，也就少了许多分量，被迫出走，
有何"德"[6]可称？这似乎又回到了《韩诗外传》及《史记》的说法上去了。

同样是郑玄的注释，却有两种意味大不相同的记载，我们目前还很难评判
哪一个才是郑玄的真迹。

立志重新遍注群经、有意与郑玄立异的王肃，却在这一条注解中没有具体
解释"三让"到底是怎么回事，只简略注释曰："泰伯，周太王之太子也。次弟
仲雍，少弟曰季历。季历贤，又生圣子文王昌。昌必有天下，故泰伯以天下三
让于王季。其让隐，故无得而称言之者，所以为至德也。"王肃把最关键的"三
让"为何物，如何"隐"，都回避不谈了，或许他不认同郑玄的说法，又找不出
更合适的其他解说，于是避而不谈。但值得注意的是，他说的仍是泰伯"让"
王季，而不是太王坚持要传位于王季。

魏晋间郑玄经学影响巨大，但起而驳郑者亦多。如晋孙盛（302—373 年）
曾专著《三让论》以驳郑，主要认为其中的"断发文身"之"让"不可信，他
将"三让"内容归纳为："弃太子位为一让，不赴丧为二让，不养仲雍子为己后
为三让。"而稍晚于孙盛的著名经学家范宁（339—401 年）的解释则与郑玄基
本相同："太王病而托采药出，生不事之以礼，一让也；太王薨而不反，使季历

主丧，死不葬之以礼，二让也；断发文身，示不可用，使季历主祭，祀不祭之以礼，三让也。"[7]

唐张守节《史记正义》又引江熙云："泰伯少弟季历，生文王昌，有圣德，泰伯知其必有天下，故欲传国于季历，以太王病，托采药于吴越，不反。太王薨而季历立，一让也；季历薨而文王立，二让也；文王薨而武王立，遂有天下，三让也。又释云：太王病，托采药，生不事之以礼，一让也；太王薨而不反，使季历主丧，不葬之以礼，二让也；断发文身，示不可用，使历主祭祀，不祭之以礼，三让也。"[8]此条后释与郑玄、范宁说基本相同，而前释有异，但相同的是，都彰显的是泰伯之"让"而非太王或季历之"让"，这是最值得注意的。

在后来的《论语》诠释家中，清代学者刘宝楠的意见最值得重视。刘宝楠在对比了《韩诗外传》、《论衡》、郑玄三家说法之后，根据逻辑推断认为《韩诗外传》、《论衡》二说不及郑说可信——"太王薨后，季宜摄主，断无置丧事国事于不问，而往吴告伯、仲之理。设使伯、仲俱不随季而归，将季遂偕逝乎？抑将受伯、仲之让，独自归乎？《外传》之言，于是为疏矣。太王殁，泰伯若以奔丧反国，则本为嫡长，理应嗣立，群臣何敢兴立季之议？且后既反国，则其始之采药荆蛮，夫何为者？《论衡》此义，亦为未达。泛观诸说，惟郑为允。《诗·皇矣》云：'帝作邦作对，自泰伯、王季；维此王季，因心则友；则友其兄，则笃其庆，载锡之光。'观此则知王季恭兄之谊，必有非寻常人士所及者。友爱如泰伯，固早知之。知其父殁逊位，季必不受，故因太王病而托采药以行。及太王殁，季历赴之，必屡促之，而泰伯决然不返。及免丧之后，文身断发，从荆蛮之俗。《泰伯世家》言'荆蛮义之，从而归之千余家，立为国主。'势不容复返，故季不得已而受让耳。传世称之，是谓'载锡之光'。当时民无称，而历世久远，夫子犹叹为至德，则亦王季厚明之所致矣。其云'三让之美，隐蔽不著'者，案《孟子》云：'好名之人能让千乘之国。'然则凡让国者，或出于好名之念，惟泰伯以让之故，几不得为子，故其美隐蔽。"[9]

我们看到，刘宝楠这样的经典诠释大家，同样没有具体的事实、文献依据可依，也只是根据逻辑来判断。根据逻辑来判断，必然涉及刘宝楠个人内心的思维逻辑，我们看到这个思维逻辑就是：在众多诠释家中，刘宝楠有偏爱袒护郑玄之嫌。所谓"惟郑为允",而在护郑的表象下,刘宝楠的思想倾向是,他宁愿相信,泰伯、仲雍、季历兄弟之间并未因君位之争而有过任何情感隔阂,有的只是友爱、相知、体恤,既让小弟季历继位,又不让他有任何的舆论压力,二位兄长把这种"让"隐蔽到完全不为人知的程度,此所谓"至德也矣"!这种行为甚至远胜过《孟子》所说的"能让千乘之国"的"好名之人"!这样的情,这样的仁,这样的境界,这样的行为,是如何令人可佩可叹!在前述"善"与"恶"两种诠释倾向面前,刘宝楠宁可相信"善"才是合理的逻辑。这就是我们在此处看到的《论语》诠释家刘宝楠的思想倾向。

注释:

[1] 张鼎国:《"较好地"还是"不同地"理解:从诠释学论争看经典注疏中的诠释定位与取向问题》,刊《中国经典诠释传统(一):通论篇》,儒学与东亚文明研究丛书,黄俊杰主编,华东师范大学出版社 2008 年版,第 15—18 页。

[2] 关于周人嫡长子继承制度正式确立的时间,一直有不同的说法。太王(古公亶父)时当商晚期,如果认为此时周人之嫡长子继承制尚未确立,那么此述太王传位于季历的故事,可视为有嫡长子继承制确立以后的观念渗入其中。王晖教授则又以为当初太王本来就是想把君位先按兄终弟及的制度依次传于泰伯、虞仲、季历,最后再从季历手中传于其子文王,最终目的是想把王位传给文王,两位兄长不愿做过渡式的人物,因此离家出走。其说亦无直接证据,只是作者根据当时处于兄终弟及及父死子继制度交替时期的逻辑进行的推断——详见王晖著《商周文化比较研究》第四章《附录》,人民出版社 2000 年版。而根据《左传》僖公五年的记载,太王传位于季历之时,泰伯、仲雍二位兄长确实不在家。《左传》僖公五年宫之奇曰:"泰伯、虞仲,太王之昭也。泰伯不从,是以不嗣。"清代学者顾炎武、当代《左传》学专家杨伯峻都认为此"不从"与《晋世家》所谓"泰伯亡去,是以不嗣"同意,即泰伯当时不在家的意思——详参杨伯峻《春秋左传注》,中华书局 1981 年版,第 308 页。

[3] 以上两条《韩诗外传》与《论衡》之说,引自程树德《论语集释》(新编诸子集成本,程俊英、蒋见元点校,中华书局 1990 年版,下同),第 507 页;刘宝

楠:《论语正义》(十三经清人注疏本，中华书局 1990 年版。下同)，第 287—289 页。

[4] 本条郑注见王素编著《唐写本论语郑氏注及其研究》(文物出版社 1991 年版)及陈金木《唐写本论语郑氏注研究——以考据、复原、诠释为中心的考察》(文津出版社 1996 年版)。

[5] 所引唐抄本中多"次叔不见"四字，其他文献则多仅见泰伯、仲雍、季历三人而未见此"次叔"，此又言"不见"，刘宝楠据邢《疏》所引基本相同，亦不见此"次叔"，此四字暂可从略。

[6] 关于"德"、"得"用字之不同，《经典释文》有曰："得，本亦作德"，看来，此经"得"、"德"之异写早已有之。《后汉书·丁鸿传》传文及章怀太子李贤注所引郑注即作"德"。后人所引郑注或即源于此。可邢《疏》所引郑注即作"得"。清人刘宝楠断定邢《疏》误，郑注当为"德"而非"得"，实不必然也。今见唐写本《论语郑氏注》作"得"而不作"德"，或可知此经文字本作"得"而不作"德"，"德"字为后人之异写也。今通行本《论语》经文均作"得"而不作"德"，或更合古本？后人解经，已多注意到此二字之异，如臧氏《经义杂记》曰："《集解》此王肃云'无得而称'，是王本作'得'。《后汉书·丁鸿传论》引作'无德'，李注云：'《论语》载孔子之言也'。又引郑注'无德而称焉'，是郑本作'德'。《释文》所见，盖即郑本。王肃好与郑难，故改其义。"是臧氏或因文字异写之偶然因素，夸大郑、王之争，其实郑、王所用二字或本无异，或后人传写之异也？程树德曰：得、德古通，"不足异也"——程树德《论语集释》第 507 页，刘宝楠《论语正义》第 287—289 页，《后汉书·丁鸿传》，拙作《经典诠释学视域下的文献分析——论语郑、王注比勘发微》(刊中国人民大学国学院编《国学学刊》2010 年纪念号)。

[7] 以上引文参拙作《经典诠释学视域下的文献分析——论语郑、王注比勘发微》(刊中国人民大学国学院编《国学学刊》2010 年纪念号)。

[8]《史记·吴泰伯世家》正义，中华书局点校本，中华书局 1982 年第 2 版。

[9] 程树德;《论语集释》，第 507 页;刘宝楠:《论语正义》，第 287-289 页。

(作者单位:江南大学人文学院)

泰伯生年之研究

/ 李心言

　　拙文《"泰伯奔吴"是何年》(载《无锡文博》2002 年第 1 期)是依据《夏商周年表》和 1951 年版《吴氏统谱》关于泰伯生年的记载写成的。《夏商周年表》是 21 世纪初编史修谱必须依据的科学标尺。《吴氏统谱》关于泰伯生年的记载,虽是孤本,但真实、可信,某些算误抄误传是可以识别的。《"泰伯奔吴"是何年》认定:泰伯生于商高宗武丁四十年为公元前 1211 年。薨于商武乙二十七年为公元前 1121 年,上寿 91 岁,在位 49 年,奔吴之年 42 岁,为公元前 1170 年。

　　《吴氏统谱》载:"泰伯生殷高宗武丁四十年丙申四月初四日。"笔者肯定商王纪年,否定纪年干支丙申。为什么?因为商高宗武丁四十年为公元前 1211 年庚戌,不是丙申。吴谱中的丙申有误:(一)商朝历法以王世纪年,还没有使用干支纪年法;(二)古人用历法不同一,用一件事的纪年干支往往人言人殊,如汉武帝颁行《太初历》,政元为太初元年为公元前 104 年丁丑,而《史记》、《尔雅》却作甲寅,《汉书》作丙子;(三)吴谱于东汉永兴二年(154 年)建谱时可能依据某部历法推算而来,糜豹《序》写纪年干支为戊午,查现行纪年干支为甲午。

　　2003 年 8 月 8 日,《中华吴氏大统宗谱》编委会举行泰伯生年学术研讨会。会后,笔者继续探索发现:泰伯生年"1285 说"和"1165 丙申说",都起源于西汉刘歆推定的武王伐纣之年为公元前 1122 年。(一)吴谱和梅村泰伯庙沿用历代谱记都持泰伯生于公元前 1285 年之说。即武王伐纣于公元前 1122 年为起始点,泰伯至周章五君在位共 125 年,设定武王得周章之年为周章 19 年,泰伯奔吴之年 42 岁，经测算为 1122+125-3+42-1=1285。用《中国历史年代表》，从公元前 841 年庚申向上推至公元前 1285 年，纪年干支为丙申。1285 说和 1165 丙申说之源头在此。《夏商周年表》测定武王伐纣之年为公元前 1046 年。刘歆的 1122 说随之被否定，由刘歆的 1122 说派生出来的泰伯生于公元前 1285 年丙申说也该由新说来替代。(二) 吴寿锜《泰伯生年考之我见》(载《吴文化专刊》第 9 期和《中华吴氏大统宗谱》工作简报第 15 期) 提出泰伯生于公元前 1165 年丙申说。该文否定了泰伯生于商武丁四十年的核心条件，却锁定了由 1285 孪生的纪年干支"丙申"的辅助条件，测算时用《夏商周年表》求得商武丁四十年的核心条件，却锁定了由 1285 孪生的纪年干支"丙申"的辅助条件，测算时用《夏商周年表》求得商武丁四十年为公元前 1211 年，之后为寻"丙申"就下移 46 年。得公元前 1165 年丙申，并以此立论。还以 30 年为一世推算出泰伯生年当在 1160 ± 10 年间去佐证。殊不知，公元前 1165 年已是武丁之子祖甲时代了。如此舍本逐末，用三种方法求得的论点，是不科学的。

《夏商周年表》凝聚了我国当代科学家的集体智慧，代表了 21 世纪初的先进文化，是到目前为止我国学术界所能达到的最高水平。如果偏离了它，就失去了时代性、先进性、科学性；若干年后，随着考古新材料的出现，有可能调整某些结论，但那是下一个历史阶段的成果。

(无锡新区吴越文化保护研究委员会供稿)

《泰伯生年考之我见》补证

/ 吴寿钦

　　古吴国确实存在过，对吴文化的蕴含和影响确应追索并加以弘扬。可是，"泰伯、仲雍二人乃奔荆蛮"或"泰伯奔吴"传说的年份，至今难以厘清，这确是推介吴文化设想中的一大问题，实令人遗憾又遗憾。说是"传说"，乃近现代出版的诸多先秦学术著作一致观点也。

　　其实，要弄清"泰伯奔吴"传说之年，首先应推定泰伯的实际生年。笔者赞同吴寿锜先生《泰伯生年考之我见》（下称《我见》，刊于《无锡史志》2004年2月和《吴文化》2002年9月）一文的论点和论证。他推算的泰伯生年为公元前1165年（左右），这个年份当最接近泰伯实际生年的准确值。在此，笔者对《我见》作些说明和补证：

一　研讨"三代"应以"夏商周断代工程"（下简称"断代工程"）推定年代为准

　　"断代工程"是哲学社会科学"九五"期间国家三大重点项目之一，其总目标是"制定一份有科学依据的夏商周三代年表"：

　　（1）西周共和元年（前841年）以前各王，提出比较准确的年代；

　　（2）商代后期武丁以下各王，提出比较准确的年代；

　　（3）商代前期，提出比较详细的年代框架；

　　（4）夏代，提出基本的年代框架。

但是，正如工程设计者、研究者所说，"工程所取得的年代学成果，只能说明到目前为止我国学术界所能达到的最高水平，但不是最后的"[1]，并欢迎有志有识之士加以补充完善。

自 2001 年起，全国各级各类大中小学校教科书和各类辞（词、字）书，均已采用"断代工程"的学术成果。

按上述 1、2 目标所推定"比较准确的年代"，为我们研讨泰伯生年提供了有利的条件和依据，舍此必然莫衷一是，因锡地目前尚无此"工程"的综合实力。吴寿锜《我见》文是在"断代工程"公布后据其"年代学成果"写就的。

二　推定公元前 1165 年为泰伯生年的科学性、合理性

著名学者江林昌教授在其长篇学术著作《中国上古文明考论》[2]中说："后稷生活在夏初，暂且以公元前 2070 年为计算点，（古）公亶父[3]迁岐在殷墟文化第三期以后，即在公元前 1200 年后。前后相距 800 多年，这之间的误解是我们讨论周族起源时必须澄清的。"

江教授据"断代工程"科研成果，结合自己的科研心得，对"周方国酋长与商方国联盟共主之间的对应世系"作表述如下：

周方国酋长世系	商方国联盟共主世系	年代
高圉	武丁	前 1250—前 1192 年
亚圉	祖庚	前 1191—前 1148 年
公叔祖类、（公亶父）	祖甲、廪辛、康丁	
（古）公亶父、王季	武乙、文丁	前 1147—前 1102 年
文王（周方伯）、武王	（帝乙）、帝辛（纣）	前 1101—前 1046 年

（按：表中年代由笔者据"断代工程"之推定加上，加括号的公亶父、帝乙二人名也为笔者所加。）

　　江教授接着说："夏商周断代工程推定武丁元年为前 1250 年，武王克商为前 1046 年，则周方国曾经隶属在商代方国联盟之中长达 200 余年的历史。"（按白寿彝总主编的《中国通史》"西周王侯世系表"第三卷第 356 页所述，武王克商为公元前 1027 年）

　　《我见》指出了许多吴氏宗（家）谱中的一大笑话：谱载公亶父"生年为武丁丁巳元年……即公元前 1204 年……又谱载泰伯生于武丁丙申年，即公元前 1225 年（按：此据谱载父子二人均生于武丁不同干支换算所得），如此则泰伯反比其父（古）公亶父早出生 21 年，哪有这样的事？！笔者认为各谱之错，是错在把（泰伯生于）康丁错写成武丁之缘故"。此考甚明甚实。

　　目前无锡有"李说"的泰伯生年。"李说"据 15 次修《吴氏大统宗谱》所载以"王年"换算，认为泰伯生在武丁四十年，并说即公元前 1211 年。也就是说，泰伯比父亲公亶父还是早出生 7 年。其实，"泰伯生于武丁四十年"仅是谱载而已，无任何史书、考古佐证，是未经证实的传说。今"李说"据此套上"断代工程"纪年换算，显然是从一个不真实的生年数据去换算出另一个不真实的生年值罢了。

　　《说文》云："三十年为世。"此后凡修史修谱定世系者，均遵循《说文》此说，粗估一世为 30 年，细估一世为 25 年。若按"李说"，泰伯生年在前 1211 年，与武王克商的前 1046 年，相距 165 年，则：

$$165（年）÷4.5（世代：泰伯、仲雍、季历、姬昌、姬发）=36.6（岁）$$
$$165（年）÷5（世代：同上）=33（岁）[4]$$

　　经如上测验，"李说"非但失实，且不符人类繁衍生殖的普遍规律，尤严重违背古代中国人"早生贵子为福"的普遍伦理观念。

　　再来看吴寿锜的《我见》说。他推定的泰伯生年为公元前 1165 年，与武王克商年相距 119 年，则：

$$119（年）÷4.5（世代：泰伯、仲雍、季简、叔达、周章）=26.4（岁）$$

119（年）÷5（世代：同上）=23.8（岁）

对《我见》的这个测验，与以上江教授所作表述基本吻合，故很具科学性、合理性。

三 季历之伐诸戎年及其死年可证泰伯生年

据可信可靠的《古本竹书纪年》载：文丁十一年，杀季历。按"断代工程"的推定年换算，即公元前1102年。季历死前受命于商王武乙、文丁的伐戎事全在冀州（今山西和河北北）境内：

武乙三十五年（前1112年），周王季伐西落鬼戎，俘二十翟（狄）王。

太丁二年（前1111年），周人伐燕京之戎，周师大败（注：太丁，即大丁或文丁）。

太丁四年（前1109年），周人伐余元之戎，克之。

太丁七年（前1106年），周人伐始乎之戎，克之。

太丁十一年（前1102年），周人伐翳徒之戎，捷其三大夫。太丁杀季历。

在此暂且不议季历是从晋西南出发的还是从今韩城地域出发征伐诸戎的（按：伪托的《今本竹书纪年》云：武乙"三年，命周公亶父赐以岐邑"。）但"泰伯奔吴"的传说应在季历伐诸戎之前，当无疑。"周王季伐西落鬼戎"的"王季"称谓，即是明证。由此可知，即使泰伯年长季历40岁（按：谱载泰伯年长季历8岁；季历死时52岁），泰伯的生年也绝不会在公元前1200年之前，而只能是在公元前1200年之后。传说"泰伯奔吴"之年，当亦然！季历之伐诸戎年及其死年，既是对江林昌所书"（古）公亶父迁岐在殷墟文化第三期以后，即在公元前1200年后"的印证，也是对吴寿锜《我见》说正确性的补证。至于《我见》是如何得出泰伯生年为公元前1165年的结论的，应详读其原文为宜。

注释：

[1] 详见江林昌《夏商周断代工程及其成果和意义》。江林昌，"断代工程"专家组暨办公室学术秘书及专题研究员、烟台大学副校长、中国学术研究所副所长、中国先秦史学会理事、博士生导师。

[2] 上海人民出版社 2005 年版。

[3] 钱穆《周初地理考》云"古公亶父"四字乃衍文；公亶父，《史记》称他为古公亶父，又简称古公。这是误解《诗经·大雅·绵》"古公亶父"之语而定的名字。详见白寿彝总主编《中国通史》修订本第三卷第 284 页注。

[4] 因有"追溯到（上面）有仲雍、季简、叔达三代，还包括周章部分在内，今从寿老（指吴寿锜）的材料看，从前 1046—前 1165 年，相距 119 年，这里就显然不尽合理了……尤其从泰伯的武丁四十年，应为前 1211 年，是很明确，也是合理"之说，所以才有 4.5 世代和 5 世代的计算法。"泰伯、仲雍、季历"同代三兄弟和"泰伯、仲雍、季简"二代三世作对等计算，目的是为更能说明问题。因三兄弟均曾预立为储君，方式是依次（传弟）相承，最后由季历传位于"圣"孙昌（《逸周书·世浮》）。

（江苏省吴越文化研究院供稿）

司马迁是吴泰伯的大功臣

/ 徐兴海

吴泰伯的事迹入《诗》入史,然而是司马迁熔铸吴泰伯的事迹,第一个为吴泰伯立传,而且在《史记》中将其破例放进了世家。不仅仅如此,还将他置于世家第一,使他成为世代为家彪炳史册人物的排头兵。不仅仅如此,又树其风声,作了最高评价,称颂其为道德模范。司马迁借吴泰伯表达了独特的文化观念。《史记》流传千古,吴泰伯也名扬四海,彪炳千秋。因此不能不说,司马迁是吴泰伯的大功臣。

一

说司马迁第一个为吴泰伯作传,是因为《史记》之前的吴泰伯事迹语焉不详,或者不完整。

吴泰伯是周代初期的一个传奇人物。3200 年前,商代末期,周的始祖古公亶父生了三个儿子:泰伯(又作太伯)、仲雍、季历。按照传统,这份基业应该传给长子泰伯,但小儿子季历之子昌聪颖过人,古公亶父有心让昌成为继承人。泰伯猜出了父亲的心意,同二弟仲雍从今天的陕西岐山一起逃奔到江南一带。古公亶父如愿以偿地传位给季历,季历又传给昌,昌即是后来大名鼎鼎的周文王。周文王实现了周的历史性发展。

这是一段传奇故事,奇在泰伯能让,又古公亶父知人,而且昌果真有天才,这三者缺一不可,才能够演义出中国历史上威武雄壮史诗般的佳话。奇还奇在泰伯虽然未能继承周的君主之位，却在南下之后重新建国，号为句吴，播下了礼让的种子，传布了先进的北方文化，成为蛮荒之地开发的先锋。奇还奇在泰伯的后代季札，不仅承继了泰伯"让国"的佳话，而且善辩多识，成为春秋时期的翩翩君子。这几则传奇故事的主人公都是在中华民族历史上具有重要影响的伟大人物。这一系列传奇故事得以发生的中心人物就是泰伯。

关于泰伯事迹的记载，并不自《史记》始。那么，关于泰伯事迹，先前的文献如何记载，人们是如何评价的？《史记》所记泰伯有何不同呢？

《史记》之前有《诗经》、《左传》、《竹书纪年》、《穆天子传》、《论语》都提到了泰伯，但是仅仅是提到而已，如果有记载，则还不能说勾画了一个完整的历史人物。

先来看《诗经》。《大雅·文王之什》是有关周文王的一组诗歌，其中《皇矣》一篇叙述周开国历史，歌颂大王、大伯、王季崇高的道德，是这样评价泰伯的："帝作邦作对，自大伯（即'泰伯'）、王季。维此王季，因心则友。则友则兄，则笃其庆，载锡之光。受禄无丧，奄有四方。维此王季，帝度其心，貊其德音。"意思是说，上帝要周勃兴，便有明君生，泰伯和王季，二人是先行。王季品德好，多多得福庆，上天赐他大光明。一直传给周文王，世代传递美德盛。这首诗的主旨为赞颂周文王之圣德，但又给予泰伯极高的地位，认为他是周的基业的创始人之一。清代方玉润《诗经原始》的体会是："周虽世世修德，然至文王而始大。故此诗历叙大王以来积功累仁之事，而尤着意摹写王季友爱一段至德。一以见大伯让国之美，一以见王季实能不负大伯推让之心，故至文王而昌大也。"方玉润认为事关双方，缺一不可，大伯让国为至德，然而让国给王季，王季之子昌有圣德才算有了结果。如果王季无能，昌无才，大伯之让国，岂不白让一场，便一点都不完美了。上所引《皇矣》一诗虽然提到"大伯"，但仅只一句，对泰伯之事迹，没有什么描述。

《左传》有三处提到"太伯"。《闵公元年》第一次提到"太伯"："（晋）为大子城曲沃。赐赵夙耿，赐毕万魏，以为大夫。士蒍曰：'大子不得立矣，分之都城而位以卿，又焉得立。不如逃之，无使罪至，为吴大伯，不亦可乎。犹有令名，与其及也。'"这里通过士蒍之口提到了泰伯，说做一个吴泰伯不也是可以的嘛，虽然离去犹有令名，胜于留下来而遭受祸害。这段记载对泰伯的事迹无有增添，只是从侧面说明泰伯是有名人物，士蒍的看法，当代表当时一般士人。

二为《左传·僖公五年》记晋师伐虢国时向虞国借道，虞国大夫宫之奇反对，他在与虞公之争论中提及"太伯"。"虞公曰：'晋，吾宗也，岂害我哉？'对曰：'大伯、虞仲，大王之昭也。'大伯不从，是以不嗣。虢仲、虢叔，王季之穆也。"是说泰伯、虞仲是太王的儿子，泰伯因为没有跟随在侧，所以未能继嗣。这一处的记载仅说明泰伯、虞仲与大王三人之间的关系，说明为什么泰伯没有继承太王，而在泰伯事迹的拓展上并无推进。

第三处见《哀公七年》："大宰嚭召季康子，康子使子贡辞，大宰嚭曰：'国君道长，而大夫不出门，此何礼？'对曰：'岂以为礼，畏大国也。大国不以礼命于诸侯，苟不为礼，岂可量也？寡君既共命焉，其老岂敢弃其国？大伯端委以治周礼，仲雍嗣之，断发文身，赢以为饰，岂礼也哉？有由然也。"此处借着子贡之口，顺便带出泰伯，但是有了泰伯的具体形象。泰伯穿着玄端之衣戴着委貌之冠推行周礼，仲雍继承他，把头发剪断，身上刺画花纹，作为裸体的装饰，难道合于礼吗？子贡认为泰伯按照吴地风俗断发文身是有原因的。《左传》此处的记载对泰伯事迹的扩展有很大的推进，所以极为重要。但是，比起《史记》对泰伯的记述来说，仍然是不完整的。

一本很重要的记述先秦事迹的书《竹书纪年》也记载泰伯："太王曰：'吾世当有兴者，其在昌乎？'季历之兄曰泰伯，知天命在昌，适越，终身不反，弟仲雍从之，故季历为嗣以及昌。昌为西伯，所邑于丰。"此处记载对于泰伯的记述就要详密得多，不但说明了太王明确地公开表态寄希望于孙子昌，而且说明在这种被迫的情况下，泰伯知趣地让出位置来，离开了岐周。揭示了泰伯并不是主动让国。同时，泰伯"适越"，而不是适"吴"。这一处关于泰伯的记载距离《史记》的记载就很接近了，但是所记事情的脉络不同，泰伯的地位不同，评价自然也不同。

《穆天子传》主要叙述穆王西征历程，述及周初其他的事不多。它记载说：当穆王到达赤乌氏，接受所献礼品后，河宗伯夭向赤乌氏首领传达周穆王的讲话，讲到大王亶父做了两件大事，一是把元子泰伯封于吴（即虞），"大王亶父之始作西土，封其元子吴泰伯于东吴"。二是把元女嫁给赤乌氏首领。这是和《史记》不同的。

　　孔子对泰伯有着极高的评价。《论语·泰伯》："子曰：泰伯，其可谓至德也已矣！三以天下让，民无得而称焉。"孔子从不轻易称颂人，但是却以"至德"称颂泰伯，不可谓难得。孔子以"至德"这样的字眼称颂人，仅有两次，另外一次是称颂周的德行："三分天下有其二，以服事殷，周之德，其可谓至德也已矣！"孔子一生追求以德治天下理想的实现，所以指出符合"至德"这一崇高标准的仅有二人，一为泰伯，一为文王。以此可见泰伯在孔子心目中的地位了。可以说，如果没有泰伯让出位置来，就没有后来文王的伟大事业，所以泰伯的"至德"是文王实现"至德"的基础。

二　《史记》关于泰伯的记载

　　《史记》以"泰伯"为篇名独立列传，于《吴泰伯世家》卷首记泰伯事，文字甚短，不过百字：

　　吴泰伯，泰伯弟仲雍，皆周太王之子，而王季历之兄也。季历贤，而有圣子昌，太王欲立季历以及昌，于是泰伯、仲雍二人乃奔荆蛮，文身断发，示不可用，以避季历。季历果立，是为王季，而昌为文王。泰伯之奔荆蛮，自号句吴。荆蛮义之，从而归之千余家，立为吴泰伯……自泰伯作吴，五世而武王克殷，封其后为二：其一虞，在中国；其一吴，在夷蛮。

　　卷末"太史公曰"由泰伯而至季札，同样给予赞颂："孔子言'泰伯可谓至德矣，三以天下让，民无得而称焉。'余读《春秋》古文，乃知中国之虞与荆蛮句吴兄弟也。延陵季子之仁心，慕义无穷，见微而知清浊，呜呼，又何其闳览博物君子也！"

　　关于泰伯，《史记》另外还有几处记载：

　　《周本纪》记周之起源、发展直至建国，泰伯有重要地位："古公有长子曰泰伯，次曰虞仲。太姜生少子季历，季历娶太任，皆贤妇人，生昌，有圣瑞。古公曰：'我世当有兴者，其在昌乎？'长子泰伯，虞仲知古公欲立季历以传昌，乃二人亡如荆蛮，文身断发，以让季历。古公卒，季历立，是为公季，公季修古公遗道，笃于行人，诸侯顺之。公季卒，子昌立，是为西伯，西伯曰文王。"

二见《晋世家》，将前文所列《左传·僖公五年》所记晋师借道主事转记于此，文字大体相同："是岁也，晋复假道于虞以伐虢。虞之大夫宫之奇谏虞君曰：'晋不可假道也，是且灭以不嗣。虢仲、虢叔，王季之子也'为文王卿士，其记勋在王府，藏于盟府，将虢是灭，何爱于虞？……'虞公不听，遂许晋。"

三见《太史公自序》："泰伯避历，江蛮是适；文武攸兴，古公王迹。阖庐弑僚，宾服荆楚；夫差克齐，子胥鸱夷；信嚭亲越，吴国既灭。嘉伯之让，作《吴世家》第一。"

四见《张耳陈馀列传》"太史公曰"："张耳、陈馀，世传所谓贤者，其宾客厮役，莫非天下俊桀，所居国无不取卿相者。然张耳、陈馀始居约时，相然信以死，岂顾问哉。及据国争权，卒相灭亡，何乡者相慕用之诚，后相背之戾也！岂非以势利交哉？名誉虽高，宾客虽盛，所由殆与泰伯、延陵季子异矣。"此处将张耳、陈馀与泰伯、延陵季子对举，以说明泰伯品德之高尚。

又《三代世表》中列有"泰伯"一格，仅记其名而已，无他内容。

又《吴世家》："武王克殷，求泰伯、仲雍之后，得周章。周章已君吴，因而封之。"

这里需要说明的是，《周世家》点明了泰伯同季历不是同母所生，而季历是太姜所生。太姜者，太王正妻，那就是说，季历为太王的正妻所生。那么，泰伯是谁所生呢？这里没有讲。这是一个问题，吕锡生先生注意到了，给予了解读，他的结论是：泰伯不是古公的嫡长子。

吕锡生从中分析出三点：（一）泰伯、仲雍、季历并非一母所生。（二）季历的母亲太姜，季历又娶太任，生有圣瑞的昌，是周族的希望。（三）泰伯、仲雍知古公之意，便出奔荆蛮，以让季历。《史记》的以上两则资料，最大的区别在于补充了二位女主人，且说明兄弟三人并非一母所生。泰伯、仲雍的母亲为谁？史籍未见记载。季历的母亲很明确是太姜，太姜是古公当时周室的正妃，是王后。按照古代嫡长制立子以嫡的继承原则，即明确规定了正妻嫡子的继承权。若非嫡子而庶出，虽长勿立。如果正妻未能生育，统治阶级还会发生废立之事，甚至出现母以子贵的更立现象。所以季历继承王位符合嫡长制的继承原则。因为周室的女主人是太姜而非泰伯、仲雍的母亲。故古公为王位继承问题而忧心是有原因的。泰伯理解父亲的心思，便主动带着二弟离开周原出奔荆蛮以让季历。从而避免了在王位继承问题上喋血宫门现象。

三 《史记》与他书记载之比较

比较《史记》与《左传》、《论语》、《竹书纪年》，可知《史记》之记载完备了泰伯事迹，其事有因有果，记叙其世袭，介绍其背景；也有评论；还有纳入整个道德评价体系。分述如下。

1. 完备了吴泰伯事迹

从前文所引"史记关于泰伯的记载"可以得知，《史记》所记吴泰伯事迹始末较《史记》前的史籍更为详备。

《史记》之前对吴泰伯事迹记载最详者数《竹书纪年》，其与《史记》相同之处，其一，关于泰伯之父为谁、弟兄三个之排行，泰伯、虞仲逃亡之原因，所带来之结果是昌继嗣而为文王等，这些内容的记述相同；其二，行文用词大体相同。《竹书纪年》谓"太王曰：'吾世当有兴者，其在昌乎？'"《史记·周本纪》移用此句，只是将"吾"改为同义词"我"。不同之处，第一，《竹书纪年》未记季历之母为太姜，昌之母为太任，且"皆为贤妇人"；也未记太任"生昌，有圣瑞"。第二，《史记·吴泰伯世家》、《周本纪》谓泰伯奔"荆蛮"，而《太史公自序》谓"江蛮是适"，江蛮当即荆蛮。但《竹书纪年》谓泰伯"适越"。一谓荆（江）蛮，一谓越，显然不是一个地方。其三，泰伯逃离到新地之后，《竹书纪年》仅谓其"终身不反，弟仲雍从之"，而《史记》记泰伯"文身断发"，"自号句吴，荆蛮义之，从而归之千余家，立为吴泰伯"。

《左传》对泰伯事迹记载详略程度次于《竹书纪年》，在泰伯、虞仲、王季之兄弟关系上记载相同。不同的是，《史记》谓泰伯、虞仲"二人亡如荆蛮，文身断发"，而《左传·哀公七年》记子贡之说，谓"太伯"治以周礼，并未断发文身，"大伯端委以治周礼，仲雍嗣之，断发文身，嬴以为饰"。

2. 有评论

《诗经·皇矣》篇认为天意要兴起周国，所以为之生下明主，并指出泰伯、王季都对周的兴旺发达起着不可替代的作用。换句话说，如果没有泰伯让国之贤，周的兴旺只恐怕是空谈；同样的，王季传位给昌，昌如果是庸王，亦辜负皇天之心。《皇矣》作者之意，在赞美泰伯之德，在说明泰伯是整个成功链条中必不可少之一环。

《左传·哀公七年》谓"为吴大伯，不亦可乎，犹有令名"，称颂泰伯让国留下美名。

孔子给予泰伯以最高评价。孔子有独立的评价体系，这一体系以"德"为核心，以"仁"为目标，以"己所不欲，勿施于人"为实践原则，以"君子"为行为规范。孔子不轻易赞许人，其所赞颂者不过数人。管仲"九合诸侯"、"一匡天下"受到孔子的称赞，但即使是这样有历史功绩的人孔子仍然尖锐地批评道"管仲之器小哉"！(《论语·八佾》) 由此可见孔子的评价体系甚严，这也正衬托出泰伯在孔子心目中的地位是多么崇高，以至以"至德"这样的字眼来赞誉泰伯。

司马迁对泰伯的评价沿用孔子的评价，于《吴泰伯世家》篇末"太史公曰"中引用孔子关于泰伯是为"至德"的评价。《太史公自序》在说明为何立吴泰伯专传，又为何列世家之第一篇时说"嘉 (太) 伯之让，作《吴世家》第一"。孔子对泰伯之赞颂，因为他能"三以天下让"，司马迁为泰伯作世家，乃"嘉 (太) 伯之让"，可谓一脉相承。

3. 纳入了自己的评价体系，使其置于这一评价体系的最高端

《史记》与《论语》之不同，在于《论语》仅给予了评价，只是一句结论性的话，而对其事迹却暂付阙如。而《史记》不仅记载泰伯完整的事迹，而且给予评价，《史记》之评价体系分形式与内容两个部分。以上所引为评价之内容，涉及评价之等级、角度、褒贬。以形式而言，《史记》评价体系分为七个层次，第一，能否入传。三千年文明史，人物千千万万，能入《史记》之传者不过千数人。第二，能否成为传主人物（《史记》有附传人物）。第三，能否为之破例。第四，列入何种体例。体例本身被赋予了深刻的意义。第五，能否为某种体例之首篇，因为首篇有某类人物代表的意义。第六，《太史公自序》是否提及，是否叙其立篇旨意。第七，"太史公曰"是否提及。太史公曰有仅及史料、交代史料出处者；有仅及事件叙述者，并不是每个传中人物都有评价。

《史记》记叙人物时根据对人物的历史地位、贡献大小、世系情况的不同评价，分别列入本纪、世家、列传几个类型，这几种体例都是创造。"世家"一体所记人物虽有世代为家者，但也有对中华民族历史发生重大影响而特别列入以示褒奖者。司马迁把泰伯列入世家，并置于世家之第一篇，而且以"吴泰伯"为篇名，即属后一情况，可谓深具匠心。《太史公自序》，本篇篇末"太史公曰"均以吴泰伯为题，为切入点，可谓给予吴泰伯以最高等之地位。杨慎将《史记》对吴泰伯之评价体系与《尚书》、《春秋》相联系，可谓棋高一着，其谓："《尚书》首《尧典》、《舜典》，《春秋》首隐公，世家首泰伯，列传首伯夷，贵让也。"（杨慎《史记题评》卷三十一）杨慎之评价将尧、舜、鲁隐公、泰伯、伯夷连成一个系列，发明司马迁之用意。

陈廷敬在《午亭文编》卷四八《书吴泰伯世家后》的评价中则更进一步将《吴泰伯世家》所记述的季札也纳入此一人物系列：

泰伯之奔荆蛮，荆蛮义之，从而归之千余家，孔子谓其民无得而称，何哉？盖尝称尧曰，民无能名，其称泰伯也，殆等于尧矣。他日又谓齐景公民无德而称，伯夷叔齐民到于今称之。盖崔杼弑庄公，而景公为其所立，景公之得国，以崔杼之弑其兄，夷齐之穷饿，以兄弟之交相让。且称者，称其德也。泰

伯让同夷齐，而曰民无得而称焉，此尧之所以为人，泰伯之德所以为至也。自泰伯以来，十九世至王寿梦，寿梦有子四人，诸樊、余祭、余昧、季札，季札贤，寿梦欲立之，季札让不可，立诸樊，诸樊既除丧，让位季札，季札引子臧之义固谢，吴人固欲立之，季札弃其室而耕。诸樊卒，传余祭，必欲以次致国季札。自诸樊至余祭、余昧，皆兄终弟及，余昧之卒，皆欲授季札，季札于是逃去。呜呼，泰伯之贤，比于伯夷、季子之节，可谓不愧泰伯矣，岂仅如史迁所称闳览博物君子云乎哉！且吾闻句吴之俗好义而有文，其亦慕其遗风而兴起者乎！

是论将尧、舜、齐景公、泰伯、伯夷、叔齐，又加一季札，连为一体，揭示史公评价系列。《史记·吴泰伯世家》叙泰伯之后的世系明晰，有意写明季札之让，岂非在揭示家风所传？

以上说明，《史记》对于吴泰伯事迹之记叙最为完备，对吴泰伯历史地位功绩、道德风范之评价为最高等级。同时可说明，司马迁人物评价体系之核心是"德"而不是才，对韩信、李广、商鞅等人物批评时都提到其"德"不足即是反证。又，司马迁这一评价体系承继孔子而来。

4.《史记》记载提升了吴泰伯的历史地位

《史记·吴泰伯世家》与其他论著关于吴泰伯的记载，有很大的不同，简言之，《史记》提升了吴泰伯的历史地位。即以其与《左传》相较就可以看出。

《史记·吴泰伯世家》谓"泰伯、仲雍二人乃奔荆蛮，文身断发"，而《左传·哀公七年》记"大伯端委以治周礼，仲雍嗣之，断发文身，赢以为饰"，这二者不同，简言之，《史记》谓泰伯与仲雍均"文身断发"，而《左传》谓大伯治以周礼，到仲雍当政时才"断发文身，赢以为饰"。显然，《史记》的记载更具深意。

何谓"文身断发"，文身即于身体刺上花纹；断发，剃去头发。关于断发，有人注解为截短头发。[1]愚意以为"截短"与"剃去"不同，"短"谓长短，"剃去"则为剃光，是则"截短"含义不明确。理由有四：其一，吴地风俗与中原不同，与周地风俗亦不同。中原文化将蓄发与"孝"联系起来，身体发肤，受之父母，是以不可毁损。吴地无此观念。正因为此，中原视其为"蛮"。其二，吴地裸身风俗与生活环境有关，吴地水多，湖河港汊，水网密布，出门见水。民众多于水中游泳、作业，以故以裸为饰。多穿一件则多一分阻力，多一分危险，为水流所拖带的危险增加，为他物所牵挂的可能增加，因之裸身是最方便的水下作业装。头发最易飘散缠绕，倘在水底挂于石、木，则无法解脱。故而剃发最为方便、最为安全。其三，泰伯自千里之外的周地来奔，吴地民众不知其为何人，首先不知其是否会带来危险。一般而言，文化较高地区之来人，尤能引起人们之提防。在此情况下，泰伯"入乡随俗"，与吴人同样装束，最能被接受，便于融入当地社会。试想，吴人裸身为便，而泰伯衣冠楚楚，口不绝礼义之辞，手演揖躬之礼，如此而不被视为怪物才是异事，又岂能与当地人民打成一片，而被认同与归服？其四，泰伯以"文身断发"之装束，达到"示不可用"之目的。周人无人断发文身，在周人眼中，泰伯已完全"沦落"为吴人，已不可救药，还肯再请他回去做君主吗？如此一来，"示不可用"主语岂不与"文身断发"相为因果。《吴越春秋》即取此义，谓："古公病，（泰伯兄弟）二人托名采药于衡山。遂之荆蛮，断发文身，为夷狄之服，示不可用。"又《论衡·四讳篇》载泰伯之言曰："吾之吴、越。吴、越之俗，断发文身。吾刑余之人，不可为宗庙社稷之主。"此处泰伯所讲正说明中原与吴越风俗之迥然有别。

断发之人被中原之人、周人视为"刑余之人"，泰伯用退一步的办法实现了与当地民众的融合，为实现自己远大的政治理想打下了基础。

四 《史记》之独立记载以大文化的角度展示泰伯的历史功绩

1. 独立记载及寓意

《史记·吴泰伯世家》所述"泰伯之奔荆蛮，自号句吴。荆蛮义之，从而归之千余家，立为吴泰伯"，此记述，实为独立记述。其所包含的意义是：

其一，歌颂泰伯之"义"。何者为"义"？孔子说六艺之中各有主旨，而《春秋》以义"。《太史公自序》谓"《春秋》以道义"。可见"义"即"道义"。

《春秋》之中，弑君三十六，亡国五十二，诸侯奔走不得保其社稷者不可胜数"，这就是司马迁所描绘的春秋时期。在此背景下，就可感知到司马迁所写泰伯之"义"的针对性，司马迁认为春秋时期是泰伯之"义"的反动，司马迁为此深深惋惜。在此背景下更可感到司马迁写泰伯之"义"的用意所在。短短"荆蛮义之"四字当从非常丰富的背景材料中绅绎概括而出，只有当泰伯做了大量的工作，利于人民，造福人民，方能为吴地民众所拥戴，以之为"义"，愿归服于他，推戴他为首领。

其二，说明泰伯是按建立一个国家的构想去实践的，司马迁有意突出他的政治家的形象。

具体而言，《史记》之记载突出了泰伯所代表的先进文化与生产力。他书所载泰伯筑城、修水利诸事实与《史记》记载相印证。"泰伯奔吴，相传居无锡梅里。"[2]据记载，泰伯在此地已筑城。《史记·吴世家·正义》："自泰伯至寿梦俱居梅里村，在无锡县东南六十里，苏州北五十里。诸樊始徙吴。《寰宇记》云：'泰伯城西去县四十里，平地高三丈。'顾野王《舆地记》：'吴筑城于梅里平墟，即此。'"

城市是依一定的生产方式和生活方式把一定地域组织起来的居民点，是该地域或更大腹地的经济、政治和文化生活的中心。它集中了人类社会经济、文化、科学技术等多方面的成就。泰伯在江南修筑城邑便是一个创造，尽管它还只是城市的初始形态，但已使分散的居民聚集而居，有利于组织生活。城市又是一个防御体系，有利于防备敌人的侵害。泰伯之父亶父已营造城邑。《史记·周本纪》载古公因受戎、狄游牧民族的侵逼，"乃与私属遂去豳度漆、沮、逾梁山，止于歧下……于是古公乃贬戎狄之俗，而营筑城郭室居，而邑别居之"。泰伯之修筑城邑，显然是受此之影响，将其技术移植于此。

又有史书记载，泰伯还在此处兴修水利。今无锡有"泰伯渎"，一名伯渎港，简称伯渎，据传为吴国的始祖泰伯所建。这是一条沟通苏州、无锡间的河道，目的是泄洪与灌溉，"备民之旱涝"。它东起今无锡羊腰湾运河，向东经今坊前、梅村、鸿声、荡口等地，入锡吴交界处的鹅肫荡与蠡湖，全长81里，宽2丈，是今运河的一条重要支流。这条河流的开挖方便了航行与灌溉，对吴地经济的发展起了积极作用。它是 3000 年前，在简陋的生产条件下建成的人工运河，这充分表现了中国人民的勤劳与睿智的品格。[3] 泰伯渎又是泄洪道，使当地民众免除水涝之灾。"水利是农业的命脉"，有了这条河，农业就有了保证。修治河道是人类主动地征服自然，生产力发展到一定程度的表现。泰伯代表了先进的生产力。

即此两项工程，就已使当地民众的生活起了根本性的变化，增加了安全感，生活有了保证，生产的效率更高，更重要的是，有了凝聚力，因之周围四方的民众才"义而归之"。

2. 司马迁的大文化视野

具体而言，《史记》之独立记载揭示了泰伯南来，有着明确的政治目的。以《史记》之记载，其一，泰伯有了国号：句吴。国号是国家的标志、旗帜。其二，聚集民众。民众是国家的基础。其三，以"义"作为立国之根本。其四，以"义"为凝聚力，使民众千余家归附，有了初步的规模。其五，自为领袖，"立为吴泰伯"。有了这五条，加上前面所提的筑城而居、兴修水利，国家就建立起来了。

司马迁对泰伯建国的记载，透现出对"国家"的认识。他以为以上这五条是最基本的。《史记·五帝本纪》写黄帝，已有了国家的雏形。黄帝所训练的熊罴貔虎，就是由他率领，专事征战的军队。"师兵为营卫"，则是专业武装。又设"左右太监"，则是百官雏形。司马迁写"句吴"之建国，显然比黄帝之国家在形态上更高。黄帝主要是通过战争手段建立国家，依赖于军队，而泰伯主要是以"义"建国，出发点在于给民众更多的好处，使国家成为民众的利益的代表者。

即此可以知晓，司马迁理想中的"国家"，主要的功能是服务，其灵魂是"义"而不是武装。他认为只有"义"才能使民众归服，"义"具有无穷的凝聚力。同时，司马迁意识到"义"要以物质为基础，如果没有筑城、兴修水利这样的能给民众带来切身利益的义举，那便不可能产生凝聚力，"义而归之"的局面便不可能出现。

司马迁写《史记》，不只是要记下历史上曾发生的事，而是要"究天人之际，通古今之变，成一家之言"。说《史记》是历史的书，不如说是政治的书，其字里行间渗透着司马迁个人的感情，篇章安排寓含着司马迁的价值观，体现了对人物的评价，表达了政治观。《吴泰伯世家》就是最好的例证。

《史记》所记载的中国文化的发展过程，是由中原而西北，由西北而东南，并预言由东南而西北的过程才是成熟与完善的标志，即司马迁所谓"收功实于西北"。吴泰伯东南之行，实现了中国文化由西北向东南的转移，是一个民族与文化发展的新阶段。《史记》所写的吴泰伯是中国文化史上一个里程碑式的人物。正因如此，司马迁为其立"世家"，并且置于世家之第一篇，其深意就在于此。

综上所述，《史记》所记述之泰伯事迹是对先前文献的补充与完善，所描绘之泰伯更加完美、高大，更有政治家的谋略、胆识与气魄。在这些记载之中，司马迁寓含了自己对国家的理解。吴泰伯不仅是北方先进文化的代表，又是南北文化交融、碰撞的结合点，在吴泰伯事迹的记叙中司马迁表达了自己对文化的认识，对中华文化走向的判断。

五 余论：关于梅里

1. 司马迁并没有记载吴泰伯的"句吴"在什么地方，而后来出现了一种说法，说"句吴"就在无锡的梅里

司马迁只是记载泰伯到了"荆蛮"，"荆蛮"应该是上古中原人对以楚越吴为主体的整个南方稻作民族的称呼。至于具体到的什么地方，司马迁并没有明确指出。对于求历史之真的司马迁来说，既然为吴泰伯作传就应该说明吴泰伯所建的"句吴"到底在什么地方，那么，为什么没有呢？其中原因只能推测。第一种可能，司马迁所依据熔铸的史料，并没有明确地指明吴泰伯南奔到底到了什么地方。第二种可能，司马迁二十壮游的时候虽然到了淮阴，今苏北一带，但是没有到达今天的苏南，也就没有听到有关泰伯到达梅里的说法。所以，司马迁只好存疑。

　　但是，应该指出的是，司马迁虽然没有指出吴泰伯所到之地，却已经说明了大致的方位，那就是吴泰伯所到的应该就是后来的吴地一带。对此，我们可以用内证的办法来加以证明。根据均来自《吴泰伯世家》。其一，《吴泰伯世家》记载泰伯后代周章的事，"是时周武王克殷，求泰伯、仲雍之后，得周章。周章已君吴"。周章已经在吴地称王，而周章的吴国在今江苏苏南一带，对此人们并无异议。《世家》前面说吴泰伯建立勾吴，后文说周章于吴国称王，前后以"吴"字串联，地域应当为一地。其二，《吴泰伯世家》记载季札"封于延陵，故号曰延陵季子"。延陵即今之江阴申港一带，对此人们基本认同。而此地与梅里十分相近。其三，《吴泰伯世家》记载季札的出访路线，"聘于鲁"——"遂使齐"——"使于郑"——"去郑，适卫"——"自卫如晋"。这条路线自南而北，自东而西，说明了季札出使的起始点在鲁之南。鲁之南，究竟何处呢？有一句话泄露天机，"季子之初使，北过徐君"，既是"北过"，就是向北经过，那他的出发点只能是徐之南，那也就是无锡方向了。

　　我们还可以用外证的方法。人们一般会承认，今无锡、苏州一带，是一部分荆蛮活动的地方，那么，司马迁所说的"荆蛮"会是无锡一带的问题，对于吴泰伯的"句吴"在无锡的某个地方似乎就很好接受了。

　　2. 司马迁没有说明吴泰伯南奔到底到了什么地方，给后人留下了悬念。但是这确实是一个问题。相隔了 500 多年之后，南朝宋裴骃《史记集解》引用《皇览》提出"梅里"一说："泰伯冢在吴县北梅里聚，去城十里。"既然泰伯葬在梅里，那么，"句吴"在梅里还会有问题吗

　　做过无锡县令的刘昭紧随其后，加强了梅里说。约梁武帝天监中前后在世的无锡令刘昭，他在注《后汉书·郡国志》中也主张梅里在无锡说。《括地志》及《吴地记》等书认同此说，其所证据包括该地存在泰伯冢等遗迹。《吴地记》说："泰伯居梅里，在阖闾城北五十里许。"《括地志》："泰伯冢在吴县北五十里无锡县界西梅里鸿山上，去泰伯所居城十里。"

　　唐代张守节为《史记》作注解，成《史记正义》，坚持梅里说。"吴泰伯"三字下的《正义》说："吴，国号也。泰伯居梅里，在常州无锡县东南六十里。

至十九世孙寿梦居之，号句吴。寿梦卒，诸樊南徙吴。至二十一代孙光，使子胥筑阖闾城都之，今苏州也。"

唐代司马贞《史记索隐》引《吴地记》，赞同其说，也认为吴泰伯到的是无锡梅里。

唐代成书的地理方志《元和郡县志》卷二十五常州无锡县条云："汉旧县也，东三十九里有梅里山，吴泰伯葬处。"

近人章宗祥《史记会注考证订补》："按史记正义曰，泰伯居梅里，在常州无锡县东南六十里。"

王洪道等《中国的湖泊·六湖泊资源的开发与保护》："中国以湖泊滩地为对象从事开垦种植，有着悠久的历史。据文献记载，殷末（公元前11世纪）有周人泰伯从北方南徙。泰伯是周太王的长子，原住陕西岐山附近。他为了成全父意，主动让位于三弟季历和季历的儿子——文王昌，同二弟仲雍一块离开了周国，到了当时称为荆蛮之地的江南太湖地区，定居于苏州、无锡间的梅里，把北方先进的农业生产技术传授给当地人民，垦殖湖滩洲地，并开泰伯渎为农业生产服务，这是湖区垦殖土地和兴修水利的最早历史记载。"

今人为《吴泰伯世家》作注，大多沿袭此说。如林小安《史记注译》："泰伯奔居之处为梅里，即今江苏无锡东南三十里之梅李乡，旧称泰伯城。"

以上所引，都赞成吴泰伯南奔所到的就是梅里。这可以看作第一种情况。

第二种情况，认为不在无锡梅里，而是其他的地方。比如，山西说。以无锡籍的两位历史学家为代表。许倬云《西周史》："吴，据说泰伯仲雍在江南立国，是姬姓诸国中最早者。钱穆以为山西河东的虞国，即为泰伯虞仲之国。至于此国与南方的吴，有无关系，尚不可知。"再比如，认为吴泰伯南奔所到的是江苏的镇江。这种观点认为：关于吴泰伯南奔所到地，原先一些专家认为吴泰伯逃难到无锡的梅里镇，其实这是唐代历史学家对《史记》的误读。泰伯南奔真正的到达地是南京江宁小丹阳镇的一带，在那里住了几代；然后迁往镇江以东的朱方地区并在那里居住了不到100年，最后迁往在常州淹城至阖闾城之间的广大地区。

第三种情况，认为当年吴泰伯所到的地方，不大可能是无锡梅里。此说以白寿彝总主编的《中国通史》为代表:"依春秋战国时期的记载,吴的建国是在吴泰伯和弟仲雍的时期。相传,当周古公亶父(即太王)时,他已准备'翦商'。他预见到他的小儿子季历将生一个大人物(文王昌),因此要把王位(其实当时尚未建国)传给季历。大哥泰伯、二哥仲雍知道了父亲的意图之后,便自动跑到了'荆蛮',以便父亲传位给季历。像这样的美德,在古代倒并不奇怪。然而'荆蛮'究竟在哪里呢?要说是今天的江苏南部太湖区域,就是泰伯、仲雍所建立的吴国(无锡),好像是太远了。在古代交通困难的情形下,这难免使人怀疑。然而古人迁徙的能力的确是惊人的。依人类学者所说,他们甚至远渡重洋,爬过海拔 8000 米的高山,今人所认为不可能的,古人反而可以做到。而且夏商周三代既然已进入文明时代,就更没有理由可以完全加以否定。"虽说是对梅里说持怀疑态度,但是话也没有说死,留下一些余地。

关于吴泰伯南奔所到的是什么地方的争论,可能还会继续下去,然而主张无锡梅里说者占有上风,而且呈越来越被肯定的趋势,随着考古发掘的一再佐证,怀疑的人会越来越少。

注释:

[1] 张大可:《史记全本新注》,三秦出版社 1990 年版,第 902 页。王利器主编:《史记注解》,章惠康注译之《吴泰伯世家》,三秦出版社 1991 年版,第 1059 页。

[2] 王叔岷:《史记本纪地理图考·周本纪》,(台湾)"国立编译馆"1980 年版,第 16 页。又,《清统志》卷八七:泰伯城在无锡县东南三十里,今曰梅里·《吴越春秋》:"泰伯之荆蛮,自号为句吴。起城周三里,名曰故吴。"刘昭《后汉书注》:"无锡县东(五十里)皇山(西麓吴王墩),有泰伯冢。(按《元和志》卷二五,葬县东三十九里梅里山。)去墓十里有旧宅,并扰存。"

[3] 王国维:《今本竹书纪年疏证》(卷下),辽宁教育出版社 1997 年版。

[4] 陈璧显:《中国大运河史》,中华书局 2001 年版。

(作者单位:江苏省吴越文化研究院)

曹操颂吴泰伯

——曹操诗歌《善哉行一》赏析

/ 陈振康

　　殷朝第 27 代国君庚丁八年（约公元前 1212 年左右）周太王古公亶父的长子泰伯、次子仲雍为让王位于三弟季历，从现属陕西的岐山南奔荆蛮吴地，入乡随俗，断发文身。泰伯受到当地百姓的拥戴，被奉立为君主，自号为"勾吴"。我国伟大的历史学家司马迁的《史记·吴泰伯世家》记载："泰伯之奔荆蛮，自号勾吴。荆蛮义之，从而归之者千余家，立为吴泰伯。"《史记》（唐·张守节·正义）说：泰伯居梅里，在常州无锡县东南六十里。后来季历接位，就是王季，以后王季的儿子昌就是周文王。之后，周灭了商，建立了周朝，历时 800 年。

　　泰伯、仲雍在无锡梅里建立了勾吴国，从泰伯（约公元前 1212 年左右）到最后一个（第 25 个君王）吴王夫差（公元前 473 年），吴国整个历史长达 740 余年之久。泰伯、仲雍将中原地区的文化带入吴地，与先吴文化有机融合，吴地先民大胆创新，创造了具有鲜明地域特色的吴文化——灿烂的勾吴青铜文化。

　　孔子对泰伯奔吴作出了高度的评价："泰伯可谓至德矣。"至德，最高的道德、最美好的道德和最精要的道德。曹操也对泰伯赞扬备至，他写了诗歌《善哉行一》，作了歌颂。

　　（一）曹操，魏武帝（公元 155—220 年），字孟德，小名阿瞒、吉利，沛国谯（今安徽亳州）人，汉族。东汉末年杰出的政治家、军事家、文学家、诗人。在政治军事方面，曹操消灭了众多割据势力，征服乌桓，统一了中国北方大部分区域，并实行了一系列政策恢复经济生产和社会秩序，奠定了曹魏立国的基础。曹操在建安二十一年（公元 216 年）封魏王。在曹魏建立后，曹操被追尊为"武皇帝"，史称魏武帝。

　　文学方面，在曹操父子的推行下形成了以"三曹"（曹操、曹丕、曹植）为代表的建安文学，史称"建安风骨"。他的文学成就，主要表现在诗歌上，散文也很有特点。他的诗均为古体乐府，气韵沉雄，慷慨悲凉，其文亦清峻通脱，在文学史上留下了光辉的一笔。

　　曹操的诗歌，今存不足 20 篇，全部是乐府诗体。内容大体上可分三类。一类是关涉时事的，一类是以表述理想为主的，一类是游仙诗。"曹公古直，甚有悲凉之句。"（钟嵘《诗品》）

　　《善哉行》是乐府瑟调曲名。乐府是汉王朝建立的管理音乐的一个宫廷官署。乐府最初始于秦代，到汉时沿用了秦时的名称。公元前 112 年，汉武帝时正式设立乐府，其任务是收集编纂各地民间音乐、整理改编与创作音乐、进行演唱及演奏等。后来，人们就把这一机构收集并制谱的诗歌，称为乐府诗，或者简称乐府。至了唐代，这些诗歌的乐谱虽然早已失传，但这种形式却相沿下来，成为一种没有严格格律、近于五七言古体诗的诗歌体裁。

　　曹操所写的善哉行有三首，在《善哉行一》的这首诗歌中，曹操歌颂了他所敬仰的英雄道德楷模，如周古公亶父、泰伯、仲雍、伯夷、叔齐……晏子和孔子，表现了他对这些人物的敬慕，也表达了曹操的高尚的理想。

　　（二）《善哉行一》全文：

　　　　　　古公亶甫，积德垂仁。
　　　　　　思弘一道，哲王于豳。[(1)]
　　　　　　泰伯仲雍，王德之仁。
　　　　　　行施百世，断发文身。[(2)]
　　　　　　伯夷叔齐，古之遗贤。
　　　　　　让国不用，饿殂首山。[(3)]
　　　　　　智哉山甫，相彼宣王。
　　　　　　何用杜伯，累我圣贤。[(4)]

齐桓之霸，赖得仲父。

后任竖刁，虫流出户。⁽⁵⁾

晏子平仲，积德兼仁。

与世沈德，未必思命。⁽⁶⁾

仲尼之世，主国为君。

随制饮酒，扬波使官。⁽⁷⁾

（三）注解：

（1）古公，名亶父（dǎn fù），亦作"亶甫"。古代周族首领。周文王祖父，他因戎（róng）狄（先秦时对中国北方、西北等地少数民族的统称）威逼，由豳（bīn）迁到岐（qí）山下的周原（在今陕西岐山北），建筑城邑房屋，设立官吏，改革戎狄风俗，开垦荒地，发展农业生产，使周族逐渐强盛起来，奠定了周人灭商的基础。

垂：垂示，留传。

仁：仁爱道德。

弘：扩充，光大。

道：学术或宗教的思想体系。

一道：指尧舜的王者之道，尧舜的治国方法。

哲：贤明的人，有智慧的人。

哲王：贤明、智慧的王者。

豳（bīn），在今中国陕西省旬邑县西南，古公由豳迁到岐山下的周原。

（2）"泰伯仲雍，王德之仁。行施百世，断发文身。"泰伯，吴泰伯，弟仲雍，都是周太王古公之子，是王季历之兄。季历贤良有能力，他的儿子昌有圣兆（吉祥的预兆），太王欲让季历继承他的王位，再传给昌。于是泰伯、仲雍二人于公元前1212年左右，乃出奔到荆蛮（无锡梅里），入乡随俗，理短了头发，身上文了图案，表示不能再在周生活，以让王位给季历。后来季历接位了，就是王季，以后昌就是周文王。后周灭了商，建立了周朝，历时800年。

　　泰伯、仲雍在梅里受到当地百姓的拥戴，被奉立为君主，建立了勾吴国，从泰伯（约公元前 1212 年左右）到最后一个（第 25 位君王）吴王夫差（公元前 473 年），吴国整个历史长达 740 余年之久。泰伯、仲雍将中原地区的文化带入吴地，与先吴文化有机融合，吴地先民大胆创新，创造了具有鲜明地域特色的吴文化——灿烂的勾吴青铜文化。

　　泰伯、仲雍之德"行施百年"。

　　（3）伯夷、叔齐是商末孤竹国（政治中心在今河北省卢龙县西，包括今迁安市、迁西县、滦县等地）国君的长子和三子。相传其父遗命要立叔齐为继承人。孤竹君死后，叔齐让位给伯夷，伯夷不受，叔齐也不愿登位，先后都逃到周国，百姓就推孤竹国君的二儿子继承了王位。周武王伐商纣王，二人极力反对。周武王灭商后，他们不吃周的粮食，采野草充饥，后来饿死在首阳山。

　　殂（cú）：死亡。

　　（4）山甫，即仲山甫。周宣王时的贤臣。一作仲山父。周宣王元年（公元前 827 年），受举荐入王室，任卿士（相当于后世的宰相）。仲山甫的突出政绩是进行经济体制改革，即废除"公田制"和"力役地租"，全面推行"私田制"和"什一而税"，鼓励农民开垦荒地，大力发展商业等。这些改革的成功，造就了周宣王时期的繁荣景象，所以称为"宣王中兴"。

　　杜伯，字恒，仕宣王，拜谏议大夫。周宣王四十三年（公元前 785 年），宣王无道，将杜伯无辜杀害。宣王死后，周幽王为杜伯平反昭雪。

　　相：此指（仲山甫任卿士）辅助之意。

　　彼：那，那个。

　　何：为什么。

　　累：牵累。

　　（5）齐桓即齐桓公（？—前 643 年），春秋时代齐国第 15 位国君，公元前 685—前 643 年在位。名小白，是齐僖公的儿子、齐襄公的次弟，春秋五霸之首。齐襄公和齐君无知相继死于内乱后，小白与公子纠争位成功，即国君位，为齐桓公。桓公任管仲为相，尊称为"仲父"。推行改革，实行军政合一、兵民合一的制度，齐国逐渐强盛。桓公于前681年在甄（zhēn）（今山东鄄城）召集宋、陈行四国诸侯会盟，打出"尊王攘夷"的旗号，北击山戎，南伐楚国，桓公成为中原霸主，受到周天子赏赐。桓公晚年昏庸，信用易牙、竖刁等小人，桓公病危时，竖刁作乱，在内乱中被竖刁饿死。桓公死了67天，寝室蛆虫遍地，尸臭熏天，方才下葬。后，竖刁被诛杀。

任：任用。

（6）晏子即晏婴（公元前578—前500年），字仲，谥（shì）平，习惯上多称平仲，又称晏子，是春秋后期一位重要的政治家、思想家、外交家。晏婴以生活节俭、谦恭下士著称。历任齐灵公、齐庄公、齐景公三朝，辅政长达50余年。"仁政爱民"是晏子施政的中心内容。他坚持"意莫高于爱民，行莫厚于乐民"，深得百姓爱戴。对外则主张与邻国和平相处，不从事征伐。孔丘（孔子）曾赞曰："救民百姓而不夸，行补三君而不有，晏子果君子也！"

与：通"举"，意整个。

与世：通"举世"，整个国家，整个世界。

沈德：沈同"沉"，亦作"沈德"，谓丧失道德。

必：固执。

命：通"名"，声誉。"未必思命"意即孔子称赞的"救民百姓而不夸"。

（7）仲尼即孔丘（公元前551—前479年），字仲尼，春秋时期鲁国人。孔子是我国古代伟大的思想家和教育家，儒家学派创始人，世界最著名的文化名人之一。编撰了我国第一部编年体史书《春秋》。孔子主张用道德和礼教来治理国家是最高尚的治国之道。这种治国方略也叫"德治"或"礼治"。他认为饮酒也有礼节："惟酒无量，不及乱"《论语·乡党篇》（意：酒，饮多饮少，没有定量，但以不醉为度，不醉则不乱）。"乡人饮酒，杖者出，斯出矣。"《论语·乡党篇》（意：与同乡饮酒后，一定要等老年人先出去，然后自己才出去。）

齐景公时，晋国谋划攻打齐国。为探清齐国的形势，派大夫范昭为使臣出使齐国。齐景公以盛宴款待范昭。席间，范昭借酒劲向齐景公说："请您给我一杯酒喝吧！"景公回头告诉左右侍臣道："把酒倒在我的杯中给客人。"范昭接过侍臣递给他的酒，一饮而尽。晏婴在一旁看到后，厉声命令侍臣道："快扔掉这个酒杯，为主公再换一个。"依照当时的礼节，在酒席之上，君臣应是各自用个人的酒杯。范昭用景公的酒杯喝酒违反了这个礼节，是对齐国国君的不敬，范昭是故意这样做的，目的在于试探对方的反应如何，被晏婴识破。

范昭回国后，将此事向晋平公报告，认为齐国有这样的贤臣，现在去攻打齐国，绝对没有胜利的把握，晋平公因而放弃了攻打齐国的打算。孔子称赞晏婴的外交表现说："不出樽俎（zūn zǔ）之间，而折冲千里之外。"樽俎，青铜器，古代盛酒肉的器皿。樽以盛酒，俎以盛肉。后来常用作宴席的代称：折冲克敌制胜。成语"樽俎折冲"即典出此故事。

主国：古代诸侯国互相聘（访）问，受聘（访）国称为"主国"。

君：尊也。

扬波：喻情绪波动。

使官：使臣。

（四）《善哉行一》白话文：

古公亶甫周太王呀，道德教化施行仁政；
一心弘扬尧舜王业，豳地明王美名传扬。
泰伯仲雍谦让周国，断发文身出奔荆蛮；
至德之仁世人敬仰，延续百年恩泽绵长。
伯夷叔齐二位公子，贤良之名流传至今；
兄弟让国避开纷争，忍饥挨饿死在首阳。
良臣山甫足智多谋，辅佐宣王得以中兴；
宣王为何错杀杜伯，牵累圣贤名声被伤。
齐桓霸业世显威风，治国大计倚仗管仲；
后用竖刁捣乱国政，死后门外爬满尸虫。
齐国贤相晏子平仲，秉性仁厚德行高尚；
身处乱世爱民乐民，不为私利不图虚名。
孔子那时诸侯纷争，主客有别尊贵有分；

饮酒遵制严守礼仪，使臣肃然敬意心生。

（五）从周部落到周王朝，王者英雄辈出。居其首位的，当然是周太王古公亶父。在《善哉行一》的这首诗歌中，曹操歌颂了周太公后，就歌颂了泰伯、仲雍，"王德之仁，行施百世，"给他们的德行予以极高的评价。由此可见，泰伯、仲雍的事迹在历史上流传广泛，其德行受到了广大民众和社会上层人士的高度敬仰。

（作者单位：无锡市吴文化研究会）

先哲名贤诵泰伯诗文评述

/ 黄树生

一

梅村——三千年文明古都 [1]，坐落在风光旖旎的太湖之滨，海内外誉称
"至德名邦"。从古文献分析，无锡的文明史，大概是从泰伯开始而彪炳于世的。
其美名之由来，可溯源至商末泰伯 [2] 奔吴故事，以及孔子《论语》对事主"三
以天下让"伟大胸怀的高度评价。

泰伯，亦作泰伯，姬姓，周太王古公亶父长子。泰伯是名号，其真名已难
考。"太"、"泰"有敬称创始人之义；"伯"是伯爵，因周武王封吴为伯；一说
"伯"为长兄之义。

按司马迁《史记·泰伯世家第一》：祖甲丁丑十五年（公元前 1244 年），古
公亶父长子泰伯知父欲立三子季历为主、而传位其子姬昌之意，于是携二弟仲
雍 [3] 托言为父采药，远走陕西吴山，建立"勾吴"氏族小国，以遂古公剪商兴
周凤愿。太王病逝，泰伯与仲雍兄弟归赴治丧，丧毕又联袂举族南迁，最后定
居梅里平墟（今无锡新区梅村）[4]。

泰伯来到江南后，"断发文身"，与土著荆蛮族相融合，兴修水利，广为传
播黄河流域先进的科学文化和耕作技术，率领当地人开挖了中国历史上第一条
人工运河——"伯渎河"（又称泰伯渎）。他还传授"以石为纸、以炭为笔、以
歌为教"，教育读书、写字和唱歌。当时，江南地区已经进入青铜时代。但是，

青铜器的使用并不普遍，社会生产、生活中经常使用的是石器、陶器。泰伯来后，促进了青铜器的推广使用。据史传，泰伯教住地附近的居民使用铜锅，改善了烧煮食物的条件。历史上，聚居在岐山之下、渭水之滨的周族是一个能文善舞的族群。先秦文献中记录了相当数量歌颂泰伯先人事迹的作品，如叙述周族首领公刘带领周民自邰迁幽、初步定居并开发农业的史绩的《诗经·大雅·公刘》，还有歌颂亶父积累德行、普施仁爱功业的《诗经·大雅·绵》。泰伯将周族的诗歌和当地原有的蛮歌、土谣相融合，独创了"吴歌"，此后又吸收了越、楚、齐等地的文化精髓，培育成具有水乡特色、独放异彩的"勾吴文化"，从而创造了中华文化中极为重要的一脉——灿烂的吴文化。[5]

庚丁二年甲寅（公元前 1146 年），泰伯崩，葬铁山（改名古皇山，即今无锡新区鸿山）[6]。仲雍继位，后传至诸樊，周灵王十二年（公元前 560 年）南迁，在今苏州城西南建立吴子城。又传四世至吴王光（阖闾），周敬王六年（公元前 514 年）建阖闾大城，即苏州城。[7] 吴人既尊泰伯为始祖，则其时已经建立国家。据《竹书纪年》载："武乙二十一年，古公亶父薨，泰伯君于勾吴。"可见古公死后，泰伯已经立国。汉武帝元鼎元年（公元前 116 年），司马迁游历江南，曾亲眼见过吴墟古城。

纵观有文字记载的 5000 年来的中国历史，改朝换代无不以武力兴替，手足相残几乎是权力转移的主要方式，而泰伯却为最高权力的交接转换提供了一种备受称颂的新模式。因此，泰伯禅让王位、开发江南的功德，一直为后人所崇敬。

东汉永兴二年（公元 154 年）四月，吴郡太守糜豹奉诏监修梅里泰伯旧宅为祠（或称泰伯庙）[8]，并修葺皇山墓冢。[9] 同时在吴县阊门外雁宕屯南建至德庙一座。2006 年 5 月，无锡市的泰伯墓与泰伯庙这两处古迹被国务院批准为全国重点文物保护单位。无锡市区还有两处泰伯庙：一是位于县城中的娄巷，建于明初洪武十年（公元 1377 年）；另一处泰伯庙在惠山东麓，建于清乾隆三十年（公元 1765 年）。无锡市（特别是新区和锡山、滨湖两区）至今依然保存着许多与泰伯奔吴故事相关的历史地名，每一处古迹无不氤氲着百姓缅怀江南先祖的人文气息。

此外，在古吴郡治所——苏州市，泰伯庙至少有两处祭祀场所：其一在今阊门区下塘街 250 号（吴越时由阊门外移至阊门内），称为东吴祖庙，为苏州市文物保护单位；另一处在苏州工业园区的唯亭镇。

泰伯庙、泰伯墓，建立 1800 余年至今祭祀不断，每年夏历正月初九为泰伯祭日，"泰伯庙会"习俗沿袭至今。夏历三月初三为泰伯千古之日（后祭祀改在清明节），来自四面八方的百姓，都要到泰伯墓前设酒祭祀，怀念、祭奠这位"三让天下"、开发江南的吴国始祖。清明时节，无锡城东郊的百姓会制作一种有三种馅料的米粉糕团，他们把这种点心叫作"三酿团子"，三种馅心，一青二白。在吴方言里，"酿"与"让"同音。据当地人说，制作这种点心，是为了纪念他们的先祖泰伯三让王位、奔吴拓荒的故事。

每逢中秋佳节，历代帝王将相和朝野士子或凭吊泰伯墓，或拜谒泰伯庙，不胜枚举。进入 21 世纪，每年 4 月 10 日无锡市人民政府在泰伯陵墓前的至德广场上举办国际吴文化节。

二

泰伯因禅让天下而开发江南的故事，被后人奉为"德圣"。对此，部分学者通过对史料的研判提出了疑义。他们认为，当时的西周部落，已陷入部落首领继承权的内斗之中，在权力斗争中处于劣势的泰伯，最后不得不远走避祸。然而，从迄今为止时隔 3000 年的史料，我们很难判断出，那个完美的泰伯形象，有多少是历史的庐山真容，又有多少是后人有意无意地夸大和改造。事实上，这种案例在层累堆积的历史中屡见不鲜，一个丰富而多侧面的人经过数百上千年的"造神"或者"造鬼"运动，往往会变得遥远而虚幻。我们无法排除后世儒家和既得利益者为了政治安定考虑，妙用"春秋笔法"对泰伯事迹的人为拔高。不过，拨开几千年来这些华丽的层累，我们必须承认，泰伯当年不管是主动禅让还是无奈退让，其和平交接权柄的方式总是有利于社会文明发展的。

因此，自春秋末期以来，历代先哲名贤甚至帝王留下不少赞美歌颂泰伯高风亮节的诗文，篇什数以百计，从古至今新作绵绵不断。目前最早见诸文献的称颂，大概源自孔子《论语》及其裁定的我国第一部诗歌总集——《诗经》。这些歌功颂德的文学作品之所以纷纭璀璨，更大程度上与泰伯信仰有直接的关系，是一种基于信仰之上的文学创作与文化。

泰伯于殷商之末去周而下江南，意味着一个文明新时代的肇兴和华夏民族一个崭新的地域文化——勾吴文化的开端。自此，一片曾经相对蛮荒的土地成为一个新兴国家——勾吴，一群曾被视为蛮夷的黎民也有了自己的称谓——吴人。

泰伯以让求全、以退求进的智慧及其行为，逐步凝结为谦让、务实、开拓、奋进的"至德"精神，永远响彻历史长空，也为后来吴人的善于进退开启了先例。这是上天赋予中华民族至善至美的高尚品性和文化遗产。这种崇德、尚德的优良传统，由黄帝、尧舜、夏禹等先贤一脉相承，泰伯继承发扬其精髓，并以一生实践丰富滋润了至德精神，从而创立了至德文化。

江南民间对泰伯的祭祀与崇拜，在巫觋之风盛行的吴地源远流长。最初只是源于宗亲乃至区域民众最单纯的原始的先祖崇拜，与泰伯本人的德行无关。至于在东汉年间无锡和苏州两地同时奉旨敕造泰伯墓和泰伯庙，可定为泰伯信仰形成的标志。泰伯在民间作为道德典范的神学化了的高大形象，主要是在明朝以后的文化信仰中，经过了儒家化的改造实现的。这种英雄信仰主要集中在苏州府和常州府的无锡县，在常州府的其他地区，对吴人先祖的崇拜则主要表现为对泰伯之弟仲雍和仲雍后代季札的祭祀。地方官府和地方士人是这一改造的推动力量，而地方士人又在其中发挥了主导作用。

对泰伯德业的祭拜，蕴含了一种深厚的德性文化，是区域性的吴文化和民族性的中华文化的重要建构内容。歌功颂德泰伯的文学作品，主要保存在下列五大类纸介媒体中，一般性的碑刻和题匾都有印行文本，收入各地吴氏宗谱或地方档案之中：

（1）吴氏宗谱。自东汉桓帝永兴二年（公元 154 年），泰伯第四十一世孙吴如胜辑成《泰伯世系》以来，一部依据封建血统，维护宗族利益，宣扬至德精神，讲求荣宗耀祖的"吴氏统谱"，在我国历史上绵延 1900 余年，不失为我国古老的宗谱之一。比较有影响的如吴存礼编辑《梅里志》（计四卷、图一卷）、清雍正二年（公元 1724 年）蔡名烜刊本、清道光四年（公元 1824 年）华乾重刻刊本。

迄今集大成者，以《锡山延睦宗》为统率群谱的第十六次修《中华吴氏大统宗谱》。统谱不仅收集了上溯至东汉以来的上千篇序言，还收藏了大量赞颂泰伯的诗文、题词和楹联。这些文字的作者，既有东汉桓帝、康熙、乾隆等帝王将相、贤人达官，也有名人志士和普通百姓各界人等，还有当代国家领导人的墨宝。历史诗人和古今中外名人，以律诗格调和传统对联形式，热情洋溢地赞颂了我们祖先的丰功伟绩。

（2）地方志。苏州和无锡两地的古典方志中，蕴藏着大量的勾吴国历史资料，对于开展学术研究有着重要价值。吴氏历史，如秦瀛总纂《无锡金匮县志》（四十卷，卷首一卷），清嘉庆十八年（公元 1838 年）刊本；秦缃业撰《无锡金匮县志》（计四十卷、卷首一卷、附编六卷），清光绪七年（公元 1881 年）刊本，其中卷三十七（诗），卷三十八（文），卷三十九（著述）。

（3）大型诗文汇编。收录了历史上先哲名贤的大量赞颂泰伯丰功伟绩和高尚人格的文字。如《全唐诗》、《全宋诗》和《全宋词》等。

（4）地方性或家族性的诗文总集。如顾光旭编《梁溪诗钞》（五十八卷），清嘉庆年间刊本；侯学愈编《续梁溪诗钞》（二十一卷），民国庚申（公元 1920 年）铅印本；侯晰编选《梁溪词选》（十八家），康熙五十一年（公元 1712 年）侯氏醉书阁刊本；周有壬编录、侯学愈重订《梁溪文钞》（八十卷）；侯学愈参订《梁溪文续钞》（六卷），民国三年（公元 1914 年）刊本；秦彬编《锡山秦氏诗钞》（十八卷），清道光年间刊本；秦毓钧编《锡山秦氏文钞》（十二卷），民国七年（公元 1918 年）铅印本；等等。

（5）作者个人诗文集或丛书。如范仲淹《范文正公集》、秦松龄《微云词》、顾贞观《弹指词》、严绳孙《秋水轩词》，等等。

历史上先哲名贤歌颂泰伯的诗文作者及作品数量，自汉以降，历晋、唐、宋、元，逐朝递增，而明代佳作纷呈，风起云涌，乃至清中后期则登峰造极，俨然成为江南文化的一道文韵亮丽的风景线。

从文学体裁分析，歌颂至德泰伯的韵文篇什远胜于散文，内容十分丰富，其中真正称得上一流诗人的作家相对较少。在散文体裁的文字中，史论和碑文这两类体裁的作品数量很丰赡，而作者大多以政治家为主流群体，主要内容集中在追忆泰伯奔吴事迹、辨析"三让"和记述泰伯纪念建筑的修筑修复的经过。至于厅堂和庙宇中的匾额题词，基本上是帝王将相的"垄断性创作"。

就作者属地而言，以苏州府和常州府本籍科第出身的文士占多数者众，无锡本邑更多，其中也不乏历朝历代来两府莅任或游历的官宦雅士。比较有名的作者有西汉的司马迁，唐代的李绅、陆龟蒙、皮日休等，宋代的有范仲淹、朱淑真、苏轼兄弟等，元代的有赵孟頫、许衡、倪瓒，明代有方孝孺、朱允炆、顾宪成、高攀龙、申时行、邵宝、文徵明、莫止、王永积等，清代有邹忠倚、顾贞观、严绳孙、钱大昕、赵翼、许宝善、秦松龄、秦瀛、杨芳灿、秦铭光等。

总体而言，对于泰伯德业评价最高、文化影响最大者，莫过于"至圣先师"孔子（公元前551—前479年）的《论语》之"泰伯篇第八"。其次为司马迁，他在所谓"史家之绝唱"的《史记》中专列"吴泰伯世家第一"。更有后人将曲阜孔府尊为"北方第一府"的同时，把梅里泰伯庙尊为"南方第一家"。[10]

特别值得一提的是，笔者在比较研究中发现，各种文化载体（如无锡和苏州两地方志、《梅里志》、《吴氏宗谱》等）中所刊行的歌颂泰伯的文学作品，有一些文字可能是伪作或讹传，阅读时必须细心辨析。另外，由于3000多年来泰伯信仰在江南盛行，各地关于勾吴古国和泰伯的纪念建筑物很多，本文中列举的诵泰伯诗文并非完全是先哲名贤在无锡鸿山或梅村的题作。

3000多年来，先哲名贤歌颂泰伯至德的佳作名篇成千上万，任何人企图对这些诗文作出比较全面的评述，是绝无可能的。本文也只不过是在敬仰之余，蜻蜓点水地择要写一点自己个性化的阅读理解和感想而已。

三

尊为"万世师表"的孔圣人，观其言论，似乎对吴人素无好感，然而泰伯却是他最崇拜、最敬仰的人。孔子在《论语·泰伯》篇中高度评价："泰伯可谓至德矣，三以天下让，民无得而称焉。"[11] 这是泰伯在悠悠 5000 年中华文化中的首次被高调地隆重"亮相"，加上"第一世家"的尊荣，泰伯因此雄踞历代帝王诸侯德行榜之首，并被推崇为"德圣"，成为至高无上的道德模范。民风"尚德"无疑是吴文化的精华，成为流淌着的文明追求，列入无锡城市精神的第一要义。

　　早期记述泰伯事迹或称颂至德精神的散文，大多与考证奔吴故事有关，其文字主要散见于诸子百家，或先秦时期的史书。先秦典籍如《穆天子传》《论语·泰伯》《春秋·泰伯传略》《楚辞·天问》《左传》《国语》等对泰伯奔吴及吴在荆蛮这两个事实都肯定不疑，但又都未指明泰伯兄弟最后落脚何处，语焉不详。如《左传·昭公三十年》："吴，周之胄裔也，而奔在海滨，不与姬通。"考察古代地理人文，"海滨"当然是在东海之滨的无锡一带，古吴国的疆域后来扩展至东海边；"不与姬通"，即基本排斥了陕西、安徽等地的可能性。又见《左传·哀公十三年》："吴人曰：'于周室，我为长。'"说明吴是泰伯之后，故辈分居长。到了汉代这个问题变得明朗起来了。韩婴撰《韩诗外传》："泰伯反吴，吴以为君。"[12] 司马迁作《史记》卷三十一之《吴泰伯世家第一》，是第一部见诸史籍的泰伯本传，并且作者以"太史公曰"的评论方式，引用了孔子《论语》中的盛赞"泰伯可谓至德矣，三以天下让，民无得而称焉"。[13]

　　事实上，历史上关于泰伯所奔之"吴"究竟在何处 [14]，3000 多年来素有热议争辩，也是诵泰伯散文常常涉及的内容。除先秦文献和《史记》之外，稍晚的记载有范晔编纂的《后汉书》中注引刘昭云："臣昭按：无锡县东皇山有泰伯冢，民世敬修焉。去墓十里有旧宅、井犹存。"[15] 可见当地人世世代代都恭敬地祭扫泰伯墓；泰伯的旧宅、井也一直保存着。还有，东汉赵晔《吴越春秋》、东汉王充《论衡》、唐代张守节《史记正义》及后代无锡和苏州两地的许多地方志，对泰伯事迹都有实事求是的记载和发自肺腑的热情歌颂。随着历朝史学家对于《史记》流变的校勘和正义，泰伯让国的传奇故事一再得到积极的评价，如唐代司马贞撰《史记索隐》中述赞："泰伯作吴，高让雄图。"

　　无锡历朝地方官员对于泰伯遗址的保护和至德高风的宣扬，发挥了应尽的义务。汉桓帝刘志在永兴二年（公元 154 年）诏吴郡太守糜豹在梅里皇山督修泰伯墓，并给五十户守冢。糜氏因作《泰伯墓碑记》一文，载其事主事迹，褒扬至德之万代教化价值，叙述建造陵墓的经过。糜豹当年刻的碑虽不存，其碑记却还留存无锡地方志。

糜太守在《碑记》中如是云：

> ……数年之间，人民殷富，教化大治，东南礼乐，实始基焉。则泰伯之德，光昭宇宙，犹如日月，固不可待。祠而显塚而存者，但体魄归藏之所，正吾儒报本追远之地。苟不于是而加意焉，其何以栖在天之灵？致后人如在之诚哉？况予幼时读鲁论之眼，每思泰伯之风，彷徨而不可企。不意受命南邦，诏建泰伯墓庙于梅里、皇山。
>
> ……皇山之墓，升其堂，忾然如有闻入其室，僾然如有见望其陵墓，而孝弟廉让之心，戚戚如有动焉。呜呼！至德之感人，有如是乎。斯举也，不惟皇上尊崇古圣，有关于当世之教化良多，即万代之后其功德宁有尽耶？[16]

东汉以降，关于泰伯三让故事及其价值的论述，是历代政治家和骚客文人歌颂泰伯诗文内容的另一个重要的主题。

晋秘书监孙盛作《周泰伯三让论》，考证历史文献，循西周剪商而发迹昌盛之路，辩论泰伯三让德行之伦理价值，论述自己的观点。

> 孔子曰："泰伯其可谓至德也已矣，三以天下让，民无得而称焉。"郑玄以为讬采药而行，一让也，不奔丧；二让也，断发文身；三让也，三者之美，皆蔽隐不著，王肃曰："其让隐，故民无得而称焉。"
>
> 盛谓：玄既失之，而肃亦未为得也。玄之所云三迹，显然，天下所共见也，何得云隐而未著乎？三迹苟著，则高让可知，亦复不得云其让隐也。盖泰伯之出，让迹已露，不奔丧，故一事耳，断发之言，与《左传》明文相背，又不经也。然则称三让者，其在古公至文王乎，周之王业，显于亶父，受命于昌，泰伯玄览，弃周太子之位，一让也。假讬逊遁，受不

赴丧之讥，潜推大美，二让也。无胤嗣而不娶，以仲雍之子为已后，是其深思远防，令周嫡在昌，天人叶从，四海悠悠，无复纤芥疑惑，三让也。凡此三者，帝王之业，故孔子曰："三以天下让"言非其常让，若臧札之伦者也。[17]

至北宋，理学家程颐列泰伯为世人敬仰的"贤人"，作《三让论》篇，与人辨析泰伯"三让"，另辟蹊径而言简意赅。他判断："三让者，不立，一也；逃去，二也；断发文身，三也。"认为泰伯让国而远涉南方拓疆，于常人观之似乎匪夷所思，然而对于西周立国却具有决定性的战略意义。他在论述中作如是推理：

当初百姓只见泰伯若狂惑之为者，后世圣人推明至隐，便见得泰伯此三事，都是他让天下处。所谓三让天下者，亦是圣人推原周家得天下之本处。[18]

苏轼曾作《延州来季子赞并引》，赞赏季子于春秋动乱之际的智慧，"季子观乐于鲁，知列国之废兴于百年之前"，为季子让国而酿成吴国灭亡的行为辩说，称"季子知国之必亡，而终无一言于夫差，知言之无益也"。东坡先生在《赞》中，歌颂泰伯的英德遗泽：

泰伯之德，钟于先生。弃国如遗，委蜕而行。坐阅春秋，几五之二。古之真人，有化无死。[19]

有趣的是，苏辙亦作文《泰伯至德》，与东坡兄长阅读春秋故事，比较研究泰伯让国的意义。《左传·隐公·隐公三年十二月》记载，宋宣公传国君之位于其弟宋缪公而不是其子，埋下了乱国的根源，导致了宋国五代的混乱局面。苏轼以为泰伯让国不居其名，故乱不作，鲁隐、宋宣取其名，是以皆被其祸；苏辙则以为鲁之祸始于摄，宋之祸成于好战，皆非让之过。相对而言，苏辙其说较其兄说更为允当。故而，苏辙认为仲尼非常重视君位的继承问题，他所以尊泰伯"三以天下让"的行为是"至德"，客观上促进社会发展而作出的公正评价。

文章并不长，让我们不妨见识苏氏兄弟关于一段史实的观点吧。

> 泰伯以国授王季，逃之荆蛮。天下知王季文武之贤，而不知泰伯之德，所以成之者远矣。故曰："泰伯其可谓至德也已矣。三以天下让，民无得而称焉。"子瞻曰："泰伯断发文身，示不可用，使民无得而称之，有让国之实，而无其名，故乱不作。彼宋宣、鲁隐，皆存其实而取其名者也，是以宋、鲁皆被其祸。"予以为不然。人患不诚，诚无争心，苟非豺狼，孰不顺之。鲁之祸始于摄，而宋之祸成于好战，皆非让之过也。汉东海王彊以天下授显宗，唐宋王成器以天下让玄宗，兄弟终身无间言焉，岂亦断发文身。子贡曰："泰伯端委以治吴，仲雍继之断发文身。"孰谓泰伯断发文身示不可用者，太史公以意言之耳。[20]

明代大文豪归有光所作《泰伯至德》，是诵泰伯散文中最长篇幅的作品之一，全文洋洋数千言。与眉州苏氏兄弟有相似之处，他在论述泰伯让国事迹的同时，也引用了春秋乱国故事，然而，所不同的是，他作文以"圣人者，能尽乎天下之至情者也"一语开篇，论述所谓"圣人"应当怀"至公"之心，善于"顺天"之意，认为"惟圣人之心为至公而无累，故有以尽乎天下之至情"。震川先生诠释泰伯至德的话语蕴藉非常丰赡，既不是就事论事的史论散文，也不仅仅从政治学的角度来思考"三以天下让"的道德正义，而是从以泰伯至德为常人所"不可及"的案例，论史抒怀言志，表述与天意自然和谐的人情、人道、人义，以一种另类文论的体裁表达了文学的抒情作用。

> 《论语》之书，不以让训天下，而言让者二：伯夷称贤人，泰伯称至德是已。夫让，非圣人之所贵也，苟以异于顽钝无耻之徒而已矣。而好名言异，人之所同患，使天下相率慕之，而为琦魁之行，则天下将有不胜其弊者。

　　春秋之时，鲁隐、宋穆亲辇其国以与人，而弑血丑之祸，不在其身，则在其子，国内大乱者再世。吴延陵季子，可谓行义不顾者矣。然亲见王僚之弑，卒不能出一计以定其祸，身死之后，仅三十年，而吴国为沼，以延陵季子而犹不能无憾者。故让之而不得其情，其祸甚于争；苟得其情，则武王之争，可以同于伯九。故圣人之贵得其情也。伯夷、叔齐，天下之义士也。伯夷顺其父之志，而以国与其弟。然终于叔齐之不敢受，而父之志终不遂矣。夫家人父子之间，岂无几微见于颜色，必待君终无嫡嗣之日，相与褰裳而去之，异乎"民无得而称"者矣。

　　故圣人以为贤人而已，盖至于泰伯，而后为天下之至德也。古今之让，未有如泰伯之曲尽其情者。盖有伯夷之心，而无伯夷之迹；有泰伯之事，而后可以遂伯夷之心。故泰伯之德不可及矣。

　　……

　　太王固不胜其区区之私以与其季子，泰伯能顺而成之，此泰伯所以为能让也。泰伯之去，不于传位之日，而于采药之时，此泰伯之让所以无得而称也。使太王有其意，而吾与之并立于此，太王贤者，亦终胜其邪心以与我也。吾于是要言而公让之，则太王终于不忍言，而其弟终于不忍受，是亦如夷、齐之终不遂其父之志而已矣。

　　归有光还从道德价值衡量，判断孔子为什么尊称泰伯三让为"至德"的道德取向。他剖析道："就使泰伯逆睹百年未至之兆，而举他人之物为让，此亦好名不情之甚，亦非孔子之所取。"[21] 因此，无论从正统史政、唐宋文论还是传统儒德来评价归有光的《泰伯至德》，都不失为一篇不可多得的散文艺术珍品。

　　之前，归有光还写过一篇《周时化字说》，叙述了一位姑苏好友"居娄门"的周永宁先生的言论，宣扬泰伯兄弟开发江南、传播中原文明的"圣贤之德，神明之胄"。

　　吴在东南隅，古之僻壤。泰伯、仲雍之至也，予始怪之，而后知圣人之用心也。彼以圣贤之德，神明之胄，目睹中原文物之盛，秘而弗施，乃和于俗。若入裸国而顾解其衣，以其民含朴，而不可以漓之也。洎通上国，始失其故。奔溃放逸，莫之能止。文愈胜，伪愈滋，俗愈漓矣。[22]

四

历朝历代地方长官和社会贤达对于泰伯的敬仰，常反映在他们以"记"为体裁的碑文作品中，发表他们对于重修泰伯墓、泰伯庙的动因或者游历纪念泰伯历史遗址的感受。他们在文章往往结合当前的政治或社会风气问题，以泰伯墓或泰伯庙的修造奠仪为文化载体形式，讴歌颂扬泰伯至德精神，来强化泰伯精神的德育的功能。

比较有名的作品，除了东汉吴郡太守麋豹首次封敕督修泰伯墓时所撰的《泰伯墓碑记》之外，还有南宋诗人曾几（公元1084—1166年，陆游恩师）于乾道元年（公元1165年）所撰《重修至德庙记》，明工部右侍郎周忱（公元1381—1453年）于宣德庚戌（公元1430年）所撰《重修至德庙记》，明太常少卿兼翰林陈音（公元1436—1494年）于成化甲辰（公元1484年）所撰《重修至德庙记》，明左都督杨文于弘治己未（公元1499年）所撰《泰伯墓碑阴记》（碑立于明弘治十四年），明大学士王鏊（公元1450—1524年）于弘治己未（公元1499年）所撰《重修泰伯墓碑记铭》，明礼部尚书邵宝（公元1460—1527年）于正德丁丑（公元1517年）所撰《修泰伯庙记》，明无名氏于嘉靖丁亥（公元1527年）所撰《至德庙重修记》，明林庭柳于嘉靖戊戌（公元1538年）《吴郡至德庙兴修记》，明思想家、东林党领袖顾宪成（公元1550—1612年）于万历丙申（公元1596年）所撰《重修泰伯庙碑记》，明思想家东林党领袖高攀龙（公元1562—1626年）于天启癸亥（公元1623年）所撰《泰伯墓碑阴记》，明兵部职方司郎中王永积（公元1649年前后在世）所撰《泰伯庙记》，清两广总督吴兴祚（公元1632—1698年）于康熙甲寅（公元1674年）所撰《泰伯墓碑记》，清散文大家汪琬（公元1624—1691年）于康熙乙丑（公元1685年）所撰《重修泰伯庙碑记》，清诗人、翰林院庶吉士杜诏（公元1666—1736年）于康熙丁酉（公元 1717 年）所撰《重修泰伯庙碑记》，清江苏巡抚吴存礼（生卒年不详）于康熙己亥（公元 1719 年）所撰《重修泰伯庙记》，清书法家汪士铉（公元 1658—1723 年）于康熙辛丑（公元 1721 年）所撰《重修至德庙记》等。上列"碑记"或"庙记"篇什，还只是清道光版《梅里志》[23]的一部分，细细研读，颇有意思。

唐大历十四年（公元 779 年）八月，尚书户部侍郎萧定作《改修吴延陵季子庙记》。他比较了吴氏泰伯和季子两代圣君、贤人青史流传的类似"让位"、相异成效的故事，认为泰伯之让，顺应了历史发展的潮流，造就了国富民强的和谐社会；而季子之让，则是为了明哲保身，从某种程度上导致了国破家亡的恶果。作者以"让"论所谓"贤"之真伪，认为"让之为德，在于生灵"，而季子之所作为不过是"知进退存亡"。他希望后人拜谒丹阳九里季子庙，"俾观像者识贤人之遗风可律，审度者知经德之礼秩无差"。

> 有吴之兴也，泰伯让以得之；有吴之衰也，季子让以失之。为让之情同，而兴衰之体异，何哉？泰伯之让，让以贤也，故周有天下，而吴建国焉。季子之让，贤以让也，当周德之衰，而吴丧邦焉。或曰：非所让而让之，使宗祀泯绝，而不血食，岂曰能贤？斯可谓知存而不知亡者矣。夫治乱时也，兴亡运也，故至至而不可却，终终而不可留。黄河既浊，阿胶无以正其色；盐池斯，咸弊□（字迹模糊）不能匡其味。与夫当浊乱之世，召力胜之戎，让与争孰贤乎？[24]

明宣德五年（公元 1430 年），苏州知府况钟鉴于当时诉讼之风不止，刑事案件急增，乃重修泰伯庙，庙成之日，时任应天巡抚的周忱告诫百姓：

> 方泰伯之奔吴也，断发文身，示不可立，然荆蛮义之，从而归之千余家，遂端委以临其民，是欲辞富贵而富贵随之。及其后世，夫差狃于必胜，穷兵黩武，破越困齐，欲霸中土，卒之国亡身戮，妻子为虏，是欲求富强而失其富强矣……尔民欲为泰伯之让乎，欲效夫差之争乎？一则庙食

万世，一则贻讥千载，其得与失必有能辨之者。[25]

周忱歌颂了勾吴开国明君泰伯的谦让，抨击亡国之君夫差的贪婪，把两者迥然不同的后世评价相对比，是为了突出泰伯的谦让之德，以让德教化百姓。"让"是温、良、恭、俭、让五德中的最高层次，此处周忱对泰伯"让"德的推崇较之宋人沈度对泰伯"俭"德的推崇，更符合孔子对泰伯"至德也，三让天下"的评价。这种告诫，突出地反映了他以泰伯精神推动地方德化教育的目的。

除地方官员外，地方士人是弘扬泰伯至德精神的另一股重要力量。这些士人在儒家经典的耳濡目染中成长，饱读四书、五经，不少人以教化百姓、服务乡里为自己应尽的社会责任。明弘治十一年（公元 1498 年），大学士王鏊建议新任无锡知县姜文魁重修梅村泰伯庙。明弘治十二年（公元 1499 年）庙成后，姜嘱王撰文，王在《重修泰伯墓碑记铭》的末尾感叹曰：

> 呜呼，孰知世教日隙，兄弟争立，父子相夷，我思至人，生也孔晚，无得而称，其称则远。[26]

在这一篇《碑记》中，王鏊还记述了当地官员"捐俸倡民"和民众"富者输财，壮者效力，期年而成"的盛况。

明中后期，无锡士人顾宪成、高攀龙分别在《重修泰伯墓碑记》和《泰伯墓碑阴记》中，谈到了自己的社会主张，即人人尊崇泰伯，以泰伯为典范，相互谦让，和睦相处。这不仅是他们的道德主张，也是与他们同时代的儒家知识分子共同的道德主张。

明万历二十四年（公元 1596 年），顾宪成应请撰《重修泰伯庙碑记》，强调"泰伯之祀于吴宜隆，而锡为甚"。以梅里泰伯庙和鸿山泰伯墓的文化地位，提高家乡的知名度和影响力，而且能够在一定程度上满足无锡人的家乡荣耀感，这一主张在无锡地方士人的文字中多次提及。略晚于顾宪成的高攀龙则将顾的主张阐释得更为具体：

则是至德之圣，让天下而逃，不之于名山大川，不之于长林、浚谷，而之于荆。其之于荆也，不之三江、五湖，不之于幽岩、绝壑，而之于吾锡之泱莽平墟，岂其无故耶？况乎临于平墟，墓于兹山，相去不数里而近，若其有择于兹者，又岂其无故耶？锡之士可思也。夫文明者，非文辞藻绩之工已也。[27]

高攀龙从泰伯让天下而逃，择无锡而居说开去，谈无锡作为文明礼仪之邦的根基是此地与泰伯深厚的历史渊源。顾、高二人巧妙地将儒家化的泰伯精神与地方文化建设相结合，使儒家化改造成功借助了乡土观念在地域社会的凝聚力。

清初小说家吴敬梓在《儒林外史》中曾描绘过这样一个场景：主人翁杜少卿邀集若干地方名士在南京重修先贤祠，供奉泰伯等四十二位儒家先贤。[28] 这一描述绝非无凭无据，作为讽刺小说的《儒林外史》，其创作应是有一定现实依据的。文中的主人翁正是一位饱读儒家经典的士人，可以说士人实质上是弘扬至德精神、推动泰伯信仰儒家化的主导力量。

五

至于历朝帝王对泰伯开化文明德行的褒扬，主要表现为敕封旌表（当然题额和诗文也不少）。据《三让王墓志》载：东晋太宁元年（公元 323 年），肃宗司马绍（公元 298—325 年）正式敕封泰伯为"三让王"。"诏祀泰伯用王者礼乐，具王者冕服，御制至德碑于墓前，建祀殿于茔域南三十步，命晋陵太守殷师领焉。"[29] 皇帝制曰："古先法天字民，德盛明圣……后之有天下者，莫不尊其谥号，官其子孙……朕自临御之初，已尊祀泰伯以王爵……钦哉尔诰。"

南北朝时期，宋武帝刘裕（公元 363—422 年）于永初元年（公元 420 年）三月，"敕祀泰伯以太牢，降御赞勒石于庙庭，复给守卫二十户"。按《辞海》："古代帝王、诸侯祭祀社稷时，牛、羊、豕全备为太牢。"

唐贞观十三年（公元 639 年），太宗李世民（公元 599—649 年）"诏重广门殿，遣礼部尚书兼御史韩太冲，祀泰伯以太牢"。唐贞观十五年，又"遣著作郎童显祀以太牢"。并御制颁下冕服式，即赐泰伯头戴冕冠，身穿十二章纹汉以前帝王服饰。唐垂拱二年（公元686年），宰相狄仁杰禁毁江南淫祠1700多处，仅存"夏禹、泰伯、季札、伍员"四祠。泰伯本人高尚的谦让之德作为儒家的主流道德，在国家权力的保护下，进一步延伸、拓展。

宋太平兴国二年（公元977年），太宗赵炅（公元939—997年）"敕命知平军州朝散大夫左中允梁同翰祀泰伯太牢"。宋景祐四年（公元1037年），"遣龙图阁直学士孔道辅祭三让王吴泰伯"。宋元祐年间（公元1086—1093年），哲宗赵煦（公元1076—1100年）"诏吴泰伯以'至德'为额，遣官致祭。元符间（公元1098—1100年），制封'至德侯'"，此举可看作泰伯具备官方正祀的资格，成为国家化信仰的开始，泰伯的形象[30]也悄然发生了变化。宋崇宁元年（公元1102年），徽宗赵佶（公元1082—1135年）进封泰伯为"让王"，后又被他追封为"至德王"。

元元贞元年（公元1295年），成宗孛儿只斤·铁穆耳（公元1265—1307年）"诏祭三让王于至德殿"。元至治二年（公元1322年）九月，成宗孛儿只斤·硕德八剌（公元1303—1323年）"祭三让王吴泰伯"。

明太祖朱元璋（公元1328—1398年）敕封其为"吴泰伯之神"。

清康熙四十四年（公元1705年），圣祖仁皇帝（公元1654—1722年）南巡时，御笔钦赐泰伯庙"至德无名"匾额。道光甲申版《梅里志》，对康熙皇帝为苏州泰伯庙题词一事，这样记载："圣驾南巡驻跸苏州，御书'至德无名'四字镌之苏城泰伯庙中，而泰伯故都在锡，庙亦当以锡者为主。"与顾宪成"泰伯之祀于吴宜隆，而锡为甚"的主张是一致的。清乾隆十六年（公元1751年），高宗纯皇帝（公元1711—1799年）初次南巡时，御书"三让高踪"题匾泰伯墓。

注释：

[1] 泰伯奔吴及筑都梅里（今梅村）的历史事实，古籍言之凿凿，多次见诸自司马迁《史记》以来文献，但是迄今尚无完整的古城遗址的考古物证。如（唐）陆广微撰《吴地记》："泰伯、仲雍奔吴梅里……泰伯筑成于梅里平墟，

其地汉为无锡县。"载（明）吴琯辑《古今逸史》上海涵芬楼景印明刊本。又（唐）张守节撰《史记正义》："吴，国号也，泰伯居梅里，在常州无锡县东南六十里。"载台湾商务印书馆1986年景印文渊阁《四库全书》本。

[2] 泰伯，生于殷高宗武丁四十年戊申（公元前1212），卒于庚丁二年甲寅（公元前1146），享年66岁，陵墓在今无锡新区鸿山西麓。一说泰伯卒于武乙四年（公元前1112），似不可信。

[3] 仲雍，周太王古公亶父次子。生于殷高宗武丁四十四年壬子（公元前1208），卒于帝乙十九年甲申（公元前1116），享年92岁，墓葬常熟虞山。

[4]（汉）司马迁：《史记》，中华书局1982年版。
《史记·周本纪》："我世当有兴者，其在昌乎！"
又《史记·吴泰伯世家第一》："吴泰伯、泰伯弟仲雍，皆周太王之子，而季历之兄也。季历贤，而有圣子昌，太王欲立季历以及昌，于是泰伯、仲雍二人乃奔荆蛮，自号句吴。"

[5] 徐敏著：《季札——孔子推崇的圣人》，重庆出版社2009年版，第5页。

[6] 据《吴地志》与《南徐记》载：泰伯死后葬在离梅里（"句吴"都城）东北正九里之遥的铁山尾南麓，从此铁山更名为"古皇山"。

[7]（宋）史能之纂修《咸淳毗陵志》："无锡，古句吴地，泰伯旧国，其城今梅里乡。自泰伯以下至王僚二十三君皆都此。周敬王六年，阖闾始城姑苏而迁都焉。"清嘉庆二十五年（1820）刊本。

[8] 明万历二十四年（1596），重修泰伯庙。明天启三年（1623），清康熙三十一年（1692）和五十七年（1718）、乾隆三年（1738）、嘉庆二十三年（1818）、道光二十九年（1849），相继进行修缮和扩建，使得泰伯庙颇具规模，增加了许多建筑，丰富了它的人文内涵。

[9]（汉）糜豹：《泰伯墓碑记》，刊（清）吴存礼编《梅里志》卷四，清道光四年（1824）华乾重刻本，页一至二。古碑树立在鸿山南麓泰伯墓园内。

[10] 庄若江：《说吴》，广陵书社2010年版，第16页。

[11]《论语·泰伯篇第八》，商务印书馆（四部丛刊初编缩印本）。

[12]（汉）韩婴：《韩诗外传》卷十，明嘉靖十八年（1539）刻本。

[13]（唐）司马贞：《史记索隐》，明末毛氏汲古阁刻本。

[14] 关于泰伯奔吴原因与古吴地望两个问题的辨析，建议参考柯秋白撰《第 29 届古今国史探微之再论泰伯奔吴》，见武汉大学历史学院"中国史"网站 http://www.history.whu.edu.cn/lishi/newsdis.asp?num=967&bankuai=46 ［2009-05-26］。

[15]（南朝·宋）范晔：《后汉书》志第二二之《郡国四》，中华书局 1983 年版。

[16]（汉）糜豹：《泰伯墓碑记》，刊（清）吴存礼编《梅里志》，卷四，清道光四年（1824）华乾重刻本，页一至二。

[17]（晋）孙盛：《周泰伯三让论》，载《太平御览》，卷四百二十四。《梅里志》题名作《三让论》。

[18]（宋）程颐：《三让论》，刊（清）吴存礼纂《梅里志》，卷四，清道光四年（1824）华乾重刻本，页四至五。程氏此种观点亦见诸（宋）程颢、程颐撰《二程粹言》卷七"圣贤篇"，清康熙吕留良刻本。

[19]（宋）苏轼：《苏东坡全集·内篇》，卷三，《四部精要》本。

[20]（宋）苏辙：《泰伯至德》，《栾城三集》卷七，上海古籍出版社 1987 年版。

[21]（明）归有光：《震川先生集》，上海古籍出版社 1981 年版。

[22]（明）归有光：《归震川全集》，世界书局 1936 版，第 45 页。

[23]（清）吴存礼：《梅里志》卷四，清道光四年（1824）华乾重刻本。

[24]（唐）萧定：《改修吴延陵季子庙记》，刊（清）董诰等纂修《全唐文》，清嘉庆十九年（1814）扬州全唐文局刻本，卷四百三十四。原碑现保存在江苏省丹阳市行宫镇九里村季子庙中。

[25]（明）周忱：《重修至德庙记》卷四，刊（清）吴存礼编《梅里志》，清道光四年（1824）华乾重刻本。

[26]（明）王鏊：《重修泰伯庙碑记铭》，刊（清）吴存礼编《梅里志》卷四，清道光四年（1824）华乾重刻本。

[27]（明）顾宪成：《重修泰伯庙碑记》，刊（清）吴存礼编《梅里志》卷四，清道光四年（1824）华乾重刻本。

[28]（清）吴敬梓：《儒林外史》,《第三十七回：祭先圣南京修礼,送孝子西蜀寻亲》,人民文学出版社 1995 年版。

[29]（清）钱泳：《履园丛话》卷十九之《陵墓》,"商吴泰伯墓",中华书局 1979 年版。以下引文同出此书。

[30] 在唐人小说中,泰伯是神的形象,与历史上的以及后世儒家所推崇的清心寡欲、谦让开拓、淡泊名利的至德圣人相去甚远。在唐人李玫的《纂异记》(《太平广记》卷二八〇六,《刘景复》条引《纂异记》) 中有如下关于泰伯祭祀的记载:

> 吴泰伯祠在东阊门之西,每春秋季市肆皆率合牢醴,祈福于三让王,多图善马彩舆女子以献之,非其月亦无虚日。时乙丑春,有金银行首纠合其徒,以绡画美人捧胡琴以从,其貌出于旧绘者,名美人为胜儿,盖户牖墙壁,会前后所献者无以匹也。

对此,唐人陆长源早已有过关注。他在《辨疑志》[陶宗仪《说郛》卷二三（下）,《泰伯》条引《辨疑志》] 云:

> 吴阊门外有泰伯庙,往来舟船求赛者常溢,泰伯庙东有一宅,中有塑像,云是泰伯三郎 (泰伯长子) 里人祭时,巫祝云:"若得福请为泰伯买牛造华盖。"

陆对此现象颇为不解,在文章中议论道:

> 其如泰伯轻天下以让之,而适于勾吴,岂有顾一牛一盖而为人致福哉!又按《泰伯传》,泰伯无嗣,立弟仲雍,泰伯三郎,不知出何邪?

不难发现,泰伯喜好善马、彩舆、女子,与明清时期江南地区神通广大的"五通神"的形象极其相似,完全不符合后世儒家对圣贤的界定。至于泰伯之子三郎的记载,与泰伯"无子,立弟仲雍"的生平就更不符合了。

这种对于异化泰伯的造神及祭祀的怪象,直至北宋后期才彻底结束。不过,泰伯作为仁让之君的圣贤形象在民间日益鲜明,应是在明朝建立后。

（作者单位：无锡市教育研究中心）

三　梅里文化丰厚隽永

论吴越文化特征及其文化生成因素

——兼论"泰伯奔吴"与古梅里文化之形成

/ 肖向东　孙周年

　　中华民族是一个由多元文化构成的文化大国，在数千年的历史演绎中，大陆以及内河流域的文化生成环境，曾经孕育了众多具有不同本土特点的地域文化部落与原生态的生存群落。如黄河流域文化群落、古代巴族文化群落、汉水与荆楚文化群落、古百越文化群落等。而诸种文化群落及其生命共同体又以自身的思想智慧培育出了黄河流域的半坡文化、仰韶文化、龙山文化和长江流域的河姆渡文化、马家浜文化、良渚文化、崧泽文化等。在中华文化五大谱系中，以黄河、长江流域而形成的人类早期文明，构成了中华文化的主要源流与精神主体，但两河流域的文明在长期的发展中，因地缘关系与地理阻隔，曾经一度沿着各自的轨迹平行延伸，创造着自身的辉煌却难以跨越交融，延至周代，这种文化僵局终于得以改变，这，就是史上著称的"泰伯奔吴"。

一　"泰伯奔吴"奠定古吴国先期文明的包孕性

　　据《史记》载："吴泰伯，泰伯弟仲雍，皆周太王之子，而王季历之兄也。季历贤，而有圣子昌，太王欲立季历以及昌，于是泰伯、仲雍二人乃奔荆蛮，文身断发，示不可用，以避季历……泰伯之奔荆蛮，自号勾吴，荆蛮义之，从而归之千余家，立为吴泰伯。"[1] 对泰伯的义举，孔子赞曰："泰伯可谓至德矣，三以天下让，民无得而称焉。"[2] 史上对泰伯的礼赞，多集中于泰伯在人格上表现出的"让"德与仁厚胸怀，揭示其不慕荣华权利、不畏困难艰险的创业精神，以及其体恤百姓、与民同侪的民本精神，但从更深远的文化意义上观察，"泰伯奔吴"对于古吴国先期文明的建构以及其后吴国的发展，吴越文化的交流交融，乃至三国时期吴国雄霸江南，南宋时代东南形胜的形成，明清两代江南商品经济与文化的繁盛以及今天以沪、苏、浙为中心的"长三角"地区作为世界第六大城市群与经济文化圈的规划，无疑有着重要的文化开基作用。

如前所述，中华文明以黄河、长江为摇篮，曾经创造了伟大的远古文明，奠定了中国农业文明的基础。黄河文明创造的中原农耕文化，一度拥有先进的生产技术与生产工具，生产经验的积累，也大大提高了中原地区农业生产的能力与水平。而以"稻作文化"为基础的南方农业虽然暂为滞后，但先期的栽培技术已基本形成，得天独厚的自然条件，也推动了这一文明的固化与延伸。诚然，以"稻作文化"为主体的南方文明的确大兴于后世，且在大范围开发与延展之后以"后来居上"之势超越了先进的北方，成为中国农业文明的重要表征，但我们如果追根溯源，细究这一文化的流脉，促成"黄河"与"长江"两河流域文明相互交融并竞相发展的一个重要的历史转折点，无疑体现在"泰伯奔吴"这一伟大的历史与文化的迁移上。

泰伯"奔吴"与选择无锡梅里作为"入吴"的立足地，进而建立勾吴古国，距离我们今天似乎已十分遥远，"古梅里文化"如何形成以及其"文化遗存"如何察辨，时至今日也是一个颇费思忖的学术问题。然而"泰伯入吴"在文化生成与"吴文化"之形成上，却有着明确的思想意义与文化指向：

（一）"泰伯奔吴"开启了中国地域文化相互交融与文化流动的先河。发生学认为，文化的生成，的确与地理条件与地域生态的长期孕育有着十分密切的关系，地域文化的形成主要依赖的是地域性的生态环境与人文风习，但地域文化往往表现出一定的超稳定性、封闭性与排他性，因此，地域文化只能在一个相对封闭的文化圈内发展，其自新的机制与速度呈现出某种"缓慢性"。地域文化的裂变与质变式的更新，只能依靠"外力"与"异质文化"因素，"泰伯奔吴"在文化意义上，显然为吴地文化的突变带来了新的文化因子与外在的文化冲击，尤其是中原"农耕文化"与南方"稻作文化"的碰撞交融，中原先进的农业技术与吴地自然条件与物产的结合，极大地促进了黄河与长江两大流域农业文明的相互交融与深度结合，为文化的发展带来了一种"流动"的基因，而生态环境上，其与南方"水文化"的"柔变性"相适应，自然也奠定了江南文化"随性应变"的文化机制。

（二）"泰伯奔吴"奠定了古吴国先期文明的包孕性功能。古吴国形成之前，吴地固有的文明无疑以"水"为文化原点，进而与"水"结缘，以"水"为性，"水"成为吴地文化的重要元素。"水"之特性，随物赋形，因时而变，而浩渺深阔的太湖又成为"包孕吴越"两地的"水世界"，"水文化"凝聚的灵魂与精神，遂成为吴越两地积极吸纳外来文化的重要思想元素，"泰伯奔吴"带来的新型生产文化，一方面为吴地的发展注入了新的文化元素；另一方面，由泰伯在梅里建构起的古吴国先期文明与"梅里文化"也自然形成了自身重要的"包孕性"文化机制与功能，此为以后吴越两地经济文化的发展奠定了重要的思想基础。

（三）"泰伯奔吴"初步形成了吴文化特有的开放机制与纳新意识。检索吴文化的历史演变，可以发现一个惊人的文化秘密，那就是吴文化自泰伯伊始，始终处在不断地纳新与变迁的运动状态。"泰伯奔吴"之后，古吴国先期文明的形成自不待说，其后，寿梦时代，"寿梦立而吴始益大"[3]，"寿梦二年，楚之亡大夫申公巫臣怨楚将子反而奔晋，自晋使吴，教吴用兵乘车，令其子为吴行人，吴于是始通于中国。"[4]之后，吴伐楚，楚伐吴，在以政治、军事为主体的碰撞中，形成一种特殊形式的历史文化交流，为后来吴国在夫差时代的鼎盛发展以及"吴越之争"打下基础，而以越王勾践为核心、以由楚入越的外来人才范蠡、文种为骨干的"越灭吴"之战争，也进一步印证了吴越文化的开放性。及至东汉末年以及三国时期，孙吴政权广纳豪杰贤才，雄霸江东；南宋时代知识精英偏安一隅，造成东南一带的社会繁荣；明清两朝江南商品经济与文化的繁盛等，无不与吴越两地以开放的文化气度善于接纳天下英才，吸纳外来先进文化有着密切的关系。由此而论，"泰伯奔吴"，对于形成吴越文化特有的开放机制与纳新意识，在文化生成机制上，起到了重要的文化先导作用。其历史的、文化的、思想的意义，是颇为值得后人总结、反思与研究的。

二 "梅里文化"的潜在内蕴与吴越文化之性征

泰伯入吴，立足梅里，在建立勾吴古国、发展吴地农业经济的同时，文化上，亦以其人格魅力与无畏的探索精神，开启了具有江南地域特征的文化体系的建构。

从中国文化地图的演绎考论，吴越一带江南文化的形成，有着十分复杂的因素。地域上，吴越两地自古因环绕太湖而交流不断，往来频繁。文化上，古百越人作为江南的原始居民，不仅创造了自身的历史，而且曾经一度将自身的文明传播至太湖流域，奠定了长江下游"稻作文化"的基础。至泰伯入吴，驻足梅里，在被称为"荆蛮"之地的吴地建立勾吴古国，发展起后来影响了整个江南的以"稻作文化"为主体的农业经济，这一漫长的历史演变，非本论所能述及。本节所侧重关注的是，由泰伯入吴，在梅里形成的古吴文化的初始形态与后来吴越文化在广泛而深度的交流过程中所得以建构起的具有共同文化性征的新的文化形态，这种文化形态不仅因源出泰伯与梅里而引人注目，更因其文化生成因素的内在性与同一性而别具探讨意义。

1. "让"德文化的潜滋润养与吴越文化"柔性"精神的培育

文化源流上，吴越文化因地缘关系而同出一脉，从长江下游地区浙江余姚一带发现最早的新石器时代的河姆渡文化，到之后嘉兴的马家浜文化和上海青浦的崧泽文化，再到浙江余杭的良渚文化，沿着这样一条长江下游早期先民文化演变的路线与轨迹，我们可以明显地看到缘钱塘江与长江夹角地带的太湖周边地区的吴越先人很早就开始了重要的文化交流。尤其是在公元前5000—前4000年左右的马家浜文化、崧泽文化、良渚文化时期，吴越两地长期处于胶着形态，其文化交流的区域大面积地分布于太湖地区，范围包括浙江北部、今上海市、江苏东南部区域。"现已发掘的主要遗址除马家浜文化遗址外，还有浙江吴兴邱城、桐乡罗家角、江苏吴江梅堰袁家埭、吴县草鞋山、张陵山、苏州越城、常州圩墩、武进潘家墩、寺墩和上海青浦崧泽等"[5]，至泰伯入吴，太湖周边的吴越文化事实上已有互为一体、不分伯仲之势。而泰伯入吴，则将先进的中原文化率先传入吴地，并通过太湖的辐射传播功能，向其周边流域的吴越故地浸润渗透。

文化建构上，"泰伯奔吴"本身体现的"让"德与宽仁敦厚的人文性格，对于吴越两地的先民崇尚仁义、培育明礼谦让的人文风尚，具有明显的道德教化作用与潜在的思想影响。中国是一个地域广阔、民族众多的国家，涉及中国的南北情貌与人文性格，一般认为，北人主刚，南人性柔。但南北人文风习的演变其实是一个复杂的历史过程，其间所经历的世变的曲曲折折以及反映出的文化因素，远非一般论述所能说明，但"泰伯奔吴"却是我们观察南北流风"时变"的一个"透视点"。泰伯入吴之前，所接受与代表的显然是以中原文化为特征的"北方"文化，北人虽因地域、地理因素培育了刚健质朴、率真耿直的秉性，但其后中原文化亦孕育了以儒家文化为代表的"仁义"道德与崇尚"礼义"之风。"泰伯奔吴"，自然将中原早期先进的文化因子带入南地，由"吴"传"越"，在长江下游形成"北—南"文化的一个交流区，并逐步影响了古代吴越两地文化的建构，故，对泰伯礼让天下、德泽子民的义举，春秋末期的孔子赞曰：泰伯可谓至德矣，三以天下让，民无得而称焉。"让"，成为"吴"以及"越"文化"柔性"精神的一个重要形式表现。"让"，内含了"理性"与"感性"两种表达形式，从理性的角度说，"让"是一种"礼义"，一种节制；从感性的方面理解，"让"，是一种情感，一种操守。"礼让"、"谦恭"，就是后来孔子所崇尚的"礼"、"义"、"仁"、"爱"，是人类的一种大德。长期以来，古代的吴地被称为文明未开的"荆蛮之地"，古百越人也处于一个相对封闭的文化自在状态，泰伯入吴，显然为吴越两地带来全新的文化与文明，中原文化所内含的北方先进的农业、手工业技术，中原文化的人才及学术和思想观念、中原人文的性格精神，始得注入吴越古地，使之开始了从一个落后、偏僻且一直保持自身原始内涵的地方民族文化向先进的文化共同体中同构的区域性文化的根本性转变。而以"让"德文化为核心形成的文化理念的潜滋润养也逐步培育起了吴越文化中特有的"柔性"精神与崇尚"礼义"的社会风尚。

2. "水" 的生态性征与吴越人 "求新"、"求异" 意识的形成

吴越两地有着丰富的水资源。地处长江下游以及地势的低洼起伏，使吴越两地河网密布、湖河交融。"水" 既是吴越人拥有的自然生态环境，又是吴越两地的生民赖以生存的基础，"千百年来'水'的浸润以及天长地久地游弋在清新柔雅的太湖之上，沐浴着'包孕吴越'的太湖的云光雾影，大自然赋予吴人'秀外而慧中'的文化秉性与外柔内刚的人格精神"。[6] 也正是这种秀外慧中的文化秉性与刚柔并济的人文血液的渗透，以及 "水文化" 特有的因时而变、随物赋形的特点，培育了吴越人一种不断探索、一往无前、求新求变、变革创新的文化意识与创造精神。老子曰："上善若水。" 吴越人长期与水为邻，以水为邦，生活与文化的生态化取向，无疑使之深谙 "水" 之内蕴与灵性，尽得 "水" 的哲学启迪与思想妙悟，因此，吴越两地的人文环境与社会风尚，相对于内陆以 "山地" 与 "平原" 为平衡生态的超稳定的社会格局，自然就多了一分 "灵动" 与 "机变"，历数 "泰伯奔吴" 之后吴越两地社会生活与历史的演变，我们可清晰地看到吴越大地所发生的一系列 "新变"：如寿梦时代接受楚国强兵之策 "用兵乘车"，遂使吴 "益大"。王僚时代，公子光接纳楚之亡臣伍子胥，至阖闾时期，任用晋国军事天才孙武，一时间使吴国成为东南强国。而越国此时则引用了楚国的文种、范蠡等杰出人才，终至完成了灭吴兴越的大业。像 "水" 纳千流一样，不分亲疏，无论内外，广纳贤才，唯能是举，显然是 "泰伯奔吴" 之后，在吴越两地形成的一个传统，一批批贤能在历史的滚动与发展中不断聚集于吴越两地，一方面推动了吴越政治、经济、军事、文化的发展；另一方面强化了吴越人 "求新"、"求异" 的创造意识，进一步建构了吴越集纳天下英才、不断进取创新的优秀传统。

3. "嬗变"、"融合" 之气与吴越文化崇尚 "和谐"、"大气" 之境的追求

吴越文化形成的开放意识与吴越文化长期的相互交流，亦为吴越人的精神气质带来了 "嬗变"、"融合" 的文化特性，此同样与 "水" 的柔而能变、大而能融的物质属性相吻合。"嬗变" 也是中国文化的一个重要特征，在世界文化谱

系中，古埃及、古巴比伦、古印度文化之所以消失，而中国文化之所以历 5000 年历久弥新，一个十分重要的因素，就在于中华文化的宏大气度与因时而变、与时俱进的"嬗变性"文化机制。"融合"是中国文化善于吸收"异质"文化因子以及不断改造异源文化进而将之变为自身进步的有机元素的一种"同化"机制。从中华文化历经 5000 年长盛不衰，且不断自新壮大的行进历程来看，融合新机，吐故更新，在同化中蕴含机变，在善变中求得和谐，守本开新，生生不易，是中国文化始终葆有青春活力的一种内在机制。吴越文化作为中国文化的一个重要组成部分，作为具有善于吸收"异质"文化的一种不断"自新"的文化，在秉承中国文化"嬗变"、"融合"的精神气质上，自"泰伯奔吴"之后，始终处于一种领先的地位。秦汉以前不提，就东汉以降而论，东吴孙权集团政治、经济、军事的强大，南北朝时期南朝佛教文化的繁盛，隋唐时代由运河带来的江南的富华，南宋之后因偏安一隅造就的富甲一方，明清两朝商业文化的萌生而诱发的经济繁荣，以及近代以后因资本与现代工业的引入带来的民族工商业的兴起，无不以历史事实证明着吴越文化在其开放意识与"嬗变"、"融合"的精神气质指导下形成的文化机制在吴越两地社会经济发展中所起的主导性作用，而无论"嬗变"或"融合"，所追求的目标，一是整合性的"和谐"，二是融合式的"壮大"，此即是中国文化所追求的一种境界：天人合一，有容乃大！

三　"古梅里文化"精神与无锡新区文化的契合

如前，"泰伯奔吴"不仅缔造了勾吴古国，同时创造形成了"古梅里文化"。

"梅里古都"，作为吴文化的象征，千百年来，始终以她的历史与文化遗存述说自己的故事，传递着古吴文化的信息，尤其是那些今天仍留存于世的庙宇、陵墓、塑像、园林、石雕、碑刻、沟渎，以及在梅里人的民间风习与俚俗中寓含的古吴文化的因子，在大量的文化典籍中隐藏的神秘而真实的故事与人物，以及丰富的民间逸闻与历史传说，都可以触摸到古吴文化的沧桑记忆，萌发千古幽思，万载情怀。古都今日的每一下脉跳，都牵动着她的历史心脏，而今天地处"梅里古都"这片文化厚土之上的无锡高新技术经济区，在文化精神上，亦与"梅里古都"一脉相承，息息相通，同时又以新世纪的文化风貌引领着吴越文化的潮头。

1."古梅里文化"的吸纳精神与无锡新区开放气度的精神契合

"梅里"之所以成为吴文化的发源地，在于当年"泰伯入吴"所带来的中原先进文化的融入以及在梅里古都形成的大胆吸纳异质文化的精神气度，而今天在无锡新区所形成的新加坡工业园区、国际生活社区、与国内外具有广泛联系的航空港产业园区、国家传感网创新示范区以及以"海力士"为代表的世界500强的60多家大型企业的入驻，1500多个外资项目的引入，337家"530"创新创业企业的落户，等等，显然是当年"古梅里文化"青春在新时代的焕发。"梅里文化"的核心，在于它的"开放性"与"建构性"，今日，无锡高新技术经济新区的建设与发展，所坚持的就是"开放性"与"建构性"的原则。在开放的基础上发展，在建构的基础上开拓，在发展的基础上创新，构成了新区文化在新世纪的新特点，但又明显地与"古梅里文化"表现出内在的契合性。由此可见，文化的承传，既有外在的可见性的传统象征，又有其内在的精神的契约，内外的作用，决定着文化的流向与生命强力，"古梅里文化"精神犹如流动的血液，始终滋润与支持着吴地以及新区的可持续发展，不断催生"新"的诞生与未来的创造。

2."古梅里文化"的开拓精神与无锡新区创业文化的深度融合

当年勾吴古国在梅里的建立，其历史意义显然在于它的开拓性，并由此开始了吴国由小到大、由弱到强的漫长的历史进程，而"古梅里文化"的首要意义，就在于泰伯带领梅里人民在"荆蛮"之地开垦出了一片全新的文化沃土。不畏艰辛、不怕困难、艰苦奋斗的开拓精神，构成了"古梅里文化"的精神灵魂。这种精神在今天的新区建设中所起到的文化支撑与引领作用也是不言而喻的。新区作为今日中国"长三角经济区"的一个重要示范与引领性创业基地，其"文化旗帜"上所书写的大字就是"创业"！一切"创业"都源于原始开拓，意味着从无到有、从小到大、从弱到强，这与当年泰伯由中原富庶之地来到蛮荒的太湖之滨"白手起家"在实质上并无区别，由此而论，"古梅里文化"的开拓精神与今日无锡新区所倡导的创业文化在新世纪表现出一种深度融合，老子曰："柔弱者生之徒"[7]、"贵以贱为本，高以下为基"[8]，一切强大都起于"微小"、"低下"与"柔弱"，事物总是沿着相反相成的逻辑演变方式而运行，这是历史的辩证法，也是创业的思想逻辑。"古梅里文化"的开拓精神与无锡新区创业文化所表现出的从无到有、由弱到强的发展路径，即鲜明地证明了这样一个历史与文化逻辑。

3."古梅里文化"的进取精神与无锡新区科学发展的起承转合

"古梅里文化"由于特具一种善于吸纳外来文化、异质文化同时建构起自身特有的外向视野与开放体系的文化性征，亦决定了这种文化范型所具有的"兼容性"与"崇尚多元"的文化取向。而不同文化在同一空间的相互碰撞与激励，杂交与融合，同时又与本土文化产生深度融合，必然会生成一种新型文化。这种文化既保留着本土文化的特质，又杂糅了多元文化因素，而以一种全新的形态呈现出来，故，"古梅里文化"这种文化进取精神在今天无锡新区的文化建设中也依然发挥着灵魂性的引导作用。当今的"长三角"地区已被国务院正式列为国家重点发展的"世界第六大城市群落与经济圈"，作为与世界同步的经济区，经济、贸易、交通的立体化发展将有赖于文化的支持，"梅里文化"以及"吴越文化"所特具的外向、开放、多元、进取的文化精神必然成为这一区域二次创业与快速发展的重要内驱力与思想元素，尤其是在倡导"科学发展观"的今天，如何发扬"古梅里文化"文化精神，在"科学发展观"指导下，增强新区人的创业意识、进取意识、拼搏意识、创新意识，创造新区辉煌的明天，这将是新区沿着"古梅里"的文化路径继续开拓前行的一个新课题。相信经过科学发展的起承转合，"古梅里文化"必将焕发新的青春，成就今日新区的理想与伟业，在梅里故地创造出灿烂的未来！

综观中国文化地图，自西周至今，经由了一条由西向东、由北向南的文化路线，这条路线将一步步引向进步，引向现代，引向世界。今天的新区在国家发展"世界第六大城市圈"的规划中因地处"长三角"的中心区，将成为中国与世界接轨和中国走向世界的一个桥头堡，多元的文化必将再一次在这里交流、碰撞，多种文化因素也必将再一次为"古梅里文化"注入新的生机与活力，使之成为中国地域文化的一朵奇葩！

注释：

[1][2][3][4] 司马迁：《史记·吴泰伯世家》，中华书局1982年版。

[5] 李学勤、徐吉军主编：《长江文化史》江西教育出版社1995年版，第9页。

[6] 肖向东：《吴文化发展研究》，载王立人主编《2005年无锡市经济社会报告书》，中央文献出版社2006年版，第139页。

[7][8] 参见《老子》第76章、第39章。

（作者单位：江南大学）

伯渎河：江南运河的肇端 古都梅里的见证

/ 钱志仁

梅里古城，早被掩埋在漫漫的历史尘埃之中，泰伯，在江南是个家喻户晓的人物，他的遗存，除了鸿山西麓的"泰伯墓"外，就是数千年来波光粼粼、渔帆点点的伯渎河。

这是一条古老的河，当年泰伯亲自身先夷民开凿出的河道。它以梅里为中心，东起今吴县常熟交界的鹅肫荡，西抵无锡羊腰湾，稍南汇为漕河，是一条最早的人工运河。史载为证：

顾祖禹《读史方舆纪要》云："泰伯渎在无锡县东南五里，西枕运河，东建蠡湖，入长洲县界（今吴县）渎长八十一里，相传泰伯所开。"

民国重印元末《无锡县志》载："泰伯渎去州东五里，西枕官河（今江南运河），东入蠡湖（今漕湖）长八十七里，广有二丈，此渎始于泰伯，所以被民之旱潦，民德泰伯，故名其渎，以示不忘。"

武同举《江苏水利全书》中载："按今，泰伯渎或称伯渎，一名百渎港。"

由于泰伯渎的开凿为吴地人民带来了最早的灌排、航运和饮用的水利效益，无锡人民为纪念和感谢泰伯，并以泰伯为江南始祖，举办庙会祭奠泰伯，成为千年习俗。表达了人民对引水开渎、造福吴地的泰伯的崇敬和缅怀。

伯渎河是历史上最早的运河，也是泰伯建立勾吴国的重要见证。

相传泰伯、仲雍为陕西周族十三代世祖古公亶父之长子和次子，由于北方戎狄屡次侵扰，古公亶父率领全族人由世代生息的豳（今陕西旬邑县）迁徙到岐山之阳，定居周原（今陕西岐山县）。在那里发展农业，建筑城郭，设官分职，奠定了文王、武王翦商的基础。古公亶父中意于三儿季历之子，孙儿姬昌，也就是后来的周文王，但又碍于长子继位的部落祖制，身后无子的泰伯望风知指，体察到父亲的烦恼，遂托名为父亲采药治病，偕二弟仲雍，"让国南奔"，跋山涉水，千里迢迢来到江南荆蛮夷民之区，落脚在无锡梅里，受到土著居民的欢迎，归之千余家，于是"共立以为勾吴"。江南发祥发展由此始。

研究吴文化史，对泰伯"让国南奔"，从来的质疑就多，如岐山泰伯仲雍出奔原因如何？让国何必远涉数千里至江南；犹如自天而降的泰伯，来到荒野荆蛮，扎营建寨，一切是那么顺利：荆蛮之民好像专门等待着欢迎他来此地，准备接受他来领导，大家齐心拥戴他当首领，跟着他筑城堡，听从他建国家。尽管泰伯教民耕作，学文断字，至德教化，可是毕竟不是今天，信息传布不可能如此通达快速、效果生动感人，而使蛮夷人顶礼膜拜来归。当地夷民，对远道而来闯入本土的周人，竟然没有一丝疑虑、半点反抗，规规矩矩接受领导，让泰伯顺顺利利把理想变为现实。泰伯有何等威力，或者说有何神力？

有人说，那是泰伯的"让国至德"精神，也有人说那是泰伯的教民耕作，织麻制衣，熟食烹饪，教民识字，然而这些都不是说说口教，听其言还重在观其行，而且在当时的条件下，毕竟是很有限度的。要能感化蛮民，而且是感化那么多的蛮民，统一蛮民的行动，在不靠武力统治的情况下，这可不是简单的事情。

泰伯的魅力究竟在哪里？成功靠了什么？

在我看来，泰伯渎的开凿显示了泰伯高超的智慧和卓越的远见，使百姓看到了幸福的未来。所以，泰伯渎是泰伯成功的重要因素之一。

据考泰伯奔吴定居在梅里，尽管这里已经有了原始的农业、养殖业，但从当时断发文身的习俗来推断，这里存在有不少湖沼、沟渠和沼泽。为了发展农业，改变一小块一小块塘田种植的状况，应该把沼泽地区的积水排泄出去，将田地逐步相连成片，形成一定规模的水稻生产区。于是他带领一起南奔来的族人和当地的部分群众，使用简陋工具，在低洼的地带上，利用原有的河、沟、池、渠，将它们连接穿梭，通过艰苦劳作，形成一条甚为粗陋的河道，将沼泽地带的积水通过这一条江南地区开凿的最早的人工运河排泄出去。泰伯率领部分夷民开凿河道带来的引水灌溉和便利交通，给人民带来了极大利益，泰伯带头艰苦为民生的无私行动震动民间。随着河道的延伸，越来越多的人参加这一工程，在开凿进展过程中，使更多的荆蛮子民得以深深了解泰伯的为人，钦佩泰伯关心民生、惠泽江南的至德精神。随着河道的推进，越来越多的人为泰伯的精神而感动并感化。泰伯影响的范围日益广泛，随着这条河道向前推进，来归者愈众，这为勾吴国的建立发展奠定了扎扎实实的基础。其影响日益广大纵深，"有口皆碑"，赢得了人民的信赖和拥护。而且在泰伯的积极经营下，积水排出、生态环境得以改变，开垦种植，"数年之间，民人殷富"，"归之千余家"，于是"共立以为勾吴"。平墟建城，内城"周三里二百步（一步，相当五尺），外郭三十里"的古吴城（《吴越春秋》）；在内城伯渎河畔建泰伯宫室。建立了勾吴国，共认泰伯为荆蛮首领——江南始祖。

伯渎河这条太湖地区最早的人工河道，它的成功开凿是新石器时期的一大奇迹。在当时的条件下，要动员、组织如许子民开凿、历尽艰苦、坚持完成全长 87，宽 12 丈的泰伯渎，这是何等的工作量、何等的艰苦进程！是泰伯秉承了祖先的积极发展的传统，在他言传身教、亲自率领下开挖，终于完成。既保障了两岸万顷粮田的灌溉，将原来的荒原、沼泽和"葑田"改变为平畴沃土，当季开之，以备旱涝，一方居民，始得粮食，又便利舟楫往来。更是在泰伯的领导下奠基，开始了吴越春秋篇章。

现在勾吴故都的城址遗迹虽已湮没无痕了。而伯渎河，这一世界上最早的人工河道，至今还实实在在流淌着，诉说它流淌了 3000 多年的历史，诉说着古梅里都城、泰伯开发江南的功绩。

直至今天，伯渎港仍在起着保障两岸农田灌溉和便利舟楫往来之作用，也是横贯新区梅里中心与外界联系的主要水道之一。作为江南最早开凿的运河的伯渎港，它在吴越地区作为人工运河的肇端闻名遐迩。早在春秋战国，吴越也先后开凿了胥溪、蠡渎、胥浦等运河工程，这也足以说明泰伯渎的福祉远播江南乃至于全国。

（作者单位：无锡市吴文化研究会鸿山分会）

泰伯渎为中国最早运河的可信性探讨

/ 王健

　　商周之际，地处关中周原（今陕西宝鸡岐山扶风一带）的周人的一支由泰伯、仲雍率领，长途跋涉到达吴地，史称"泰伯奔吴"。吴在何处，现在多从唐人之说，认为在今无锡梅村一带。今无锡有很多泰伯的传说，其中之一，便是传说泰伯在梅里开凿沟渠，后人称为泰伯渎。泰伯渎为沟通梅里一带沟通水道，长度约87里。后人考证，其线路是以梅村为中心，西北经泰伯桥通往无锡，东南经鸿山通往苏州，民国著名水利专家武同举认为这是中国最古的运河。[1]这个结论是否成立，可信度有多大，本文拟就此探讨，以就教于方家。

历史传说的可信性条件

　　传说虽然不一定是信史，但却是古代无文字时期，或无文字记载时期的传载历史的一种主要形式。上古的很多历史都是靠传说传承下来，再记载到文献中的。如三皇五帝、大禹治水等，都是传说中的人物和事迹。夏商周三代传说的史料也很多。问题是，传说是否可信，能否成为信史。传说历史极为复杂，有的传说荒诞无稽，毫无根据；有的夸大、编造，但也折射了那个时代的一些史影；有的传说虽然荒诞，却留下了一些信史的蛛丝马迹；有的则是口耳相传的，却有相当可信度。历史学家总是想恢复历史的本来面目，考古学家总是想找到原生态的历史遗存，但实际上现实的情况很复杂，文物学家总认为自己的鉴定水平最高，自己鉴定的才是真文物，其实，现在连考古学家也有人敢于质疑。

历史研究的难点和魅力往往在于历史资料本身的模糊性，充满悬念。由于人的记忆力本身就存在着遗忘性、不确定性，时间一长，回忆的准确性大打折扣。人的记忆的模糊性，过去的事情，从发生之时开始，马上就会模糊了，逐步丧失。甚至今天的事情，明天就会模糊了，时间越长，失真越大，错误越多。这种人的记忆的失真性，造成了文献记载的诸多问题，加之各种原因造成的历史文献记载阙佚，文献记载残缺、不断增补，包括一些档案，都可以编造。文献间相互抄袭甚至编造，历史越久远，很多事情就越难搞清楚了。说绝对一点，根本没有真正原生态的东西，或者原生态的东西，在自然、社会和人类活动的干扰下，多少都会加入人为的痕迹。传说历史更是如此，关键是怎样辨析，去伪存真。

历史学家总是想千方百计想弄清楚历史，特别是上古史，虽然这是极为困难的。一代又一代的史家，出于各种原因，追溯历史、记录历史、考证历史，文献层出不穷，上古史的许多事迹资料越来越多，记述得越来越清楚，有的则越来越复杂，越来越现代化。顾颉刚提出历史"层累地造成"的观点，引发了20世纪二三十年代出现的古史大辩论，形成了著名的古史辨派。古史辨的激烈论战，冲击了传统历史，对传说历史具有颠覆性威力。

中国古史，特别是三代及以前的古史，很多属于传说性质。传说是构成中国早期历史的重要方面。后世的传世文献将传说记载到历史书中，属于对传说的追记，并非绝对可靠，一定要和考古学资料（地下出土的文献和实物资料）印证，王国维称之为"双重证据法"。现在还有用民族学等资料印证的。或称三重证据。

但并不是所有的传说都有明确的新考古或出土文献、民族学等资料印证的，在这种情况下，传说也不可能完全否定，资料也不可弃之不用。在这种情况下，古史的传说是否可信，我以为应当至少具备三个条件：第一，古史传说是否有一定的传世文献依据；第二，这种传说的产生，是否符合当时的社会条件和社会生活。即当时的社会发展水平能否支撑这种传说史实存在的可能性；第三，已经被证明的史实资料的类比性。这三个条件紧密联系、相互依存、缺一不可。

"泰伯奔吴"、"泰伯渎"等的传说，就属于这种性质的传说。"泰伯奔吴"等传说在无锡梅里的物质文化遗产方面主要有三项：泰伯城、泰伯渎、泰伯墓。这是支撑泰伯奔吴在梅里的三项支撑性传说（当然，城内还有泰伯宅之类）。另外还有泰伯庙。关于泰伯的传说很多，如荆蛮之地，传说泰伯改蛮村为梅村，近代无锡梅村附近还有叫蛮村、蛮巷和荆村的。梅村又称梅里。泰伯旧宅，保留到梁代。梅村东北九里有泰伯墓。[2]东汉桓帝永兴二年（公元154年），吴郡太守糜豹，营造墓上建筑。后毁于兵火，明弘治重建。

这些传说是否可信，应当以这三个条件来考察。本文重点考察"泰伯渎"，即泰伯开凿运河的传说。

最早运河河段的不同说法

泰伯渎，今称伯渎河，相传为吴泰伯奔吴后率领荆蛮开凿的一条人工河流。著名民国水利史大家武同举以为泰伯渎是中国最古的运河："征诸历史，最古为泰伯渎。"[3]有学者据此断言中国开凿运河已有3000多年历史。[4]根据夏商周断代工程测定的年代，武王灭商为公元前1046年。

今天的伯渎河位于今无锡与苏州之间，呈东西向穿越梅村，是一条灌溉和行舟兼用的运河。郁有满编著的《无锡运河志》记述：泰伯渎，全长24公里，城区长5公里，河底宽6米，水深1.4米。故"泰伯渎为江南最古老的人工运河之一"[5]。

现在比较流行的说法是，根据《左传》哀公九年（公元前486）："吴城邗，沟通江、淮。"吴王夫差开凿的邗沟是大运河最早的河段，所根据的可靠文献是《左传》哀公九年（前486）记载："吴城邗，沟通江淮。"这条运河也被很多学者认为是中国最早的、可靠记载的运河，邗城在今扬州西北郊蜀岗上，邗沟便在蜀岗下的长江边，夫差为了北伐中原，在蜀岗下开凿沟渠，引江水经扬州湾头（茱萸湾）往东北通古射阳湖区，西北至末口（今淮安北神堰一带）入淮，史称邗沟。北神堰，在淮安城北五里处，后人认为是夫差所立，当时淮河水位低，邗沟水位高，防止运河水泄。这可能是京杭大运河上最早的埭堰水利设施。[6]但"吴城邗，沟通江淮"的解释，如杜预说的"以通粮道"，以及从邗到末口之类，都属于后人追加的成分，有的资料很晚，但现在也都被纳入信史。

或说是胥溪运河，比邗沟早20年。[7]而泰伯渎只是个古老的传说而已，难成信史。

泰伯渎的传说具备了可信性

然而，我们根据上述三点考察，泰伯渎的传说实际上是符合成为信史的条件的，其可信度是很高的。

第一点，具有一定的传世文献根据。

泰伯渎的传说记载到传世文献上很多，但多比较晚。最早的之一，是北宋初期人乐史（930—1007年）所撰《太平寰宇记》。乐史曾仕南唐，入宋后举进士，在很多地方任官，阅历丰富，对江南的情况十分了解。而在过去，北方史的作者对江南的情况知之甚少，如郦道元的《水经注》。北宋之前的史籍也没有泰伯渎的明确记载。《太平寰宇记》对江南的情况记载翔实，内容丰富。其中对泰伯遗迹记载也比较详细。"常州无锡县"下分别记载了泰伯城、泰伯渎、泰伯墓。

《太平寰宇记》记载：

> "泰伯城，西去县四十里，平地高三丈。《舆地志》云：'吴筑城桥里平墟，即此地。自泰伯以下至王僚，即此。城内有泰伯宅，堂基及井尚在。'"
> "泰伯渎。西带官河，东连范蠡渎，入苏州界。淀塞年深，粗分崖岸。元和八年，刺史孟简大开漕运，长八十七里。水旱无虞，百姓利之。"

> "泰伯墓，在县东三十九里。冢东九里有皇山，泰伯葬梅里山是也。"[8]

这里只提到"泰伯渎"之名，并没有讲就是泰伯所开凿，但名称为泰伯，显然，当地有"泰伯开河"的传说。特别是文中所说"淀塞年深，粗分崖岸"，这明确说明，这条河道古已有之，只是淀塞年深，粗分崖岸，几乎淤塞废弃。到了唐元和年间，由刺史孟简加以疏浚，重新开凿，用于漕运。

南宋咸淳《毗陵志》引《太平寰宇记》云："渎乃泰伯所开。"郁有满考证今本无此语。清《梅里志》记载："民间有口，但闻伯渎，未闻孟渎也。"[9]

我以为，这里的"渎乃泰伯所开"可能就是《毗陵志》所加，并非《太平寰宇记》原文，属于版本文字的错误。

乐史的态度是严肃的，记载了名称，并未说泰伯所开凿，但也透露了孟简所开的运河是在原来河道的基础上修筑的，并非平地开河。其记载一定有所本。

像《太平寰宇记》同样记载泰伯墓，这个墓实际上是东汉桓帝时太守糜豹所修，这在方志中有明确记载。[10] 所以尽管我们不能仅根据名称便说一定是泰伯所开凿，古代假托名人十分常见，如大禹治水开禹门的传说，秦淮河为秦始皇开凿一样，都非事实。但至少说明乐史的记载是有根据的。这条河在孟简时就已经开凿。

稍后，宋人欧阳修、宋祁在权威性的《新唐书·地理志五》中，有了泰伯渎的明确记载。在"常州晋陵郡"，本毗陵郡，天宝元年更名。武进下记："西四十里有孟渎，引江水南注通漕，溉田四千顷，元和八年，刺史孟简因故渠开。"无锡下记："南五里有泰伯渎，东连蠡湖，亦元和八年孟简所开。"[11] 这里所说的泰伯渎，是唐刺史孟简开了两条运河，一是孟渎，一是泰伯渎。但问题是为什么叫泰伯渎？可见这条运河可能是疏浚更古老的河道，并非完全平地开河。孟简开了两条运河，其中一条后人以孟的姓命名，一条仍称泰伯渎，清楚地说明了两者的区别，孟氏也没有贪功。

但是，从记载的情况看，除了《新唐书》，宋元以前人只是记述有泰伯渎之渎名，明确肯定此渎就是泰伯所开。明确说泰伯渎为泰伯所开的文献多是元明清以后的，属于地方志书的多。[12] 元、明、清的文献，大多明确讲泰伯渎为泰伯开凿。这多沿袭《新唐书地理志》。

第二点，这种传说的产生，是否符合当时的社会条件和生活常态。即当时的社会发展水平能否支撑这种传说史实存在的可能性。当时的地理环境和社会环境条件，支持泰伯渎的传说。

首先，从地理环境看，江南水乡的地理环境适于开凿运河。无锡一带，地势平坦，处于水网地带，河道纵横，五湖三江，四通八达。如果河流间不相通联，开凿小的河段，将其沟通应属于寻常之事。

中国古代的运河，并非平地开河。渠化是在很久以后的事情，特别是宋明以后。古代运河的称呼很多，南北方也不尽相同，如沟、渠、渎、水、漕、官河、市河、运粮河等，"运河"之名起源于宋代。按现在的词典解释，运河是人工开凿的航运渠道或河道。一是人工开挖，一是航运，两个条件缺一不可。但严格按这个定义套，"邗沟"、"胥溪运河"、"古江南运河"，甚至后来的"南北大运河"、"京杭大运河"等都是"子虚乌有"或大大缩水，因为古代相当长时期根本就没有完整的运河可言。显然现代的定义没有考虑到中国古代运河的特点，古代的运河大都不是全线平地开河，有一个漫长的人工渠化过程。一开始主要是利用自然河流、湖泊运输，因为自然河流湖泊大多可以通航，如果不能互通，就疏浚沟通节点加以联结，使之能够通航，形成今天所谓的运河。所以我们给中国古代运河下的定义是：通过人工疏浚、开挖、拓宽、连缀等方法，将自然河流、湖泊贯通起来，达到能够航运的河道往往被称为运河。运河应具备两个条件：人为使之贯通、可以航运。越到后来人工开挖的河段越多，如南北大运河、京杭大运河等，大多利用自然河流湖泊，故有河漕、湖漕、江漕等不同名称，只有山东段"闸漕"基本上是人工开挖的。[13] 江苏河流、湖泊广泛分布，长江以北有射阳湖、淮、泗、沂、潍、济等，长江以南有太湖、三江、江南河、丹阳湖、胥溪等，为了能够使航道四通八达，将原本并不直接沟通的河流衔接起来，这就需要开挖人工河，将运河开凿而衔接起来的水道，构成了以运河为枢纽的水运网络。所以，地处太湖流域的吴国开挖运河最多，这和当时的地理环境有关。通过开挖运河将境内各水系联结起来，形成了网状水路交通线。

泰伯奔吴，肯定已经有道路可通。周人从遥远的周原来到江南水乡，筑城于梅里（今无锡市锡山区梅村镇一带），自号勾吴，建立方国。这批西北移民开始是旱鸭子，由陆迁徙而来，不熟悉水网生活。但很快就和荆蛮融合，《史记·吴泰伯世家》"断发文身"，"荆蛮义之，从而归之千余家。"《集解》引应劭曰:"常在水中,故断其发,文其身,以象龙子,故不见伤害。"奔吴之所在,按《正义》:"泰伯奔吴,所居城在苏州北五十里常州无锡县界梅里村,其城及冢见存。"习惯了以舟楫行路的水乡生活,"以避蛟龙"。率领当地居民开凿一条运河也不是办不到的事情。可以推测,泰伯渎可能也并非全部为人工开凿,只是将一些河流连缀起来,在当时的条件下,应当是不难做到的。这条河,以灌溉为主,并不像唐孟简所开凿的,主要用于漕运。这是值得注意的。

其次,早期国家阶段相关的传说,有城、墓、运河,这都是当时能够具备条件出现的物质文化成就。梅里一带是当时水路的枢纽,运河的出现,符合当时的自然环境和社会条件。

新石器时代,长江以南,太湖流域著名的马家浜文化、崧泽文化、良渚文化系列文化遗址,在苏州、无锡、江阴、常州等地都有大型聚落遗址发现,高级别的遗址大墓,显示出社会分层的状况十分明显。像苏州、昆山一带的草鞋山、赵陵山等,常州的寺墩,都分布在古江南运河、太湖三江沿岸。特别是寺墩遗址,代表了良渚文化后期的强盛,或可能良渚后期中心已经向太湖西北转移,是为北上中原还是躲避海侵、水患未可知。寺墩遗址还显示出宁镇地区文化与良渚文化在此汇合。到了青铜文化的商周时期,太湖东面上海马桥文化增补了良渚文化的空白,西面扩展到江阴长江沿岸。

江阴发现了夏商时期的云亭花山遗址,附近有一座古城佘城,这可能和南北交通由此渡江的节点有关,泰伯渎的开凿正是由太湖经无锡通往江阴渡江的捷径。最近在张家港发现的东山村遗址,正位于长江岸边,或说明这一带也是由太湖越江北上的一个渡口节点。

梅里之吴是商末泰伯和其弟仲雍奔吴,放弃王位,远途跋涉来到江南荆蛮之地,是"泰伯奔吴"之地。这里当是最早的吴人聚落,属于吴国早期都城,但目前没有确凿的考古学证据。[14] 由于这一带为荆蛮居地,这里是吴人心中的圣地。

2004—2005 年,南京博物院等单位在接近于无锡、苏州两市交界的无锡鸿山镇,对东周越国贵族土墩墓郡进行了抢救性发掘。2007 年出版了包括发掘报告文字、礼器、乐器、玉器图版在内的四本一套的《鸿山越墓发掘报告》。[15] 鸿山镇距无锡与苏州各约 20 公里,鸿山本是鸿山镇北部的一座小山,传说东汉隐逸梁鸿曾居此，故名，镇以山名。这一地区土墩墓的分布范围，东至苏州黄埭镇、南至苏州浒墅关镇、西至无锡鸿山镇，北至无锡鹅湖镇，分布范围约 24 平方公里，保存着大小土墩近百座。从 2003 年 3 月到 2005 年 6 月上述地区共发掘战国时期越国贵族墓葬 7 座，可分小型、中型、大型和特大型四个等级。而根据随葬器物的种类、质地和组合关系，7 座墓葬可进一步分为五个级别。鸿山墓地在镇东北约 1 公里处，墓葬的年代可定为战国早期，在公元前 470 年左右，墓主可能为越大夫。在《鸿山越墓发掘报告》，编著者进一步认为越国贵族墓地大致年代为春秋末期至战国早期，与战国初期越都姑苏有关，年代应为公元前 473—前 468 年之间。越王僭越为天子，仅次于越王的越国贵族，根据墓葬的规模和随葬器物的数量、等级判断，其享用的墓葬的规模和随葬器物的等级当与中原的诸侯相当，故推测邱承墩墓主的身份应相当于春秋战国时期的诸侯。邱承墩贵族墓为仅次于浙江绍兴印山越王墓的特大型墓葬，因此墓主应为仅次于越王的越国大夫。推测可能为范蠡或文种的家族墓地。[16] "鸿山越国贵族墓地当属春秋战国时期吴越的政治中心姑苏的外围墓地。"[17] 结合鸿山以南 12 公里处的苏州真山，曾经发现春秋晚期的真山越国贵族墓地的情况 [18]，可以推断，鸿山、真山一带，与姑苏越都相距不远。

鸿山墓地主要集中在伯渎河流域，伯渎河西起运河，东达蠡湖，全长 24 公里，支流九曲河正通过墓地范围。从交通上看，这里正位于苏州—无锡—江阴三角形地带的中心地区，是太湖由苏州或无锡方向的经江南运河至伯渎河往江阴至常熟方向长江渡口的一个捷径，当时正有运河相通。从姑苏"出平门，上郭池，入渎，出巢湖；上历地，过梅亭，入杨湖；出渔浦，入大江，奏广陵"的吴古故水道，就在鸿山的东北面。越王勾践将姑苏作为北伐中原的前进基地，将政治中心迁移此一带，随后北上今山东，在琅琊建立了新的都城，逐鹿中原，参与中原争霸活动。

第三点，已经被证明的史实的类比性也可旁证泰伯开凿人工运河的可信性。

这里最有力的类比材料是"泰伯奔吴"的传说的可靠性。这是我们肯定泰伯渎最根本的前提。我们坚持"泰伯奔吴"在今无锡梅村的说法。至少唐代以来的史料支持泰伯奔吴在梅村的说法。《史记·吴泰伯世家》："泰伯之奔荆蛮，自号句吴。荆蛮义之，从而归之千余家，立为吴泰伯。"奔吴所在，三家注中唐人司马贞《索隐》，张守节《正义》都记载了泰伯奔吴在梅里的说法。这些材料大家十分熟悉，不用赘述。值得着重指出的是，第一，东汉人糜豹在梅村一带修筑泰伯墓，说明东汉时人已经广泛流传泰伯奔吴在梅里，不然不可能在此修筑泰伯墓。这条材料虽然出自地方志收录，但应当是可靠的。这种情况有点类似于位于太仓浏河口天妃宫前的石碑《娄东刘家港天妃宫石刻通番事迹记》碑刻，但这个碑原件早就不存。至今未见原碑，或早就毁掉，但碑文收录在明嘉靖《太仓州志》或嘉靖时苏州人钱谷的《吴都文粹续集》，或明末顾炎武《天下郡国利病书》所录碑文中。虽然抄录碑文文字互有出入，但事迹大致相同。明清相隔很近，资料尚难保存，更何况东汉。所以地方志中保存的东汉太守糜豹的碑文，应当可以视为东汉的可信资料。所以说，"泰伯奔吴"绝非仅唐人编造出来的。

　　第二，在中国，古代的很多文化资源都有各种记载，如尧舜禹，特别是大禹治水，事迹传说多，各地都有。而泰伯奔吴在梅里的传说，以无锡梅里最多，其他地方极少有这么多资料，争夺的情况也不多。这说明其奔吴所在的独有性。至少在古代，是大家都认可的史实，争论很少。直到 20 世纪 30 年代，才开始有人怀疑，发表大量文章。到了 20 世纪 50 年代，镇江丹徒烟墩山发现宜侯夨簋后，怀疑的学者更多。这个问题，已经有很多讨论。[19] 我们的观点是，吴文化最早在梅里的事实目前很难否认，考古资料最早也只是在西周初期，更多的是西周到春秋时期的。

　　第三，胥溪运河的开凿记载，也属于较晚的文献，同样属于传说史实，谭其骧等认为，胥溪运河是中国最早的运河，比邗沟早了 20 余年。据专家实地考察，认为胥溪位于茅山分水岭，两边的河流差别很大，胥溪起了联结作用，其特性为人工运河，而非自然河流属性。[20]

　　综上，从我们提出的关于传说历史的三个条件来考察，泰伯开凿运河的传说应当是有相当可信度的传说历史，不可轻易否定。当然，要真正落实，还需要更多的资料。

注释：

[1] 武同举：《江苏水利全书》卷三十一，《太湖流域一·历史提要》，南京水利实验处印，1950 年。

[2] 陈浣良：《关于文化界定的思考》，《吴地文化博览》2004 年第 8 期，第 29 页。

[3] 武同举：同 [1]；嵇果煌：《中国三千年运河史》，中国大百科全书出版社 2008 年版。

[4] 郁有满：《无锡运河志》，西安地区出版社 2008 年版，第 24 页。

[5]（清）顾炎武：《天下郡国利病书》卷二十六："北神堰在楚州城北五里，吴夫差于此立堰，盖淮水底低，沟水底高，恐其泄也。"（清）顾祖禹：《读史方舆纪要》，卷二二。

[6] 胥溪运河：公元前 506 年，周敬王十三年，吴王阖闾九年，为方便运输粮食准备伐楚，相传吴王阖闾命伍子胥开凿连接今高淳东坝到下坝高岗地带的运河，西通固城湖，东通太湖水系、南通水阳江水系，全长 30.6 公里，后名胥溪河，这是最早的运河之一。胥溪沟越茅山沟通太湖与宁镇水系，入水阳江，在芜湖一带越江北上，经巢湖、南淝水达淮河中游。

[7]（宋）乐史：《太平寰宇记》卷九十二，《江南东道四》，中华书局 2007 年版，第 1844—1845 页。

[8] 郁有满：《无锡运河志》，西安地区出版社 2008 年版，第 24—25 页。按："民间有口"，以下引文可能有漏字。

[9] 叶文宪：《吴国历史与吴文化探秘》，文物出版社 2007 年版，第 38—39 页。

[10]（北宋）欧阳修、宋祁：《新唐书》卷四十一，中华书局本，第 1058 页。

[11] 后世文献只有清官修《江南通志》十分慎重，没有讲是泰伯所开凿。

[12]《明史·河渠志·运河》。

[13] 据学者研究，吴国古城有《左传》：鸠兹城、固城、朱方城；《吴越春秋》：阖闾城；《越绝书》：吴大城、吴小城、伍子胥城、居东城、麋湖城、栅溪

城、亚栅城、摇城、古城、无锡城、毗陵城、毗陵县南城、曲阿城。参见毛颖、张敏《长江下游的徐舒与吴越》，湖北教育出版社 2005 年版。文献记载的城考古发现不多，考古所见城又不见于文献，这的确是传世文献与考古的矛盾之处，二重证据法在吴国文化研究中遇到了难题，所以，完全否定梅里为泰伯奔吴所在理由还难定论。

[14] 南京博物院、江苏省考古研究所、无锡市锡山区文物管理委员会编著：《鸿山越墓发掘报告》，文物出版社 2007 年版。

[15] 南京博物院、江苏省考古研究所、无锡市锡山区文物管理委员会编著：《鸿山越墓发掘报告》第三章《相关问题的讨论》，文物出版社 2007 年版。

[16]《鸿山越墓发掘报告》，第 5 页。参见江苏省吴文化研究会编印《吴文化资料选辑》第二辑收录的卫聚贤等人的论文。卫氏组织的《吴越史地研究会》有过激烈的讨论。卫氏有《泰伯之封在西吴》等文。

[17] 汪家伦、孙仲明：《关于胥溪运河的若干问题》，《太湖水利史论文集》，1986 年 4 月印。但魏嵩山认为胥溪运河非人工河流，伍子胥并没有开凿胥溪运河。参见氏作：《胥溪运河形成的历史过程（摘录）》，江苏省吴文化研究会编印：《吴文化资料选辑》第三辑，1982 年出版。

[18] 苏州博物馆：《真山东周墓地》，文物出版社 1999 年版。按：原报告认为是吴国墓葬，墓主为吴王阖闾，鸿山发掘者持否定观点，可从。

[19] 参见江苏省吴文化研究会编印《吴文化资料选辑》第二辑收录的卫聚贤等人的论文。卫氏组织的《吴越史地研究会》有过激烈的讨论。卫氏有《泰伯之封在西吴》等文。

[20] 汪家伦、孙仲明：《关于胥溪运河的若干问题》，《太湖水利史论文集》，1986 年 4 月印。但魏嵩山认为胥溪运河非人工河流，伍子胥并没有开凿胥溪运河。参见氏作：《胥溪运河形成的历史过程（摘录）》，江苏省吴文化研究会编印：《吴文化资料选辑》第三辑，1982 年出版。

（作者单位：江苏省社科院历史研究所）

无锡梅村泰伯庙会溯往

/ 李 明 汤可可

　　庙会是江南地区民间重要的群众性娱乐活动，也是城乡生活资料、生产资料相对集中交易的方式。它的起源又与神祇的祭祀密切相关，活动中贯穿着祀神内容，故又名为"迎神赛会"、"老爷出会"等。无锡地区的庙会，每年以农历正月初九梅村的泰伯庙会为起始，至四月初八东亭的祇陀寺庙会结束，前后三个月时间，俗称"落魄泰伯庙，收魂祇陀寺"，形容人们犹如失魂落魄的狂欢活动，以及庙会期结束后整顿精神准备投入农业生产的"大忙"季节。梅村泰伯庙会历时三天，是从前无锡城乡 28 处庙会中最重要也较为独特的一个庙会。

一 泰伯庙会起源于祭祀泰伯

　　农历正月初九相传是吴文化鼻祖泰伯的诞生日，为纪念其"让王"的至德精神和开发江南的丰功伟绩，每逢这一天，无锡百姓都要来到泰伯庙，开坛设祭，焚香参拜"让王爷"。千百年来，泰伯庙会始终是江南地区新年开春最早、最大的乡村节场之一，也是最具文化渊源和社会影响力的庙会之一。2009 年，泰伯庙会入选江苏省级非物质文化遗产名录（2014 年，泰伯庙会晋升为全国非遗项目——本书编者注）。

　　泰伯庙会为神圣庙会，虽然并非典型的释道神祇，但属于古时大圣大贤，不同于一般的凡俗庙会。泰伯庙又名至德祠、让王庙，位于无锡梅村镇伯渎河畔，是祭祀泰伯的专祠。据地方史志记载，泰伯庙和泰伯墓修建于东汉桓帝永兴二年（154年），上命"吴郡守糜豹监修泰伯墓道茔域，宏以门庑，周以垣墉，祀以王爵"。泰伯庙给户置田用于奉祀自此始。距今已将近2000年。相传有糜豹《泰伯墓碑记》，云："不意受命南邦，诏建泰伯墓庙于梅里皇山……其规模弘远，霞骏云蔚，巍然肖皇山之宫焉。"（《梅里志》卷四）但后来也有人认为，"此文不类汉人文字"，不足采信（《泰伯梅里志》卷四）。

　　元代王仁辅《无锡志》明确记载："吴泰伯庙在州（无锡州）东南五里景云乡，临泰伯渎。"该志引用北宋《太平寰宇记》文字："泰伯开渎以备旱涝，百姓利之，为立庙于渎侧。鸿山梅里皆有泰伯庙。"该志还记载了元代至顺年间修葺泰伯庙之事。元末，江南地区迭经战乱，泰伯庙接近荒废。洪武十年（1377年），在无锡县城内小娄巷建造新泰伯庙，"以便祀事"。明弘治十三年（1500年），无锡知县姜文魁带头捐俸，募集财物修庙，得到当地乡绅支持。此次梅村泰伯庙修建，位置略有移动，但仍处在伯渎河岸上。经一年，新庙落成。"即旧祠之傍而别创之，规制宏拓，堂庑翼然"，其"重构殿寝门堂，规制有加于昔"。万历二十四年（1596年），因泰伯庙"日就倾圮……墙垣檐宇，莫支霜露，庭中古柏，半供樵苏"，由驻庙道士募得倪瓒捐资，再行修葺。之后，泰伯庙每过数十年即作一次修缮和扩建。这使泰伯庙规模扩大，建筑增加，人文内涵也日益丰富。整个祠庙沿中轴线自南至北有金水河、香花桥、"至德名邦"石坊、棂星门、戟门、至德殿、祖师殿、关帝殿；中轴线以东为东院，有三让堂、尊德堂、仓厅、小让王殿、大夏堂、慈俭堂、圣堂、还山小筑；中轴线以西的西院有珠宝堂、云山深处、德洽堂、采芝堂、隔凡楼、大树堂，形成一组群体建筑，规模宏大，与"北方第一府"孔庙遥相呼应，被称为"南方第一家"，成为江南名胜。1957年被列为省级文物保护单位。2006年，作为明清古建筑的泰伯庙和泰伯墓，经国务院批准，一同被列为第六批全国重点文物保护单位。

　　祭祀泰伯，历史上被列入官府祀典。东晋明帝太宁元年（323年）帝诏"祀泰伯用王者礼乐，具王者冕服"，同时增建祀殿，"立二十四戟于殿门"，并赐给祭器、乐器一坛，相应增添庙户和祀田。南朝宋武帝永初元年（420年）、唐太宗贞观十三年（639年），又"敕祀泰伯以太牢"，即祭祀时牛、羊、豕三牲齐备；"诏重广门殿"，"赐金炉、香盒、花瓶及祭器一坛"，并"建御赐祭器库于殿之左藏"，进一步提高了祭祀泰伯的规格（《梅里志》卷二）。这体现了统治者通过祀神"教民不争"的用意。

晋唐时官方的祭祀通常为春秋两祭，春祭原来在春社日，即立春后第五个戊日，后变为清明节；秋祭则在秋社日，即立秋后第五个戊日，后也改为秋节，即农历九月初九重阳节。其中春祭因为与民间的踏青春游相重合，往往吸引更多民众前往游览、瞻仰。留存至今的有关古诗，就有一些标明为"清明日游泰伯庙"等。"是时春气和，氤氲满芳径"，"士女何纷然，踏尽清明路……"记写祭拜泰伯庙的盛况（《梅里志》卷三）。

泰伯庙的祭祀仪式包括迎享、祭拜、送神等节目，重要的环节都有献辞，并配以乐章。从辞章来看，宋明时的祭享大体有这样一些环节：（1）迎神，通过祷告迎接神灵的降临；（2）奠币，奉献白璧、玄纁，配以音乐舞蹈，后世也改为焚化币帛；（3）迎俎，献上供品，同时击磬鸣钟；（4）酌献，即斟酒祷祝，各种乐器合奏，"八音具举"；（5）亚献终献，参加祭祀仪式的人依次向神主行礼，并献上果品彩帛；（6）送神，虔诚地拜送神祇回归天宫（《梅里志》卷三）。

宋代对于泰伯又增加了封号——至德侯、让王等。又因为宋朝廷崇奉道教，泰伯庙开始有道士出入，明清两代更建立道院，有道士住持守护。庙中在正殿后增建了玉皇殿（又名祖师殿）、关帝殿和住持祖堂，布置道教神像，道士也在庙中修行作法，祷雨祛邪（《泰伯梅里志》卷四）。明弘治重修祠庙后，"立石表，置祭器，列入祀典"。依然是"春秋享祀，设道士世守，以奉香火，示民报本也"。当时有文称，其"殿寝明堂，圭洁靓深；石表对峨，过者悚息；春秋献享，永永无怠"。表明梅村泰伯庙是为祭祀、纪念泰伯之中心。

大约在明代后期，泰伯庙会开始兴起，并且春祭的时间也由清明改为了正月初九，以附会"天生日"、"玉皇生日"的道教说法和民间传说。但是，明清两代无锡正月初九的朝玉皇会，一直是在城中心的洞虚宫玉皇殿，包括十大神庙（实际为九庙）的神主塑像，也都要抬去玉皇殿参加朝贺（称为"出会"）。直到辛亥革命无锡光复，激进的革命党人为破除迷信，捣毁了洞虚宫三清殿和金匮县城隍庙，一年一度的朝玉皇会才归于废除（《朝玉皇会》，见章振华等：《无锡民俗》）。所以，梅村泰伯庙会虽然改为正月初九（相传是日为泰伯生日），但庙会祭祀的神祇始终是泰伯，而非玉皇。

二　历史上泰伯庙会的内容和形式

无锡地区的庙会，一部分是基于佛教寺庙，一部分则是依托民间俗神的祠庙。其中祀神活动主要是纪念历史上为民众做过好事的官员、将领、贤士，并被分别赋予一定的神职，如张元庵齐天大帝张渤掌"水部"，延圣殿都天大帝张骞掌"瘟部"，张中丞庙旻天大帝张巡掌"雷部"等，这样，祭祀也就有了祈求保佑的特定含义。泰伯庙会祭祀的是江南文明的始祖，而民间也称正月初九这天为"天生日"，以天为尊的民间信仰使泰伯庙会成为每年开春的第一个庙会。因为正当正月新春期间，又加规格最高，因而内容充满喜乐。

在当地民间还流传着"正月初九拜泰伯，稻谷多收一二百"等相关民谣，这就赋予泰伯庙会以祈求丰年的意义。同时，庙会作为群众性的民间娱乐活动，就文化娱乐而言，是民间技艺的集中展演，也是普通老百姓的休闲狂欢。城乡百姓通过扮演角色、表演技艺，参与庙会活动。更多的人则是"轧闹猛"，观看表演，但也从中获得巨大乐趣。泰伯庙会活动形式多样，内容丰富，集中体现了无锡地区的民间节庆习俗。

泰伯庙会属于"座会"，即泰伯神像并不出行巡游，但作为一种迎神仪式仍有神道仪仗在镇街游行，然后进庙祭拜。仪仗队包括鸣锣喝道、举幡扛牌、銮驾护卫、吹奏鼓乐、侍从杂役等，分别手执仪仗、道具或演奏乐器（朱海荣：《无锡历史上的"拜香会"》，见黄胜平等：《吴地文脉渊源》）。仪仗队由庙董组织，除庙中执事人员外，也聘请附近农民、店员担任，早年以志愿义务为主，后来也由庙方付给一定补贴。

跟在仪仗队后面的表演队伍，包括杂技、文艺、武术、戏曲表演等，都由周边集镇、乡村居民自发组织。常见的如调龙灯、舞狮子、走轮车、站台阁、踩高跷、滚马叉、悠关刀、荡湖船、转旗伞、抬八宝箱、挑茶担、托罗手等。戏曲表演都为百姓喜闻乐见的剧目，由乡民穿着戏服，扮演戏中人物，边走边唱边舞。奏乐有锣鼓也有"细乐"（即乐器演奏），包括"十番乐"、"八大曲"等，以笛、笙、二胡、三弦、琵琶、月琴为主，体现江南丝竹清丽悠扬的特点，也烘托了庙会热闹的气氛。特别有趣的是"三百六十行"表演，通常有四五十人，以其特定的服饰、行头，分别扮演各种职业行当，如耕、读、渔、樵、铜匠、木匠、箍桶匠、泥水匠、裁缝、鞋匠、风水先生、江湖郎中、捉蛇叫花子等，也是边走边演，惟妙惟肖，是百姓对自己日常生活的再现（《无锡庙会略述》，见孙炳卿等《无锡古寺庙》）。游行结束后，有的演出组合还在庙前的场地上继续表演，吸引民众观看。这是庙会娱乐活动的主体部分，因为参与者各展所长、争奇斗异，带有技艺攀比竞赛的意思，庙会也被称为"赛会"。

在观看表演的同时，四乡百姓也进到庙里烧香、朝拜，祈求神灵保佑。然后到集市挑选购买生活用品和生产用具，在店摊品尝糕团、饼馍、鸭血粉丝汤、酒酿圆子等风味小吃，也会购买平时很少尝到的点心、食品带回家去，因而各种小吃摊、杂耍和玩具摊，诸如泥人、糖人、草编、花灯等，集聚了庙会最热闹的人气（《无锡县地方小掌故》第二辑）。购物是庙会最主要的经济功能，也是庙会吸引八方商贩、手工艺人和四乡农民的凝聚力所在。清代无锡人钱泳曾说："大江南北迎神赛会之戏，向来有之，而近时为尤盛。""一时哄动，举邑若狂，乡城士女观者数万人，虽有地方官不时示禁，而一年盛于一年。"（《履园丛话》）

三 近代以来泰伯庙会的变迁

泰伯祭祀虽然时有兴衰起落，但因为受到统治者的尊崇，自晋唐以降历代传承不绝。明清以来庙会兴起，除了战乱、灾荒有所中断外，也是越办越兴旺。而从晚清起，就有思想激进的士人，对"滥祠"、"淫祀"提出批评。辛亥革命后，为"破除迷信，维持风化"，新生的革命政权曾下令禁止庙会旧习。特别是对正月初八的朝皇（玉皇）会，认为"鼓动愚民，游行街市"，彻夜不休，不法之徒"乘机偷窃，为害乡里"，于是"出示严禁"。但对于吴氏宗亲提出保留泰伯庙祀典，并要求在清明时依例致祭，"表扬至德"，仍给予充分肯定。军政分府在回复吴氏子孙的禀呈时说："三吴文化肇自让王……凡江以南莫不钦企"，"兹值再造之初，请伸谒墓之典"，乃理所当然。随后，军政分府特地组织官员和地方人士，于1912年4月11日前往泰伯庙、墓，参与祭祀典礼，体现了对历史文化传统的传承（《无锡文史资料》总第十七辑）。

在无锡，因为城中洞虚宫三清殿改建为公共图书馆，废除了传统的"朝玉皇会"，民国时期城中的庙会改为各庙前往惠山东岳庙（祀商末神将黄飞虎）朝拜。原先的"十大神庙"剩下八庙（不算东岳庙和已拆毁的金匮县城隍庙），称为"老八榭"；时间也由正月初九改为农历三月二十八，称为"惠山庙会"。因为城区其他神庙各自的庙会纷纷停办，所以相对集中的惠山庙会格外热闹，无论是活动内容还是参加人数都盛于以往的单个庙会。这一时期包括泰伯庙会在内的乡村庙会仍然如期举行。相对来说，祀神的神圣肃穆有所冲淡，而民众娱乐的狂欢则更加浓烈。

国民政府定都南京后，官方和社会舆论都倡导破除迷信，对祠庙的祭祀活动有所遏制。在1930年国民党中央执委颁布的《推行国历办法》中，庙会的迎神、祀神被视为"神权时代之迷信行为"而受到抵制。但作为民间娱乐活动和商品交易的庙会、节场依然按期举行，并且相当活跃（高燮初等：《吴地文化通史》第四十七章"庙会"）。

新中国成立后提倡移风易俗，神庙的祭祀活动被禁止。土地改革完成后，祀田、族田、义田不复存在，神庙、祠堂相应失去了经济支撑。1950年庙中神像被无锡县师范学生捣毁，匾联全部亡失，庙内建筑（包括道院、祠堂）部分被镇公所占用，部分用作县立师范学校校舍。祠庙中的仪仗、道具、祭器等，也作为迷信品而被破除。道院道士全部还俗，庙中的住持、杂役也改行参加农业生产劳动。另外，庙会举办地的居民，为了招待外乡和城中前来参加庙会的亲戚朋友，家家户户都要准备一笔"留亲眷"钱，这成了没有"活络铜钱"家庭的一种负担。"一方赛会，万户供张"，庙会的奢靡浪费常常遭人诟病。因而庙会停办，除了政府制止外，能得到当地居民响应，这也是因素之一（《无锡县文史资料》第二辑）。从20世纪50年代起，各处的庙会逐渐演变为城乡物资交流会和"农具节"、农副产品集市，其商品物资交易功能，以节场的形式被保留下来。泰伯庙庙会也逐渐冷落，祭祀、祈福、娱乐最终让位于商品物资供应的节场（《无锡县志》1994 年卷二十八）。

"文革"期间，泰伯庙的破坏更为严重，此时已无人敢提泰伯。直至中日建交前夕，日本前首相田中角荣访华，指名要看梅村的泰伯庙（抗日战争时期，作为侵华日军的一名军官，田中角荣曾经到过梅村，对泰伯庙及当地文化古迹十分欣赏），才由政府出资重建庙宇，重塑泰伯像。改革开放后，政府拨款对泰伯庙进行大规模重修，建筑群落得到复建。1983 年 8 月，重建主殿、戟门、两庑，恢复明代的牌坊、香花桥，重立石碑，补植树木。同时重修的还有鸿山泰伯墓。20 世纪 90 年代重塑泰伯像，恢复香火，庙会也逐渐复兴。进入 21 世纪，不仅吴氏宗亲恢复对吴氏始祖泰伯的祭祀，地方政府也积极举办泰伯文化节，泰伯庙会从商品交易、生活服务、文化娱乐到祀神祭祖，再度走向兴盛。

（作者单位：江苏省吴越文化研究院）

试论泰伯渎的重要历史地位

/ 毛剑平

　　目前吴文化研究突破了以往考古学的范畴，提出了通史性的大吴文化新课题，把吴文化研究从内涵到形式都推向了一个新的阶段。近几年来，不少专家、学者的研究表明：吴文化的开创源自"江南鼻祖"吴泰伯与其弟仲雍，其发源地在无锡梅里，即今无锡新区梅村一带。吴文化的地域，一般指宁、沪、杭、太湖流域一带，影响到浙北、皖南、江西北部、河南及山东一部分地区，其中心地带在长江下游三角洲。唐嘉弘教授曾指出："吴文化当然应指吴国及吴地区的文化……吴国虽然灭亡了，但吴地文化却在不断发展壮大，成为中华文化的一个十分重要的组成部分。"（《文史知识》吴文化专号）段本洛教授在《吴文化研究刍议》一文中系统阐述了吴文化概念发展的过程，并着重论述了吴国灭亡以后吴文化发展的特色和重要地位。广西师大钱宗范教授则在《关于吴文化研究中的几个问题》一文中全面论述了吴地区域性大文化这一概念。大家认为：吴文化研究发展的道路，应从狭义的吴文化走向广义吴文化，应从考古文化、单一吴文化的研究走向对吴地区域文化历史的发展作全方位多角度的研究。当前，在吴地悠悠的文化发展长河中，发掘出尚德、改革、创新、开拓的历史经验，为我们闯出一条有中国特色的现代化道路提供借鉴是十分重要的。特别是必须全面发掘吴文化多姿多彩的文化宝藏，从政治、经济、文化、艺术、科技、教育、农耕、民俗等方面向各界提供历史和当前的有益经验。吴地不仅山明水秀、交通便利，而且在大量优美的自然景观中，蕴藏着丰富的人文文化内涵。研究、开发吴文化，开辟新的旅游胜地，推进具有特色的旅游文化事业，也就显得尤其重要。

　　伯渎河哺育了荆蛮民族，荆蛮民族以伯渎河为母亲河，从而创造了灿烂的文化——吴文化。自泰伯偕弟仲雍南奔荆蛮定居，见荆蛮土地肥沃，但一片水泽，为了农耕，泰伯带领民众疏百渎为河——伯渎河，变水泽为粮田。就因有了伯渎河，水上交通和交通工具也由此诞生。一个以梅里为中心的经济文化中心也就形成，以荆蛮土著文化为基础并融入周原文化的"伯渎河文化"也由此而形成。《史记·泰伯世家》云："泰伯之奔荆蛮，自号勾吴。荆蛮义之，从而归之千余家。"泰伯在荆蛮梅里建立了江南第一个文明古国——勾吴国。建立勾吴国后，又带领群众修筑吴城——泰伯城，以中原先进的文化和生产技术开化了荆蛮土著居民，北方先进的耕作技术在自然环境优良的江南大地生根开花。泰伯又教民习礼，识字耕织，开垦荒地，发展水利，整修河道，并逐步兴起制陶与冶铸，促使吴地经济逐步发展壮大，百姓殷富，人民安居乐业。

　　水是吴地的重要特色。水对人们的生产、生活乃至巩固国防等都具有十分密切的关系，起着十分重要的作用。古吴梅里是水乡泽国，多水涝。泰伯率众开一渎九泾，不仅有利于排除水涝，还可以用以抗旱、灌溉农田，更可用来运送物产，便利交通。再者，"中国侯王数用兵"，为防外来入侵，后世吴王训练水兵，征楚伐巢，伯渎河也发挥了重要作用。水的温柔，水的清新，水的奔流，水的力量，都融进了吴地居民的性格中，也融入了吴地文化中。自古至今，吴地人就与水为伴，与水斗争，与水共存。伯渎河的开凿和利用，关系着荆蛮民族的生存，在社会事业发展中处于优先地位。随着吴国的逐渐壮大，伯渎河文化也逐渐进化为今人所说的"吴文化"。

　　春秋时期吴国，"东亘沧溟，西连荆郡，南括越表，北临长江"（《吴地记》），其地当太湖流域。太湖位于长江下游江南平原，《禹贡》谓之震泽，《周宫》、《尔雅》称为具区，《史记》、《国语》则称之为五湖。司马迁把吴地这种多水的自然地理特征称为"三江五湖之利"（《史记·货殖列传》）。千百年来，吴地人民用自己的劳动与智慧，开发"三江五湖"的水利，发展灌溉与航运，促进了太湖地区农副生产的发展，为太湖经济区的形成与封建经济重心的南移奠定了基础。

　　一、"通渠三江五湖"，开辟运河交通，发展航运与农田水利，是吴地开发水利的重要成就。吴国是我国最早开创运河交通的地区之一。史称吴王阖闾用伍子胥之谋伐楚，为解决军事运输，在荆溪上游今高淳东坝，开辟了一条 10 多里的运河，连接荆溪等自然河道与湖泊，形成一条太湖西通长江的运道，以为漕运。是谓胥溪，吴国的军队即经由胥溪打败了楚国。史载胥溪开凿后，"冬春载二百石舟，而东则通太湖，西则入长江，自后相传未始有废"（《吴县志》：单锷《吴中水利书》)。吴国还在苏州北面开辟了一条通江水道，从今苏州平门经无锡、江阴进入长江而通达广陵，即吴国北面的通江运河。后又在今扬州与淮安之间开辟了一条邗沟，这是吴国"沟通江淮"的一条重要运河。相传范蠡还在今望亭与常熟之间开了一条蠡河。这些是吴国对吴地水利与运河交通的开发。自东吴孙权定都建康（今南京）后，又开凿了南北大运河，吴地运河交通事业进一步发展。至唐宋时期，太湖地区的水路交通已很发达，形成了一个以江南运河为骨干的运河交通网络，发挥着交通运输和排涝、灌溉的作用，对太湖地区经济的发展起着重要的作用。

二、水利是农业的命脉，共修圩田唐浦水利，发展农业，也是吴地水利开发取得的重要成就。泰伯为发展农业，开凿了伯渎港，使勾吴国人民深受其益。隋唐以后，由于全国的统一，南北大运河的沟通，江南人口增多，且战乱少，社会比较安定，吴地农田水利的开发利用进入了一个发展时期。一系列水利工程的兴建与治水治田经验的积累，加速了吴地水土资源的开发与农业生产力的发展。特别是湖田、圩田被大量开辟，粮食生产大量增多，自宋以来即有"苏湖熟，天下足"之称，也正是水利开发的结果。

三、宋代范仲淹治理苏州水患的成就，在历史上留下了深远的影响，其经验也为以后治理吴中水利者所继承。随之，水乡经济得以发展，粮食作物、种桑养蚕、禽畜鱼虾养殖无所不有，丝织棉纺、服饰饮食兴旺发达，构成了具有江南特色的水乡风光。追根溯源，吴地水利建设的根在梅里，在伯渎河的开凿，所以伯渎河文化不愧为吴文化之源。

（作者单位：无锡市泰伯庙文管所）

梅里重要历史文化遗迹——故文台

/ 陈金寿

　　故文台原名"文台"，因吴王阖闾建造姑苏城后，在姑苏城内也筑一台，仍沿用"文台"原名，所以相对称原有的文台为"故文台"与今人称清皇宫为"故宫"义同。

　　"故文台"为什么建立在荒三千，说来话长，要从吴泰伯的父亲古公亶父说起。古公亶父因曾孙姬发代商而有天下，国号周，追封古公为"太王"，下文就只称他为周太王。

　　周太王原来的领地在今陕西西面边境上名巴邑县的地方。当时这里是一个多民族地区。古代我们中华民族称周边的少数民族为东夷、南蛮、西戎、北狄，并把西戎、北狄合称为戎狄。太王所处的豳国和戎狄人的薰鬻国相邻。薰鬻人很残暴，常来侵略。太王只重文治，武备失修，为求太平，只能以犬马、粮食、玉帛等物贡献，委曲求全。但薰鬻人并不以此为满足，侵略反而变本加厉。太王知道薰鬻人最后的野心是要夺取他的土地。因此太王决计撤离故土，另外找寻安全地区立国。他翻过了一座大山叫梁山，来到泾渭平原的岐山之下，发现一块大荒原，上人称这里为"荒三千"。太王决计在荒三千立国。豳国的百姓听说太王要撤离故土另立新国的消息，大家奔走相告说：此仁人也，不可失也，从之者如归市。举国百姓一个不漏地跟着他来到岐山之下，创家立业。周太王和百姓同心同德，艰苦奋斗，事业蒸蒸日上。后来这土地称为周原，成为周朝的发祥地。

　　周太王之子泰伯、仲雍要把王位让给三弟季历的事，大家都已熟知，本文从略，不再累赘。他们假托采药代父治病，组织一支采药队伍，采药是假，借此远离故国创家立业是真。就是想借此为名，组织一支远征军。他们兄弟二人在国内精选数百个智勇双全、身强力壮、文武全才的青壮年，个个全副武装，骑着高头大马，他们出发时就有离开祖国越远越好的打算。就从黄河流域奔向长江流域，沿长江一直奔到海边为止。

长江下游今人称长江三角洲，是一块荒无人烟的长江冲积平原。他们来时，这里居住的荆蛮人，实质上是中原逃来的流亡奴隶和逃亡囚犯，都是些亡命之徒。他们和中原人有刻骨仇恨。他们根本没有文化。以文身断发表示和中原人的区别。如果有中原人装束的人来此，就要被杀死。但他们见了泰伯、仲雍这些赳赳武夫，心存仇恨而不敢小看，不敢加害。泰伯、仲雍因有意在此扎根，这些人对他们有不礼貌的出轨行为，也不计小节，表示理解，处处注重群众纪律，不但不欺侮他们，反而处处对他们宽宏大度，晓以大义，说明要和他们长期和平共处，并且说服所有随从，个个文身断发和荆蛮人混为一体，大家就相安无事地居住着。

泰伯、仲雍想在荆蛮地区立国，首先必须建立一个根据地。就在当地找到一处大荒原，土人称为"荒三千"。泰伯、仲雍听到这个名称，非常高兴，认为这是和他们父亲一样可以创家立业的宝地，就在这里定居下来。大家卸下武装，从事农业生产，同时饲养家禽家畜。由于这里是从未进行种植的处女地，土壤肥沃。一年就获丰收。第二年，就是粮食满仓，鸡鸭成群，牛羊满圈。第二年秋收以后，他们举行庆丰收大会，请来了大批荆蛮人前来参加庆祝饮宴，他们用中原的烹饪技术和酿成的美酒，招待来宾。这样的美味佳肴，荆蛮人还是第一次享受到，大家吃得尽兴而散。但是来参加饮宴的美丽的荆蛮姑娘，见到了荒三千里美男子过着天堂般的生活，谁也不愿回去，一定要和美男子们结为终身伴侣，同心永爱。男人国里有美女送上门来，当然求之不得，泰伯除自己以外为每一个美男子配上了一个对偶。过了一年，几百个小娃娃出世，这不但使荒三千大大地热闹起来，并且和荆蛮人的情感也不同于一般，在血统上也就不分彼此了。

荆蛮人虽然都是来自五湖四海的被压迫者，他们都是以家族为单位的群体，后来慢慢出现以强凌弱、大鱼吃小鱼的局面，被强大家族吃掉的小家族就沦为奴隶，这样的局面正在蔓延。

荒三千这个群体，他们不去兼并别人，也不怕别人来欺侮，过着丰衣足食的生活。那些生活在荒三千的姑娘回到娘家，催促自己的父兄把自己的小群体和荒三千人合并，服从他们的领导，听从他们的指挥，得到他们的保护和他们同样过安居乐业的生活。从此，所有的弱小群体都归顺了荒三千。那些拥有奴隶的大群体中的奴隶们，也都逃亡到荒三千来要求保护，荒三千人以海纳百川的姿态，接受了他们的请求，安排了他们的生活。那些拥有奴隶的大领主，奴隶跑光了，感到自己的生活越来越孤立，也就索性向荒三千人投诚。司马迁在《吴泰伯世家》中说：从而归之者数千家，这数千家，并不是数千户人家，而是数千个家族，也就是数千个部落。事实上也就是把整个荆蛮地区连成一片，成立一个国家，取名"勾吴王国"，一致拥立泰伯为王，尊称为"吴泰伯"。

在举行开国典礼的时候，国人就在荒三千中央用泥土筑成一个方方正正的台，取名"文台"。吴泰伯登上文台宣布"勾吴王国"的成立，并登基为王国的开国之君。据说在开国典礼那天，有凤凰来仪。凤凰栖息的地方名凤凰渚。今人在凤凰渚造桥，取名凤凰桥。勾吴王国成立至今，已近 3400 年，故文台就是遗留至今的仅有文物，值得珍惜和保护。

吴泰伯之所以被孔子尊称为至德，主要是历代任何一个开国帝王，夺取天下，都要发动战争，要牺牲不知多少人。只有他的建国，完全是以德服人。他可称自古至今唯一伟人，确实应该敬仰。

（作者单位：江苏省吴越文化研究会）

梅里的民间故事

/ 吴越

梅村作为勾吴国的国都长达 6 个世纪，有许多脍炙人口的故事和传说，我们穿过时空的隧道，可以领略勾吴国的风采以及可歌可泣的奋斗史，现撷取民间传说一束，以飨读者。

皇渡河

传说商末，泰伯、仲雍奔荆蛮，周太王派兵追赶，泰伯一行逃至梅里，遇一河，慌忙渡河，马夫被溺，派人寻尸，见于坝端，将其尸葬于一河旁。后人把泰伯渡河的河起名皇渡河，发现马夫尸骨的地方叫尸骨坝，马夫冢边的小河称马夫浜。皇渡河位于梅村镇西南陶更村前，河尚在，河名未变。尸骨坝已变音为施家坝，现为村名，距梅村镇南半里许。马夫浜位于南陶更村后，在 20 世纪 70 年代整田平地时填没。

荒三千

泰伯一行来到荆蛮，见平地高三丈，一片草原。询土人，名叫"荒三千"。泰伯十分惊讶，想自己的父亲古公，原住豳地（今陕西邠县）因狄人侵略，古公不愿作战，率部迁岐山之阳（今陕西岐山县一带），亦名"荒三千"。泰伯以为此非巧合，实为"天命"，决定住下来，经营这块土地。因此"荒三千"便是勾吴的发祥地。荒三千位于香一村与荆同村、齐心村交界，旁有蛮巷。新中国成立前此地水源不足，庄稼不熟。新中国成立后，兴修水利，现已改观，然"荒三千"地名未变。

故文台

泰伯定居梅里后，把中原地区的先进文化和耕作技术与当地百姓交流，"荆蛮义之，从而归之千余家，"拥为君长，自号"勾（古写为'句'）吴"。泰伯建国因"荒三千"是他的发祥地，于是在"荒三千"中央筑一高台，取名文台。泰伯在举行庆典时都要登台朝拜天地，检阅臣民。据传台成之日，有凤凰来仪。于是把凤凰栖足之地叫凤凰渚。阖闾迁都姑苏后，亦筑一台，仍名文台，"荒三千"的文台改称"故文台"。

故文台仍在"荒三千"，高 10 余丈，占地约 2 亩，孤立土丘，拔地而起。新中国成立后曾种植竹木，然无大收获。

三叹荡

越灭吴，范蠡逃国归隐。勾践杀大臣文种后，忌范蠡逃国，到处探范蠡行踪，遥闻范蠡隐居吴地，勾践亲自带兵包围泰伯城，沿途滥杀无辜，毁泰伯城，吴民奋起抵抗，战死者不少，吴民将忠骨都埋葬在故文台。范蠡闻之，深感吴民之德，特偕西施凭吊故文台。吴民闻西施到来，群情激奋，痛责西施倾国之罪，西施愧对江东父老，悲痛欲绝，才生轻生之念。祭毕，范蠡和西施再去姑苏凭吊，乘船行十余里，遇一荡，西施投身自沉，死于荡中。范蠡将尸体捞起，抚尸三叹，后人称此荡为三叹荡。

此荡位于无锡市后宅镇与苏州东桥镇之间，现仍名三叹荡。

九泾一渎

泰伯为弃的后代，弃为夏代农官，因此周国世代为农。泰伯到达梅里以后，为了发展农业，曾发动民众兴修水利。传说泰伯在勾吴境内共挖九泾一渎，其中梅村镇境内有四泾一渎。泰伯渎，长56里，宽20丈，西起清明桥，东至曹家角流入漕湖，为锡东地区的东西干流；香泾，现为香泾浜，从联心村入口，南连硕放镇沈渎浜，流入北桥古运河；洋泾，现有东洋泾浜和西洋泾浜，从齐心村伯渎段入口，向南直抵"荒三千"。西洋泾向南开挖抵荆同村，取名凤凰河；龙泾，在镇西南，河道已填没，然河边地名仍叫龙泾沿；梅泾，现改名梅花浜，由至德桥东堍分水向南，原可通硕放，现成断浜。这些河道，为江南地区最早的运河。

鸭城和猪羊巷

在梅村西北十里许，那里有一片低洼地，河道纵横，饵食甚多，是养鸭的好场所，于是泰伯发动民众在那里建了养鸭场，据说养的鸭特别肥壮，后来称之为鸭城。在鸭城建的桥亦称鸭城桥。在鸭城附近，也养了猪和羊，规模较大，以后在那里自然成了村落，称作"猪羊巷"。养猪者和养羊者分别以猪羊为姓，后来改成姓朱和姓杨，村巷也改名为"朱杨巷"。现在朱杨巷仍以朱、杨两姓人家为最多。

泰伯城

"中国侯王数用兵，恐及于荆蛮，故泰伯起城。"泰伯城传说在东蠡桥与西蠡桥之间，东蠡为城之东门，西蠡为城之西门。东蠡桥与西蠡桥和泰伯宅呈等边三角形。越灭吴，范蠡带兵到梅里，分一旅驻东门，分一旅驻西门。范蠡用兵，秋毫无犯，深得民心，后人称东门为东蠡，西门为西蠡。后来建桥，才又以地名为桥名。越王勾践对范蠡逃国深感不安。遥闻范蠡避梅里，勾践带兵包围泰伯城，吴民奋起反抗，被杀者很多，平泰伯城被勾践命士兵摧毁，成了一片废墟，后称梅里平墟。

崇安场

传说泰伯古城南门外有一片广场，取名崇安场，是当时吴城的贸易中心，《东周列国志》载："伍子胥吹箫乞吴市"，已见"朝市粗立，舟车嚷嚷"，据说就在于此。崇安场在伯渎河北岸，今梅东桥北岸东侧，今人称"崇安场"。崇安场至伯渎河南岸，有一渡口，名叫金鸡渡，后人在伯渎河上架了桥，渡口才废，然而金鸡渡成了北岸的地名。新中国成立前，北岸有金鸡桥即由此而来。

岸船弄

崇安场西接岸船弄，传说是吴国驻兵所在。南方多水，兵士都要驾船习水，岸船弄有石制旱船一只，是训练水师的指挥所。吴王僚、庆忌父子经常到这里习武。传说王僚、庆忌力大无穷，立于旱船上撑篙，石船能移动前进。

冶坊浜

春秋时期，吴王剑全国闻名，可见当时吴国的冶炼术已相当发达。相传冶坊浜两岸为吴国的工业区，主要工业为制陶冶炼。古代冶炼用陶罐，所以制陶和冶炼相配套。

吴国原为文治，至寿梦时，楚臣巫臣来到吴国，教以战御，强化军队，制造武器，冶炼从此发达起来。吴王派欧冶子炼剑，相传太和、属镂、鱼肠等名剑都在这里制成。阖闾迁都姑苏，冶坊才迁到苏州相门外，现有欧冶子庙和干将墩等遗迹。

冶坊浜在梅村镇区西侧张更上，近年来已填平为镇区。

制陶地址有田名陶家田，在陈更上西侧。1958年"大跃进"搞深翻时，曾在土层中挖出少量陶器，可能为古代制陶遗址。梅村行政村西有自然村陶更上，居民大多姓陶，相传为当时制陶工人的后代。

楝树弄

金鸡渡南渡为楝树弄，相传为吴国文人聚居地。据说古代文人，一为士大夫，门前植桑梓。民间文人，很多会星卜。星卜者门口以楝树为篱，后人称楝树卜。传说星卜中最有名的叫被离，是吴王僚时的太卜官，就居住在楝树弄。公子光（阖闾）想谋夺王位，为避免王僚的注意，借向被离学卜为名，亦迁居楝树弄。传说专诸刺王僚即在楝树弄公子光家。

楝树弄现在梅东桥南岸，梅村老街的后街，面貌已变，地名犹存。

皇渎浜

吴国始祖泰伯91岁三月初三殁后，决定将灵柩安葬"梅里"（今梅村）东北六里许的"铁山"（今鸿山）。出殡那天，声势浩大，哭声震天，几十号丧船从都城出发、沿着伯渎河顺流向东而进，过了"三让桥"（今茅塘桥）不远，北首有条泊渎分支，领丧人站在浜口，看见铁山就在正北，即命丧船进浜，行不多久，已抵浜底，却是尽头。灵柩按规定只能前进不能后退，无奈之下，只得禀告仲雍，仲雍亲自上岸察看地形，见距河浜顶头几十丈就有条"双径"可通铁山，于是计议停下丧船，集结力量开河。

"双径"南北有两个村子，村民们见很多送丧人饿着肚子在开河，就办了酒菜，做了糕点，烧了茶水给开河人送去。开河人虽已饥饿，又不能随便吃百姓的东西，仲雍见到这种情况，便对开河人讲："你们饥饿了，就吃吧！由我们统一付钱给村民。"因为花钱买下了两村的酒菜，后来就把南村叫成"南酒店"、北村叫成"北酒店"，至今尚未改名。河还未开通，可吉日良辰将临，无奈灵柩只能改从陆地行走，灵柩到"西荒墩"，当地百姓早已摆设祭台，办了祭品，点燃香烛，纷纷跪拜祭奠。祭毕，灵柩往"大泾沿"进发。当时送丧人很多，还加上沿路争先恐后跪在道旁迎送泰伯灵柩的百姓，因此一路上踏损了许多麦田，仲雍见此情景，立即命人开路先行，丢甩银锭在踏损的庄稼田中，以作赔损之费。这一举动，后来也成了民间习俗，凡出丧都要丢甩纸锭买路。灵柩经过"黄石弄"直抵铁山，三声炮响，泰伯落葬在铁山南麓，堆垒坟茔，俗称"皇墩"或"皇陵"。至宋哲宗赵煦元祐七年（1092年），在墓门口建造了一座花岗石牌坊，上刻"至德墓道"，并把铁山更名为"古皇山"。泰伯逝世后，朝政由仲雍执掌，为了纪念这条不平凡的出丧路径，就把那条无名死浜命名为"皇渎浜"，"双径"改名为"丧径"，"西荒墩"改名为"祭皇墩"，"大泾沿"改名为"路泾沿"，"黄石弄"改名为"王宅弄"，并在皇渎浜浜稍上立了块约50厘米宽、115厘米长的青石碑，正面刻着"皇渎浜"三字，背面刻有出丧的"丧泾图"。这块古老的石碑当地老人都见过。据一位老人讲："这块石碑先在村头河滩上，后埋到河边电灌站去了。"

（江苏省吴越文化研究院供稿）

梅里义士专诸和要离

/ 杜亮　黄胜平

无锡新区的梅村，历史悠久、风景秀丽、人杰地灵。梅村是历史上梅里的核心地带，是 3200 多年前泰伯奔吴建都之地。有关泰伯奔吴的落脚地，史学界流行多种说法，但根据大量的史料记载，泰伯当时所奔之"荆蛮"，应指无锡、苏州一带。更确切地说，古文献记载的"梅里"范围要远大于现在梅村镇的行政区划。后汉时期的《吴越春秋》、《泰伯墓碑记》以及南朝的《后汉书》等，都有泰伯冢在"梅里"的记载，而泰伯冢位于现在的鸿山镇，这便有力证明了鸿山当属梅里的一部分。

作为"吴文化"的发祥地，一提起"梅里"，人们会马上会想到"勾吴古都"、"至德名邦"，会想到李绅悲天悯人的情怀，会想到梁鸿和孟光"举案齐眉"的夫妻之道……人们可能不熟悉，在鸿山还长眠着春秋时的著名刺客专诸和要离。"专诸刺王僚"、"要离刺庆忌"的故事千古传诵，其忠勇的精神为世人所敬仰。长期以来，专诸和要离这两大刺客在学术界很少有人提及，更少有专门研究。我们认为，作为春秋时代那个特定历史背景下发生的重大事件，作为无锡和无锡新区吴文化文史资源的重要内容，值得关注和研究。

中国历史上的春秋时期，刀光剑影，群雄逐鹿。在这段历史中，为了"国家利益"或"争权夺势"，刺杀事件层出，出现了被称为"天壤间第一种激烈人"的"刺客"这一类特殊人物。其中，在吴国发生的"专诸刺王僚"和"要离刺庆忌"事件，广泛流传，影响深远。《史记·刺客列传》、《吴越春秋》、《吕氏春秋》、《战国策》、《汉书》、《东周列国志》等历史典籍中亦每每提及。

《吴越春秋》中记载：专诸是春秋时吴国堂邑人。他以勇义闻名，生得高额凹眼、虎背熊腰、英武有力。伍子胥见专诸体格雄伟、相貌奇特，知为勇士，遂与结交。子胥逃亡吴国后，将专诸荐与吴公子光。公子光以最高的礼仪规格款待专诸，并告诉他吴王僚恃勇夺去自己应得的王位，因此计划谋杀僚，请专诸相助。专诸感其知遇之恩，慨然相允。得知僚喜欢吃鱼，专诸就前往太湖，师从名厨学烤鱼，三月而精此技。公子光乘僚派兵远征，在楚国被困之际，决定请僚赴宴，以伺机行刺。僚赴宴时，身穿铁甲，沿途布兵，席间卫士随身不离。酒过三巡，专诸将短剑藏入鱼腹中，乘进菜之机，仗剑刺死僚。专诸当场被卫士所杀。公子光称吴王（即阖闾）后，封专诸之子为上卿。这就是"专诸刺王僚"事件的梗概。

公子光自立为吴王阖闾后，王僚的儿子庆忌逃往卫国，招兵买马，伺机为父报仇。阖闾获悉此事后茶饭不思，日夜寻思除去这个心头大患，以巩固政权，于是觅得一壮士，此人便是要离。经过密谋，要离决定采用苦肉计。某日要离在王宫与阖闾斗剑时，故意先用竹剑刺伤阖闾的手腕，再取真剑斩断自己的右臂，投奔卫国找庆忌去了。要离走后，阖闾还依计杀掉了他的妻子儿女。庆忌探得事实，便对要离深信不疑，视为心腹，委他训练士兵，同谋举事。三月之后，庆忌出征吴国，与要离同坐一条战舰。要离乘其不备，独臂猛刺庆忌，透入心窝，穿出背外。庆忌诧异至极，倒提要离，沉溺水中三次，然后将要离放在膝上，笑着说："天下竟有如此勇士敢于刺我！"此时左右卫兵举刀欲杀要离，庆忌摇着手说："此乃天下勇士，怎么可以一日杀死两个天下勇士呢！还是放他回国，成全他吧！"后，要离自杀而死。

春秋战国时期的著名刺客，除了专诸、要离外，还有荆轲、豫让、聂政、曹沫等。这些人所处时代背景相同，经历相仿，对他们的评价，在学术界虽存在争议，但他们舍生取义的精神受到了世人的尊重。《战国策·唐雎不辱使命》曰："夫专诸之刺王僚也，彗星袭月；聂政之刺韩傀也，白虹贯日；要离之刺庆忌也，仓鹰击于殿上……"表现了刺杀过程的激烈；太史公曰："自曹沫至荆轲五人，此其义或成或不成，然其立意较然，不欺其志，名垂后世，岂妄也哉！"表明司马迁对刺客们人格风范的景仰；《陶渊明全集》中有"其人虽已没，千载有余情"之句，寄托了深深的哀思之情。在这些刺客的身上，中华文化中"义"

的精神体现得淋漓尽致，因此，这样的一类人，既可以称之为"刺客"，更可以称之为"义士"。

从历史唯物主义的角度来看，专诸、要离的行为具有一定的进步性。僚在位所作所为不得人心。萧军先生在《吴越春秋史话》作了总结：僚"知进而不知退，知安而不知危，恃勇而不知仁，恃亲而不爱士，恃尊而不恤民，嗜利而不爱义"，以至于"臣子不满于朝，百姓积怨于野，军士怒怀于军中……其终必败"。因此"专诸刺王僚"，公子光称王，是符合民意、顺应潮流的。公子光得王位后，"始任贤使能，施恩行惠，以仁义闻于诸侯"。专诸所希冀的，君主"内能安富于民，外能独立其国，不虐不贪，无偏无倚，无亲无昵，明其正，公其道而行之"，虽未完全实现，但是在当时的历史背景下，阖闾应该算是一个英明君主了。他通过"立城郭，设守备，实仓廪，治兵库"，使吴国很快强大起来，夫差时期，国力达到了顶峰。夫差统治下的吴国能够位列"春秋五霸"之一，得益于阖闾时期打下的良好基础。从这一点上讲，"专诸刺王僚"有着它的积极意义，客观上促进了吴国国力的发展。

"专诸刺王僚"使得公子光称王，"要离刺庆忌"使得阖闾的政权得以巩固，这两个事件具有密切的联系。如果说专诸刺王僚是报了知遇之恩，那么要离刺庆忌则是为百姓避免了一次战乱之苦。

专诸和要离作为"梅里义士"，其身上所展现的精神给吴地后人留下了一笔财富。

一　"士为知己者死"的忠义精神

"士为知己者死"，是刺客表现出的最显著的精神特征。专诸之所以为公子光刺王僚，在于"光既得专诸，善客待之"。行刺之前，公子光顿首曰："光之身，子之身也。"这其中就含有一种挚友般知遇的理解。两人合为一体，公子光是专诸的知己，而专诸冒死刺僚则体现出对公子光的忠义精神。要离曰："臣闻'安妻子之乐，不尽事君之义，非忠也；怀家室之爱，而不除君之患者，非义也'。"可见，在要离心中，"忠义"是他最高的精神追求。

"士为知己者死"，是士人的最高信念，是一种崇高的精神境界。与专诸并列《刺客列传》的聂政道出了刺客们共同的心声："嗟乎！政乃市井之人，鼓刀以屠；而严仲子乃诸侯之卿相也，不远千里，枉车骑而交臣。臣之所以待之，至浅鲜矣，未有大功可以称者；而严仲子奉百金为亲寿，我虽不受，然是者徒深知政也。夫贤者以感忿睚眦之意而亲信穷僻之人，而政独安得默然而已乎！且前日要政，政徒以老母；老母今以天年终，政将为知己者用。"刺客豫让的表白："嗟乎！士为知己者死，女为悦己者容。今智伯知我，我必为报仇而死，以报智伯，则吾魂魄不愧矣。"

专诸、要离、聂政、豫让经历相仿，聂政、豫让之言也是专诸和要离所想。一位公子结交一位穷乡僻壤的市井渔夫，这是中国古代"礼贤下士"、"知人善任"的典型做法。支撑专诸和要离的正是"士为知己者死"则"死而无愧"的忠义信念。

二 "视死如归"的勇敢精神

勇敢是一名刺客的品质的核心。吴王僚在赴宴时，"使兵陈自宫至光之家，门户阶陛左右，皆王僚之亲戚也。夹立侍，皆持长铍"。可谓防卫极其严密。专诸在行刺之前，心里已很清楚自己在行动后会付出生命的代价。但他并没有因此感到胆怯和恐惧，说明早已怀有必死之心。要离更是勇敢过人，试想，"庆忌之勇，世所闻也。筋骨果劲，万人莫当。走追奔兽，手接飞鸟，骨腾肉飞，拊膝数百里"。而要离则是"细小无力，迎风则僵，负风则仆"，实力差距如此之大，仍敢去刺杀，需要多大的胆量和勇气。

这种勇敢精神在吴地的广泛流传，激发了吴人轻死重义、勇悍好斗、血族复仇的特点，在这一区域形成独具特色的尚武精神。《汉书·地理志》谓："吴粤（越）之君皆好勇，故其民至今好用剑，轻死易发。"《吕氏春秋·用民》云："阖闾试其民于五湖，剑皆加于肩，地流血几不可止。"《越绝书·记吴地传》云："阖闾冢……扁诸之剑三千，方圆之口三千，时号鱼肠之剑在焉。"以上种种事例表明，吴文化的重要组成部分之一——尚武精神，追根溯源，乃受吴地刺客勇敢精神的影响而形成。

三　"受人之托，忠人之事"的重诺守信精神

信是刺客不可缺少的品质。信指诚信、忠诚。刺客一旦承诺，就一定会全力以赴，不惜用鲜血和生命去实现目的。

专诸在行动前对形势作了准确的分析："王僚可也。母老子弱，而两弟将兵伐楚，楚绝其后。方今吴外困于楚，而内空无骨鲠之臣，是无如我何。"为了能够接近王僚，"从太湖学炙鱼，三月，得其味"。以及到最后的鱼腹藏剑刺杀，一方面显示出专诸虽为一介武夫，但是有勇有谋。另一方面，显示出专诸讲究信用的品格，一旦受人之托，便为了使命，兢兢业业，精心准备，倾情投入。

要离为了完成使命，不惜以自断一臂，牺牲妻子儿女的性命为代价。当时的情景之下，要想完成刺杀的任务，实现承诺，首先要得到庆忌的信任，而要得到庆忌的信任，最好的办法就是做常人不可能做到的自残以及牺牲妻子儿女。这如同《赵氏孤儿》里，程婴牺牲亲生儿子来保赵氏一脉，只有做出常人不可能做到的事情，才能取得屠岸贾的信任，才能有后面的复仇成功。要离也正是以这样悲壮甚至是血腥和残忍的方式，去实现自己的诺言。

岁月变迁，英雄远去，但这种英雄之风却永存于世间，千百年来，一直被后人传颂和敬仰！现正值"梅里古都"开发建设阶段，深入挖掘和研究吴文化中的"义士文化"，对于丰富吴文化的内涵，促进吴文化的宣传有着重要意义。希望能够在建设过程中合理融入这一元素，为"梅里古都"项目的成功提供有益支撑。

（作者单位：江苏省吴越文化研究院、《江南风》杂志社）

青瓷兽耳

梅里诗人李绅研究

/杭建伟

李绅（772—846 年），字公垂，祖籍安徽亳州，生于江苏无锡梅里。是唐代著名诗人和政治活动家。本文就李绅研究作一简要回顾。

一 李绅研究文献

李绅事迹见于《新唐书·李绅传》、《旧唐书·李绅传》、《唐才子传》等史籍，《四库全书总目提要》中有对李绅著述《追昔游集》的评述。1960 年卞孝宣先生在《安徽史学》上发表的《李绅年谱》是今人对李绅生平研究最早的专论，年谱每条下先叙年龄及事迹，后引用有关史料佐证，并考证一些史料的勘误，再介绍相关文学家的生平，后附有诗文创作简介。年谱考辨翔实，论证有力，为后来的研究者提供很大的便利。1989 年山东教育出版社的《中国历代著名文学家评传（续编一）》中有卞孝萱、卢燕平撰写的"李绅"一章。《安徽历代文学家小传·李绅》（合肥师范学院编写，安徽人民出版社，1961 年 3 月）、《中国历代作家小传·李绅》（湖南师范学院中文系主编，湖南人民出版社，1981 年 11 月）和《中国文学家大辞典·唐五代卷》（中华书局，1992 年 9 月），对其生平事迹和著作有简要的介绍。关于李绅诗歌的评价散见《本事诗》、《韵语阳秋》、《竹庄诗话》、《蔡宽诗话》、《古今诗话》等著作中。现代出版的较完整的李绅诗歌集有《李绅诗注》（王旋伯，上海古籍出版社，1985 年）。有关李绅诗歌研究的专题论文并不多，主要有宁业高的《关于一首唐诗的作者考辨》(《江海学刊》1985 年第 4 期)、文阁的《李绅诗美学思想探微》(《信阳师范学院学报》1987 年第 3 期)、张传锋的《李绅的诗才与胆识》(《湖州师专学报》1994 年第 1 期)、徐如玉的《一首宣传政见的讽喻诗——读李绅〈悯农〉诗其一》(《唐都学刊》1996 年第 3 期)、郭杏芳的《略论李绅诗歌艺术的特点》(《黄冈师范学院学报》2003 年第 4 期)、《浅论中唐诗歌李绅的诗歌》(《周口师范学院学报》2003 年第 4 期)、《谈咏农诗和李绅〈悯农〉》(《黄冈职业技术学院学报》2003 年第 4 期)、卢燕平的《李绅新论》(《文学遗产》2004 年第 4 期)、赵志强的《李绅诗早期的通俗化倾向后期诗风的雅化》(《江西师范大学学报》2005 年第 5 期)、《李绅与"新乐府运动"关系的考察》[《华北电力学院学报》(社科版)2005 年第 1 期]、冯涛的《论李前后时期诗歌风貌的不同及成因》(《辽宁教育行政学院学报》2005 年第 5 期)等。硕士论文有《李绅诗歌研究》(赵志强，北京大学，1994 年)，《人心莫厌如弦直，淮水长怜似镜清——李绅及其诗歌研究》(罗进军，兰州大学，2007 年 5 月)。

二　李绅的出生与故里

在新旧两唐书中没有记载李绅的生年，对其籍贯也有不同的记载，《旧唐书》说他是"润州无锡人"、《新唐书》说他"客润州"。卞孝萱在《李绅年谱》中认为以无锡属润州的说法有误。按杜佑《通典》、李吉甫《元和郡县图志》、《新唐书·地理志》等，均以无锡属常州。他以李绅的《墨诏持经大德神异碑铭》中"大历癸丑岁，文忠公颜真卿领郡，余先人主乌程，余生未期岁"为据，推论李绅生于 772 年。另据《宰相世系表》等史料，指出李绅祖籍安徽亳州，生于江苏无锡。《旧唐书·李绅传》说李绅"本山东著姓"，后"世宦南方"(《新唐书·李绅传》)。刘明浩在《我无工巧唯无私——纪念中唐诗人李绅逝世 1150 周年》(《中州学刊》1996 年第 4 期)一文中认为：李绅，本赵州(今属河北省)人。祖上曾迁居亳州谯县。李初生时，其父李晤正在江南任职，居家今江苏无锡市东南 30 里之梅里。李绅 6 岁，严父谢世，母卢氏教以经义；9 岁又丧母；15—16岁以后在梅里乡附近的惠山攻读。

三 李绅与"牛李党争"及政治态度

中唐时期，朋党之争，日趋激烈。李绅是这一时期重要的政治活动家，党争几乎伴随着他一生主要政治生活，尤其是他晚年官职的升迁和身后的论罪都与"牛李党争"有关，这对他的经历、思想和文学创作都产生了巨大的影响。罗进军认为，李绅是公认的李党骨干，和李德裕关系密切，他们的交往应该是始于穆宗朝，当时李绅、李德裕、元稹同在翰林院，"时称三俊，情意相善"（《旧唐书·李绅传》）。在现存的文献中有关李绅与李德裕交往的资料不多，但从他后期的政治生活来看，他的升迁（官至宰相）和被贬与李德裕有很大关系。作为一个渴望有所作为的封建士大夫，李绅对当时的许多弊政是不满的。首先，他积极反对藩镇割据。如他早年曾经做过节度使宗臣李锜的掌书记，后锜叛乱，胁迫李绅起草给朝廷的奏章，他冒死不从。锜伏诛以后，新任节度使李元素"欲具奏此事"，李绅以"本乃誓节，非欲求荣，请罢所奏"推之。其次，他反对宦官专权。在"甘露事变"中，受牵连的文人士大夫无数，李未受到打击，但心灵也是受到强烈的震撼，"报国未知效，惟鹈徒在梁"（李绅《奉酬乐天立秋夕有怀见寄》）。

四 李绅诗歌的特色和成就

李绅少有大志，聪明好学，早有诗名，在中进士前［卞孝萱先生考订《悯农诗》作于贞元十八年（802年）前］所写的《悯农诗》"春种一粒粟"和"锄禾日当午"妇孺皆知。他"为人短小精悍，于诗最有名，时号短李"（《新唐书·李绅传》），"能为歌诗，乡赋之年，讽诵都在人口"（《旧唐书·李绅传》）。但他早年和晚年的诗都已散失，现只存有《追昔游集》3卷，杂诗1卷，共131

首（又说 136 首、144 首等），这些都是他于文宗开成戊午（837 年）在汴州任职时自己编辑的，后被收存在《全唐诗》第 480—483 卷中。其诗"春容恬雅，无雕琢细碎之习，其格究在晚唐诸人刻划纤巧之上"（《四库全书总目提要·追昔游集》），足可与同时人角争强弱。

许多研究者肯定李绅是新乐府运动的发端者。郭杏芳、孙鹤《浅论中唐诗歌李绅的诗歌》一文中指出，新乐府运动的倡导者和实践者是元稹和白居易，其发端人是李绅。罗进军硕士论文认为，李绅首次用"新题"来标示自己的乐府诗，与元稹、白居易共同推动了"新乐府运动"的发展。李绅虽然原作已经散佚，但是我们不能忽视他的首创之功，更不能忽视他对中唐叙事诗发展的推动作用，以及他对杜甫等诗人直面人生创作精神的继承。但对于长期以来把李绅归入新乐府诗人，卢燕平在《李绅新论》一文中提出了异议，卢文认为，现今为止，一些版本的文学史都把李绅说成是新乐府运动的参与者。他在人们印象中，似乎是创作动机政治功利性很强的元白诗派的成员。然而，李绅诗主要通过追怀往昔，感时叹逝，抒发一己的身世之感，即其《追昔游诗》序所自白的"牵思所属"，主观抒怀色彩极浓，将其作为客观性、功利性的诗人似乎欠妥。

赵志强《李绅诗早期的通俗化倾向后期诗风的雅化》一文认为，李绅是中唐元和至会昌年间的著名诗人，由于作品散佚很多，一直没有得到足够的重视与研究。学术界历来将他归入元白通俗诗派，这并不完全符合李绅创作的实际情况，他的诗风实际上有一个由通俗到典雅的转变过程。他指出李绅诗歌雅化的原因既是诗人身份、地位发生变化带来的影响，也是艺术趣味的变化导致诗风的转变，李绅后期更加追求诗歌的艺术性。冯涛《论李绅前后时期诗歌风貌的不同及成因》一文认为，李绅前后诗歌风貌转变的原因，首先，与当时的社会背景是密不可分的。长时期混乱的政治局面，你死我活的朋党之争，打消了许多文人关注现实社会的热情，转而投向养心修性。李绅前后期诗歌创作的转变是与当时整体创作氛围休戚相关的；其次，李绅中后期诗歌重抒发一己情怀，也是他贬谪经历所致；最后，明哲保身的思想也是李绅创作远离批判现实的一个重要原因。罗进军对李绅诗歌进行类析，从其记游诗、咏物诗、酬答诗和叙事诗，深入探讨了李绅诗歌的思想性和艺术性。认为贬谪迁徙途中是李绅诗歌创作的旺盛时期，这类纪游作品主要保留在李绅自己编定的《追昔游集》中，约占其存诗总量的一半；李绅的咏物诗并不多，只有近 30 首，其中有一定数量的作品已经散佚；李绅的酬答诗散佚较多，现存的诗歌只有 10 首，但是内容丰富、形式多样；中唐是文学史上叙事诗较发达的时期之一，李绅是当时重要的诗人，他与元白等为叙事诗的发展作出了巨大贡献。李绅的叙事诗有两类：一是以《新题乐府》为代表，此类诗歌已经散佚；一是以《莺莺歌》、《悲善才》为代表，可以说是更成熟、更典型的叙事诗。郭杏芳《略论李绅诗歌艺术的特点》一文认为，李绅的诗歌不拘一格，体制多样；感之以事，动之以情；意境阔大，感情刚劲。

文阁《李绅诗美学思想探微》一文中对李绅诗的美学思想进行了探讨。认为李绅讽喻诗所表现出来的讽喻精神，是对《诗经》的"美刺"、《毛诗序》"诗有六义"的传统美学观的继承和发展。他的诗表现的"惟歌生民病，愿得天子知"乐以天下、忧以天下，民贵君轻的思想，将爱怜之心寄寓在对苦难中煎熬、挣扎的庶民百姓的善意之中，具有强烈的现实性和人民性，体现着儒家以"仁爱"为核心的美学思想。李绅的感怀诗，或弃、或悲、或怒、或怨，其情感有时如长河奔腾，直泻而下，有时如涓涓细流，曲折蜿蜒，而感情的变化总是围绕着济世、忠君这一个轴心，儒家以善为核心的美学思想在这类诗中又一次得到佐证。李绅还有一些诗，描写了优美的自然景物和秀丽的江南风光，具有耐人寻味的意境。总之，李绅的诗既有对儒家美学思想的追求，又渗透着道家美学思想和禅宗美学思想，是三种美学思想之有机统一。

（作者单位：江阴职业技术学院）

略论吴歌

/ 沈道初

一　吴歌

吴歌是吴语地区民歌民谣的总称，是吴地文化史中的一颗璀璨的明珠，在中国文学史上占有一定的地位。

顾颉刚先生在《吴歌小史》中曾对吴地及吴歌作扼要的论断："我们现在所说的三吴，大致自江以南，自浙以西都包括在内；所谓吴歌，便是流转于这一带小儿女口中的民间歌曲。"他的结论得到学术界公认。他对吴歌的起源作了推断："吴歌最早起于何时，我们不甚清楚，但也不会比《诗经》更迟。可是，因为《诗三百篇》的编者只收集了中原和江、汉的国风，江以南的吴、越、楚都没有在风雅中占得一席地位，这也许是因为他们蛮夷鸟央舌之音，还不足以登中原文化的大雅之堂的缘故。可是这并不能证明吴人没有歌，不会唱。"

吴歌，包括"歌"和"谣"两部分。"歌"一般说就是"唱山歌"，也包括一些俗曲之类；"谣"就是通常说的"顺口溜"。自古有"吴歌杂曲，并出江南"之说，吴歌指即兴口唱的歌，杂曲指小调，有的配以管弦。吴歌与历代文人编著的诗、词、歌、赋不同，是下层人民创造的口头文学，是具有浓厚民族特色和地方色彩的民间文学。

吴文化地区江南水乡孕育的吴歌，有其鲜明的特色：通常用委婉清丽、温柔敦厚、含蓄缠绵、隐喻曲折来概括它的特点，区别于北方民歌的热烈奔放、率直坦荡、豪情粗犷、高亢雄壮。吴歌具有浓厚的水文化特点，与耸立的高山、宽阔的草原不同，它如涓涓流水一般，清新亮丽，一波三折，柔韧而含情脉脉，和吴侬软语有相同的格调，有其独特的民间艺术魅力。

1. 先秦之前的吴歌

顾颉刚举出《战国策·秦策二》中陈轸的"吴吟"《楚辞·招魂》中的"吴歈"为证，来说明吴歌的起源甚早。

《吴越春秋》卷五记载的《弹歌》，有学者以"相传是黄帝时期的产物"，不加论证就认定是黄帝时代的吴歌，为吴歌的始祖。其实《吴越春秋》为东汉赵晔所作，清代黄生的《义府》指出"未必果黄帝时语"。因此应把《弹歌》视为东汉时期的作品为妥。

《吴越春秋》卷六和《吕氏春秋·音初》篇均载有《涂山歌》。《吴越春秋》的《涂山歌》是大禹三十岁娶女娇于涂山而唱的歌。这不是"南音"之始，《吕氏春秋》的《涂山歌》是涂山氏之女令其妾候禹于涂山之阳而唱的歌。《吕氏春秋》的作者说这是"南音之始"。这二首不同的歌，是同一故事传说及其所唱歌的演变。《吕氏春秋》所载的《涂山歌》为战国时的歌，而《吴越春秋》所载的《涂山歌》为东汉时的歌，绝不是夏禹时代的歌。

刘勰《文心雕龙·乐府篇》列入最早的乐府歌曲，说："涂山歌手《侯人》，始为南音"。此说来源于《吕氏春秋·音初篇》中引述的关于大禹的传说记载。

有专家学者考证，春秋战国时期的吴歈越吟，是夏、商、西周时期南方夷蛮音乐声歌"南音"的继承和发展。

王煦华在其《先秦的吴地诗歌》一文中指出：有的学者认为："现在所能见到最早吴地歌谣是在《灵宝要略》和《河图纬》中记载下来的《洞庭歌谣》，由于这首歌谣在《灵宝要略》、《河图绛象》和《越绝书》中，都是假托孔子传下来的。其实，即使不是假托孔子的作品，就其内容来看，这些谶纬作品也必然是西汉末年以后的吴地民歌。"

有学者认为《南山有鸟》为春秋时留下的吴国民间歌谣。首见于晋干宝

《搜神记》说春秋时吴王夫差（前473）的小女儿紫玉（《吴地记》作幼玉）与韩重恋爱的故事，王煦华认为它应是晋代的作品。至于《梧桐秋》"桐叶冷，吴王醒不醒？梧叶秋，吴王愁更愁。"王煦华认为这可能是梁代的作品。

"者减钟"，在清乾隆二十六年（1761年）出土于江西临江，其铭文郭沫若曾考证过。陆侃如认为，这诗产生于公元前7世纪上半期，风格近《诗经》。

"申叔仪歌"是《左传》哀公十三年（前482）吴国大夫申叔仪到鲁国的大夫公孙有山氏处乞讨粮食说："佩玉蘂兮，余无所系之；旨酒一盛兮，余与褐之父日儿之。"陆侃如说这诗体裁近《楚辞》，这也是春秋末期的一首吴歌。

《越人歌》或《越人拥楫歌》，西汉末年刘向《说苑·善说篇》说，鄂君子皙泛舟于新波之中，榜木世越人拥楫而歌。《史记·楚世家》说，子皙是楚康王（前559—前545）的宠弟，可见此诗是公元前6世纪中叶的作品。

《越王钟》其铭文郭沫若曾考证过，这是一首作于公元前5世纪的越诗吴歌。

2. 六朝时期的吴声歌曲

吴歌在史上真正作为一种歌体的出现是南朝乐府中的"吴声歌曲"，在中国文学史上占有一席之地，并曾开一代诗风，其中大部作品收入宋代郭茂倩辑的《乐府诗集》中有吴声歌曲，共342首，其中以《子夜歌》、《读曲歌》、《懊侬歌》、《华山畿》为最多。吴声歌曲几乎都是抒情诗。吴地民歌在东晋后才逐渐为当时乐府官员所采录，成为上层社会所享用的乐曲，即"吴声歌曲"。在此之前是没有明确"吴歌"这一概念的。

郑振铎在其《中国俗文学史》中说："吴声歌曲者，为吴地的歌谣，即太湖流域的歌谣；其中充满了曼丽宛曲的情调，清辞俊语，连翩不绝，令人'情灵摇荡'"，并对《乐府诗集》中的两首《大子夜歌》作了评价："歌谣数百种，子夜最可怜。慷慨吐清音，明转出自然。""丝竹发歌响，假器扬清音，不知歌谣妙，声势出口心。"

《乐府诗集》中选辑《子夜歌》都是五言四句，即常说的"四句头山歌"。《子夜四时歌》又简称为《四时歌》，它产生前也是吴地民歌，也是熟知的"四季调"或"四季歌"、"四季相思"等。

　　吴声歌曲统称为"吴歌"，对后世影响很大，当时著名诗人纷纷模拟，称"吴格"，五言、七言绝句体从此盛行诗坛，它的源头就是南北朝的民歌。到了唐代，这种绝句几乎垄断歌坛300年。从俗又走向了大雅，完全失去了前期吴声歌曲的质朴自然，又逐渐走向僵化，终于落入低潮。汉唐以后，吴歌在文学史上，文人很长时期不见记载。其实，吴歌作为民间口头文学，它的传承主要是口口相传，代代承袭，在民间不可能消失。

　　金煦在《吴歌》一文中指出，最早用吴语记录的山歌是唐末五代十国时吴越王钱镠唱的山歌，此山歌原载宋吴僧文莹《湘山野录》，开平元年（公元907年）梁太祖即位，封钱武肃（镠）为吴越王。镠起执爵于席，自唱《还乡歌》以娱宾。家乡父老听不懂，再酌酒，高揭吴喉，唱山歌以见意："你辈见侬底欢喜？别是一般滋味子。永在我侬心子里？"乡音土语，立即引起共鸣。"叫笑振席，欢感闾里。"关德栋先生为冯梦龙《山歌》作序，认为吴歌有文字记录从此例开始。

3. 明代兴起的时调小曲和山歌

　　文学史上明代又看到吴歌光辉的一页，明末冯梦龙选辑的"桂枝儿"即是此类作品。明人陈宏绪在《寒夜录》中引他友人卓珂月的话："我明诗让唐，词让宋，曲又让元，庶几吴歌《桂枝儿》、《罗江怨》、《打枣竿》、《银绞丝》之属，为我明一绝耳。"这种小曲是吴歌的支脉，又称为"杂曲"，自古有"吴歌杂曲，并出江南"之说，过去也曾并称为吴歌。

　　冯梦龙所辑录的《山歌》共十卷，分六类，356首，其中《童痴一弄·桂枝儿》和《童痴二弄·山歌》更成为世纪绝响。前者集明代民间时调小曲大成，其中的许多优秀作品是脍炙人口的，如《泥人》、《分离》等佳作流传很广。在《桂枝儿》中有一首《茉莉花》，它是中国民歌《茉莉花》的原始形态，歌词是："闷来时，到园中寻花儿戴，猛抬头，见茉莉花在两边排，将手儿采一朵花儿来戴。花儿采到手，花心还未开。早知道你无心也，花，我也毕竟不来采。"现在的歌词是"好一朵茉莉花，满园花开香也香不过它，我有心采一朵戴，看花的人儿要将我骂。我有心采一朵戴，又怕来年不发芽"。

后者，大多是农民唱的歌。冯梦龙说："但有假诗文，而无假山歌。"他编纂《桂枝儿》、《山歌》的目的是"借男女之真情，发各教之伪药"。《山歌》中的《月子弯弯》就是流传久远的一首吴歌的经典之作："月子弯弯照九州，几家欢乐几家愁，几家夫妇同罗帐，几家飘散在它州"（此歌产生于南宋建炎年间，述民间离乱之苦）。明代昆山学者叶盛在《水东日记》中说："吴人耕作或舟行之劳，多作讴歌以自遣，各唱山歌。"直到 20 世纪仍是如此。

4. 20 世纪吴歌采风和研究活动

海门、启东一带山歌是吴歌在江北的延伸。从 1952 年到 1953 年在苏南收到民间歌谣和戏曲 2275 首。1959 年中国民间文艺研究会和江苏省文联、文化局对常熟白茆新民歌调查。1979 年苏州市出版《吴歌新集》。20 世纪 80 年代初在无锡的东亭和吴江的芦墟等地发现了长歌《沈七哥》和《五姑娘》，民间文学专家赵景琛生前为《五姑娘》题诗："吴侬珠语传渔乡，村叟留歌韵味长。莫道汉家无巨著，悠悠一曲《五姑娘》。"1961 年后上海、江苏、浙江陆续开了 6 次吴歌学术讨论会。1983 年成立了吴歌学会，编辑出版了《吴歌》、《江南十大民间叙事诗——吴歌长歌集》。1983 年，南京大学中文系师生在省民协支持下，开展对大运河两岸采风活动，包括江浙 7 市 17 县；1986 年，南京大学留学生部组织外国留学生到无锡开展民间采风活动。1988 年，日本民间艺术家代表团访问无锡，对"吴越地区民间文化及历史"进行了考察并采集吴歌，与无锡的民歌手和民间文艺工作者举行中日民歌演唱会和学术交流活动。1989 年 9 月，无锡市又举办大型"太湖民间歌会"，演唱了一批精彩的吴歌。

唐宋元以来，许多大诗人吸收民歌的营养，写出不朽的诗词歌赋，发展到戏曲、小说、散文中常引用民歌。吴歌在漫长的发展过程中，生命力是强盛的，它不断地变化，和诗歌一样，从简单的谣体开始，到四言、五言、七言的格律，发展到叠句、衬词，接近现代的散文诗，始终不间断地在劳动人民口头上流传，作为民间集体智慧的结晶，一直保持自己地方的独特风格。吴歌是我国歌谣中独树一帜的品类，它作为一种口头文学，称为"天籁之声"，属于非物质文化遗产，它的艺术研究价值和人文研究价值越来越高。

二 杂曲——吴地民间俗曲

古代人对诗词歌赋以及民间传唱的民歌和文人仿作的民歌，不像我们现在分得那么清楚，古代人吟诗就像唱歌。《诗经》和《乐府》都称为诗，或统称为民歌。六朝之后，看起来民歌的记载少了，而为唐诗、宋词、元曲所代替，其实当时的诗人墨客充分吸收了民歌的营养和精华，继承了民歌的优秀传统，发展了诗歌创作及其他艺术形式，比如元曲，就被认为是当时民间歌曲的总称，后来才成为文人的东西，以至发展到元杂剧。因此，这不等于说民歌已经死亡，它还在民间广泛传唱，只不过古籍上没突出记载罢了。

到明清两代，杂曲的发展已达到高峰。明清俗曲的曲调（即曲牌）十分丰富，主要来源是各地民歌。也有大量源于俗曲的散曲。这些曲调在群众口头传唱中又与各地民歌相结合，成为时调小曲，被明代称为一绝的《桂枝儿》、《罗江怨》、《打枣竿》、《银绞丝》之类，均属时调小曲，又统称为俗曲，其曲调名称很多。如还有闹五更、寄生草、哭皇天、干荷叶、粉红莲、桐城歌之属。

明清俗曲与各地的民间曲艺、民间小戏有极其密切的关系，许多曲调流传于各地，在传唱中形成了地方特色，并成为民间艺人和广大群众的歌唱表演艺术形式。如吴地民间还流传的"四季调"、"五更调"、"十二月花名"、"十送郎"、"十杯酒"、"十二条手巾"等。还有一类称为套曲，即根据内容需要把几个曲牌联结起来，如"九连环"、"五瓣梅"等，这就和戏曲、评弹、滩簧非常接近了，其相互融合及交叉的情况几乎和民间杂曲难以分清。元曲发展到戏曲形式，曲牌更为丰富。到了明清时代，苏州评弹、扬州清曲、南京白局等曲艺都发展到坐唱形式，江南各地的滩簧戏也逐步发展起来，其曲调均来源于民间俗曲。刘复（半农）、李家瑞编辑了《中国俗曲总目稿》，总括收入各种以唱为主的曲艺和秧歌、花鼓等民间小戏作品。

金晖在《杂曲》一文中指出，民间俗曲，作为曲调来说，使当时文艺推进了一大步。这是有深刻的历史背景的。就像现在说的大大解放了人们的思想，把诗歌从"八股老套"中解放出来，特别是使戏曲、曲艺来了个大发展。有人评价这一时期可以和欧洲的文艺复兴相媲美，在时间上也基本相同，其缘由却首先是民间俗曲的复兴，这是由当时的社会民主倾向引起的。郑振铎说："名人学士们的作品在向死路上走去，而民间的作品却仍是活人口上的东西，仍是活跳跳的生气勃勃的东西。""而不久，又有许多文人学士们厌弃其旧所有的，而复向民间来汲取新的材料、新的灵感，乃至新的曲调。而立刻他们便得到了很大的成功。"（《中国俗文学史》下册；第259页）。如《十二月花名》可填充不同的内容，其中流行全国的用唱春调演唱的《十二月花名·孟姜女》（江苏省锡剧团沈佩华名演员就曾唱过，并有光盘）。这段曲子为戏曲、曲艺广泛采用，经过戏曲演员的加工演唱更加委婉动听，起到"歌无声不传"的作用。而唱春调就是苏锡常一带流行的小调，最初来源于民间节日的祭祀活动，以后又变成街头、乡间卖唱艺人唱的小曲。《十二月花名》作为一种歌词的格式，也可用各地民间许多杂曲演唱，也有用山歌调唱的，如吴江、嘉善一带的《十二月花名·五姑娘》就是用当地山歌曲调唱的。以"十二月花名"作起兴的还有《十二月唱古人》、《十二月唱戏文》等。又如江苏民歌《茉莉花》即为杂曲中的"鲜花调"，南北有不同的变曲，流传最广的唱词以"好一朵茉莉花"起兴的唱段。本来它唱的是元杂剧《西厢记》中的故事，又称《张生戏莺莺》，后在传唱中脱离了西厢故事，反复演唱以"好一朵茉莉花"为起兴的一段。调名命名为《茉莉花》。江苏民歌《茉莉花》是从戏曲、散曲演变成俗曲、流行歌曲的一种典型。又如苏州民歌《九连环》即由"码头调"（又称马头调）、"满江红"、"鲜花调"、"六花六节"、"湘江浪"等组成，用十二月联唱的方式，把苏州美景、风土人情描绘得淋漓尽致，题名为《苏州好风光》，成为流行一时的"金曲"。

江南各地流传的宣卷（即宝卷）、堂名、拜香调、道教音乐等，也都是杂曲的变异组合。明清俗曲和时调中以调名统率歌名的排列有：山歌调、采茶调、叠叠锦、莲花落（简称也么落）、棒鼓调、耍孩儿、黄莺儿、冷打调、银绞丝（又称银钮丝）、叠落金钱（又作湘江郎、湘江浪）、寄生草、双叠翠（即鲜花调或四季鲜花调）、桂枝儿、罗江怨（即哈哈调）、剪剪（靛）花、闹五更、粉红莲、五娥郎、呀儿哟（即补缸调）、红绣鞋、夹竹桃（穿插于山歌中）、夜夜游

（即呀呀油）、倒扳浆、太平年、凤阳歌调、荡湖船、普提、新满江红、湘广调
（即绣荷包）、小郎儿、青阳扇（即白洋洋）、九连环、一枚针、侉侉调（即无锡
景、苏州景）、唱春调等，这些杂曲均来源于民歌或民间戏曲，有的已成为一种
独立的说唱形式，或在江苏和上海滑稽戏剧中保留比较多，如"金铃塔"、"醒
世曲"，这些曲调深受群众欢迎。几乎会唱山歌的著名歌手都会唱杂曲，有时他
们把山歌和杂曲糅合在一起。如长篇叙事吴歌《五姑娘》中，四阿姐被卖到广
东，逃回家中向五姑娘哭诉时，就用"十二月花名"的形式演唱；五姑娘送绣
鞋给情人徐阿天，就用"绣荷包"调演唱，这是十分自然的，就像戏曲中运用
曲牌一样。

　　杂曲因为代表各种曲调，词曲虽然通常是结合在一起的，但曲可以套用于
各种词，因此民歌可以插上翅膀，流遍各地。"吴歌杂曲，并出江南"，吴歌杂
曲在整个吴越文化中不过是一个部分，但它对文学、戏曲、音乐的发展，不但
历史上有过重要功绩，而且在今后文艺的"推陈出新"中也有一定的借鉴作用。
因而，它们在中国文学史上占有重要地位，同时也是研究吴越文化源流中极其
宝贵的资料。

　　吴地戏曲源远流长，具有悠久历史和独特的艺术风格，从孕育到发展逐渐
形成了各具特色的昆剧、锡剧、苏剧、沪剧、越剧等10多个剧种。还有丹剧
（嘟当戏）、湖剧（湖州滩簧）、奉贤山歌剧、苏州评弹和滑稽戏等其他戏曲。这
种各地区土生土长的戏剧即戏曲，是一种融歌舞、说表、音乐、美术、杂技、
武术等为一体的综合艺术。其特点是通过演员以唱、做、念、打来推进剧情发
展，演出一个有矛盾冲突的故事，不论是唱还是表演（舞）、音乐（曲）都是相
互配合的，突出以唱腔来抒发人物的思想感情。这方面就不展开论述了。

（作者单位：南京大学传统文化研究院）

试论稻作农业对梅里吴文化形成前后的影响

/ 张志杰

吴文化是中华民族文化中的重要组成部分，它"个性"鲜明，与众不同。在其形成过程中，历经了坎坷、颠簸，但凭借其强盛的生命基础，最终散发出耀眼的光芒，长期繁荣发展。而吴文化那强盛的生命基础就是吴地的稻作农业，它不但本身是吴文化的重要组成部分，而且更是吴文化形成并具有独特性的关键。

吴地一般是指以太湖流域为中心，南京、上海作首尾，苏、锡、常、杭、嘉、湖为肢节，旁及通、扬的一个地域整体。吴文化的最初形成一般认为在春秋战国时期，但其最终形成并真正受人重视、成为强有力而独特的区域文化却要到魏晋南北朝时期。学术界普遍认为太湖流域的吴地是我国最早开始稻作农业的地区之一，考古学界也证实了这点。目前，学者们公认，在浙江余姚河姆渡遗址中发现的稻谷、稻壳、稻秆、稻叶等堆积物是我国境内最早的稻谷实物，也是世界上已知年代最早的栽培稻，距今约 6700 多年。而在太湖流域也发现了为数众多的栽培稻遗迹，其中最早的是浙江桐乡罗家角遗址，距今约 6500 年，比泰国从能诺塔古代遗址中发现的国外现存最古的稻粒还要早 1000 年。因此可以说吴地稻作文化要远远先于吴文化而存在，并为日后吴文化的形成、强盛提供滋生的土壤。

一　吴地自然环境

吴地水稻种植之所以历史悠久、地位重要，除了人的因素外，吴地自然环境也是不容忽视的。

吴地自然环境大致可以用"优越"二字概括。具体讲：第一，吴地地形以平原和丘陵为主，兼有部分山区，为发展农业提供了良好的地理条件。吴地地处长江三角洲的冲积平原上，并以太湖平原这个碟形洼地为中心，地势低平，水网如织，湖沼众多。除了平原外，在石器时代这里许多丘陵，如宁镇丘陵和宁镇山脉。后来随着江水长期不断的冲刷，所携带的大量泥沙堆积露出水面，才渐渐扩大了吴地的平原面积。这也可以从吴地发现的几处石器时代遗址所处的位置得以证实。如草鞋山、夷陵山、张陵山、崧泽等遗址均位于濒临湖沼地带的高度 3 米—10 米的土墩上，吴县通安华山遗址、宜兴归径骆驼山遗址等也位于小山的阳面上。第二，吴地的气候属亚热带气候，霜冻期短，气候温暖，秦以前，吴地平均气温比现在要高 2℃—3℃，秦及西汉时气候比较温和，平均气温较现在大约高 1.5℃，而且吴地雨热同季，雨量充足。这种温湿的气候十分适宜于粮食作物水稻的生长。第三，吴地矿产资源较为丰富。铜、铁等金属为以后炼制农具提供了丰富的原材料。据郭沫若猜测"吴越大概是发明冶金术最早的地方"。第四，吴地生物资源丰富。从吴地旧石器时代的三山岛遗址中发现了许多哺乳动物的化石，如猕猴、兔、猪、虎、野猪、牛等 18 种之多。另外在吴地还有多种鱼类和丰富的林业资源，这些也是吴地先民们长期离不开渔猎生活的重要原因。

二　吴文化形成前后吴地稻作农业的发展情况

吴地自然条件优越：地势低平、水源充足、河网密布、湖沼众多、气候温暖湿润，十分适宜于稻的生长。因此吴地存在大量野生稻。水稻就是由野生稻经过人工培植而成的。吴地最早栽培水稻是在 6500 多年前。浙江桐乡罗家角遗址中就发现了那时的稻谷、稻叶、稻粒等实物。此外，在太湖流域其他地方如吴县草鞋山、上海青浦崧泽、杭州附近的良渚文化遗址中发现了许多吴地先民所使用的稻作农具。如草鞋山人用来收割稻谷用的石刀和蚌器、加工谷物的陶杵，既可脱壳，又可磨碎。在上海崧泽文化遗址中发现了磨制更精细、更实用、更复杂的石器，如各种形状的石斧、石锛、石凿等，它们用途更广、更耐用。据《淮南子》记载："古代削木耜耕田，磨蚌壳除草。"在杭州附近的良渚文化遗址中，还发现当时人们普遍使用扁平的石铲等农具，种植以稻谷为主的各种农作物，由于这个文化遗址以杭州为中心，波及浙江北部、钱塘江下游和太湖流域，因此可说明吴地的水稻耕作在远古时代已相当发达了。但不可否认，虽然种植水稻已成为原始吴地人可靠的食物来源，但毕竟当时社会生产力水平低下，所以稻谷产量相当有限，而吴地的自然条件优越、动植物资源丰富，为人类提供了充足的天然食品，因此吴地先民在这时仍以采集、渔猎作为主要谋生手段。

　　夏商时期，吴地稻作农业有了一定的发展。如石犁的发明和使用，使翻土效率进一步提高。吴地青铜文化也在这时开始，在上海马桥遗址中出土了铜刀和铜凿，但是这个时期，环太湖地区青铜文化水平不高，铸造技术较粗糙，远远落后于中原地区。这主要是由于夏商两朝的政治经济文化中心在黄河流域附近，远离吴地，因此这里一直处于王权势力之外，被视为蛮荒之地，不予重视，而且吴地先民也完全可以从自然界获取天然食物。而中原地区一来那里的自然条件不如太湖流域，二来中原是统治阶级的中心，因此人们十分重视农业发展，有了奴隶的人手，有了青铜农具，中原农业技术发展较快。谷物丰收，酒的酿造也有了较大数量，人们用青铜制成大量的酒器、盛放食物的器皿及礼器等。所以吴地这个偏远的原始地区稻作农业的发展就远远比不上中原奴隶制下的农业发展水平。

　　距今约 3000 多年前，泰伯、仲雍奔吴。当时的吴地仍被中原人称为荆蛮之地，这里的人民文身断发，与中原文化相比十分落后。泰伯、仲雍到来后，"荆蛮义之，从而归之者千有余家，共立以为勾吴，数年之间，民人殷富"。泰伯、仲雍把中原周文化带到了吴地，大家同心合力，发展生产。为了怕中原战事波及荆蛮，所以泰伯筑城防御。"周三里二百步，外郭三百余里。在西北隅，名曰故吴。人民皆耕田其中。"在这方圆三百多里的范围内，人们使用泰伯、仲雍从中原带来的青铜铸造技术铸成犁、手斧等农具种植水稻。到西周时，吴地的贵族奴隶主开始驱使广大农业奴隶进行大规模的集体耕耘。不但人数多，规模大，而且耕作技术也有所改进，采用中原的耕作技术，重视对稻谷的选种、施肥、除草、除虫、浇灌、脱粒、加工等，精耕细作的园圃种植也出现了。奴隶们除了主要使用木制、石制、骨制之类的农具外，奴隶主也让他们使用许多青铜铲挖土、开沟，使用青铜镰收割稻子。因此这一时期吴地稻作农业比以前大大前进了一步。

　　春秋时期，吴王阖闾曾经这样对伍子胥说："吾国僻远，顾在东南之地，险阻润湿，又有江海之害；君无守御，民无所依；仓库不设，田畴无垦。"这说明当时吴地与中原相比仍然是落后的。但在伍子胥、孙武等文武贤能的帮助下，吴国革新政治经济制度，实行"富民"政策，鼓励人民耕种田亩，减轻田亩的税收，大力兴修水利，建立强大的军队，使吴国国力强盛，称霸于东南。《吴地记》中记载：在胥门南三里处建有储城，是吴"王储粮处"，也就是吴都仓库。在胥门南三里，建有酒醋城，是王室生产酒醋的作坊。而当时吴国盛行用粮食酿酒，这充分表明春秋时期吴国水稻种植业已达到了一个新的高度，成为社会生产的一个主要部门。据《越绝书·吴地传》记载："吴北野禺栎乐东所舍大者，吴王田也，去县八十里。""吴西野鹿陂者，吴王田也。今分为耦渎，胥卑虚，去县二十里。""吴北野胥主者，吴王女胥主田也，去县八十里。"这上述三处，都是王室农田，是吴国的粮食生产基地。正是由于水稻种植业的发展，使吴国"实仓廪"，吴王阖闾才能大举攻楚，五战五捷，占领郢都。吴王夫差能够击败越、鲁、邾、卫等国，并"兴十万之众，奉师千里……"，在艾陵击溃齐军，以霸主自居。《吴越春秋·勾践阴谋外传》中记载：夫差曾经一次就借给越国稻谷万石。可见当时吴国储粮之丰厚。春秋时期吴地稻作农业发展之所以迅速的原因之一是吴地统治者的重视。当时统治阶级为了巩固地盘，扩大势力范围，争做霸主就必须解决粮食问题，所以在最高统治者的关心下，吴地稻作农业形成了一整套完整的耕作制度，稻谷产量很高。统治阶级还重视兴修水利，灌溉农田。吴王阖闾命伍子胥修运河，后人称为胥溪；吴王夫差开凿邗沟，沟通了长江与淮河，有利于灌溉。此外，吴国还在苏州西北开凿了一条经望亭、无锡、奔牛、丹阳等地，全长170里的大河，并在奔牛境内与孟河连接，通向长江，从而使江南水系基本连接，减少了水患。原因之二是吴地农具的发展。春秋时期是吴地青铜文化最辉煌的阶段。当时吴地的青铜铸造技术可同中原相媲美。《周礼·考工记》郑玄注："粤地……出金锡，铸治之业，田器尤多。"这正反映了长江流域青铜生产工具发达先进的实际情况。而且吴地青铜器中以生产工具和兵器出现最早、数量也较多，这正是吴地重视农业生产发展的历史见证。这些青铜农具中有锄草、翻地用的铜锄；开垦荒地、开辟耕地用的各类铜斧等。除了青铜农具外，铁农具的发明和使用也成为这个东南强盛之都的重要标志之一。如中耕除草用的铁铲，收割用的铁锯、铁铚等。稻作农具的进步，使吴地水稻种植面积扩大，效率提高。吴地先民们就在这不断进步的稻作农业中，因地制宜发展改进提高稻作农业水平。野生稻种得以改良，新稻种不断涌现，稻作农具不断改进，耕种管理水平不断进步。《国语·吴语》中说，"稻蟹不遗种"，足见稻已经成为吴地的特产，它的单位面积产量也已高于其他作物。

战国秦西汉时期，国家由分到合，秦汉统治者为了加强中央专制集权统治，防止地方的自主和反叛，加上对吴地认识片面、目光短浅，所以没能利用其统一的威势去发展吴地，而是采取削弱地方经济、军事实力，集权于中央的强干弱枝政策。秦始皇初灭六国，立迁徙天下豪富12万户集于咸阳及巴蜀；汉继秦后，采取同样的手法，有过之而无不及。从而使得太湖流域的稻作农业的发展进程遭到人为的打击而受挫，发展速度极为缓慢，甚至在奴隶社会前就已脱离的刀耕火种到西汉却又重新在使用。西汉时期，稻米曾是黄河流域的主要农产品。在那里，铁农具和牛耕普遍使用。《汉书·东方朔传》曾经将"稻"列为关中地区经济收益第一宗。西汉总结关中农耕经验《氾胜之书》对于种稻的生产规模有极详尽的记述。《汉书·昭帝纪》说到"稻田使者"职名，反映了当时黄河流域的稻作经济，受到中央政府的直接关注。而吴地因远离统治中心，不受重视，北方人还常认为吴地"暑湿"不利于生存和农业发展，避之唯恐不远。因此吴地人口增加缓慢，加上徭役压民之力，租赋压民之财，吴地动植物资源又很丰富，因此农业生产萎缩就成为必然现象。战国秦西汉时期，吴地稻作农业出现了一次低谷，这使得其水稻发展推迟了两三百年。两汉之际，兵争激烈，中原"民人流亡，百无一在"，"小民流移"，往往"避乱江南"，出现了大规模的移民浪潮。移民不仅解决了吴地"地广人稀"缺乏劳动力的问题，而且他们还带来了中原先进的农耕技术。东汉时期吴地气候条件又发生了变化，从原来的暖湿转为干冷，"平均气温较现在大约低 0.7℃"，所以较适合中原人推行其耕作技术。随着气候干冷，人口增多，吴地丰富的动植物资源已远远不能满足人们的需要，因此吴地人民与北方移民一起开垦荒地、种植稻谷、发展生产。吴地稻作农业有了显著发展。永初元年和七年，丹阳、豫章、吴郡在短时期内连续两次大规模的租米北调，就可说明吴地水稻产量之高了。在这段时间内，吴地经济发展速度确实胜过了饥荒、战乱的北方，吴地逐步开始走出低谷。东汉末年，北方社会动乱，再一次出现以吴地为方向的流民运动。《三国志·吴书·张昭传》："汉末之乱，徐方士民多避难扬土。"包括"四方贤士大夫"在内的流民的到来使吴地社会面貌进一步好转。

三国时，国家又由合到分，占据吴地的孙吴为了能立于不败之地，积极发展农业生产，推行屯田。孙策曾下令："君务财劝农，仓库盈积……"孙权更加重视水稻种植，兴修水利。他曾将自己驾车的八牛，改充耕牛，用以鼓励农耕。曾因"由拳野稻自生，改为禾兴县"。不准官吏"侵夺民时"实行"给贷种食"。公元 245 年，孙权派人修治秦淮河，开凿破岗渎，水利的兴修有利于农业的发展。水稻单位面积产量有了提高。吕蒙曾说："皖田肥美，若一收孰，彼众必增，如是数岁，操能见矣，宜早除之。"诸葛恪也说："候其稼将熟，辄纵兵芟刈，使无遗种。旧既尽，新田不收，平民屯居，略无所人，于是山民饥穷，渐出降首。"这些也从侧面反映了孙吴重视农业生产。就是在吴国灭亡时，仓库尚存有米谷 280 万石。晋至南北朝时期，北方出现了前所未有的"五胡十六国"之乱，这时"海内大难，独江东差安，中国士民避乱者，多南渡江"。东晋南朝的统治者还允许北方州县在江南设置侨署，以京口和晋陵二地侨署最多，其中常州一带设置了15—16个郡级和60多个县级政府。这种鼓励北方人口南迁的做法，显然有利于吴地的开发和发展。在移民中有不少士族和巨贾，带来了大量的资财。同时，北方精耕细作技术也带入吴地，使得吴地农业技术发展进入一个新的阶段。《吴都赋》记："其田野则、畯无数，膏腴兼倍……国税再熟之稻……"说明吴地已经出现了双季稻。这些从北方传来的精耕细作和积粪肥田等先进技术最终淘汰了吴地的火耕水耨。此外吴地一带还大规模兴修水利。据日本学者中村圭尔统计，"六朝时三吴地区共修建塘淡等较大规模的水利工程达60余处"。南朝时吴地区成为主要产粮区。在此以前，北方的粟麦和吴地的稻虽同为各自主粮，但后者单位面积产量和总产量都无法与前者相比，而从东晋开始，水稻与粟麦平分秋色，到了南朝时，吴地水稻平均亩产已经超过了北朝，吴地"一岁或稔，则数郡忘饥"，"江南外奉贡赋，内充府实，止于荆、扬二州"，可见当时吴地稻作农业地位的重要了。稻作农业一路走来，到这时已日趋发展成熟，达到了历代的最高峰，而吴文化也随之而攀升，其影响日趋扩大，并以强劲的势头继续发展下去，到了宋元时期，吴地太湖地区的稻作农业更是蒸蒸日上。

三　稻作农业对吴文化形成前后的影响

吴文化形成是以吴国建立为标志的，而形成后吴文化区别于其他文化的最大特色就是它以稻作农业为中心表现出的水乡泽国的清秀和旖旎。稻作农业对吴文化形成前后的影响具体可以表现在以下几方面：

第一，吴地稻作农业为吴文化的形成提供了方向和基础。稻作农业是吴文化的重要组成部分，是核心，是吴文化区别于其他文化的最大特色之一。吴文化形成于春秋吴国时期，但吴地稻作农业却早在石器时代就已开始。吴地进入农业社会的时间要早于黄河流域及中国其他地区，而从事农业需要长时间的定居，这为以后吴文化与其他文化相比表现出一种更稳定、更持久的特色提供了支点。而且吴地特殊的自然环境十分适宜于水稻的种植，这种天时、地利在其他地区是没有或者不是十分明显的，因此从那时开始就已注定将来在这块土地上形成和发展起来的文化的主流和基调了。

"愈是古老的文化与自然环境的关系就愈是密切。"吴地人正是看到了这里得天独厚的自然条件适宜于种植水稻，因此靠山吃山，靠水吃水，利用现有条件种植水稻，随之而来的就是开垦荒地、提高产量、培育良种、改进工具、更新技术等一系列连锁工作，但是由于吴地地处偏远，向来被列为重点发展地区，甚至一直被视为"荆蛮之地"，因此吴地先民也只有一方面依靠自己的聪明才智和辛勤劳动；另一方面不断吸收来自外地先进技术和经验，博采众长。从吴文化形成前后吴地稻作农业发展过程中可以看出吴地融合了许多外来的文化。例如，泰伯、仲雍奔吴带来了周文化，首创吴文化；伍子胥等楚国大夫们带来了楚文化，吴王阖闾攻占楚国，又进一步吸收了楚文化；吴王夫差攻打齐国、鲁国，又吸收了齐鲁文化；与邻国越国的长期交往中又融合了不少越文化；等等。这些外地文化进入吴地后，吴地先民们并不是全盘接受，而是有方向性地选择，吸收那些适用于吴地的先进成果，其中绝大多数是农业方面的，比如青铜农具的制造。在当时的发达地区，青铜一般大多用来铸造成礼器、酒器等祭祀、生活用品甚至用来铸造装饰品，可是在吴地青铜却大多用来铸造农具和兵器。这一方面确实表明了当时吴地还很落后；但另一方面也能说明吴地先民更加务实，能分清主次，不盲目地吸收外来文化。吴文化正是在不断融合外来文化的同时又始终保持自己风格的过程中逐步形成和发展的。它始终以稻作农业为基础，发展手工业、商业，渗透到各个角落，处处体现出水乡水稻的杰作。这里的人们吃的是稻米，穿的是稻草编的鞋，住的是稻草的房子……在水天一色的太湖边耕种，真有如世外桃源般的和谐、宁静。这里比不上黄河流域有那么多的黄土沙尘，有那么多的兵戈战马，有那么多的权力限制、争斗，这里更多的是稻香、水汽。

稻作农业发展起来了，粮食产量高了，以此为基础，自然带动了手工业、商业的发展。吴地人生活在这样恬静的环境中其手工制品十分精巧。如武进寺墩 M4：1 玉琮上刻有饕餮纹、圆涡纹、弧形、横竖短条直线等繁缛的花纹图案,简直是古代琢玉工艺上的奇迹,"用十倍放大镜观察,上述图案的线条,采用了琢磨、雕刻两种方法,眼圈多用管状钻琢磨而成,琢纹宽 0.2 毫米—0.9 毫米,其他线纹皆精刻而成,刻纹宽 0.1 毫米—0.2 毫米,最细的只有 0.07 毫米。"远在 4000 多年前吴地就有如此精丽的玉石微刻,至今人们也不知道古代吴地玉工们是采用何种工具,怎样加工制成的,而这在其他文化中是很难有的。除了玉器之外,吴地青铜制造、漆器工艺、雕塑工艺等手工业制品都具有吴地精致、小巧的特色,而且别具一格、与众不同,这表现出吴地先民们不仅有先进的工具和高超的技术水平,而且有丰富的创造力。浙江农业大学游修龄教授认为吴人的聪明才智与他们以稻米为主食有很大关系。从农学角度看,农业生产的稳定持续发展,是人充分发挥聪明才智和创造力的外部条件保证。北方以粟米为主食,南方以稻米为主食,而稻米蛋白质的消化率高,精米的蛋白质含量为 7%,虽然偏低,但人体自身不能合成的赖氨酸含量在稻米蛋白质中高达 40%,此外,还含有 15% 的白蛋白和球蛋白;20% 的醇溶性蛋白及 65% 的谷蛋白,在日常粮中,稻米可以提供人每日所需的 19%—80% 的热能,12%—71% 的蛋白质。这些都是稻米营养上优于粟麦的,而且稻谷的单位面积产量潜力高于粟麦,所以说吴地的水稻不仅养活了吴地人,更给了吴地人聪明的头脑。

吴地稻作农业的发展,为商业的日趋繁荣创造了条件。春秋时,吴国农业非常发达,商业也开始出现并有了初步发展。在吴国都城中已经有"市",并有专门管理市的官员即市吏。到魏晋南北朝时期,吴地稻作农业又跃上了新的高峰,一改昔日"地广人稀"的局面,出现了"沃野千里"、"良畴美柘,哇呋相望,连宇高甍,阡陌如绣"的兴旺景象。宋齐时人沈约说:"江南之为国盛矣……地广野丰,民勤本业,一岁或稔,则数郡忘饥。会土带海傍湖,良畴亦数十万顷,膏腴上地,亩值一金……鱼盐杞梓之利,充仞八方,丝绵布帛之饶,复衣天下。"吴地农业经济的发展,为商业发展提供了基础,所以当时吴地商业出现了发展高潮。《三国志·吴书·全琮传》中说:"全琮字子璜,吴郡钱塘人也……(其父)柔尝使琮赍米数千斛到吴,有所交易。"可见当时吴地粮食交易的规模很大。上至贵族、官僚,下至平民百姓各个阶层都争做生意。在封建社会重本抑末的时代，吴地商业繁荣，一方面说明了农业的发达；另一方面由于吴地历史上的被冷落，形成其自力更生、我行我素的特点，所以在发展商业方面，也形成习惯，独行其是。

吴地稻作农业的发展，除了为手工业、商业发展提供基础外，还为吴地城市建设、交通、饮食、民俗、艺术、服饰、科技等方面的发展指明了方向，提供了物质、经济基础。

第二，吴文化随着稻作农业的兴衰而兴衰。吴地稻作农业在魏晋南北朝以前的发展程度如下所示：

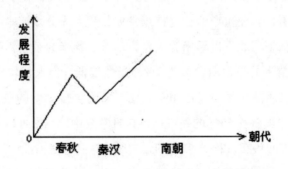

而吴文化在其形成前后的发展历程也是如此。在春秋以前，吴地稻作还相当落后，被人视为"荆蛮之地"，这里是泰伯、仲雍眼中的偏僻地区，是躲避的最佳场所，这时作为完整的区域文化——吴文化还尚未形成，不过随着稻作农业被不断发展进步，当时的吴文化中某些方面也日渐散发光芒。如玉器工艺、青铜铸造等。到了春秋吴国时期，水稻种植达到了它的第一高峰，而吴文化也随之形成，出现了它的一大高峰。在稻作农业发达的基础上，吴地各方面都被带动起来。如科技文化方面，干将、莫邪"采五山之铁精"，炼成名剑，吴国的造船业也闻达诸侯，此外数学、天文、医学、物理学等都进步较大。吴地科技文化的特点，已基本体现出日后吴文化的特色。所以这里作为完整的区域文化已基本形成，并随着对外交流与战争其影响逐步扩大。当时吴地人出使到楚国，人们都称赞他们文化素质高，有修养。秦汉时吴地稻作农业跌入低谷，吴文化似乎也随之消沉。这里"地广人稀"，吴文化的发展进程受到了人为的打击而停滞。司马迁在《史记·货殖列传》中称："不待贾而足"，就说明当时吴地商业萧条，吴地科技文化也在这时无所作为。可是随着东汉末年北方战乱纷起，人口大量南迁，带来了先进技术，稻作农业达到了它发展的一大高峰。建康成为六朝首都，当时吴地人文荟萃，手工业十分发达，东吴时，主要有冶铸、纺织、造船等行业，到东晋南朝，这些行业不仅规模扩大，工艺谙练，而且分工更细。同时，南朝统治者生活骄奢腐化，以满足其需要的金银细工行业也在吴地兴起，并迅速发展。而此时吴地商业活动也兴旺发达。《隋书·食货志》中记载仅建康市场就有"大市百余，小市十余所"，后人把它与隋代长安、洛阳相提并论。吴文化也就在这繁荣兴旺时登上了又一高峰。无论从哪方面看，它都已是一个较完整成形、有鲜明个性的地域文化了。此后吴文化更是凭借着吴地优越的自然条件在发达的稻作农业的基础上，不断吸收外来先进文化，逐步完善，形成中华文化百花园里的一株奇葩。可见吴地稻作农业不仅为吴文化的形成提供了方向和基础，而且还使得吴文化围绕着它发展变化。

第三，吴地稻作农业是吴文化的重要组成部分，它的特点也成为吴文化教育的重要特色。首先，吴地稻作农业历史悠久，它是吴地经济发展的基础，所以吴文化的生产特色就是以水稻种植为中心。其次，住在水乡的吴地人以稻米为主食，他们用稻米做成各式糕团饼丸，精巧细致，既是美味可口的食品，又是一件精美的艺术品。作为水乡泽国的吴文化，也有着一份细腻、典雅秀美的生活特色。有人甚至还认为经常吃这种精致的食品对人的肤色、肌肉、体态、心理等都有很大影响。吴地人白嫩俊秀，性格内向温和，相比之下北方人主食高粱、玉米等杂粮，相对而言北方人要红润健壮，性格外向、直率，这也许就与吴地人以稻米为主食有关。再次，"水稻是一种可塑性很大的粮食作物，不同地区、不同土壤、不同条件可以使同一品种稻谷产生不同变异"。所以吴地农人就因地制宜培育高产良种、提高单位面积产量，加上吴地地处偏远，一度远离中原文化，受其影响、限制较少，所以他们不但吸收外来先进技术，而且大胆创新，从而形成了吴文化"灵活机智、善于思考、改革创新、不落旧寞"的开放性思想特色。春秋时，吴人言偃曾不辞劳苦，躬跋山川，到鲁国师从孔子，成为"十哲"之一。干将、莫邪"采五山之铁精"，制成了中国第一批钢铁宝剑，开创了钢铁时代。在吴文化形成之后，吴地更是人才辈出。不仅出现过像唐寅、顾炎武、范仲淹、范况钟等一批政治家、教育家、文学家、画家，而且造就了如龚振麟、徐正明等一大批技术专家、能工巧匠。有人甚至把状元作为吴地特产之一。吴地有不少才女突破"女子无才便是德"的陈腐教条，不仅自己具有较高的文化素养，而且还直接影响下一代。如沈括的母亲许氏、孙云球的母亲董如兰等。这充分体现了吴地"不落旧窠"的开放性思想特色。最后，吴地稻作农业的稳产、高产使吴地经济日趋繁荣，加上这里优越的自然条件，使吴地人民安于这种和平、安宁、美好的生活，这里与其他地方相比战乱少、人民起义、反抗少。多少能人志士在退出政治舞台、风光之后，愿意到吴地来隐居，安享余年，如章太炎等。生活的稳定、富裕使吴地人坐山也不愿观虎斗，只顾自己这一方乐土。

　　综上所述，吴地的自然环境是吴地稻作农业发展的先天因素，而稻作农业又是吴文化形成过程中的决定因素。可以说没有吴地发达的稻作农业就不会形成今天的吴文化。

参考文献：

[1]《吴越春秋译注》。

[2]《三国志·魏书·董卓传》。

[3]《三国志·魏书·华歆传》。

[4]《三国志·吴主传》。

[5]《三国志·吕蒙传》。

[6]《三国志·诸葛恪传》。

[7]《三国志·鲁肃传》。

[8]《资治通鉴》卷八七，晋纪九。

[9]《宋书·孔季恭传》。

[10]《史记·货殖列传》。

[11]《陈书·宣帝纪》。

[12]石琪主编:《吴文化与苏州》同济大学出版社1992年版。

[13] 高燮初主编：《吴文化资源研究与开发》 苏州大学出版社 1995 年版。

[14] 王子今：《试论秦汉气候变迁对江南经济文化发展的意义》。

[15]《农史研究》第七辑。

[16] 王友三：《吴文化史丛》，江苏人民出版社。

[17]《灿烂的吴地鱼稻文化》当代中国出版社 1992 年版。

（作者单位：江苏省梅村高级中学）

梅里古韵

/ 吴佳佳

　　古代人留下了不少颂扬梅里的诗章，这不仅因为梅里是圣贤泰伯的居地，还因为梅里的锦绣风光引发了诗人们泉涌的诗兴……

　　幼居梅里的唐相李绅，对故地感怀甚多。"东风报春春未彻，紫萼迎风玉珠裂。"早春二月，早梅桥旁花蓓蕾初绽："翡翠飞飞绕莲坞，一啄嘉鱼一鸣舞，莲茎触散莲叶敧，露滴珠光似还浦。"早梅桥下，翠鸟吹唱，鱼儿跳跃，被拨动的莲茎使莲叶上晶莹的露珠闪烁银光；站在早梅桥头，向鸿山南麓放眼望去，可见"火齐忽成紫，化机随浅深"的一片杨梅坞。此外，在至德庙东，梅花浜为伯渎河向东之支流。梅里与梅有缘，诗里行间，诗人通过对梅的颂赞，倾注了对故地梦绕魂系的追思。

　　唐代大诗人皮日休登上梅里皇山，诗兴大发，"盘回曲洞数山峰，云护皇山一古亭，千里月明回首望，飞烟冲起海虞浜。"真可谓豪气磅礴。皇山中岭之上有一亭，名为"望虞亭"。而名为望虞者，以泰伯墓于兹山之西，虞仲墓于虞山之麓，两山相去百里之遥，以示泰伯悬悬北望意也。由亭向北望去，是延绵起伏的丘陵，自西而东，堠山、龙腿山、鸡笼山、凤凰山、胶山、白担山、余山、奚山、石室山和皇山，重重叠叠，组成天然屏障。皇山，在故泰伯城东九里，以泰伯葬山之西而名，后梁鸿居此，又称鸿山。皇山集宅、泉、洞、台、石、坡、潭、坞、壑、轩等十八景于一山。其中有"幽人去千载，井臼乃依然"的梁鸿宅；有"甘饮洵伊人，人云武陵叟"的华子泉；有"古宝山之阿，佳气日吞吐"的栖云洞；有"仙骥招可来，来集还遣去"的放鹤台；有"奇石谁所划，崭然见廉隅"的试剑石；有"萧萧风月中，高韵与之俱"的梧竹坡；有

"置此云之根，山鸡莫窥翻"的月影石；有"古渊湛寒水，下有光明丹"的朱砂潭；有"藉得容身地"的眠松壑；有"曾无一尘累"的洗心轩；等等。皇山四季分明，景色各异，"春水凫鹭野外堂，山园细路菊花香。"奇景奇观，揽一山之胜。古今游者"欲览烟霞胜，来寻丘壑中"。

皇山十八景可以令人醉而忘返，而与皇山相连的嵩山（也名少孤山）八景、胶山之南麓的西林三十二景、堠山之麓的西园五景等也别有一番情趣。嵩山下有"九夏自生寒，三冬不改翠"、"托根在岩阿，不碍桃李色"的桫椤林、苍葡林，林木畅茂，鱼田鳞次，泉塘鉴开，为禅林之胜境。山上有"明月不用招"的来月轩；有"耳松不相到"的听松堂；有以庭产瑞芝而"煌煌玉叶光，濯濯朱柯色"的紫芝室；有"皎皎白鹭翎，湛湛空池水"的白鹭池；有登之"凭栏肆遐眺"可望见芙蓉"湖光森无际"的望湖亭。而堠山之麓的西园，也以其景色秀美而著称。西园五景中有"天地一窝小，溪山明月多"的待月窝；有"万古奕未了，盘礴双髯垂"的烂柯洞；有"长风海上来，吹堕三山峰"的蓬莱峰；有"连峰莹如玉，积素排高空"的白玉峰；有"石崖挂飞瀑，远下青云端"的瀑布岩。真可谓"此中堪独乐，时事不须知"。

在皇山西北十余里的胶山，山高百余仞，上有兽蹄痕，俗称金牛迹；胶山西峰以西有以形取名的鸡笼山；胶山之南的西林三十二景引人入胜，别具一格，因赠予员外郎安国，故也谓安国园。园中有"泠泠涧底声"的纤纤泉，有"清芬散岩阿"的兰岩，有"石道苍翠间"的含星濑，有"鹤破青冥来"的鹤径，有"凫鹭一何多"的凫屿，有"不见折苇人"的苇渡，有"一路藤花深"的上岛，有"日暮不盈掬"的中洲，有"上有幽鸟巢，下有清涟漪"的藻渚，有"垂纶非羡鱼"的息矶，有"孤亭枕寒碧"的素秋亭，有"高枕青山色"的虚籁堂，有"倒影见眉宇"的景榭，有"高阁挂苍霭"的空香阁，有"被襟坐忘返"的夕霁亭，有"坐此邀飞仙"的萧阁，有"鞭石驱作梁"的回梁，有"修竹有爽色"的爽台，有"高木有嘉荫"的荣木轩，有"不辨峰峦峭"的雪舲，有"天风韵高弦"的风弦障，有"仰见林端山"的椒庭，有"朗啸长松下"的松步，有"乞得裂裟地"的沃邱，有"倒映千峰冷"的镜潭，有"仙人种石笋"的疏峰馆，有"谿风吹不醒"的醉石。亭台轩阁，泉石盘矶，无一不独辟新奇，妙趣横生。

梅里的山明，但水更秀。梅里东面密布着大小湖泊，由北而南，宛山荡、八圩荡、陆家荡、鹅湖、谢荡、扬卷荡、三叹荡和漕湖，湖网交错，资源丰富；南面则是三万六千顷的浩瀚太湖。此外，相传泰伯奔吴，在传播周文化、带来中原耕作技能的同时，泰伯率领子民掘了一条东西长87里（现测28.3公里）、宽12丈（现测28米）的人工大运河——泰伯渎（今名伯渎港），泰伯渎横穿梅里，历景云、泰伯、梅里、垂庆、延祥五乡。赵孟頫夜泊伯渎有感："秋满梁溪伯渎川，尽人游处独悠然，平墟境里寻吴事，梅里河边载酒船。"朱淑贞也有诗赞曰："源自龙山千里碧，花开梅里万家红，最喜夜来萧鼓寂，吴歌遥唱月明中。"夜泊伯渎使人悠然自得，《中秋夜泛舟鹅湖》更使人销魂，"八月十五夜何其，鹅湖漾舟人未归，水生金浪兼天涌，云渡背冥傍月飞，鸿雁沙寒微有影，芰荷秋冷不成衣。"梅里城郊外的芙蓉湖（也叫上湖或无锡湖，后塞湖为田）又可与会稽山山北麓的镜湖、浙江若耶溪的秀丽景色媲美。李绅有诗为证："水宽山远烟岚回，柳岸索回在碧流，清昼不风凫雁少，却疑初梦镜湖秋。""犹似望中连海树，月生湖上是山阴。"水不仅滋润了梅里的片片土地，它的秀色也引发了诗人的赞叹："野趣足心目，水流涤炎氛，群山映五柳，空翠当氤氲。"……

"悠悠思古情，拳拳赤子心"，大自然赋予梅里的是一首歌，是千首诗。古诗人曾陶醉在梅里的自然风光中，为其讴歌，为其赞叹。今日我们每一个对梅里有所熟悉的人，更想为梅村旅游业的开发奉献一点爱心。这篇文章仅想从诗人的笔底去领略昔日梅里风光，为今日梅村披上锦绣新装。

（作者单位：无锡市史志办）

梅里吴文化的历史画卷

/ 胡克强

在祖国版图的东南地域，有一块美丽富饶的平原绿洲，她以太湖为腹心、以运河为通道、以长江为走廊、以大海为依托，河网密布，良田万顷。千年沧桑、百代兴衰，使这里产生了独特的区域文化。她的地域名称，被称为吴；她的区域文化，就是独秀于华夏文化之林的吴文化。

吴文化的泛读，简约说来有吴地人文、水乡风情、经济开发、艺术百花、宗教文化、饮食以及古代吴地村落考等。走进江南数千年历史沧桑，便可以和先贤对话，和近哲谈心；听吴侬软语，看吴地风情；驾江河舟楫，赏明月清风……

断发文身，渔猎农耕——吴文化的源头活水

我寻觅着吴文化的源头，去探索史前时期吴人生活的踪迹。可说是渔猎农耕的生活奠定了吴文化的基础。勾吴古国那古朴的陶器、精美的玉雕，处处透露出江南水乡的秀美，这是与中原文化迥然有别的良渚文化。壁薄质轻、花纹纤丽的青铜器，小巧细致，不像中原地带的钟鼎神秘威严，这是吴地的湖熟文化。良渚文化和湖熟文化拉开了吴文化的序幕，而吴文化喷涌不绝的源头活水，还在于她与中原文化的融合。

我们唱熟了一句歌词："我们都是龙的传人。"这"龙的传人"即是吴文化产生的纽带。商代晚期，泰伯和仲雍南奔以后，按照吴人的风俗文身断发，加入了吴地荆蛮民族。所谓文身，就是在身上刺上蛟龙的形象，蛟龙是吴人的图

腾，吴人认为自己是龙的传人。泰伯和仲雍文身断发以后，把中原地带的农耕技术、青铜器应用技术带到吴地。从此，吴文化在民族文化融合和催化作用下迅速发展。以后，以孙武为代表的齐文化、以伍子胥为代表的楚文化相继为吴文化注入了新的血液。在南北文化的撞击交流中，泰伯和仲雍建立的勾吴国迅速强大，到公元前 6 世纪，已掌握了中原罕见的造船和水战技术，同时掌握了造车和车战技术。青铜冶炼和兵器制作更是遥遥领先，有名的干将、莫邪铸剑的故事就产生在吴国。到了阖闾、夫差时期，吴国已由被人鄙视的僻陋之邦一跃成为使中原诸侯慑服的强盛之国。

北人乘马，南人驾船——吴文化是水的文化

　　循着历史的足迹，进入吴文化村落，在这里，我玩味着一句流传甚广的古话——北人乘马，南人驾船；我又玩味着当今吴文化腹地的旅游口号——无锡充满温情和水。我悟出了水是吴文化的核心，吴文化是水的文化。吴地荆蛮民族的图腾是龙，龙是水族的首领。吴国水网密布，于是有了治水的文化，大禹治水在吴，伍子胥开青溪在吴，范蠡开蠡河在吴，夫差开邗江在吴，孙权、李纲、范仲淹……吴地治水的故事数不胜数。

　　吴国"不可一日废舟楫"，于是有了船文化。春秋时期，伍子胥已设立了大型船场，造出了风力和人力驾驭的主力三翼舰、小型冲锋舰、指挥旗舰。三国时代，孙权的水师所向披靡，成为赤壁之战破曹的主力。借着造船业的进步，航海出使活动也在孙权时代开始了。辽东、台湾、东南亚各地的海路都从吴地长江口出发。由此派生出的漕运官船、渔船、画舫小船，活跃在水乡泽国，穿梭在街镇城乡。吴地是中国造船业的摇篮，到近代，著名的江南制造局造出了我国第一批机动船，它的所在地是吴方言区域的上海，它的设计者是吴地无锡人徐寿。

　　在水的怀抱里，桥文化是不可或缺的一部分。吴地桥多，到唐代，仅苏州一城就筑桥 300 多座，有"画桥三百映江城"之誉。吴地的桥，在风格上显示

了吴文化纤巧细腻的特点：一线汀步简洁大方，九曲小桥临波弄姿，宝带一脉如龙锁水，起伏石拱虹跨清流……吴地的桥文化，完全可以向全世界夸耀。

在吴山越水之间，那水村山廓、菱藕荷塘、苇叶柳絮又向你述说着水乡生活的另一个侧面。吴地人借水为生，断发以利于入水求鱼，文身以水中蛟龙自许，信仰的魔力来自生活实践。水，维系着吴地各部落的关系；水，处处辐射着吴文化的光华。

苏湖熟，天下足——勾吴故国富庶的写照

《清明上河图》，很像是吴地城镇生活的再现。米行、药铺、小吃店，杂耍、说书、唱堂会；绸庄、扇店、山货行……描绘了吴地经济持续繁荣，农、工、商各业并驾齐驱。到宋代，已有"苏湖熟，天下足"的民谚，明清时代则有"衣被天下"之誉，近代更是富甲一方。纺织业、缫丝业、面粉业，中国民族工业的几大支柱，都在吴地奠基。勾吴古国在历史上流星一闪，而吴地的繁荣千年不衰。

当孙权崛起江东、统略吴地的时候，大规模的屯田绵延几千里，使得吴国"四野珍奇无数，膏腴兼倍……国税再熟之稻，乡贡八蚕之绵"。当西晋末北方发生"永嘉之乱"的时候，北人大举南迁，垦殖着地广人稀的江南，使阡陌如绣成为江南特色。原名"海虞"的地方，竟出现了常年丰熟的景象，从而改名为常熟。太湖地区经过三国至五代的长期开发，平原悉被开垦利用，稻麦两熟制的耕作方式也在吴地普遍推广，江南由此获得了鱼米之乡的美称。

随着人口的增加和农业发展，丝织业、酿酒业、印刷业、造船业、陶瓷业相应发展，商业日趋繁荣，茶楼、酒肆、饭馆、货摊沿街林立，太湖地区成了人们向往的乐土，"上有天堂，下有苏杭"的称誉由此产生。

"赋出天下，而江南居十九"，唐以后历代征收的税赋，很大程度仰仗着吴地。

珠圆玉润，轻灵清丽——吴侬软语和锦绣文章

假如在北方，两个人吵架，一方也许会说："他妈的，我揍你！"这句话搬到吴地方言中，就变成彬彬有礼的说白："朋友啊，要我请吃两记耳光？"要打人还称人为朋友，还采用礼貌的"请"字，还要征求对方意见，化激愤为一笑，趣味盎然，这就是珠圆玉润的吴地方言。在这方言基础上诞生了轻灵清丽的吴地语言艺术——吴歌和评弹，影响了吴地风格的园林、书画、戏剧等综合艺术。

"月儿弯弯照九州，几家欢喜几家愁，几家夫妇同罗帐，几个飘流在外头。"这就是一首吴人的棹歌，温婉流畅，淡淡轻愁。"十里荷花九里红，中间一朵白松松。"这是冯梦龙小说中的吴言歌谣，俚字乡语，却是《诗经》意境。就是南宋诗人范成大的名诗中，也处处体现出吴语风范。苏州评弹更是吴地方言运用的艺术高峰，以"吴文化中一枝花"著称。她那细腻的评讲、风趣的语言，说、噱、弹、唱、演五艺齐全的综合风格，倾倒过无数听众。与轻灵清丽的语言风格相适应的，吴地的书画艺术也以轻灵见长。东晋的顾恺之，一幅《洛神图》名重天下，元初倪云林、明代唐伯虎乃至吴门画派，均以清逸潇洒的风格为世人称道。

吴文化中更有一脉轻灵清丽的泉流，那就是吴地的庭园了。当西方第一批传教士来到中国的时候，发现苏州的城市是方方正正的，而庭园却是曲曲折折的；而西方正好相反，城市是曲曲折折的，而庭园是方方正正的。这是吴地的建筑师用吴侬软语在地上书写的锦绣文章。吴地多私家园林，苏州自不必说，附近的周庄、同里、南翔、昆山、常熟、无锡无不是庭园毗连。造得起园的，大抵是官宦书香，他们在方方正正的城市里遵循着方方正正的制度，于是不免造起曲曲折折的庭园，在压抑中透一口气，亭台楼榭、水阁垂杨、曲桥画舸、假山石舫……安排得那样精致，与北方富丽豪华的风格明显不同。苏州俞樾的家园，干脆称为"曲园"，曲中求伸；同里的园林叫"退思园"，退而思进。吴地的文人、士大夫于轻灵清丽的园中肯定的是自我，追求着回归自然的雅趣。

庭园建筑，是吴文化的杰出代表。

吴文化，以江南发展的历史为经，以吴语分布地区为纬，织成一幅集旅游、教育、学术研究于一体的锦绣江南的历史画卷。

（江苏省吴越文化研究院供稿）

论吴文化对梅里发展的影响

/ 孙西平　徐立青　胡卉君

　　吴文化是中华文化的重要组成部分，也是吴地文明发展的精髓所在。作为
一种区域文化，吴文化既蕴含着中华文化的许多共同精神特质，也有着与自身
地理环境相融合的区域文化色彩。无锡是吴文化的主要发源地。吴文化的滋养
是无锡经济和社会久盛不衰的精神源泉。随着时代的发展，吴地文化的优势逐
渐得以体现，吴地经济社会的快速发展和持续优势，更成为吴文化优秀传统和
内涵价值的重要佐证。对无锡而言，无论是 20 世纪初民族工商业的快速崛起，
还是改革开放之初 "苏南模式" 的创造，抑或是 21 世纪伊始的大规模经济结构
转型，都绝不是偶然的。无锡人总是能够抓住历史机遇、乘势而上，成为长袖
善舞的时代弄潮儿，除了历史各个时期社会的外部环境，背后还有着更为深层
次的文化根因。吴文化的很多元素已然成为今天无锡经济社会发展的重要的引
领文化元素，比如尚德向善、崇文重教、灵动睿智、开拓创新、刚柔并济、兼
容并包、务实至行、经世致用等。

　　吴文化在长期演变和发展中形成了一系列的特点，这些吴文化的精神特质
对无锡经济社会的发展有着重要的推动作用。

一　尚德向善

　　吴文化的始祖泰伯三让王位，孔子十分赞赏他的谦让品德，说："泰伯其可
谓至德也已矣，三以天下让，民无得而称焉。" 今天，纪念泰伯的名胜古迹有梅

村泰伯殿、梅村泰伯庙及鸿山泰伯墓道，在泰伯殿堂上高悬"至德无上"四个大字。

泰伯的"让德"无疑开创了吴地"尚德"这一良好的社会风尚。尚德也成为吴人的立身之本。吴人经商不忘做人，大富不忘大仁，竭力回报社会和家乡。他们在经营中奉守诚信、义利兼顾，注重名声和社会影响；生活上，恪守"富贵不能淫"，在谋利之后不独享财富或大肆挥霍；对社会，他们自认"匹夫有责"，造福乡梓，泽被后人。

回馈社会、造福乡梓的传统观念是吴文化中尚德向善的一种表现。事业有成（或发财或做官）、有能力回报家乡的人都很愿意为乡亲谋福利，并将其作为自我价值的重要方面，这是一种文化传统。他们热爱家乡，内心有着报效国家的愿望和冲动。热衷城市建设，开发园林景点，修路架桥完善交通，创办学堂贡献公益，不断完善城市建设，用所得造福一方，他们贡献并快乐着。荣德生就有"取之社会，还报社会"之说，荣氏参与修缮和铺设的桥梁多达100多架。实业家们投资建设学校、邮局、图书馆、医院等，其善举功德无量，福荫一方；开发建设的园林——蠡园、梅园、鼋头渚等，如今都是独具代表性的风景名胜，使后人受益。红豆集团的宗旨是"产业报国，共同富裕"，目前解决了两万多人就业，每年向国家交纳的财税超过2亿元，一直是无锡的纳税大户。

讲究诚信，是吴人"尚德"的又一表现。无锡经济社会的发展，有一个很重要的立足点，就是倡导"诚信"，努力做到品牌诚信、价格诚信、经营诚信，以取信于民、取信于社会，坚守着无锡经济不衰不败、持续发展的优势地位。"人以信为本"是无锡人在以往的历史时期一直流传着的处事原则。有些商通即使没有订合同，也"互守信用"，做到"一手交钱，一手交货"，"货款两讫"。这些都说明泰伯精神代代相传、生生不息。

无锡的工商巨子大都崇尚诚信，讲究信用。如著名民族工商业家荣德生先生，以忠恕之道立身，他家的客堂和居室中，挂有他亲手写的两个大字"戒欺"，由此可见荣先生是极为注重慎独和诚信修养的。又如无锡的唐氏企业，提出了"忠实勤奋，励精图治"的方针，将"忠实"亦即诚信置于企业发展战略的首位。

无锡经济的繁荣与吴文化中深蕴的诚信精神是息息相关的。

二 崇文重教

重视教育、培养人才——是无锡经济社会发展的基础。

吴地几千年物华天宝、人文荟萃，古有"状元之府"，近有"院士之乡"的美誉。吴人历来重视教育，"重教"更凸显了"崇文"的风气。父耕、母织、子读的家庭理念在吴地源远流长，是吴人家庭教育的一贯倾向。自秦汉以后，吴地书香门第者甚多，读书人自小就受到家庭的影响和熏陶，民间存在并流行着良好的文化基础、文化传统和文化氛围。"读书藏书"吹拂千年、沐浴百年。东汉以后，藏书、读书、教书盛行，形成了崇文风尚，至明清则大盛。古代苏、锡、常以及杭、嘉、湖等地，进士状元等联袂而出。所谓"寒可无衣，饥可无食，至于书不可一日失"，就是古今吴人对书的一份不改的痴心。

无锡是近代民族工商业的发源地，一批民族工商业家兴办学堂，于是各种新式学堂如雨后春笋般出现。众所周知，江南大学便是由当年荣氏家族兴办，至今仍得到他们的资助。吴文化中崇文重教的传统，为其在当今社会竞争中处于领先优势奠定了扎实的人才基础。因此，近代无锡名人辈出，有著名思想家、爱国外交家薛福成，科学家徐寿、华蘅芳，政治家秦邦宪，爱国实业家荣宗敬、荣德生，教育家唐文治，美术家徐悲鸿等。他们不仅在无锡声名卓著，而且在国内外也有影响。国学大师钱穆这样描述20世纪上半叶的无锡工商巨子："凡属无锡人，在上海设厂，经营获利，必在本乡设立一私立学校，以助地方教育之发展。"到了现代，吴地也依旧是"教授之乡"、"科学家的摇篮"，国学大师、现代著名作家、文学研究家钱钟书，科学家、教育家钱伟长，艺术家李中耀，经济学家、社会学家、历史学家陈翰笙，著名经济学家孙冶方、薛暮桥等均出自无锡。据统计，当代仅无锡籍两院院士就有近70名，在全国同类城市中名列前茅。社会主义建设时期，无锡市英才济济，这些优秀人物为无锡的发展作出了重要贡献。

崇尚文化、重视教育，反映了吴人重教育、重科技、重创新、重发展的人文精神和价值观念，科技、教育、文化事业的兴盛，不仅为祖国培养了大批的栋梁之材，而且为吴地自身经济文化的可持续高速发展提供了强有力的智力与动力保证。

三 灵动睿智、开拓创新

智慧与创新是无锡经济社会发展源源不断的动力。

无锡位于太湖之滨，历来河网密布，这使得吴地文化天然具有水的灵动。吴人历来聪慧机敏，有敢为人先、超越自我的创新精神。中国自古就有重农轻商的思想，在封建社会，"崇农抑末"、"重农轻商"更是成为历代公认的基本国策。《史记》记载，"三吴以机纾致富者甚众"，可见，吴地很早就有农商并重的传统。

无锡是近代民族工商业的发源地，吴文化"敢为天下先"的创新精神开创并推动了民族工商经济的大发展。无锡人继承先人开放进取、勇于创新的文化理念，涌现出一批敢于创业的民族工商业先驱。其中以荣氏家族最负盛名。他们为后来的江苏乃至中国民族经济的发展奠定了基础。据统计，1885年至1934年，无锡拥有192家工商企业，资本总额达1800多万两银元。抗战前夕，无锡已跻身中国"六大工业都市"之一。

吴文化的智慧灵动决定了无锡人善于捕捉社会发展的需求，把握社会发展的脉搏。如果说，民族工商业的兴起是吴文化的近代创新，那么率先突破传统体制束缚，实现了农民办工业的伟大创举的"苏南模式"则是吴文化的现代创新。无论是传统工商复合文明、现代工商文明还是当代农工商文明，无锡经济发展的创新性都融合了吴文化的元素，带有吴文化的烙印。

四　刚柔并济、兼容并包

海纳百川，这是吴文化特有的一种开放气度。

吴文化生成的历史元素、特殊的地理位置以及长期的文化积淀所形成的吴地文化精神传统深深影响着这种开放气度的形成。无锡地处东海之滨、长江南岸和太湖流域，境内四季分明，降水丰沛，河流湖泊纵横密布，为典型的江南水乡。吴人性格似水，外柔内刚，稳中求进。从自然特性看，可以说，吴文化是一种水文化。而且，吴地之水并非体内循环，而是内连河湖，外接江海，这种通达，正体现出兼容并包的特性。吴文化得水之便利，因水而生，依水而成，水是吴文化的灵魂。正因如此，吴文化是非常灵活和富于变化的，能很好地完成小与大、内与外、静与动、刚与柔、进与退等的相互转换。

泰伯将中原文化带到吴地，先吴文化与中原文化就开始相互交融。从明代中叶以来，由于独特的地理位置，吴文化又与海外文化积极互动，这些都体现了吴文化的非排斥性。作为一种包容兼收的区域性复合文化，不仅善于汲取本区域内中华传统文化的精华，也善于吸收西方文化的精华，在不断融摄外来文化的过程中创造、提炼、发展，并不断向更高层次的文化形态前进，同时又保留了自身浓郁的地域特色。吴文化的这种开放与包容其实也体现了吴地人民虚怀若谷、广纳百川的胸襟。这种刚柔并济、兼容并包的精神内涵，成为无锡不断发展的内在动力。

近代以来，吴地得风气之先，大胆吸纳西方先进文化，这种善于开放吸纳、融合创新的品格加快了无锡经济社会的发展。无论是近代关系国计民生的一些工厂，还是当今高新技术工业，都在吴地首先开办起来。吴人善于吸收海外的先进科学技术，善于招商引资，"他山之石，可以攻玉"，信奉"拿来主义"，乐于吸纳外界种种好的东西，为我所用。改革开放后，无锡很快适应了市场经济体制的模式，主动融入国际合作，大力引进外资，发展对外贸易，使外向型经济成为推动无锡经济社会跨上新的发展台阶的重要力量，使"长三角"

成为当今吸引外资最多的区域，也成为中国经济社会发展最活跃的区域之一。无锡作为日资企业的聚集地，利用日资居全国同类城市首位，进出口贸易量居全国同等城市前列。71 家世界 500 强跨国公司落户无锡市，共投资 133 个项目，总投资超过 30 亿美元，涉及电子信息、汽车零部件、新材料、医药等高新技术领域，无锡正在成为世界 500 强企业投资的热土。

现在，无锡以物联网为引领，使得新兴战略性产业成为经济"突围"的新路径。有了开放的心态，勇于接受外来资金、技术、人才和产品的扩散，主动接轨国际，积极吸纳先进的企业管理经验，互相竞争而不垄断，无锡经济社会快速发展。

五　务实至行、经世致用

吴文化中务实至行、经世致用的思想是无锡经济社会发展的文化动因。

历史上吴地长期远离政治中心，吴人的世界观趋于现实，价值取向较为实际，讲实用，务实效，形成了经世致用、务本求实的思想。"至行"属于吴文化的物质方面，其本质是发展社会生产力，"身体力行"是它的重要特点。从无锡人群体心理机制看，发展经济、发家致富，始终是无锡人内心深处的人生情结，因为它直接改变着人们的生活质量，提升着人的社会地位。

中国自古就是一个农业大国，古代儒家思想重农轻商，但无锡人民经世致用、尚德务实、关注民生、工商皆本的思想，正因为这种务实至行的精神，无锡人并不以经商为耻。薛福成多年的从政生涯令他目睹西方经济对中国的侵略，深感发展经济对于国家的重要，于是他提出"导民生财"、"藏富于民"等一系列发展经济的强国主张。他的长子薛南溟为实践父亲的思想，弃官回家，经营实业。可以说务实至行既是无锡经济社会发展的重要内在根因，又是吴文化重要的理论支撑。19 世纪中期，无锡已成为全国"四大米市"之一，也是闻名遐迩的"丝市"、"布码头"。

从创业的选择上也能体现出无锡实业家务本务实的风格。无锡的两大支柱产业集中在粮食加工和纺织，正好对应着人类生存的两个基本需求——吃和穿。徽商、晋商大都从事贩进卖出的商贸活动，而无锡实业家则注重实业运作，兼营商业的目的是为了进一步拓展实业。

　　无锡惠山区玉祁镇的发展也很好地体现了这种务实至行的精神。20 世纪 80 年代初，冲破"两个凡是"的束缚，抓住商品市场短缺的机遇，利用农村过剩的劳动力，大力发展乡镇企业，推动农村工业和农业共同发展，拉开了农村工业化的序幕，1983 年玉祁镇就成为全国首批 9 个亿元乡镇之一。20 世纪 90 年代中期，冲破姓"公"姓"私"束缚，推进乡镇企业产权制度改革，大力发展股份制经济，以适应市场经济体制的需要。在短短数年时间里，玉祁镇原集体所有制企业改制比例达 98% 以上。20 世纪 90 年代后期以来，冲破姓"社"姓"资"的束缚，放眼世界，顺应全球经济一体化的大趋势，大力发展开放型经济，利用国际国内两个市场、两种资源，在更广领域和更高层次参与国际分工，推动产业结构集中化、国际化。这种为发展经济而敢于排除万难、敢于坚持和尝试的务实至行的精神，是玉祁能在逆境中崛起的重要文化因素。

总　结

　　吴文化在长期的历史锤炼中，凝聚了一种对中华文化的奉献精神。这是一种追求社会发展和实现人的发展的创造精神，是一种在面临机遇和挑战时勇于进取的开拓精神，是一种在时代变迁时既不消融主体又善于接受外来文化的开放精神。

　　吴文化与无锡经济社会发展相互促进，尤其在当今经济与文化日趋一体化的大背景下，吴文化与无锡经济社会的发展更是呈现出你中有我、我中有你的内在关联。在无锡强劲的经济态势背后，吴文化一直起着至关重要的作用，其精神内涵广泛影响了无锡经济社会的发展，推动无锡社会不断前进。而经济社会的发展也丰富和提升了传统吴文化，使吴文化更加充满生机活力和现代意义。在此背景下，深入探讨吴文化的精神内涵及其在社会经济发展中的作用，显得十分必要。对于彰显城市文化个性、提升城市文化形象具有非常重要的价值和意义。

当前，在建设现代化无锡进程中，要进一步弘扬吴文化的优秀传统，吸收吴文化的精髓，加强对吴文化的研究，使吴文化的精神内涵得以发扬光大，成为新一轮经济社会发展的指导和内驱动力，为无锡又好又快发展作出新贡献。

（作者单位：江南大学）

鸿山镇的勾吴遗迹

/ 朱华彦

　　鸿山镇在古代有过一段民谣："四不像（麋鹿）兴，大王昏；勾践胜，西子沉。"又据史书记载，元朝时在现在的鸿山镇后宅地区设泰伯乡，辖 4 都 27 图，民国初置泰伯市。此地为吴古故水道之要冲，东有漕湖，东南傍蠡河（望虞河），东北枕泰伯渎。境内有西施庄、麋城桥、三叹荡、西施墩等遗址，流传着很多有关句吴国的历史故事。

　　吴古故水道　据《越绝书》之《吴地书》载，吴古故水道是吴王夫差为北伐中原所开运河之总称，是以苏州齐门为起点，经漕湖、泰伯渎、泰伯乡，历无锡，达扬州，抵淮河的水上通道。

　　漕湖　即蠡湖也。元王仁辅《无锡县志》称：蠡湖在州东南五十五里，与平江、长洲县分界，即今泰伯乡之漕湖也。东西十二里，南北六里。

　　泰伯渎《泰伯梅里志》云："相传为泰伯所开，今省称伯渎，西起运河，东达蠡湖，贯景云，梅里，垂庆，泰伯四乡，长八十七里，广有十二丈。"

　　望虞河　乡人俗称蠡河。《梅里志》载："蠡河为运河分支，东行到漕湖。"《泰伯梅里志》云："蠡河，望亭运河分支，为常熟昭文漕运径道，东达于漕湖。"相传为范蠡所开，是漕湖至太湖之通道。

　　西施庄　元王仁辅《无锡县志》载：西施庄，在水东四十里。唐陆光微《吴地记》曰：范蠡献西施于吴，故有是庄。此庄在苏州与无锡交界处的漕河滩，即原泰伯乡地域。清初无锡学者秦瀛《梁溪杂咏》有诗云："五湖何处吊夷光，白纻歌成怨夕阳，犹有蘼芜学裙带，东风吹绿美人庄。"

　　三叹荡　今后宅省滩荡。《梅里志》云：相传西子自沉于此，范蠡望之而三叹焉。明清时称三叹荡，后乡人转音为省滩荡。

糜城桥　元王仁辅《无锡县志》载：糜城，在东南泰伯乡。据《舆地志》，鸭城，吴王牧凫鸭之城，此城恐亦为豢糜之兼，两城俱在县之东南，相去不远。《宏治邑志》载：糜城在县东南七十里泰伯乡。因有糜城，故有是桥。此桥相传为明富民虞宗范所建，桥跨三岸，鼎足三环，俗称大桥角桥，桥何时圮已无考。

西施墩　乡人俗称转水墩。《泰伯梅里志》载：在省滩红豆树池口芦墩是也。亦名绣鞋墩。相传西施沉此，范蠡顾之三叹而去。又载：泗洲寺浜出口值西施墩。吾邑晚清宿儒邹弢《三借庐赘谭》载：村东水道至三叹荡，水中有一墩曰西施墩。苇芦丛生，水涸则现。闻葬西施于中，或言吴宫沉西施，尸浮至此，好事者运土为墓。吾邑晚清文人邹文雄《晚红轩诗存》有诗曰："计破吴王第一功，鸱夷赍恨水仙宫，芳华到底清高甚，未许人间不洁蒙。三尺孤坟传世少，千秋二字美人多，人生不入烟波阁，枉作男儿唤奈何。三叹声酸艳迹留，西施昔日赴仙游。寒漪似解怜倾国，回抱孤墩宛转流。"

（无锡新区吴越文化保护研究委员会供稿）

四　吴氏宗族源远流长

关于"吴"的考释

/ 戈春源

什么是"吴",吴文化的来源在何处,全国为何有众多吴的地名,吴族在哪儿立国? 这些问题可说是众说纷纭。今不揣浅陋,略表己见。

一 吴的本义

"吴"字的上部是一"口"字,望文生义,吴应与"张口喊叫"有关。鉴于此,吴人的本意应是古代渔猎活动中,大声喊叫的人。"吴"下面是一个"矢",像一个人的歪头之形。"人"上突出"口",表示这个人歪着头用力大声呼叫。上古时代,渔猎是人们重要的生产活动,在围校猎物时,要有人大声喊叫,这一举动称"吴"。《说文》释"吴"字为"大言也,从矢、口"。意思是以"人张口"表示大声讲话。《诗经·周颂·丝衣》:"不吴不敖,胡考之休。"毛亨《传》曰:"吴,哗也。"[1] 又,《诗经·鲁颂·泮水》:"丞丞皇皇,不吴不扬。"郑玄笺:"吴,哗也。"[2] 接着,又解释"不吴"两字是"不谨哗,不大声"。陆德明在《经典释文》中,也肯定"吴"字的意思是"谨",也是"大声讲话"之意。

在追逐、围攻野兽的狩猎中或在捕鱼时,大声叫喊、发布号令的人,应该是渔猎的组织者与指挥者。因此,掌山泽之官称"吴人"。又,吴通"虞"。《集韵》:"虞,古作吴。"郭沫若考《石鼓文·吴人》曰:"吴人即虞人。盖山虞、泽虞之类。"上述"不吴不敖"句,《史记·孝武本纪》就作"不虞不骜"[3]。因而掌管山泽开发与狩猎的官员便称作虞人、虞师等。《左传·昭公二十年》："齐侯田于沛，招虞人以弓，不进。"杜预注："虞人，掌山泽之官。"[4]《管子·立政》："使民于宫室之用，薪蒸之所积，虞师之事也。"[5]文中的"虞师"略同于"虞人"，也是管理这类事务的官员。后世的"虞部"、"虞曹"，是这一官职的遗留。而狩猎的士兵称虞旅、虞卒。三国魏崔琰为世子参加狩猎担忧，上奏曰："深惟储副，以身为宝，而猥袭虞旅之贱服，忽驰骛而陵险，志雉兔之小娱，忘社稷之为重，斯诚有识所以恻心也。"[6]古时帝王狩猎时，担任围合禽兽的士卒称"虞卒"。《清史稿·礼志九》："凡秋獮，蒙藩选千二百五十人为虞卒，谓之'围墙'，以供合围役。"[7]

"吴"除了上述解释外，还有下列数说：一、"吴"像人肩扛或顶戴器皿之状，一手上举，以扶持其器，又倾头以扛，因而是制（陶）器之人。二、"吴"像鱼形，"鱼之大口者名吴"。勾吴，即以丝绣鱼形。以吴命名，表示这里是鱼米之乡。三、"吴"像人的舞蹈之形，且"吴"与"舞"音相近，故"吴"可释为"舞"。或单纯从发声来解释，与越人多发"yu"一样，此地人多发"wu"音，因而命名为"吴"。这些解释，各有其理。但我主张仍以《说文》与儒家经典的注疏为上，"吴"的原义是渔猎中的"大言"，一些擅长渔猎的氏族便以"吴"作为自己氏族的称号；进而把"吴"具象化、神话化。《山海经》中有天吴，有"八首人面，八足八尾，皆青黄"。[8]或其形为虎身十尾。[9]也有人认为天吴即"天虞"，天虞是"反臂"之人。又《山海经、南海经》中有所谓"天虞之山"、"其下多水，不可以上"[10]。这些半人半兽的形象，应该说是吴族崇拜的图腾与祖神。所谓"天吴"，即伟大的"吴"、"神圣的吴"。[11]上述释"吴"为鱼，与"吴为大言"说，有密切关系，因"吴"有"大声围捕水物"的含义。"吴"与"渔"相通。从上可见，吴的文化源头应与渔猎有关。

二 "吴"的分布

吴的氏族，古代多分布于中国的西北和东南。原因是这两地古代渔猎较为发达。"吴"族的产生并不是一源，因很多地方都有"吴"的地名。但自泰伯奔吴之后，几乎所有的吴姓人家都自认为出自姬姓的泰伯、仲雍。

在泰伯之前或与泰伯同时出现的"吴"或"虞"的地名有多个，一曰虞坂，又名吴坂、吴山，在今山西省永济蒲州镇。传说是姚姓中舜的部落为"有虞"，长期在此活动。因此，后人在这里建城，称虞城，在城北十三里有山称虞坂。[12]二曰虞城（在今河南），是虞舜的后代所聚。大禹代舜后，舜部被迫南迁，但舜的儿子商均仍作为有虞的首领封在虞。在夏朝前期，有虞氏的首领虞思把两个女儿嫁给失国而逃亡的夏世子少康，使少康"有田一成，有众一旅"。[13]少康在有虞氏的帮助下恢复了夏王朝。以后虞地成为少康的属邑。三曰吴山，亦名吴岳、虞山，在陕西陇县西四十里，秦时为西岳。与之相关的有吴山县，在陇县东南一百一十里。汉隃糜县地，后魏置长蛇县，属东秦州。隋开皇十八年（598年）因县西有吴山，而改称吴山县。[14]此外，还有虞乡、吴堡等。这都说明"吴"并非产生于一族一地，而是多地同名。

商末的太湖流域，是"吴"的发源地之一。此地是重要的渔猎场所，早在良渚文化时期，此地有马、牛、羊、鸡、犬、猪的饲养。在西周的墓葬中也多发现牛、羊、猪等遗骨。春秋时期，吴国的畜牧业有更大的发展。在今丹徒北山顶春秋吴墓中发掘出的铜器内盛有猪、羊的骨骼。在句容西周土墩墓中残存鸡蛋的蛋壳。根据文献记载，吴都郊区"桑里东，今舍西者，故吴所畜牛、羊、豕、鸡也，名为牛宫，今为园"[15]。娄门外有鸡陂墟，"故吴王所畜鸡，使李保养之"。[16]吴都附近还有专门养麋（俗称四不像）的麋湖城或麋城。麋喜饮水食草，很适合于在吴地生活。在吴都的西边还有专门养鹿的鹿陂。吴国所产牛羊都很有名，吴牛肥壮，有"身骑吴牛不畏虎"的说法。吴羊肥大，毛密而细长，至今仍有圈养。吴都的东南与西北，各有养鸭的鸭城。鸭城范围很大，"周数百里"[17]。吴都东五里有猪坟。附近还有豆园，是吴国养马的所在。又根据吴王女死后，吴都市民"舞鹤于市"以送葬的记载，当有驯鹤的措施。吴国渔业也很发达，从良渚晚期，马桥、湖熟文化到西周的墓葬中，往往存留鱼鳖的遗骨。据《尚书·禹贡》记载，吴国地方上贡的东西是"蠙珠暨鱼"。今苏州越来溪之西，有"鱼城"的地名，传说是吴王养鱼的地方。养殖是狩猎的继续，从畜牧养殖业的相对发达，可见原吴地捕捞狩猎的盛况。有渔猎，一定要有人大声呼叫，以统一行动。因而这地称"吴"，也就不奇怪了。

泰伯为避让季历，先避入今陇县的吴山（称西吴），这里出土过矢国与弢氏家族的铜器。以后，泰伯、仲雍以采药为名，千里迢迢来到太湖流域定居。由于他能服从江南土著荆蛮（也称江蛮）的风俗，断发文身，又给当地带来了先进的中原文化，因而得到当地人民的一致拥护，归附他的有一千余家，被立为君主，国号勾吴。[18] 春秋时吴人铜器铭文也作"攻敔"、"工虞"、"句敔"等，或直接称"吴"。吴国被确立以后，在先秦时期，由于吴人的扩散，把"吴"的地名带到各地。

今略举数例。今山西平陆县，有吴山，又叫虞坂，山上有虞城。这是因为周武王克殷之后，寻找泰伯、仲雍的后裔，准备加封；结果找到仲雍的重孙周章。知道周章已在吴国做君主，"乃封周章弟虞仲于周之北故夏虚，是为虞仲，列为诸侯"[19]。夏虚也叫夏墟，据司马贞《史记》索隐，其地在夏故都安邑（今属山西省）。吴山，七山相重，形势险要，今属山西平陆。虞仲在此建立虞国。后虞与虢一起被晋所灭，迁虞民至孝义（在今山西中部）。[20] 可见平陆的吴山，是因泰伯胄裔建邑而命名。

今河南吴房县，是因吴王阖闾的弟弟夫概逃奔楚国，被封于此而定名。阖闾弑僚自立后，国势强盛，于周敬王十四年（前 506 年）冬大举伐楚，在柏举（今湖北麻城市东北）击败楚军主力，一路顺风，占领楚都。楚申包胥，赴秦乞讨救兵。周敬王十五年，秦楚联军败吴于稷（今河南桐柏）、沂（今河南正阳），并乘机灭掉了唐国。那年九月，夫概乘机从前线偷偷地溜回吴都，自立为王。阖闾闻变，迅速赶回，打败了夫概。夫概无路可走，便逃奔楚国，楚封于棠溪谷（今河南遂平）。因这里原是房子国，便改称吴房。[21]

战国初，今江西婺源出现的吴村，也与吴王室有关。原来越王勾践灭吴后，勾践把吴王夫差的三个儿子流放在今皖赣交界处，"而长子鸿处此死，因葬焉，遂名葬处为吴王里"[22]。以后这里便称吴村。又如浦城县（今属福建省）之东五里有座吴山，"四面秀异，人居其侧多吴姓。汉兴，有吴氏六千户别屯大泽，即此之民也"[23]。汉朝初年（公元前 202 年），距越灭吴仅 270 余年，浦城吴姓已有 6000 户之众，说明吴氏亦是战国时从吴地迁徙而来。

再如陕北吴旗县，其地名来源与吴姓人物有关。相传战国时魏国大将吴起曾在此驻兵，故名吴起镇。1942 年，以吴起镇为中心，划出靖边、定边、志丹、安化等县部分地区成立一县，据"吴起"的谐音，定名吴旗。如此说成立，则吴旗县的起源吴族泰伯的后裔有所关联。

至于秦以来出现的地名吴县、吴中、吴门、吴兴等，都是因处于吴国的中心地区在不同时代的命名而形成的。今不再赘述。总之，以"吴"为族名的氏族或部落原不止一处，而后来太湖流域的吴，一姓独兴，逐步遍布全国。

三 泰伯所奔之吴在太湖流域的一些佐证

泰伯所奔的"吴"在哪儿？可谓众说纷纭。有些学者，根据古籍中泰伯"乃奔荆蛮"的说法，断定泰伯所奔乃在湖北荆山。有人认为泰伯所奔在今宁镇地区，因西周与春秋早期与吴国有关的青铜器如宜侯夨簋等大多出土在该地，所以宁镇地区是吴国的始建地。又有人认为泰伯至江南的落脚地是在安徽当涂县的横山。《吴越春秋》说，泰伯知其父古公亶父欲传位季历及季历之子姬昌，便乘古公生病的机会，"托名采药于衡山，遂之荆蛮，断发文身，为夷狄之服"[24]。根据高士奇《地名考略》一书，断定这个衡山就是在当涂东北 60 里的横山。或认为泰伯所奔之地在安徽霍山。因《吴越春秋·吴泰伯传》"衡山"下注有"南岳"二字。而霍山其古称就是南岳。《读史方舆纪要》言："霍山，本名天柱山，亦曰南岳山，又名衡山。"[25]

但是当代不少学者仍认为泰伯所奔之地在太湖流域。不仅《史记正义》等权威史著载有此事，而且还有史迹证明。此地出土有西周的一些器物，还有荆村与蛮巷的地名。有以泰伯命名的人工运河泰伯渎，还留有泰伯仲雍的坟墓。今再举一些佐证，证明泰伯奔吴所在地在太湖流域。一、泰伯曾到太湖地区临安百丈山采药。《大清一统志》杭州府一《山川》："百丈山，在昌化县西三十里，高一千五百丈，周回二十里。张勃《吴录》：于潜县有潜山。《水经注》：

紫溪水出县西百丈山，即潜山也。《吴地记》：尧时洪水，此水潜水中不没者百丈，因名。《旧志》：百丈山有玉仙洞，又有太公潭，相传以周泰伯采药于此，因名。"[26] 可见泰伯曾到这里采药，故名"太公潭"。二、泰伯采药的衡山，在今湖州。《左传·襄公三年》："楚子重伐吴，克鸠兹，至于衡山。"杜预注："衡山，在吴兴乌程县南。"[27] 吴兴，即今湖州。《太平寰宇记》引山谦之《吴兴记》亦言，"衡山，一名横山也。"[28]《太清一统志》引《旧志》说衡山在"金盖之东，两山夹山，中通溪流，俗呼为衡山门，其北为钱山"。众所周知，衡山是泰伯离周采药之处，既然衡山在湖州，则泰伯首奔之处亦应在此地。三、今吴地地名，尤其是水名多用"泾"字，如上海北新泾，苏浙之交王江泾，无锡张泾桥，等等。而泾水，在今陕西省中部，属渭河支流。早在《山海经》中就有记载："泾谷之水，泾水出焉，东南流注于渭。"[29] 无疑因泰伯部落从泾水流域而来。所以把这一地名带到江南。又泰伯曾至棠浦祭江海之神，"以利朝夕水"。棠浦，应在今太湖。[30] 从上疏证，可见泰伯奔吴之地应在太湖。综合相关材料论证，具体而言当在梅里。

上面是关于"吴"的一些考证，望大家不吝指教为幸。

注释：

[1]《毛诗正义》（十三经注疏本），中华书局 1981 年版，第 603 页。

[2] 同上书，第 612 页。

[3] 司马迁《史记》，中华书局 1959 年版，第 465 页。

[4] 杜预《春秋左传集解》，上海人民出版社 1977 年版，第 1463 页。

[5]《管子》，辽宁教育出版社 1997 年版，第 10 页。

[6] 陈寿《三国志》，中华书局 1959 年版，第 368 页。

[7] 赵尔巽《清史稿》，中华书局 1998 年版，第 2669 页。

[8] 袁珂《山海经校注》，上海古籍出版社 1980 年版，第 256 页。

[9] 同上书，第 348 页。

[10] 同上书，第 15 页。

[11] 戈春源、叶文宪：《吴国史》，人民出版社 2001 年版，第 3 页。

[12] 乐史：《太平寰宇记》，中华书局 2007 年版，第 99 页。

[13] 同上书，第 226 页。

[14] 同上书，第 688 页。

[15] 袁康、吴平：《越绝书》，上海古籍出版社 1985 年版，第 18—19 页。

[16] 同上书，第 12 页。

[17] 陆广微《吴地记》，江苏古籍出版社 1986 年版，第 39 页。

[18] 同 [3]，第 1445 页。

[19] 同 [3]，第 1446 页。

[20] 同 [12]，第 868 页。

[21] 顾祖禹：《读史方舆纪要》，中华书局 2005 年版，第 2371 页。

[22] 同 [12]，第 2069 页。

[23] 同 [12]，第 2015 页。

[24] 赵晔：《吴越春秋》，江苏古籍出版社 1986 年版，第 3 页。

[25] 同 [21]，第 1296 页。

[26]《勾吴史集》，江苏古籍出版社 1998 年版，第 199 页。

[27] 同 [4]，第 806 页。

[28] 同 [12]，第 1881 页。

[29] 同 [8]，第 61 页。

[30] 同 [15]，第 16 页。

（作者单位：苏州科技大学）

吴姓的由来

/ 施志

　　"吴"字，它的原始意义表示一个人在奔跑时一边高声喊叫，一边回头反顾，寓意着原始狩猎者的召唤。吴字的原始象形：奔跑、回头、高声喊叫。"吴"是一个会意字，由"矢"和"口"两个构件组成。大约到东汉以后，汉字规范化。"矢"部已开始改成"天"。东汉时期有一个学者叫吴平，他和袁康写了一部著名的书叫《越绝书》，他在书的末篇中用拆字的方法，隐语式地道出了自己的姓名。书中说："文属辞定，自于邦贤。邦贤以口为姓，丞之以天；楚相屈原，与之同名。"今天的吴姓在向初见面的人介绍自己的姓时，往往也都说姓吴——"口天吴"。

　　从吴字的两个构件看，"口"表示呼喊、喊叫，"矢"像一个人在奔跑时不时地回头反顾。两件构件结合组成"吴"，它的原始意义就是表示一个人在奔跑时一边高声喊叫，一边回头反顾。这种情形对于当代的我们应该并不陌生，在原始壁画中甚至是一种世界性的主题，因为它描绘的其实就是一幅人类童年时代狩猎生活的图画。当狩猎者发现大野兽时，一边奔跑，一边呼喊，一边不时回头看。这种大喊大叫的动作就叫吴，这种人就叫吴人。原始人类狩猎时常身披虎皮，这从当代非洲原始部落的狩猎生活和原始舞蹈中仍能看到，在《水浒》武松打虎那一回中我们也曾看到过这种身披虎皮的狩猎者。所以，古代"吴"字又常加"虍"首，作"虞"，吴人又因此叫虞人。先秦文献中常有虞人，是指专门掌管田猎的官吏。

　　西周以上，"吴"、"虞"不分。自秦汉以后，"吴"、"虞"二姓始已区分清楚，除极个别的如《隋书》中"吴卓"也写作"虞绰"外，唐宋以来至今，

"吴"、"虞"二字作为姓氏则更加泾渭分明，绝无混淆。

"天吴"这种人面虎身的怪兽作为吴人的图腾兼始祖神，与吴人的狩猎生活密切相关。

中国古代有一本记录神仙、鬼怪的奇书，叫《山海经》，其中的《海外东经》记载说："朝阳之谷，神曰'天吴'，是为水伯。"《大荒东经》中也有近似的记载。据书中描绘，这是一个有八个头、八只腿、八条尾巴、人的面孔、虎的身子的庞然大怪兽。我们从上面转录自古本《山海经》的插图可一睹其神秘、怪异的风采。

这个半人半兽的怪物，就是古老的原始狩猎氏族——吴人的图腾兼始祖神。"天"的意思就是"大"，"天吴"，就是伟大的吴。

"天吴"人面虎身，这与吴人的狩猎生活密切相关。吴人以狩猎为生，而"虎为百兽之王"，因此，吴人崇拜一种似虎的动物，这种古动物可能在先秦时变得稀少而绝迹了，吴人便是以虞为图腾，"天吴"的原型即是虞。在前面的吴字解字中，我们曾指出，猎人常身披虎皮作为一种狩猎时伪装和欢庆收获猎物时模拟动物动作的舞蹈装扮。所以，像吴常加"虍"作"虞"一样，"天吴"不但形象似虎，它的名称在《南山经》和《大荒西经》中又称作"天虞"。

"驺虞"的特点是跑得极快，这与"吴"字下从"矢"密切相关，也与吴人狩猎生活的善于奔跑的特点相同。

"天吴"或"天虞"就是先秦和秦汉文献中常可见到的"虞"，也叫"驺虞"。《山海经·海内北经》这样记载："有珍兽，大若虎，五彩毕具，尾长于身，名曰驺吾，乘之日行千里。"可见，远古的吴人，也是以崇拜一种叫"虞"或"驺虞"的动物得名。这种动物原名"虞"，被吴人尊为图腾和族神后，就成了"天吴"——伟大神圣的吴了。

但"天吴"又是人的面孔。从这里，我们可以看到兽与人的结合，也可以看到从人到神的转化。同时，我们也得到了一个明确无误的消息，"天吴"也是人，而且就是吴人的祖神。

既然"天吴"作为吴人的祖神图腾是原始狩猎民族崇拜的结果，为什么《山海经》中又说"天吴"是"水伯"——水神呢？这中间正隐藏着重大的历史变迁，就是远古吴人向东南海滨的大规模迁徙。

吴人属于炎黄族系，最初居住在今山西、陕西一带。人过留名，雁过留声，吴人在这一带留下了许多以"吴"或"虞"命名的地名，如吴山、虞山、虞城等。大约在炎黄之世，随着炎帝族系和黄帝部族的向东扩展，吴人也被迫大规模东迁，到尧舜之世，吴人已有许多支系都迁徙到东南海滨长江三角洲一带。这样，吴人告别了茂密的原始森林和剑齿虎，而开始征服波涛滚滚的大海。那原来保佑子孙狩猎时多有所获的族神"天吴"，这个时候当然又得变成保护吴人子孙在江湖大海打交道时平安、丰收的"水伯"了。也正因为这一微妙的变化，中国文字的那些聪明透顶的创造者们，有时又将吴族的吴字，与鱼挂起钩来。在金文里，吴国的"吴"，就可通作"样"了。甚至吴字有时也写得活脱脱的，就像一条鱼。

（江苏省吴越文化研究会供稿）

吴与"鱼族"

/ 陈国柱

　　吴是古老的以鱼为图腾的氏族，在泰伯奔吴以前早已存在。勾吴即干吴，是泰伯为自己起的名号，寓有"干鱼"之意，表示自己要把吴国的君位传给二弟虞仲。

　　古代社会有以鱼为图腾的氏族和部落，可称之为"鱼族"。鱼族是一个历史极为古老的氏族，而且是远古曾经居于中原的一个大族（见李白凤《东夷杂考·鱼族考》）。从近几十年的考古情况来分析，鱼族在长江流域、黄河流域乃至云南、陕西等地都有分布。有关它的发源及演变历史，现在尚不清楚，但它较有可能起源于长江中下游及黄河中下游。

　　在原始社会后期，东南沿海地区有以"吴"为名称的鱼族，吴与鱼同音（在方言中发舌面后鼻音），其在金文中有写作"䲆"的。吴是鱼族的一个分支。吴族经过迁徙，分成好几支，在山西、陕西、江南、河南等地都有其踪迹。据《后汉书·南蛮传》载：帝喾高辛氏时期，犬戎部经常与高辛氏争战，高辛氏屡次征讨，但不能战胜他们。后来帝喾下令：谁能把犬戎部首领吴将军的头取来，就给予重赏，并将自己的小女儿嫁给他。结果，帝喾养的一只名叫盘瓠的狗把吴将军的头衔来了，帝喾不能食言，把小女儿嫁给了那只狗。历史学家吕思勉认为，那个"吴将军"是吴氏族的首领（见《吕思勉读史札记·盘古考》）。帝喾时，重黎为火正，即祝融，因犯有过失，被帝喾处死。帝喾遂命其弟吴回继任火正之职，也称祝融。吴回也是吴族之人，其封地在郑（今河南新郑）。在《山海经》中，东有"沮吴"的地名，东南一带有区吴之山、鹿吴之山、漆吴之山，西方有薰吴之山等。可见吴族的分布范围是较广的。

　　鱼族崇拜的神（图腾）是水神河伯，其形状是鱼。在其迁徙过程中，鱼族与其他氏族融合，其中有以虎为图腾的氏族，二者结合，形成了"虞"。虞和吴同音同义，只是用来区别氏族的不同（即族徽不同）。在氏族融合过程中，鱼氏族的水神河伯也由鱼变成了"八首人面，八足八尾"的天吴，虞族的水神天吴则是"八首人面，虎身十尾"（见《山海经》）。虞族在古书上称有虞氏，其最有名的人物是虞舜。虞舜出生于今浙江上虞（吕思勉说），舜最初的活动范围在太湖流域，其耕种的历山在无锡。《孟子·离娄下》："舜生于诸冯，迁于负夏，卒于鸣条，东夷之人也。"愚意以为负夏即是无锡，无锡有舜柯山、舜过山等，有关于舜在此耕种的传说（"负夏"与"无锡"方言相近；惠山古称历山）。夏代初期，有虞氏居于蒲坂（今山西永济东南）。

　　鱼族在原始社会是分布较广、较强大的氏族，后来的鱼、吴、虞等都是它的分支。直到商代，鱼族在东方还有较大的势力，是所谓"东夷"的主要族团之一。同时，西部也不乏它的踪迹。商代末年，虞族居于吴山（又名虞山、虞坂、盐坂，在今山西平陆县）。虞与芮争讼，请周文王解决，因佩服周国互相谦让的社会风尚，遂归附周国。周人中也有鱼氏族。在渭河流域有吴族聚居的吴山（在今陕西陇县西南），还有陕西宝鸡的强（亦作彊）族。周国国君古公亶父把陕西吴山作为次子仲雍的封地，所以，仲雍也称吴仲、虞仲。而彊（音姜）则可能是泰伯的封地。从历史发展的角度看，吴姓在泰伯奔吴之前已经存在，泰伯不过是江南周族吴姓的始祖而已，并且后来成为一个望族。

　　古公亶父有三个儿子，长曰泰伯，次曰仲雍，幼曰季历。古公亶父非常喜欢季历的儿子昌，想通过季历把君位传给昌。泰伯、仲雍知其心思，决定离开周国，把君位让给季历。经过商量，他们决定奔向"荆蛮之地"即东南沿海一带。其原因，一是因商、周对立，他们须避开商朝统治区域；二是因他们的封地有虞（吴）族人，其风俗习惯异于中原，尤其是断发文身，和中原人的束发、不毁身的习俗迥然不同，而东南地区是吴族聚居之地。到了吴地，有吴族人照应，就能立足。同时，入乡随俗，就成了异族之人，也就等于彻底放弃了周国的君位继承权。

　　泰伯、仲雍来到江南梅里后，与当地人和睦相处。当时这里的主要居民是吴族之人，故称"泰伯奔吴"。鱼族在太湖流域有互不统属的各个"割据"势力，在名称上有吴、越、干的不同。吕思勉等学者认为，越与吴是一个意思，是吴的音转，相当于虞与吴，风俗习惯相同，语言属于同一系统，只是在地域、图腾上有所不同而已。历史上有"吴越同源"之说。现代一些学者往往只知有越，不知有吴，于是发生许多谬误。这里的社会发展水平也落后于中原地区，还处于原始社会末期。干族也属于鱼族的一支。这几股势力虽然起源相同，但由于年代相隔久远，又各有势力范围，难免发生利害冲突。当他们对泰伯、仲雍有了了解之后，发现他们崇尚道义，懂得的知识也很多，便奉他们为首领，跟随他们的有一千多家，当时的"家"是指一个氏族，约几十人至上百人不等，相当于一个自然村，一千余家有几万人，已是一个诸侯国的规模（当时中华大地上有上千个大大小小的方国）。为了防止其他部落的侵犯，他们还在无锡梅里筑了一座周长三里二百步的土城，在外围边境300余里的地域内利用山、川等天然屏障设置了防御设施，叫"外郭"（外郭300余里，是有历史记载的，泰伯庙的简介改成"三十里"，是不懂"郭"的含义所致）。这样，一个小国家的雏形就形成了。

泰伯作为这个方国的首领，给自己起了个"勾吴"的名号（泰伯不是真名，原名已不可知）。勾与工、攻、干是同一发音的多种写法：勾吴的原意是干吴，也即是干鱼。在甲骨文、金文中，鱼字有立鱼式、卧鱼式、干鱼式三种写法，说明当时之人有晒鱼干以储存食物的做法。"虇"意思就是用竹片把剖成两半的鱼撑开晒干。泰伯自号勾吴，使我们可以推测他的封地在虇。对于勾吴即"干鱼"、"鱼干"这一层意思，当地土著居民可能是知道的，但他们不知道泰伯为什么要起这么个名号。《吴越春秋·吴泰伯传》："吴人或问：'何像而为句吴？'泰伯曰：'吾以伯长居国，绝嗣者也，其当有封者，吴仲也，故自号句吴，非其方乎？'"对于这一段话，如果用颜师古的"夷语发声"说，就根本搞不清其真正意思。《吴越春秋》的作者赵晔，他忠实地记录了收集到的史料，由于有了这一段原始记录，我们才有可能对"勾吴"的含义进行较为确切的理解。吴人问泰伯的意思是：为什么要起这么个名字，有什么象征意义？泰伯答话的意思是：自己无德无能，只是因为在兄弟中排行居长，周族人注重立嫡立长，自己才做了首领；但是自己没有生育，将来要绝后，作为国君，这是不合适的，所以，真正应该做君王的是吴仲。吴仲原来就是吴族人的首领，将来一定能子孙兴旺，国家繁荣昌盛（鱼图腾代表阴性，象征生殖力）。自己称作干吴，说明自己只不过是个临时的偶像，这不是一个很好的比喻吗？大家听泰伯这么一说，才知道泰伯自号勾吴是因绝嗣而把自己比作"干鱼"，而把仲雍比作后代繁盛的"活鱼"。泰伯不仅将周国的君位让给三弟季历，将来还要将吴国的君位让给二弟仲雍（即不收养子、继子之类，不传自己的"后代"）。

泰伯的这个名号，后来就成了这个国家的国号，这是继承了原始社会氏族酋长名兼作氏族名的遗风。同时，这个国家都城（王城）的名称也叫勾吴。后来吴国都城亦作"故吴"，与勾吴是一个意思，仅是写法不同而已。至于"姑苏"一词，亦是勾吴的音转，前人已述。这里不赘。

（作者单位：无锡市南长区扬名街道办事处）

吴氏考

/ 吴焕

　　古梅里是吴氏的发源地。3200 多年以来，吴氏子孙在历史变迁中，辗转行徙，开拓、进取。已发展成为中华民族大家庭中一支优秀的族姓。

　　江苏是吴姓的故乡和发源地，古梅里是一个中心。但梅里的吴氏分布却并不多，这有其历史的原因：在越国攻占古梅里时，族人奋起反击，致使遭到空前的破坏和杀戮，而后越国采取高压手段，迫使吴人就范，吴人不服，纷纷离乡背井，由于平时善用舟船，就漂洋过海，这是历史上第一次大流亡，所谓"南下百越"的壮举。那时所谓"漂洋过海"，也不过是近海而已，因此在浙、闽、粤沿海各地都有吴姓的足迹。反映了吴人不畏强暴、勇敢开拓的精神，写下了吴氏历史上第一页辛酸血泪史，也为以后散居世界各地创造了条件。

　　小阖闾城的闾江，吴氏比较集中，是一支望族。它包括武进雪堰桥以及无锡的胡埭等西乡一带，吴氏集居较多。这是早在周章受封为吴伯，又封周章之子于安阳为安阳侯（今属无锡市陆区桥）繁衍而来的。

　　吴氏在锡南开化、新安等地有较多分布。锡山旧谱分为太一、太二、太三三支嫡派，始于南宋。太一公后至六传，分宽承和平四支；太二公后为鸿山支；太三公后为闾江支。

　　常州、江阴、丹阳均属延陵郡，为季札后裔，吴姓为大族。其次苏州、常熟、嘉定、太仓、宜兴、丹徒、仪征、高邮、扬州、泰县、淮安、盐阜、高淳、南京等地，分布甚广。

　　江苏吴姓的著名人物，在无锡有明隆庆解元吴汝纶，清顺治井泾守备吴虎臣，近代名画家吴观岱；在常州有近代国民党元老吴稚晖和旅居台湾的裕隆汽车集团董事长吴舜文；在苏州有南明将领吴易，明末史学家吴炎，南明大臣吴一鹏，清代画家吴友如；在常熟有清代画家吴历；在宜兴有明代湖广行省参政吴云、明代大臣吴贞毓、明末戏曲家吴炳；在仪征有清代重臣吴文熔、清代画家吴熙载；在高邮有平西王吴三桂父子；在淮安有明代伟大文学家吴承恩；在太仓有清代大诗人吴伟业；在嘉定有近代资本家吴葆元；在高淳有吴柔胜与吴源、吴泳、吴渊、吴潜父子五人。

福建是吴姓分布较多、较集中的地区，也是历史上吴氏宗族较早到达的省份。主要分布在崇安、浦城、上杭、连城、霞浦、福州、泉州、莆田、安溪、厦门、建阳等县市。其中上杭吴氏最为发达，分为两大派：一派属江苏常州延陵郡迁来；一派属渤海郡迁来。浦城吴氏也很兴旺，唐工部屯田员外郎，祭公字孝先，泰伯六十二世孙，原居河南固始，中和四年以收捕黄巢余党往福建。公兄弟一行老幼十余人住福州侯官县，后迁莆田，致子孙繁衍散居闽省各地不可胜记，为入闽始祖之一。宋仁宗时任礼部侍郎的吴待问有儿子四人：吴育、吴京、吴方、吴充，都先后登进士。吴育、吴充还分别担任仁宗和真宗的宰相，权倾一时，家声大振。宋代进士、文林郎吴宥迁居福建宁化县，成为后世闽、粤吴姓及客家吴姓的共同始祖。其子孙分迁台、广东、广西、香港等地。

浙江的吴姓主要分布在吴兴（包括两支：一支是元代从洛阳迁来，一支是清代从修宁迁来）、德清（元代自宜州迁来）、浦江（唐代从常州延陵迁来）、杭州（最早迁自四川）、瑞安（五代时迁自福建）、绍兴（唐代吴融的后裔）、衢县（宋代迁自开封）、临海（晋国子祭酒吴超的后裔）、归安（洞庭吴氏的分支）、桐乡（一支是汉代从河南迁来，称语溪州钱吴氏；另一支迁自休宁）、黄岩（迁自福建）、钱塘（明代自歙县迁来）、义乌（宋代从苏州迁来，是吴造后裔）、萧山（宋时吴亦后裔）、潮州（吴璠的后裔）、嵊县（吴昂的后裔）、嘉兴（宋从宁国迁来，为吴泽的后裔）。还分布在平阳、常山、江山、宁波、诸暨、龙游、象山、孝平、宣平、温州等县市。

在广东，中山市的吴姓比较发达，有柏桠吴氏，始祖吴启信，明代由顺德迁来；小榄吴氏有两支：一支是吴广锡的后裔，一支是吴豪的后裔；库充吴氏是吴翔凤的后裔，明代从福建迁来；山场吴氏，宋代迁自南雄，为吴学士的后裔；南溪吴氏，从东莞迁来，始祖吴德泉；汉坑吴氏，吴智达的后裔，清代自陆丰迁来；潭州上村吴氏，以吴常禄为始祖，明代从广州迁来。此外，广东的兴宁吴氏是江西南迁的一支，吴文福为始祖。西汉的著名清官吴霸，是越灭吴后迁越，后又南迁广东，分衍成岭南的吴霸家族，其后裔非常兴旺，今广东一带的吴姓大都是他的后裔。过去海南隶属广东（今已建省），在唐代有户部尚书吴贤秀举家迁琼，成了吴氏始祖，在琼极受崇敬，有极具规模的草地。每年清明，全琼吴氏均前往拜祖。今吴贤秀在琼子孙非常兴旺，有完整的家谱，这也是我大统宗谱阙如的资料。

安徽的歙州吴氏又名修宁吴氏、新安吴氏，是唐代以来吴姓的著名大宗。其来源，一部分是夫差家室逃难至歙县繁衍而成，一部分是吴芮的后裔吴猛分衍而来。其子孙甚为兴旺，如吴少微在武则天时登进士，官至左台监察御史，权倾一时，显赫于世。吴少微的子孙分布金陵、德兴、庐岩、光蜀、宣城、太平、婺源、安丰、池阳等地。宁国吴氏是安徽的又一支望族，其祖先吴衢从四川华阳吴氏迁来，到宁国后，其子孙繁衍，人丁亦兴旺。全椒吴氏的始祖吴凤，以务农为业，传到七代时出了一位伟大的文学家吴敬梓。濡须吴氏是明代吴可九携家室从浙江迁居于此的，他的子孙中出了一位明代杰出的哲学家吴迁翰，其哲学思想对日本的哲学产生了重大影响。桐城吴氏，包括麻溪吴氏、马埠吴氏和高店吴氏三支，其中高店吴氏最为发达。

江西的吴姓中最为兴旺发达的是吴宣家族，时称江南吴姓著名大宗。吴宣在后晋时从四川迁居抚州，建昌定居，他的三个儿子中有两个（吴纶、吴经）高中状元。这两兄弟的 13 个儿子中，有进士、探花、翰林、举人 7 人。其后代极为昌盛，分衍出荣溪吴氏、竹溪吴氏、南丰吴氏、吉安吴氏、棠阴吴氏、宁都吴氏、广昌吴氏等众多的支系。其中南丰吴氏见于史书的名人：宋代有吴昌龄等 4 人，明代有进士吴朝宗等 31 人，清代有进士吴森等 87 人。吉安吴氏：宋代有进士吴浚等 23 人，明代有进士吴文等 15 人，清代有进士吴锡璋等 14 人，其家声赫赫，数百年不坠。鄱阳吴氏也是一支望族，早在夫差新太子吴鸿被流放到婺源后，便在这里艰辛创业，繁衍生息，到宋元明清，人才辈出，北宋出了个进士叫吴伸，元代又出了一个进士叫吴仲常，明代见于史书的有进士吴镛、举人吴霖等 24 人，清代见于经传的有进士吴焯、举人吴邦宁等 14 人。吴鸿的后裔还分衍出浮梁吴氏、余干吴氏、乐平吴氏、安仁吴氏、进贤吴氏等分支。此外，南昌吴氏、建节吴氏是歙州吴氏分衍出来的。宜丰吴氏在明代人丁兴旺，家族也颇为发达。在江西，宋明以来吴姓大繁荣，有贵溪吴氏、临川吴氏、分宁吴氏、永丰吴氏、崇仁吴氏、高安吴氏、东门吴氏、弋阳吴氏等吴姓巨族。

　　湖北荆州武昌郡是隋唐时期吴姓的郡望，吴姓居当地七大姓之首。吴季子的第四十一代孙于南齐时迁居汉阳山（武昌），隐居耕读，其子孙人丁兴旺。到南朝梁时出了个大将军、大司马吴盾。吴盾死后，其家室迁居江陵。吴盾的儿子吴奎，隋文帝时任中书令。吴奎的孙子吴若远，唐太宗时中进士及第，任中书舍人，升户部侍郎中、银青光禄大夫。吴若远的儿子吴世伟，娶唐太宗之女为妻，官拜驸马都尉，封新封侯，赠晋国公。吴世伟的儿子吴可博，唐玄宗天宝十年中进士。至宋代，著名"铁御史"吴中复便迁居武昌，为武昌吴氏之始祖，他开派的武昌吴氏在全国吴氏十二大宗中属"义"字宗，其子孙繁衍昌盛。此外，唐代吴融的长子吴元睿由江阴迁居江陵，江陵这支吴姓便是江阴吴氏的分支。

　　在湖南，最为尊荣显贵的要算西汉长沙王吴芮家族。吴芮是吴季子次子吴征生的后裔，生于江西余干，封王后定居临湘（长沙）。吴芮家族中有 5 人封王，9 人封侯。在汉初荣极一时。到隋唐，长沙郡仍为吴姓郡望，吴姓居当地六大姓之二。历史上的"江西填湖广"，即吴姓移民也大量迁入湖南，散居邵阳、浏阳、茶陵、益阳、岳阳、长沙、汝城等地。迁入资江流域的，形成八甲湾吴氏；迁入汝城的，形成江头吴氏。移民中最有名的是吴伏一家族，其后裔居岳阳、华容两县，言支家族到清代出了个著名的散文学家吴敏树，声誉于世。这些吴姓移民都富有开拓精神，对明清以来湖南的开发和发展作出了不可磨灭的贡献。

　　河南吴姓中的大司马吴汉家族是东汉时期最为显贵的家族。吴汉是吴商的后裔，吴芮的六代孙吴千秋被免除封爵后，从湖南迁山西，又辗转迁居南阳。在南阳，出了个东汉王朝的开国元勋吴汉。吴汉的子孙极为发达，在东汉一朝封侯者达十多人。洛阳的吴雄家族也是东汉时著名的法律世家。吴雄初任延尉，后任大司徒，其子吴诉，其孙吴恭都官任延尉，时称"三世法律名家"，其后裔也很发达。吴雄开派的吴姓在全国十二大宗中属"忠"字宗。开封一带的陈留吴氏在唐代以前也是望族，唐代前期出了一个历史上著名的史学家吴兢，他是吴季子的四十七世孙。陈留，在魏晋至隋唐时期是吴姓聚居的郡望，以后便逐渐衰落，到后汉传到吴恢这一代，家族始兴，祖孙四代为官，知盛名于当时。河南濮阳和山东鄄城一带的濮阳吴氏、河南南和安徽西一带的汝南吴氏。在隋唐时期人丁极为兴旺，都是当地大姓之冠，这两支都同属于吴季子一宗。濮阳吴氏在魏晋时出了一位才华横溢、闻名遐迩的吴质，到东晋时又出了一位著名的孝子和清官吴隐之，南朝宋齐之际还出了一位著名学者吴苞。到唐代，吴隐之的后裔中出了一个敬章皇后，皇后的弟弟吴澄又招为唐玄宗的女婿，既是皇亲国戚，又是亲上加亲。不仅如此，以后吴澄的儿子吴士彦又被招为驸马，亲上再加亲，家族极为尊荣显赫。唐代还出了一位翰林吴勔，其后嗣吴武陵才学出众，与韩愈、柳宗元齐名。

河北静海、青县、沧州和山东乐陵、无棣一带的渤海吴氏来源于延陵吴氏，因春秋时吴王寿梦派吴季子北守渤海而得名。渤海吴氏，子孙繁衍众多，北魏时有吴双，任中书侍郎，其子吴安生任渤海郡太守，封安远将军。吴顽任赵郡太守，封宋子侯。其五世孙吴僧，北魏时任并州西河郡丞，封镇远将军。北齐时的吴安诞任道州别驾，其五世孙吴师道唐时任吏部侍郎。吴师道的孙子吴纳任安州（今越南清化省）刺史。北朝时吴遵世是著名的料事如神的术数家。到南北朝时，"五胡乱华"，中原残破，渤海吴氏家族的成员便纷纷南迁避乱。到隋唐，留在本郡的渤海吴氏便大大衰落了。

在山东蓬莱一带的登州吴氏也是吴季子的后裔。登州吴氏来源于泰州，其最著名的裔孙要算吴佩孚家族。吴佩孚官任北洋政府直鲁豫巡阅使，一四省联军总司令。抗日战争时期，吴佩孚以不屈不挠的民族气节，大义凛然地拒斥日伪的劝降活动，最后被日军谋杀，晚节可嘉。此外，吴季子次子吴徵生自从国破家亡后，孤身一人逃到齐国，其子吴启蕃官任鲁国相。及至宋代，其后裔吴居厚任曲阜县令而世居曲阜。

在甘肃，陕西的吴玠、吴璘家族源于五代南唐永兴（今湖北阳新）的吴仲举。他在北宋时任陕西池阳（泾阳）县令，其子吴中复为宋代著名的"铁御史"。吴中复的长子吴应礼亦为御史，受命至甘肃守边，抗击西夏。死后葬水洛（今庄浪），其家族迁居水洛。吴应礼生了两个英雄儿子，即历史上著名的南宋抗金名将吴玠和吴璘。两兄弟为南宋王朝立下了赫赫战功，甘肃、陕西、四川的人民至今还铭记着他俩的功德。两兄弟的子孙众多，绵延不绝。祇惜其孙子中曾出了一个叛臣吴曦，给吴氏家族带来了巨大的灾难。说到吴璘开派的吴姓，在全国吴氏十二大宗中属"功"字宗，其子孙自关中、汉中东迁南京、浙江后，又分衍出江苏金陵、余宅、白兔、镇江、金坛等支派。今天，世代居于上述地区的吴氏子孙都是英雄的后代。

四川的吴姓早在汉末陈留吴氏在河南呈衰落之势时，吴懿兄妹便由河南迁居四川成都，其妹吴莧嫁给刘备，册封为穆皇后。吴懿既为国舅，又是著名的将军，封为高阳侯。吴懿的族弟吴班也是著名的将军，封安乐侯、绵竹侯，其后裔在四川兴盛一时。宋代的后周郭氏政权宰相吴延祚，其后裔吴用效一支，从太原迁华州华阳（成都）开基立业，形成华阳吴氏。其家族兴旺发达，传到第二代，出了一名大忠大义、大勇大烈的优秀子孙吴萃，从而使家门名留青史，声振遐迩。后来，吴萃的后裔吴衢又迁安徽宣州、宁国另拓基业。明成化年间，湖北黄州府麻城县吴祥麟孝廉后授四川荣昌县令，因政绩卓著，升泸州、重庆、成都府官，晚年授仁寿县教谕，赠登仁郎，定居仁寿。长子吴模授中书给事，孙子吴敬岳明时为两广察院。次子吴楷，明代进士，其子孙众多，明末因逃避战乱，大部分迁往广东、贵州、云南等地，留吴兴隆定居资中县公民、新桥、鱼溪、双龙等地，现已传十四代。此外，四川的吴姓大部分是清代初随着"湖广填四川"的风潮迁来的。清康熙六十年（1772年）吴斯先（字振文）由广东惠州和平县迁入四川，散居绵阳、德阳、中江、简阳等地，在简阳一支已传二十二世。广东嘉应州兴宁县的吴应通四个弟兄于清雍正年间先后入川，其子孙散居资阳、简阳、建南（石柱）、成都、华阳、建昌（成都北）、金堂、新都、新繁、什邡、德阳、汉州（广汉）、绵竹、中江等地。福建龙岩州的吴兴甫一支于清康熙年间入川，散居巴县、安居（遂宁西南）、定远

（武胜）、合川、铜梁、内江、富顺、资中、遂宁、中江、三台、简阳、资阳、涪州（涪陵）、绵州（绵阳）、安县等县市。福建连城吴氏的吴应亮、吴应丙两弟兄于康熙六十年入川，先居成都华阳，后迁居荣县雷家霸。近代有革命前辈吴玉章，在川也早成一支。

贵州的吴姓有由南京迁入的，是吴济卿的后裔；有由四川逃避明末战乱迁入的。明万历年间，广东翁源县吴广任总兵黔，为四川古蔺、贵州仁怀一带的川黔吴氏始祖，其子孙繁衍众多。松桃县寨英乡支已列入1951年大统宗谱四十册。

山西太原吴氏的吴延祚官至宋太祖宰相，其子6人，个个都有功名。长子吴元辅任左骁卫将军；次子吴元载官至西上阁门副使，出知陕州、秦州、成都府等；三子吴元范、六子吴元庆都官任礼宾副使；四子吴元扆为宋太宗驸马，为左卫将军、驸马都尉；五子吴元吉任阁门祗侯。太原吴氏至此臻于极盛，子孙亦颇发达。

辽宁、吉林、黑龙江、广西、海南、青海、新疆、西藏、内蒙古、云南也都有吴氏家族。1946年无锡发起纂修大统宗谱。举纲列目，露布报端，后湘、鄂、豫、皖、赣、浙、闽、粤、桂、滇、黔等11省份先后来归，汇集印谱抄本300余支，系统详明，如水汇流，盛况空前。奈时局不稳，物价飞涨，工作量大，非十载左右方可完成，至1949年已面临解放，才匆匆收缩，以致很大部分未能编入，引为憾事。

此外，在苗族、蒙古族、满族、鄂伦春族、赫哲族、锡伯族、回族、哈尼族、侗族、壮族、白族等少数民族中都有吴姓家族的成员，而尤以湖南、贵州苗族地区最多。湘西苗族中吴姓为五大姓之首，贵州苗族中吴姓为七大姓之一，蒙古族的七大姓中吴姓也属其一。

吴氏家族还有大批成员向海外扩展，其足迹遍及五大洲。

吴姓迁居台湾，比大陆其他族姓早。远在春秋吴国鼎盛时期，具有先进航海技术和海洋民族开拓和冒险精神的吴国子孙，就有可能涉足台湾、澎湖。吴国灭亡时，吴姓子孙逃难海上，也可能向东海渡海逃至台湾，但是，见于史书记载的时间还是在元朝。元朝至元二十八年（1291年），礼部员外郎吴光斗率军至澎湖、台湾，后只身留台湾。明末以来，福建、广东沿海的大批吴氏成员纷纷前往澎湖、台北、高雄等地谋生创业。特别是近代，吴姓成员大批迁台，分布台湾各地，使台湾成为今日吴姓人口分布较多的地区之一。据最近统计数据显示，台湾的 1027 种姓氏中有大姓 10 个，而吴姓排列在大姓中的第七位，占总人口的 4%。台湾吴姓中的著名人物，有清初从福建迁台的英名不朽的义烈吴凤；有清乾隆时从福建漳浦入台的宜蓝开拓者吴沙；有清同治年间受台民爱戴的台湾道吴大廷；有清末抗倭名将吴汤兴、吴彭年；有清道光时杰出的画家吴鸿业；有著名作家吴浊流；有抗日民族精英吴海水；有著名的物理学大师吴大猷；等等。现在全台吴姓中最显赫的一支宗族，出自福建永定思贤村吴氏。这一支族迁台后，居住桃园县坜中镇，人丁极为兴旺，孕育出了不少声名显赫的政要人物，担任今日国民党中常委、内政部长、台北市市长的吴伯雄就是这一家族的成员。

中国吴姓拓展海外，以日本为早。春秋时越灭吴，吴国王室的一些幸存者就到达日本，在那里扎了根，而且给当时落后的日本带来了文明的种子。并成为当地民众的首领，演变成为日本皇室。今日的日本皇室就是吴姓的后代。史书记载：汉、魏至隋唐时期，倭卫曾多次派遣使者到大陆朝拜，并郑重表明："日本王室是吴泰伯的后裔。"日本《新撰姓氏录》中说："松野，吴王夫差之后，此吴人来我之始也。"

在越南，战国初越灭吴时，也有大批吴氏子孙南迁入越，开创基业。魏晋以来，又有一些吴姓成员因做官或经商去越南，到唐代中期，渤海吴氏有的迁居越南北部的清化省。唐末越南建立起历史上最早的独立王朝——吴朝，出任第一个皇帝的就是吴权，吴氏族姓在越南盛极一时。近代的越南吴姓以吴庭艳家族最盛，他是越南政权的最后一任总统。现在，吴姓宗族在越南全国 200 多种姓中排列第六位，是有名的大姓望族。

中国吴姓到达朝鲜半岛的时间也是在春秋战国时期。吴王阖闾之弟夫概，因政变失败逃亡至楚，其子孙在吴国者改姓夫余氏（即夫概之余子孙的意思），为吴姓的一分支姓氏。夫余氏的部分成员辗转迁徙，到了朝鲜半岛开拓基业。人丁极为兴旺，以后发展成为朝鲜最著名的豪族——百济王室。东汉时陈留吴氏家族的吴凤任汉乐郎郡（今平壤市）太守，后迁居朝鲜。汉魏以来的各个时期，先后又有大批吴姓渡过鸭绿江到朝鲜开基立业。到今天，朝鲜的 143 个姓氏中，吴姓也是常见的 20 个大姓之一。吴姓家族在朝鲜产生了许多优秀子孙，如吴克列曾任朝鲜人民军总参谋长，吴振宇大将曾任朝鲜武装部长等。

在香港，大约在元朝，客家籍的吴姓便大批去香港开基立业。清代吴宣的后裔从广东嘉应迁居香港，现居香港新界榕树澳、三角嘴、丹竹坑等地，子孙繁衍众多。

菲律宾的华人吴姓宗族是明代以来从福建、广东沿海移入的，在菲律宾马尼拉市的 5 万多华侨中，吴姓是七大姓之一。吴姓在菲律宾的著名人物不少，如 17 岁从福建晋江渡海到菲律宾的吴克诚，是菲律宾著名的华商骄子。吴姓宗族在菲律宾华人社会中占有重要的地位。

从元朝开始至清朝中叶以后，吴姓便逐渐迁入马来西亚。现在，吴姓在马来西亚华侨华人社会中已成为有重大影响的一支族。

在印度尼西亚，吴姓宗族的移民中产生了许多优秀人物，如吴炳良，在印度尼西亚巴城主编出版《商报》，他仗义执言，维护华人利益，已成为华人社会中的领袖人物之一。

在新加坡的华人社会中，吴姓宗族极为兴旺昌盛。20 世纪初，吴胜鹏就是新加坡土产业的领袖人物之一。新加坡前任副总理吴庆瑞和新任总理吴作栋也都是吴姓中的著名领袖人物。

在泰国，吴姓宗族也颇有势力。如现任泰国《新中原报》执行总编辑吴继岳，泰中友好协会副主席、世界至德宗亲总会主席吴逢金，泰国《新中原报》副总经理、泰国吴氏宗亲会副秘书长吴耀秉等。

在缅甸，吴丹是世界著名的外交家，曾任联合国秘书长。

近代移民欧美的吴姓家族虽不算大姓，但却产生了许多优秀人物。如祖籍中国河南的吴乾初，曾任纽约中华公所的主席；祖籍中国浙江余杭的吴家玮，是第一位华人校长（加利福尼亚州立大学）、全美华人协会会长；祖籍中国浙江余桃的吴仙标，担任过第一位美国华人副州长（所在州为特拉华州）；美国物理

学会第一位女会长、著名物理学家、科学院院士吴健雄和美国夏威夷州州长吴
达和以及奥斯卡最佳配角吴汉，都是广东客家籍吴氏加入美籍的华人。

此外，世界著名的心血管专家、巴西华人吴鉈光也是中国广东惠来县吴氏
家族的后裔。

吴姓宗族在全国各地、异国他乡扎根、繁衍，已成枝荣叶茂之势，使吴姓
宗族之光永远炫耀于世界！

（江苏吴越文化研究院供稿）

话说吴姓

/ 杭志达

相传上古时，我国已有吴姓：平陆吴姓，出自黄帝母有娲氏吴枢，以国为氏；《山海经》说建都于河南濮阳的颛顼臣（一说是炎帝臣）有吴权；高辛氏的犬戎将有吴将军，吴将军名车，吴回后有吴姓；《史记·索引》说，舜后封虞（山西平陆有吴城），有虞氏居蒲（在山西永济蒲州镇），古"虞"、"吴"音近。一说金文中"虞"、"吴"字通，故舜后有吴姓。《帝王世纪》说夏少康时有名弓箭手吴贺，其后有吴姓；商纣时有吴伯；昆吾氏后亦有吴姓。然而，在漫漫的历史长河中，这些吴姓，因缺乏详细的文字记载，有的令人难以置信，有的在默默无闻中，或已淹没在历史迷雾中了，至今难觅其后。

《吴氏家谱》有吴姓出自泰伯，以泰伯为最早始祖的记载，如江苏无锡胡埭孟村吴村里的吴氏，为泰伯七十八世得玉之子济仁（一说济二）之后；泰伯八十二世瀚，居无锡前洲吴新巷；八十五世浦泉居无锡胡埭闻江。浦泉五世孙克勤，克勤生贯，贯生程，程生享，享生情，此即明代状元改为探花的闻江人吴情。《吴氏统谱》有泰伯受封吴，以吴为氏；泰伯、仲雍封吴，子孙以国为氏；周章复封于吴，周章为泰伯之后，其后以国为氏诸说。泰伯无后，故泰伯不会有吴氏传于后，这道理是可以理解的。至于仲雍"子孙"与周章"其后"以国为氏，其"子孙"、"其后"是指谁，文中未讲清楚。没讲清楚，便是个谜。在这里，绝不能说自仲雍、周章开始，便已有吴氏了。一般为人们所能接受的说法，即所谓正宗的说法是吴姓出自吴王夫差与季札之后。春秋鲁哀公二十二年（公元前 472 年）越国灭掉吴国，吴王夫差子孙散居吴、越、闽等地，以国为氏有吴氏。吴国灭亡后，季札长孙吴濮娄隐居江苏震泽东洞庭武峰山南（一说莫釐峰下）避难改姓濮氏，此山由此称濮公山，传四十世（以季札为一世），濮孟初于唐穆宗长庆年间曾修谱，后谱亡。至宋熙年间，孟初之后，即四十九世濮本，正值宋高宗南渡，濮本曾孙濮百上奏朝廷，准复吴姓，其居住地，称吴巷。周武王别封周章之弟虞仲于虞（山西平陆吴城），此虞国于公元前 65 年灭于晋，子孙以国为氏，后有吴氏。此吴氏亦应是仲雍之裔。在这次修《中华吴氏大统宗谱》时，江西季氏来无锡，说他们原是吴姓之后，要求将他们在这次修谱中修进《中华吴氏大统宗谱》中去。修谱者说，这要等到以后人口大普查时，将季氏更吴姓后方可修入《中华吴氏大统宗谱》中。在我国少数民族蒙古族中有一支吴氏，自称是成吉思汗（即铁木真）之后，说他们是吴王夫差之后（一说是夫差三弟之后）。追根问祖，奔到江苏无锡梅村来寻祖，他们说武王夫差之子（一说是太子友）出征，在外得知吴国危在旦夕，而急急赶回救援，行至安徽地界，得知吴国已亡，遂带兵北上，更姓隐名避难内蒙古之地，以后，遂纷纷复姓吴氏。这支蒙古族的吴氏，其后散布到加拿大、中国台湾等地。至于这支吴氏是否是夫差之后，还须有充分的历史资料证实，否则难以令人信服。虞仲、季札、夫差为仲雍之裔，季札、夫差为周章之后，仲雍"子孙"、周章"其后"其所指在这里已明确了，那是到国家灭亡之后，遂以国为氏。至于虞国灭亡之后出现的吴氏。泰伯自奔吴，号勾吴，吴国始于泰伯，泰伯为吴国始祖，这亦是可以理解的，故吴氏之裔以泰伯为第一世始祖，是合情合理的，这是吴氏后裔尊敬泰伯的缘故。有人认为吴姓始于泰伯，人们呼吴泰伯即是例证。可知否，吴泰伯之"吴"不是姓，而是国名，泰伯姓姬。犹如周文王、周武王，其前冠以国名，他们均姓姬。此例子可不少，如秦始皇、明太祖之类，至于哪个吴氏是伍子胥之后，人们恐怕至今也很难说清楚。

在我国汉族人口中，吴姓面广量大，然而在我国少数民族中，亦有吴姓，其源头可谓不少。比如在蒙古族中的吴氏出自部落酋长"吴兰苏和"之名，其后取其第一字"吴"作为姓氏。亦有出自明代赐蒙古人吴姓的，如赐"巴图特穆尔"姓名曰吴允诚，"济兰"姓名曰吴克诚，等等。金代，女真族也有吴姓，其吴姓出自"古里甲"氏、"吾古论"氏，此吴氏，世居临洮。这些少数民族中的"吴"姓大多数是仿汉人姓氏而改姓吴的，与泰伯、仲雍后裔并无血缘关系，也就不多作介绍。

泰伯、仲雍、周章之后，除以国为氏产生吴氏外，还产生了别的姓氏。那些姓氏的出现是多种因素造成的，如有的认为自己是泰伯之后，便出现了泰伯氏、泰氏等。泰伯之后还有公冶氏，仲雍之后还有常寿氏；周武王封仲雍曾孙仲奕于阎，其后有阎氏；周武王封周章弟虞仲于北虞，其后有虞氏；寿梦之后有王氏、寿氏；寿梦第五子厥由后有厥由氏；阖闾之后有阖氏、盍氏；虞仲支孙为周卿士，食采于樊，以邑为氏有樊氏；余昧子烛庸之后有烛庸氏；盖余后有盖余氏；季札封延陵，又封州来，后有延氏、延陵氏、州氏、州来氏、延州氏、延丘氏；季札长孙更姓濮氏；吴王颇高后有颇氏；楚昭王封阖闾之弟夫概于棠溪，其后有棠溪氏；夫概奔楚，余子在吴者姓夫余氏；吴王封庶子于常州，其后有常氏；吴王僚之子庆忌后有庆忌氏；吴公族后，还有公祖氏、公刘氏、郁闾氏、或柯氏、庆师氏、漆雕氏等。因这些姓氏都出自泰伯、仲雍、周章之后，故有的人把这些姓氏都称作吴姓的分支。

吴姓有延陵、濮阳、渤海、陈留、吴兴、汝南、长沙、武昌等郡望。

（无锡市吴文化研究会供稿）

至德十二姓的渊源

/ 吴铿如

　　周姓祖后稷，名弃，为帝喾（黄帝的曾孙）元姐姜嫄所生，据《史记》称"姓姬氏"。由于历史的原因，而后由姬姓衍生"至德宗亲十二姓"，但追根溯源，实是同宗共族，特分别介绍于下：

　　吴姓起源：泰伯为周太王长子，偕弟仲雍南奔建句吴国，泰伯无后，仲雍继位，其子孙相继为句吴国君，为姬姓。直至夫差国亡，其后人为了不亡故国，因而以国为姓，始有吴姓。

　　周姓起源：武王伐纣，克殷而有天下。次年，武王以天下未定，夜不能寐，乃封功臣昆弟，各食采邑（见《史记》周本纪）。武王之十三世孙平王，别封其少子烈于汝州，其地在汝水之南，人称周家，遂以周为姓。

　　蔡姓起源：武王克殷后，封商封儿子武庚于殷，治理殷朝遗民，又封叔鲜于管（河南郑州）、叔度于蔡（今河南上蔡县）、叔处于霍（今山西霍县西南），使监视纣子武庚。后叔鲜、叔度要挟武庚叛乱，被周公镇压，武庚、管叔被杀，叔度被放逐，不久死去。他的儿子胡，归顺周成王，周公推举他做鲁国的卿士。由于他将鲁国的政事处理得井井有条，于是周公又请成王把以前封给其父的封地"蔡邑"复封给他，以奉蔡叔之嗣，是为蔡仲，遂以蔡为姓。见代（《史记·管、蔡世家》）

　　翁姓起源：周武王四世孙昭王之庶子名溢，字庶任，居盐官（今陕西盐池县境内），食采于翁山，赐姓翁，卒谥端明王，遂以翁为姓。

　　曹姓起源：周文王第六子，武王之弟振铎，受封于曹（今山东省曹州），为诸侯国，其后以国为姓。

　　柯姓起源：周太王次子仲雍随泰伯奔荆蛮，五传至周章，封于吴，仲雍之九世孙名柯卢，生于吴。据《姓苑》所载：柯氏吴公系柯卢之后，望出钱塘，以名为氏，是为柯氏之祖，遂以柯为姓。

　　辛氏起源：夏禹之子夏后启（夏代君主，生时称后，死后称帝）封其支子于辛（今山西合阳东南），遂以为姓。禹为黄帝玄孙，与周姓祖弃为同宗。

　　六桂堂源流：洪、江、翁、方、龚、汪六姓合称的组织为"六桂堂"。洪氏相传系尧时共工氏的后代，本姓共，后加水旁为洪；江氏传说为皇帝之孙颛顼玄孙伯益的后代，封于江陵，子孙以国为姓；翁氏得姓于周昭王的庶子食邑于翁地；方氏衍于周宣王大臣方叔，后代以其字为姓（又传为古帝榆罔——神农氏之后，其子雷封于方山，后人以地名为姓）；龚氏为共姓所改，共氏因避难加龙为龚（又说相传古帝共工后代有共、龚二氏）；汪氏系春秋时鲁成公后代食采于汪邑，以邑名为姓，各有本源。迄于宋代，始祖翁乾度生六子，分为六姓，乃与旧姓合流。六子分姓缘由因时值世乱，胡夷侵袭，乾度三子处易奉命率军应战，掩护父母兄弟家属子女退却，劝兄弟化姓避难。

　　考翁氏始祖端明王，原是周武王四世孙昭王的庶子，死后谥封为端明王，其后人传至唐代轩公。赐甲榜进士，官闽州刺史，居蒲田竹啸庄，遂以为家，为入闽始祖。至于后唐生子乾度，在后晋官至郎中，居洛阳。夫人陈氏，生六子，在宋代先后考取进士，均为显宦：

　　长子处厚，字伯起，号敦煌，居朱紫坊，宋太祖建隆元年进士，官礼部员外郎兼殿中丞上柱国，分姓"洪"。

　　次子处恭，字伯虔，号济阳，居淮阳，宋太宗雍熙二年梁灏榜进士，官州法曹，分姓"江"。

　　三子处易，字伯简，号盐官，居竹啸庄，宋太祖建隆元年进士，与长兄同榜，南剑少尉官。奉令应战胡夷，后壮烈殉难，不改姓，仍姓"翁"。

　　四子处朴，字伯惇，号河南，居竹啸庄，宋太祖开宝元年（一说为开宝六年）进士，官都曹，分姓"方"。

　　五子处廉，字伯约，号武陵，居马槽，宋太祖开宝元年（一说为开宝六年）进士，与四兄同榜，官大理司、监察御史，分姓"龚"。

　　六子处休，字伯容，号平阳，居东林。宋太宗雍熙二年进士，与次兄同榜，官韶州判宵，分姓"汪"。

　　由于六子齐显，人称为"六桂腾芳"，传为千古佳话。乾度公葬于蒲田，敕封"六桂坊"。今六姓联宗设堂，曰"六桂堂"，其渊源本于"宋"。

　　综上所述，至德十二姓氏。皆源出于帝喾，追本溯源，同为姬姓后人，因历史原因而后衍分为姬、周、吴等十二姓氏。

（作者单位：中国吴氏大统宗谱办公室）

吴王世家

/ 施志

泰 伯

　　一作太伯，姬姓。岐山周原（今陕西岐山县）人，后南奔荆蛮，定居梅里平墟（今无锡市梅村）。生于殷高宗武丁四十年，卒于武乙四年。泰伯父亲亶父，号古公，居豳时，克缵后稷公刘之业，积德行义，国人戴之。然被狄人所侵，事之以币皮、犬马、珠玉，不得免，遂离豳迁居岐山下周原，改国号为周。古公有三子：长泰伯、次仲雍、三季历。季历子昌有圣瑞，古公昵爱之。欲立季历以传昌。是时，商道衰，周室盛，古公有翦商之志。泰伯、仲雍望风知指，便遵依父志，让弟季历继承王位。

　　殷帝祖甲年间，古公患病，泰伯、仲雍托命采药远走，联袂奔至荆蛮，随乡入俗，断发文身，示不可用。荆蛮义之，从而归附者千余家，被奉为当地君主，僻处东南梅里，自号"勾吴"。"泰伯三以天下让"精神可嘉，闻名于世。泰伯立国后，治理有方，数年之间，黎庶殷富。是时，殷末世衰，中原侯王屡相用兵，恐及于荆蛮，故泰伯起城。

　　泰伯城周三里200步，外郭300余里，在西北隅，名曰"故吴"。自二十一世夫差亡国后，此城才废弃，称为"故吴墟"。至唐代还保存城内宅、井等遗迹，世变沧桑，历遭破坏，至今故城遗址已荡然无存。

　　泰伯立国后，大力兴修水利，开凿泰伯渎（俗称伯渎港），这是一条长78

里，宽 12 丈的人工运河。又复教民耕织，从西北移植文化于东南，并且逐渐兴起了制陶和冶铸业。

泰伯在位四十几年，上寿九十有一，于梅里东之皇山（今称鸿山）。东汉桓帝永兴二年（154 年），命吴郡太守糜豹监修泰伯墓，并在泰伯故城中"即宅为祠"，建造泰伯庙。每年正月初九，相传为泰伯祭日，祭祀瞻仰者众，形成闻名于世之"泰伯庙会"。

仲 雍

名熟哉，一名虞仲。生于殷武丁四十四年，卒于殷帝乙二年。古公亶父次子。古公三子季历之子昌有圣瑞，古公欲以国及昌，仲雍承父意，遂从胞兄泰伯借为父采药为名，南奔荆蛮，断发文身，示不可用。泰伯无子，薨后由仲雍即位为勾吴国君。在位五年，享寿九十有二，卒后葬海虞山，即今常熟市之虞山。武王灭商后，追封为吴伯。

季 简

泰伯嗣子，生于殷祖甲十五年，卒年不详。吴王第二世，在位 31 年。卒葬江苏常熟。

叔 达

吴王第二世季简长子。生于殷庚丁十三年，卒年不详。吴王第三世，在位 18 年。

周　章

吴王第三世叔达长子。生于殷帝武乙二十二年辛卯，卒年不详。

周武王四年，出师伐纣，纣亡。五年，武王以天下未定，夜不能寐，乃封功臣昆弟，"以藩屏周"。求泰伯、仲雍之后，知仲雍曾孙周章已为吴君（吴王第四世），遂封为吴伯，主泰伯祀，列为诸侯，在位22年，殁葬虞山。

熊　遂

吴王第四世周章长子。生于商纣二十年，卒年不详。袭封吴伯，为吴王第五世，在位48年。

柯　相

吴王第五世熊遂子。生于周成王乙巳，卒年不详。袭封吴伯，为吴王第六世，在位30年，殁葬锡邑柯山。

彊鸠夷

吴王第六世柯相子。生于周康王在位之年，卒年不详，袭封吴伯，为吴王第七世，在位51年。

馀桥疑吾

吴王第七世疆鸠夷子。生于周昭王己未年，卒年不详。袭封吴伯，为吴王第八世，在位 38 年。子二，长柏卢，次柯卢。公薨，传位于次子，而柏卢让位无考。

柯 卢

吴王第八世馀桥疑吾次。生于周穆王丙申年，卒年不详。袭封吴伯，为吴王第九世，在位 59 年。

周 繇

吴王第九世柯卢子。生于周穆王癸酉年，卒年不详。袭封吴伯，为吴王第十世，在位 32 年。

屈 羽

吴王第十世周繇子。生于周懿王庚戌年，卒年不详。袭封吴伯，为吴王十一世，在位 34 年。

夷 吾

吴王十一世屈羽子。生于周厉王丁亥年，卒年不详。袭封吴伯，为吴王十二世，在位三十三年。

禽 处

吴王十二世夷吾子。生于周二相——周（周公旦之后）召（召公奭之后）共和甲子年，卒年不详。袭封吴伯，为吴王十三世，在位三十九年。

转

又名君转，吴王十三世禽处子。生于周宣王庚子年，卒年不详。袭封吴伯，为吴王十四世，在位四十一年。

颇 高

吴王十四世转子。生于周平王二十二年，卒年不详。袭封吴伯，为吴王十五世，在位九年。

句 卑

句一作勾，又名毕轸，吴王十五世颇高长子。生于周庄王四年，卒年不详。袭封吴伯，为吴王十六世，在位五十一年。

去 齐

吴王十六世句卑长子，生于周惠王二十年，卒于周定王二十一年。袭封吴伯，为吴王十七世，在位三十五年。

寿 梦

名乘，字熟姑，吴王十七世去齐子。生于周襄王三十二年，卒于周灵王十一年。袭封吴伯，为吴王十八世，在位二十五年。

寿梦元年（前585年），朝周，适楚，观诸侯礼乐。二年正月，吴伐郯（今山东郯城西南），郯败，遂与吴媾和。是岁，晋楚争霸，晋欲以吴削弱楚。时楚之亡大夫申公巫臣请使于吴，晋侯许之，寿梦大悦。以为行人，教吴射御，导之伐楚。二国从斯结雠。于是吴始通中国，而与诸侯为敌。三年冬，晋却以郯服事于吴，使士燮（文子）会齐、鲁、邾伐之。由于晋屡失信，诸侯多有离心，晋患之。于周简王四年（前582年）会卫等七国于蒲（今河南长垣东），以重温马陵之好。晋欲会吴王，寿梦不至。寿梦五年，伐楚，败子反。寿梦十年，晋、齐、宋、卫、郑等会吴于钟离，吴始参与中原诸国盟会。寿梦十六年，晋与周等七国会盟于鸡泽，晋使荀会迎吴王寿梦于淮上，吴王不至。周年楚恭王怨吴为巫臣伐楚，乃举兵伐吴，后为吴所败。寿梦十七年，王以巫臣子孤庸为相，任以国政。次年夏，吴使其大夫赴晋，解释不会鸡泽之故，请与诸侯修好。

是年秋，晋率诸侯会吴王于戚。寿梦二十三年，晋与诸侯会吴王寿梦于楂。至是国始强大，诸侯尊为盟主。寿梦有四子：长诸樊、次余祭、三余眜、四季札。札贤欲立之，札让不可。将薨，遗命兄终弟及，依次相传。

诸 樊

名谒，吴王十八世寿梦长子。生年不详，卒于周灵王二十四年。周灵王十一年（前561年），吴王寿梦薨。王病未卒时，因四子季札贤，王欲立之，札让，王乃命诸樊曰："我欲传国及札，尔无忘寡人之言。"嘱咐必授国依次及于季札。王卒，诸樊以适长，摄行事，当国政。吴王诸樊元年（前560年），已除丧，遵父命，让位于季札，札仍不受而耕于野，诸樊乃嗣位称王。周灵王二十四年（前548年）冬，王伐楚，攻巢（今安徽瓦埠湖南），中箭亡，在位13年。遗命传位于余祭，依次相传于季札，以承先志。

余 祭

名戴，吴王十八世寿梦次子。生年不详，卒于周景王元年。袭兄诸樊王位。周景王元年（前544年），王伐越，获越俘，使守舟。余祭观舟，越俘乘其不备杀之，在位四年，其弟余眜继为吴王。

余 眜

字夷未，吴王十八世寿梦三子。生年不详，卒于周景王十八年。袭兄余祭王位。余眜即位后，使其弟季札通好北方诸侯，历访鲁、齐、郑、卫、晋等诸国，知兴衰，析清浊，志若松筠，不撄世网。周景王七年（前538年）秋，楚以诸侯之兵伐吴，围朱方（今江苏镇江市东），克之，杀庆封，灭其族。冬，夷昧为报朱方之役，兴师伐楚，败楚，人棘（今河南永城南）、栎（今新蔡北）、麻（今安徽砀山东）。次年十月，楚灵王会蔡、陈、许、顿、沈、徐、越之师伐吴，以报其攻棘、栎、麻三邑。吴师败楚师于鹊岸（今安徽无为西南江岸）。周景王九年，楚以徐君亲吴，执之，逃归。吴救徐。楚令尹子荡率师伐吴，驻军豫章，吴败之于房钟（今安徽蒙城西南）。周景王十六年夏，楚灵王暴虐，国人咸怨，其弟三人皆欲乘机取王位，内乱，灵王师溃自缢，平王即位。楚卫徐之师闻内乱，解围还，吴师追之，败诸豫章，获荡侯、潘子、司马督、器尹午、陵尹喜五帅。冬，夷昧乘灵王之丧、平王初立，兴师取州来（今安徽凤台）。周景王十八年，吴王夷昧卒，在位十七年，四弟季札当立，季札让，乃立夷昧之长子僚为王。

僚

一名州，吴王夷昧长子。生年不详，卒于周敬王五年。周景王十八年（前527年），吴王夷昧卒，四弟季札当立，季札让，乃立僚为王，在位12年。周景王二十年，王僚使公子光率舟师伐楚，以报前来诛庆封之仇，战于长岸（今安徽当涂西）。楚师先败，司马子鱼（公子鲂）战死，继而楚师大败吴师，获吴王乘舟。吴师夜袭，又败楚师，夺回乘舟。周景王二十三年，楚平王听信谗言，杀太子建其傅伍奢及长子伍尚，尚弟伍员（子胥）自楚避难入吴，向王僚陈述伐楚之利，未受重视，乃改事公子光。周敬王元年（前519年）秋，王僚伐州来，楚令尹子卿、司马远越率楚、蔡、陈、许、顿、胡、沈之师救之。子瑕卒于师，军无斗志。吴公子光进言吴王，以诸侯同役而不同心，请先犯胡、沈与陈。僚许之，战于鸡父（楚地，今河南固始东南）。胡、沈、陈之师先溃，许、蔡、顿之师继之，楚师随之亦溃。周敬王二年，僚使光伐楚，楚守边之师无备，吴遂破巢（今瓦埠湖南）及钟离（今凤阳东）。周敬王四年，楚平王卒，次年春，僚乘楚丧仗其弟掩馀、烛庸率师伐楚之六（今安徽六安东北）、潜（今霍山县南）；使季札于晋，以观诸侯之变。楚发兵绝其后，吴兵不得还。公子光早有求王位之念，现利用大兵远征难以回师之机，以为时不可失，乃与伍子胥密计，光伏甲于窟室而宴王僚。专诸置匕首于炙鱼中以进，刺杀王僚。光竟代立，是为吴王阖闾。

光

号阖庐，一作阖闾，吴王十九世诸樊长子。生年不详，卒于周敬王二十四年。时吴王夷昧薨，吴人立其子僚为王。光曰："先君所以不与子国而与弟者为季子耳，将从先君之命，则季子宜有国，不从先君之命，则当我立，僚乌得为君？"周敬王五年（前515年），僚乘楚平王薨伐楚，楚发兵绝其后，吴兵不得还。光乘宴王僚之机，使专诸刺僚，遂自立为王。召伍子胥为行人（外交官），以伯嚭为大夫，孙武主军事，共谋国事。伍子胥献策：分兵以扰楚。阖闾用子胥之谋，以偏师伐夷（即城父，今安徽亳县东南），侵潜（今霍山南）、六（今六安东北）。楚沈尹戍率师救潜，吴师还。吴又以一师围弦（今河南息县南），楚左司马戍，右司马稽率师救之，及豫章，吴师又还，楚师疲于奔命。周敬王八年，王阖闾使徐、钟吾执僚之弟公子掩馀和烛庸，二公子奔楚，阖闾怒，执钟吾之君，灭徐。周敬王十年，阖闾率军伐越，越君允常迎战，吴、越始交兵。周敬王十四年，阖闾率师会蔡、唐之师伐楚，五战皆捷，攻入郢都（今湖北江陵）。次年夏，秦以子蒲、子虎率车五百乘救楚，大败夫概于沂（今河南正阳境），楚公子申（子西）败吴师于军祥（今湖北随州西）。吴腹背受敌，阖闾之弟夫概乘之，潜归自立为王。阖闾闻之，引兵攻其弟，弟败奔楚，再与楚、秦战，败于麇（雍澨附近）、公壻之溪（襄樊市东）。周敬王十六年，吴王命太子夫差率师伐楚，败楚舟师，获其帅潘子臣、小惟子及大夫七人。吴又败大夫子期所率之陆师于繁扬（今河南新蔡北）。楚大恐，迁都于郡（今湖北宜城东南）。周敬王二十四年，阖闾闻越君允常卒，兴师伐越。吴、越战于槜李（今浙江嘉兴南），吴师败绩，越大夫灵姑浮以戈击阖闾，斩其大趾。阖闾还，因受重伤，卒于陉（去槜李七里），在位十九年。

夫 差

吴王二十世阖闾之子。生年不详，卒于周元王三年。周敬王二十六年（前494年），吴王夫差为报携李父仇，在夫椒（今太湖中之马迹山，一说为太湖中之西洞庭山，亦有说为今浙江绍兴北）大败越师。吴师入越，越王以甲楯五千辆于会稽山上（今绍兴南），使大夫文种贿伯嚭请和。伍子胥请吴王勿许，曰："今不灭越，后必悔之。"是时，夫差方有志于北方，不纳子胥之言，卒与越讲和。勾践与范蠡为质于吴，卑事夫差，而授国政于文种。吴王有志于北方，欲伐齐晋，以称霸中原，乃筑城于邗（今江苏扬州市西，一说市之东南），凿邗江，南引江水，以通漕运，是世界上最早的运河之一。周敬王三十一年，夫差欲援鲁以伐齐，伍子胥以为勾践乃吴心腹大患，请吴王释齐而伐越。夫差不听，命其出使于齐。子胥在齐，属其子于鲍氏。及吴胜齐，夫差闻之，赐剑使子胥自刎。周敬王三十七年，夫差会鲁、卫、宋等诸侯于郧，吴欲称霸。次年夫差率师北上，以会北方诸侯，留太子友、王子地等守国。七月，吴王夫差与晋定公会盟于黄池（今河南封丘西南），与盟者尚有周卿士单平公和鲁哀公。吴、晋皆争先歃血，夺盟主位。是时，越王勾践卧薪尝胆，十年生聚，十年教训，锐意灭吴雪耻。今趁吴国内空虚，乃发兵四万，私率亲兵六千伐吴，大败吴师，破吴都。夫差闻之，遂让盟主位于晋。冬，吴王夫差使人以厚礼请和于越，越王勾践自度亦未能灭吴，乃许之。周敬王四十二年，越王勾践伐吴，夫差御诸笠泽（又名囿，在今淞江入太湖处）。两军夹水而阵。越先以左右两翼扰吴师，及吴师分兵抵御，越以三军会攻吴之中军，吴军败北。周元王三年（前473年），越王勾践大举攻吴，围姑苏（今江苏苏州），夫差见大势已去，弃城西奔，遂自刎而死，在位二十三年。吴亡。

从始祖泰伯奔吴，以迄夫差自刎国亡，计七百七十一年，位传二十有五，历二十一世。

虞仲（西周）

字仲武，吴王第三世叔达次子。周武王封之于河东虞城故夏之墟，主仲雍祀，是为虞公。其后子孙以国为姓，传国十二世，被晋所灭，后为虞氏始祖。

夫概（春秋）

吴王十九世诸樊次子。周敬王十四年（前506年），夫概随兄吴王阖闾率师会蔡、唐之师伐楚。吴、楚之师陈于柏举（今湖北麻城东北），夫概曰："楚瓦（子常）不仁，其臣莫有死志。先伐之，其卒必奔；而后大师继之，必克。"夫概以其所属五千人击囊瓦，囊瓦之师奔，楚师大乱，吴师追楚师至清发（今汉水支流涢水）。楚师半济，吴师击之，败诸雍澨（今京山西南）。吴师五战五捷，楚昭王闻之出奔，吴师遂入郢。楚大夫申包胥乞援于秦，吴秦廷七日，秦师乃出。次年夏，秦以子蒲、子虎率车五百乘救楚。子蒲以"吾未知吴道（战法）"，使楚先与吴战，而自稷（今河南桐柏境）会之，大败夫概于沂（今河南正阳境）。楚公子申（子西）败吴师于军祥（今湖北随州西）。秋，吴腹背受败，前有秦师、楚师，后有越师，夫概乘之，潜归自立为王。阖闾闻之，引兵攻其弟，夫概兵败奔楚，楚封之于堂溪（今河南西平县西北）。

季札（春秋）

吴王十八世寿梦四子。生于周简王十年，卒于周敬王三十五年。

周灵王十一年（前561年），寿梦病将卒，因季札贤，王欲立之。季札让曰："礼有旧制，奈何废前王之礼，而行父子之私乎？"寿梦遗命：兄终弟及，以次相传，必授国于季札。王卒，诸樊摄行国政。既除丧，诸兄皆致国季札，季札谢曰："夫适长当国，非前王之私，乃宗庙社稷之制，岂可变乎？"季札不受，弃其室，避耕于舜柯山。诸樊伐楚中箭亡，当政十三年，卒前遗命传位于余祭，依次相传于季札，以承先志。余祭卒，余昧立。余昧在位十七年，又欲传位于季札，札辞让，遂逃归封地延陵。季札继承上祖泰伯盛德，三让王位，世人尊为"至德第三人"。季札品德高尚，且才华出众，为杰出的政治家、外交家。吴王余祭四年（前544年），季札奉命通好北方诸侯，历访鲁、齐、郑、卫、晋等国，知兴衰，析清浊，为世人所赞赏。季札一生谦冲，蕴蓄于孝友之中，又极重友情，守信义。相传季札通过徐，徐君好其剑，口弗敢言，为使上国未献。及还，徐君已卒，乃挂剑于其家树而去，因此深受徐人敬重。季札受封于延陵（今江苏常州），史称"延陵季子"，后又受封于州来（今安徽凤台北），故又称"延州来季子"。季札谢世后葬在江阴申浦（今江阴申港）。历代百姓为纪念这位德高望重的先祖，修建了雄伟壮观的"季子陵园"。

（无锡新区吴越文化保护研究委员会供稿）

后 记

　　值此《中国吴文化源头与梅里古都》公开出版之际，衷心感谢江苏、浙江两省各级领导黄莉新、范燕青、王霞林、梁勇、陈永昊、陈荣、陈建刚、王慧芬、王国中、周铁根、王立人、曹佳中、华博雅、符惠明、纪志成、田备、寿永明、言恭达、周解清、吴建选、李建秋等同志对中国吴文化源头与梅里古都学术研讨活动的关心和指导，衷心感谢江南大学、浙江省越文化研究中心、中共无锡新区工作委员会、无锡市人民政府新区管委会、无锡市人大常委会新区工作委员会、江苏省吴越文化研究院、无锡国家高新区发展研究院、无锡市吴文化研究会和无锡新区吴越文化保护研究委员会、无锡新区梅村街道等单位对本次研讨活动的支持和参与。感谢王建润、胡发贵、王健、唐茂松、姜念涛、朱丽霞、张剑光、张铁民、陈明选、杨晖、蔡爱国、刘焕明、朱建平、汤可可、金其桢、徐兴海、肖向东、陈振康、谢一彪、潘承玉、吴农、吴刚虹、王文燕、夏心明、赵建伟、李桂林、王新华、赵文斌、胡晓明、潘晓鸣、毛剑平、唐洁等专家学者和有关部分负责同志对在本次研讨活动及其成果出版过程中付出的辛勤劳动。著名吴地文史专家戈春源、汤可可在百忙之中为本书写了序言，在此一并表示感谢！

　　还要说明的是，陈丹丹、汤卫卫、曾照林、杨晓晗、周维、牛惠青、徐鹤峰等同志参与了本书出版编务工作，在此也表示感谢！

编　者

2015 年 4 月